한국 근대사

한국 근대사

이계형 지음

초판 1쇄 인쇄 · 2018. 1. 25.
초판 1쇄 발행 · 2018. 2. 8.

발행인 · 이상용 이성훈
발행처 · 청아출판사
출판등록 · 1979. 11. 13. 제9−84호
주소 · 경기도 파주시 회동길 363-15
대표전화 · 031−955−6031
팩시밀리 · 031−955−6036
E−mail · chungabook@naver.com

ISBN 978−89−368−1122−8   03900

‡ 이 책에 사용된 사진 자료 중 일부는 저작권자를 찾지 못했습니다.
   저작권자가 확인되는 대로 정식 허가 절차를 진행하겠습니다.
‡ 값은 뒤표지에 있습니다.
‡ 잘못된 책은 구입한 서점에서 바꾸어 드립니다.
‡ 본 도서에 대한 문의사항은 이메일을 통해 주십시오.

이 도서의 국립중앙도서관 출판예정도서목록(CIP)은 서지정보유통지원시스템 홈페이지(http://seoji.nl.go.kr)와 국가자료공동
목록시스템(http://www.nl.go.kr/kolisnet)에서 이용하실 수 있습니다.(CIP제어번호: 2018002389)

는 궁여지책에서 실질 가
.다 명목 가치가 높은 백동
 주조해 급증하는 재정 수
 충당했다. 백동화의 남
 정부의 재정 상황을 더욱
게 만들었고 백성의 경제
을 위협했다.

전차는 돈의문에서 종로를 거쳐 동대문 밖 청량리까지 이어
졌다. 고종 황제가 친히 참석하여 시승한다는 소문에 종로는
인산인해를 이뤘다. 당시 사람들은 전차를 '서양 쇠 당나귀'라
불렀다.

고종은 1907년 8월 황제 자리
에서 강제로 퇴위당해야만 했
고, 그의 아들 순종이 경운궁
돈덕전에서 황제에 올랐다.

1863 ~ 1910

한국 근대사

이계형 지음

19세기 중엽에 접어들면서 이양선의 침투가 빈번해지자 조선
정부는 여러 대책을 강구했다. 해안 방비를 철저히 할 것을 명했
고, 이양선의 침투로 혼란해진 민심을 달랬다.

 운동 단체 회원과 일반
 수만 명은 황궁우 옆에
진 석고단에 모여 결사회
조직하고, 서소문 밖 약현으
몰려가 이완용의 집에 불을
르고, 돌아오는 길에 인근에
견 순사 파출소도 파괴했다.
 아니라 보병대 군인 30여
은 종로 순사 파출소를 부서
사격으로 파괴하고 일제 경
을 공격했다.

흥선대원군은 재면, 재황, 서자 재선 등 세 명의 아들을 두
었는데, 12살에 불과하였던 둘째 아들 재황을 왕에 앉혔다.
나라를 다스리려면 19살이었던 재면이 왕위에 오르는 것
이 당연한 것이었지만, 흥선대원군은 그렇게 하지 않았다.
자신의 야망을 펼치려면 어린 아들을 왕위에 앉히고, 이를
핑계 삼아 직접 통치할 명분이 필요했기 때문이다.

청아출판사

서문

《한국 근대사》, 이 책이 세상에 나오기까지 오랜 시간이 걸렸다. 지인으로부터 청아출판사를 소개받았을 때가 2009년이니 10년이 다 되어 간다. 그때 무슨 생각에서였는지 한국 근현대사 집필을 의뢰받았을 때 덜컥 승낙했다. 내 자신이 그리 뛰어난 학자도 아니었고, 고작 박사 학위를 받은 지 두 해가 지났을 뿐이었다. 하룻강아지가 범 무서운 줄 모르는 격이었다. 역시 버거웠다. 한국 근대사는 학위 논문을 쓰면서 어느 정도 공부했지만, 한국 독립운동사는 논문이 몇 편 있을 뿐 잘 알지 못했고, 한국 현대사는 주워들은 것이 전부였다. 그러니 어느 것 하나 쉬울 리가 없었다. 시간은 속절없이 흘러갔고 출판사의 독촉도 언젠가부터 끊겼다. 그러던 차에 오랜만에 연락이 왔다. "아직 안 되었냐?"라는 전화였다. 솔직하게 능력 부족을 고백하고 한국 근대사만 내면 어떻겠느냐는 제안을 했다. 출판사에서 선뜻 받아 주면서 비로소《한국 근대사》가 빛을 볼 수 있게 되었다.

한국 근대사라고 하면 통상 개항 이후부터 1945년 8월 일제로부터 해방될 때까지를 이른다. 하지만 이 책에서는 1910년 8월 경술국치 이전까지만 다뤘다. 독립운동사와 일제 침략사가 빠진 것이다. 이는 별도로 엮는 것이 나을듯하여 그리하였다.

《한국 근대사》를 집필하면서 역점을 둔 부분은 역사적인 사실을 나열하는 것도 중요하지만, 왜 일제에 망했는지, 누구에게 책임을 물어야 할 것인지, 어떻게 망했는지를 밝히는 것이었다. 또한 국망의 위기에 이를 극복하고자 노력했던 역사도 담았다. 그동안 여러 논저를 통해 닦은 연구 성과와 강의를 통해 다져 온 근대 역사 인식을 이 책에서 풀어내고자 했다.

한국 근대사에서 아쉬운 부분은 서양에서처럼 시민혁명이 없었다는 점이다. 비록 전통 시대 사대교린이라는 틀에서 벗어난 개항을 근대 시작으로 구분하고 있지만, 이후 국가는 크게 변혁하지 않았다. 한국과 같이 쇄국 정책을 고수했지만 서구 열강에 문호를 개방한 뒤 신해혁명을 통해 황제 체제를 무너뜨린 중국이나 막부 체제를 끝내고 메이지 유신을 단행

한 일본처럼 혁신적인 움직임이 없었던 것이다. 한국도 기존 체제로 제국주의 시대를 극복할 수 없었다면 그만한 변혁이 필요했지만 그러지 못했다. 입헌 군주제가 나름 해법이었지만 번번이 기득권 세력에 막혔고, 황제국이 되었지만 그만한 동력이 없었고 인물도 없었으며 의지도 약했다.

한 나라의 흐름은 2차 함수와 비슷해서 생성, 발전, 멸망의 그래프를 그린다. 한국사에서 여러 나라가 생멸한 것은 당연하다 할 것이고, 그것은 우리 역사였다. 한반도 내에서 일어난 우리 민족사인 것이다. 하지만 대한 제국의 멸망은 한국사에서 처음 겪은 일이었다. 그 뒤 일제 강점기에 전개된 독립운동은 식민지인으로 살아가야만 했던 이 땅의 민초들이 스스로 일어나 목숨을 아끼지 않고 잃어버린 조국을 찾는 과정이었다. 그리하여 끝내 해방을 맞이하고 대한민국 정부를 수립할 수 있었다.《한국 근대사》가 '역사를 잊은 민족에게 미래는 없다'라는 평범한 진리를 다시 한 번 되새기는 계기가 되길 바란다.

늦은 나이에 대학에 들어와 한국 근대사와 독립운동사를 접하고 공부 세계로 이끌어 주신 조동걸 선생님과 항상 공부 방법을 일깨워 준 장석홍

선생님께 고마움을 전한다. 책을 내놓지만 저세상에 계신 조동걸 선생님께서 뭐라고 하실지 걱정이 앞선다.

2018년 1월

이계형

제3장
근대 국민 국가 수립 운동

제4장
통감부의 국권 유린과 구국 운동

1. 을사늑약 체결과 반대 투쟁

| 일러두기 |
1. 1896년 이전 일자는 음력 날짜를 양력으로 바꾸어 수록했습니다.
2. 중국어, 일본어의 인명과 지명은 원음으로 표기했습니다.

제1장

흥선대원군의
개혁 정치와
쇄국 정책

1. 19세기 국내외 상황

2. 고종 즉위와 흥선대원군의 개혁 정치

Ⅰ.
19세기 국내외 상황

19세기 국외 상황

| 아편 전쟁과 중화주의 붕괴 | 17~18세기 유럽 몇몇 국가들은 기술 혁명과 사회 혁명을 통해 자본주의 단계로 진입했고, 이를 발전시키고자 원료 기지와 상품 시장을 찾아 세계 곳곳에서 식민지 확보에 혈안이 되었다. 19세기로 접어들면서 서구 제국주의는 점차 동아시아로 눈길을 돌리기 시작했다. 특히 중국은 토지가 광대하고 자원이 풍부하며 인구가 많아 서구 제국주의 열강들이 탐내는 대상이었다. 그러나 중국은 화이론적인 중화사상(中華思想)에 젖어 쇄국 정책을 고수했다. 이러한 입장은 조선을 비롯한 동아시아도 별반 다르지 않았다.

이때 영국이 중국으로부터 차를 수입하면서 발생한 무역 적자를 만

회하고자 인도에서 생산된 아편을 중국에 무차별적으로 수출했다. 청 정부는 아편으로 막대한 양의 은이 빠져나가 재정적으로 큰 타격을 받았을 뿐만 아니라 백성의 건강 또한 심각한 지경에 이르고 말았다. 청 정부는 린쩌쉬(林則徐)를 광둥으로 파견해 마약상들을 홍콩으로 내쫓고 강력한 금연 정책을 실시했다. 이에 1840년 6월 영국은 아편 무역을 보호하기 위해 무역항을 확대한다는 명분을 내세워 중국을 상대로 전쟁을 일으켰다. 아편 전쟁이 일어난 것이다.

청은 영국에 맞서 대항했지만 결국 굴복하고, 1842년에 영국 정부와 난징 조약을 체결했다. 그 결과 청은 영국에 막대한 배상금을 지불해야 했으며, 홍콩 영토를 할양하고 광저우를 포함한 다섯 항구를 개방해야만 했다. 청은 처음으로 외국과 불평등 조약을 체결한 것이다. 이로써 화이론적 세계관을 고집해 온 중국의 중화주의에 금이 가기 시작했다. 이는 중국을 맹주로 섬겨 왔던 조선과 일본에 커다란 충격을 주었고, 대외적인 위기의식을 갖게 했다.

난징 조약을 체결한 지 12년이 흘렀음에도 청은 여전히 다섯 항구를 개항하지 않았다. 광대한 영토를 가진 청은 자급자족적 성격이 강하여 영국과의 무역을 생각만큼 확대하지 못했다. 영국의 주력 상품은 면이었는데, 중국에서 생산되는 면포는 충분히 경쟁력이 있었다. 게다가 아편 전쟁 이후 광둥을 중심으로 영국과의 항쟁이 전개되었다.

그러자 영국은 애로호 사건을 일으켰다. 1856년 사건 당시 애로호는 중국인이 소유한 상선이었는데, 영국에서는 유니언 잭이 끌어내려진 일로 국기의 명예가 손상되었다며 배상금과 사과문을 요구했다. 청은

애로호 사건

사건 당시 배에 영국 국기가 걸려 있지도 않았고 중국인 소유의 배라는 점을 들어 요구를 거절했다. 그러자 이를 빌미로 영국과 프랑스는 연합군을 결성해 1857년 12월 광저우를 점령하고 총독을 포로로 잡았다.

이후 영불 연합군은 본격적인 제2차 아편 전쟁을 일으켜 1858년 톈진, 1860년 베이징을 점령하고, 천단, 이화원, 원명원 등을 약탈, 파괴했다. 청은 더 이상 버티지 못하고 러시아의 중재로 1860년 10월 영국, 프랑스, 러시아 등 3국과 베이징 조약을 체결했다. 이로써 중국은 ① 외교 사절의 베이징 상주, ② 중국 내륙 여행과 양쯔강 통상 승인, ③ 새로운 무역 규칙과 관세율 협정, ④ 개항장 증가, ⑤ 그리스도교 공인 등을 받아들여만 했다. 러시아는 그 대가로 연해주를 얻었다.

| 일본의 대응 |　　　중국이 맥없이 하루아침에 무너져 가는 것을 심각하게 받아들인 나라는 일본이었다. 일본 역시 19세기 이전까지 나가사키만을 네덜란드 동인도 회사에 유일하게 열어 주었을 뿐 사실상 여전히 쇄국 정책을 고수하고 있었다.

그런데 중국이 아편 전쟁을 치른 뒤 10년이 조금 넘었을 무렵인 1854년, 중국과 통상을 위해 동아시아로 진출하던 미국이 일본에 접근하면서 상황이 변했다. 미국은 오래전부터 고래잡이와 관련된 여러 문제로 일본과 부딪혔다. 미국으로서는 자국 선박의 식량과 원료 보충지, 해난을 당했을 때 피난처와 구조를 제공하는 기항지를 마련할 필요가 있었다. 이에 미국은 군함을 앞세워 무력시위를 통해 일본에게 수교를 요구했다. 당시 서양 군사력의 막강함을 알고 있던 일본 막부는 별다른 저항 없이 개항을 허락하고 미일 화친 조약을 체결했다. 그 뒤 네덜란드, 러시아, 영국, 프랑스 등과도 비슷한 내용의 조약을 체결하고 문호를 완전히 개방했다.

개항 이후 일본은 1868년 메이지 유신을 단행하여 막부 시대를 끝내고 천황제 국가를 확립했다. 이어 일본은 청과 대등한 관계를 정립하고자 1871년 9월 청일 수호 조규를 체결했다. 비록 일본은 자신들의 천황을 청 황제와 동격으로 인정받지는 못했지만, 양국 간 호혜 평등의 원칙에 전격 합의했다. 일본은 청과 대등한 입장에서 외교를 펼치게 된 셈이다.

| 조선의 대응 |　　19세기 중엽에 접어들면서 이양선의 침투가 빈번해지자 조선 정부는 여러 대책을 강구했다. 해안 방비를 철저히 할 것을 명했고, 이양선의 침투로 혼란해진 민심을 달랬다. 또한 이양선 출몰이 해안가 주민들의 밀무역 때문이라 여겨 이를 엄중히 단속했고, 천주교를 탄압했다. 서구 세력의 침투로 경계 대상인 천주교의 교세가 더욱 커질 것을 우려한 것이다. 이렇듯 여러 대책을 마련했지만, 이양선의 출몰은 줄어들지 않았다. 그럼에도 조선 정부는 근본적인 대책을 세우지 않았다. 위기의식을 가지고 있었지만, 다른 한편으로는 낙관적인 면도 없지 않았다. 서양 세력이 침략할 의도가 있었다면 지금껏 가만히 있었을 리 없다는 이유에서였다.

이렇듯 안이한 대응에 더해 주변국 중국이나 일본에 대한 정보도 부족해 대외 문제에 대한 대응에 한계를 드러냈다. 조선이 큰 나라로 섬기던 중국이 서구 제국주의의 침략을 받아 1840년 아편 전쟁을 치르고 1842년 난징 조약을 체결하면서 중화주의 질서가 크게 손상되었음에도, 이에 대한 정보에 어두웠고 사태의 심각성도 깨닫지 못했다. 아편 전쟁에 관한 소식을 접한 것은 조선의 동지 사절이 귀국한 1841년 8월이었다. 아편 전쟁이 발발한 지 1년이 지난 뒤였다. 동지 사절은 “영국인이 교육을 불허한다는 이유로 작년 6, 7월에 바다를 건너 침범해 먼저 절강성 정해현을 함락시킨 이후 지금까지 점거하고 있다. 강소, 산동, 직예, 봉천 등지에도 소요가 일어나 지난 12월에도 재산을 노략하고 부녀자를 간음하기 때문에 황제가 분노하여 군대를 총출동시켰다.”라고 보고했다. 난징 조약에 대해서는 전혀 언급조차 하지 않았다.

정한론을 주장한 일본 대신들

아편 전쟁 이후, 중국에서는 서양의 지리와 역사를 소개하는 위원의 《해국도지》(1844)와 서계여의 《영환지략》(1850) 등의 연구서가 간행되었고, 얼마 뒤 조선에 소개되었다. 《해국도지》에는 해상에서 쳐들어오는 양이를 막으려면 과감하게 양이의 기술을 채용해야 한다는 내용과 구체적인 방법까지 제시되어 있었다. 헌종까지 이 책을 읽어 봤다고 하나 큰 관심을 기울이진 않았다. 이에 공감하는 관리도 있었지만, 천주교가 서구 세력의 침투와 함께 백성 사이에 만연할지 모른다는 의구심에 천주교 탄압에만 골몰했다. 다만 1860년 영불 연합군의 베이징 점령 소식은 그동안 안이하게만 대처하고 있던 조선 정부에 커다란 충격을 안겨 주었다. 서양 세력이 곧 조선으로 침략해 올 것이라는 풍문에 지방으로 낙향하는 이들도 많았다.

그럼에도 조선 정부는 적극적인 방어 정책을 강구하지 않았다. 쇄국 정책을 고수하며 서구 제국주의를 경계할 뿐이었다. 조선 정부는 1866년 병인양요, 1871년 신미양요를 치렀지만, 서구 제국주의가 더 이상 침범하지 않고 물러갔다는 것에 안도하며, 오히려 조선을 지켜 냈다고 자랑스럽게 생각했다.

하지만 조선이 경계할 대상은 서구 제국주의가 아니라 일본이었다. 조선 정부는 1854년 일본이 개항했다는 사실조차 제대로 인식하지 못했으며, 1860년 일본 막부가 동래 부사를 통해 조선 정부에 개항한 사실을 통고해 왔음에도 관심을 보이지도 않았다. 1871년 청일 수호 조규를 체결한 일본은 이른바 '정한론'을 강하게 내세우며 조선에 접근했다. 결국 운요호 사건 이후, 1876년 일본의 강압으로 조일 수호 조규를 통해 개항하고 말았다.

19세기 전반 국내 상황

조선은 중앙 집권적인 정치 체제가 정비되었고, 왕권과 신권의 세력 균형으로 비교적 정국이 안정적으로 유지되어 왔다. 하지만 19세기 전반기 세도 정치가 시작되면서 조선 왕조 지배 체제에 균열이 일어나기 시작했다. 순조, 헌종, 철종 3대, 60여 년에 걸친 세도 정치로 외척들의 전횡이 극심했다. 이는 중앙뿐만 아니라 지방에도 영향을 미쳤다. 중앙의 지방 관리가 소홀한 틈을 이용해 매관매직이 성행했고, 그 비용을 만회하고자 지방관들은 백성에게 가혹한 세금을 징수하고 수탈을 자행했다. 백성들은 최소한의 생존권마저 위협받는 지경에 이르자 민란을 일으켜 수령이나 향리들을 징치하곤 했다. 결국 조선 왕조는 지배 체제를 유지할 수 없을 정도로 심각한 위기를 맞게 되었다.

당시 백성을 가장 괴롭혔던 것은 삼정(三政)이었다. 삼정은 일반 백성이 부담해야만 했던 전정, 군정, 환곡 등을 일컫는다. 전정은 토지에 부과된 세금이고, 군정은 장정에 부과된 군포이며, 환곡은 춘궁기에 가난한 농민에게 미곡을 빌려 주었다가 추수기에 이자를 조금 붙여 거둬들이는 것을 말한다. 전정이나 군포도 농민에게는 큰 부담이었지만, 환곡이 고리대로 변하여 폐단이 가장 컸다. 이런 가운데 세금을 내지 않는 양반이 증가하고 일반 백성이 이를 떠안게 되면서 그 부담은 더욱 커질 수밖에 없었다.

한편 중앙 정부가 세금을 걷는 방식이 총액제였기 때문에 이를 악용하는 사례들이 많았다. 당시 정부는 농민층 분화가 심화되어 세금 부담자가 줄어들자, 군현 단위로 일정한 액수의 세금량을 미리 정해 주는 총액제를 실시해 세금 수취에 안정을 도모했다. 그런데 이러한 모든 업무를 군현의 수령과 향리에게 전적으로 위임함으로써 문제가 발생했다. 이들은 제도를 악용해 수탈을 자행했다. 또한 세도 정치기에 중앙 정부가 부족한 재정을 지방 관청의 재정으로 충당하자, 지방 관청은 각종 잡세를 부과하거나 환곡, 고리대 등을 통해 부족한 재정을 메울 수밖에 없었다. 그럴수록 농민 수탈은 더욱 심화되었다.

19세기 전반에는 백성의 삶 자체가 위협받았다. 이에 생계가 어려워진 농민들은 몰래 고향을 버리고 유랑민이 되거나, 화전민으로 살아가야만 했다. 때로는 소극적이지만 지주를 상대로 지대의 소작료를 체납 또는 거부하는 항조 투쟁을 전개했다. 이 외에도 농민들은 악질적인 관리나 지주에 대한 나쁜 소문을 퍼뜨리거나[와언 투쟁], 밤에 횃불을 들고 산에 올라가 부정 수탈에 항의하거나[거화 투쟁], 집회를 통해 고을 행정의 부당성과 관리들의 부정과 비리를 성토하고, 해당 고을 또는 상급 관청인 감영에 소장을 올리는 정소 운동 등을 전개했다.

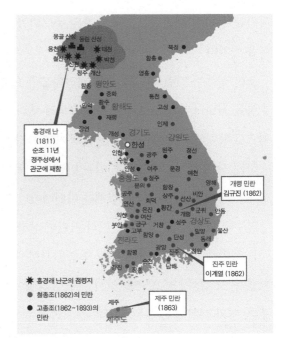

조선 후기 민란

민란을 일으켜 투쟁을 벌이는 적극적인 저항도 일어났다. 19세기에는 민란이 끊임없이 발생했는데, 철종과 고종 시기에 가장 극심했다. 1811년 평안도에서 '홍경래 난'이 일어나 관군과 100여 일 동안 전투를 치렀고, 그 뒤로도 소규모 민란이 계속되었다. 특히 1862년 1년 동안 37개 지역에서 민란이 일어날 정도로 전국 각처에서 민란이 거듭되었다. 이를 임술 민란 혹은 진주 민란이라 한다. 진주 지방에서 지방관과 향리의 탐학이 심하자 진주 농민들은 죽창을 들고 일어났다. 관아를 습격해 관문서를 소각하는 한편, 부정한 관리와 향리를 붙잡아 처치했다. 그 뒤 농민들이 자진 해산함으로써 민란은 종식되었지만, 다른 지방에도 영향을 미쳤다.

조선 정부는 민란 원인을 수령 개인의 잘못으로만 치부하고, 문제의 수령을 처벌하는 것으로 사태를 수습하려 했다. 그럼에도 민란이 전국적으로 확대되자 정부는 크고 작은 봉기를 가리지 않고 주도한 자를 효수하는 강경책으로 선회했다. 이는 민란을 더욱 키우는 결과를 초래했고, 결국 정부는 근본적인 해결책을 마련해야만 했다.

진주에 파견된 박규수는 민란의 원인이 삼정 문란에 있다며 특별 기구를 설치해 그 문제를 연구하고 중론을 모아 수습책을 마련할 것을 건의했다. 그 결과 1862년 5월 임시 기구로 삼정이정청(三政釐整廳)을 설치했다. 이와 더불어 철종은 전국의 정치인과 지식인들에게 삼정에 대한 의견을 듣겠다는 교서를 내렸다. 삼정이정청은 여러 의견을 검토해 군정과 전정은 옛 제도를 그대로 둔 채 폐단만을 고치고, 환곡은 근본적으로 개혁해 백성의 부담을 줄여 주되 부족액은 토지세로 메우는 방법을 내놓았다. 이는《삼정이정절목(三政釐整節目)》으로 정리, 편찬됐다. 삼정이정청이 폐지된 뒤에 그 업무는 비변사에서 관장했다.

이로써 민란은 일시 잠잠해졌지만,《삼정이정절목》으로 개선된 것은 극히 일부분에 지나지 않았다. 그마저도 3개월 만에 중단되었다. 삼정이 개혁되면 이권을 포기해야만 하는 지배층의 반발 때문이었다.

민생을 안정시키려는 정부의 의지가 꺾이면서 삼정의 폐단은 계속되었다. 1864년부터 다시 시작된 민란은 1888년에 전국으로 확산됐고, 급기야 1894년에 동학 농민 운동이 일어났다. 그동안 46곳에서 47회의 민란이 발생했다. 철종 대에는 민란이 삼남 지방을 중심으로 발생했고, 고종 대에는 전국적인 규모로 확대됐다. 그뿐만 아니라 이전보다 과격해져 수령을 살해하고 왕조에 반기를 드는 경우도 있었다. **광양 민란, 이필제 난**이 대표적인 예이다.

　민란을 일으킨 농민들의 주된 요구는 삼정의 폐단과 수세 담당자인 관속들의 부정 행위 근절이었다. 그런데 정작 농민들은 지주와의 문제, 즉 자신들의 절실한 이해가 걸린 토지 문제에 대해서는 이의를 제기하지 못했다. 또한 민란 상호 간에 지역적인 연계를 맺지 못하고 개별적이었으며, 지도부가 농민층에 뿌리박지 못함으로써 운동이 지속적, 조직적이지 못했다. 지도부는 봉건제 자체를 부정하기보다는 다소 우발적이고 자연 발생적 경향을 보였다. 1894년 동학 농민 운동 당시에는 이러한 한계를 극복하고 반봉건, 반외세를 구호로 내걸 수 있었다.

광양 민란 1869년(고종 6) 3월 중순경, 민회행, 전찬문, 한경삼 등은 강진에 모여 봉기를 결의하고 하동 장터 주변에서 70여 명을 모아 순천 우손도로 들어갔다. 이들은 그곳에서 병기를 만들고 제사를 지낸 뒤, 밤에 수백 명의 무리를 이끌고 광양현성에 돌입해 현감 윤영신을 사로잡고 사창을 부수고 백성에게 곡식을 나누어 주었다. 농민 봉기 소식을 접한 중앙 정부는 윤영신을 파직하고, 영광 군수 남정룡을 안핵사로 임명해 전라 병영과 5진영 군사를 이끌고 난민을 토벌하도록 했다. 그러나 군대가 도착하기 전에 윤영신은 수천 명의 인원을 모아 현성을 도로 찾고 주모자들을 체포했다. 주모자들은 서울로 압송되어 능지처참되었고, 봉기에 참여했던 농민 44명은 효수되었다.

이필제 난 홍주 출신 향반 이필제는 1863년 동학에 입도한 후 농민들을 적극적으로 규합했다. 이에 조선 정부가 체포령을 내리자, 그는 충남 일대로 피신했다가 다시 진주로 옮겨 간 뒤에 주성칠로 이름을 바꾸고 1870년(고종 7) 7월 민란을 일으켰으나 실패했다. 영해로 피신한 그는 1871년 동학 2대 교조 최시형과 협의, 1대 교조 최제우의 제삿날인 3월 10일을 기하여 봉기할 것을 작정하고 동학 조직망을 이용해 동학교도 500여 명을 동원했다. 그들은 영해부를 야습하여 군기고를 접수한 후 부사를 문죄, 처단했다. 이어 문경 봉기를 계획하다가 체포되어 1870년 12월 서울 서소문 밖에서 능지처참되었다.

2.
고종 즉위와 흥선대원군의 개혁 정치

흥선대원군 이하응

흥선대원군은 서울 안동에서 남연군의 넷째 아들로 태어났다. 이름은 이하응이다. 그는 12살에 어머니를 여의고, 17살에 아버지마저 잃고 불우한 청년기를 보냈다. 정조의 동생이었던 은신군의 손자로 왕족이었지만, 당시 외척이었던 안동 김씨 가문이 오랫동안 권력을 휘두르고 있었기 때문에 큰 소리 한 번 내지 못했다. 젊은 그가 할 수 있었던 일은 추사 김정희에게 붓글씨와 난초 치는 법을 배우는 정도였다.

> 대원군 조선 시대에는 왕위를 계승할 적장자, 적손 혹은 형제가 없을 경우 종친 중에서 왕위를 잇도록 되어 있었다. 이때 왕위에 오른 사람의 아버지를 대원군이라 불렀다. 흥선대원군은 유일하게 살아서 대원군이란 칭호를 받고, 어린 왕을 대신해서 막강한 권력을 누렸다.

그렇다고 허송세월을 보낸 것은 결코 아니었다. 그는 청의 새로운 학문과 정치에 많은 관심을 기울였다. 언젠가 외척 안동 김씨들을 몰아내고 기울어진 왕권을 다시 일으켜 세우겠다는 큰 뜻과 야망을 품고 있었기 때문이다.

하지만 자기 자신의 야망을 드러내 놓지 못했다. 어려서부터 재능이 뛰어나고 두뇌가 명석해 세도가들의 경계 대상이었던 그는 더욱 자신의 가치를 감춰야 했다. 안동 김씨들에게 야심이 탄로 나면 언제 죽임을 당할지 모를 일이었다.

흥선대원군

당시 헌종이 승하하자 왕위 계승권자 후보로 자질이 매우 뛰어나다고 칭송받던 이하전이 물망에 올랐다. 그러나 안동 김씨의 반대로 좌절됐을 뿐만 아니라, 철종이 즉위하면서부터 감시와 미움을 받았다. 결국 1862년 이하전은 왕으로 추대되어 모반했다는 모함을 받아 제주

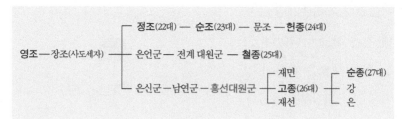

영조 —장조(사도세자) ┬ 정조(22대) — 순조(23대) — 문조 — 헌종(24대)

┬ 은언군 — 전계 대원군 — 철종(25대)

└ 은신군 —남연군 — 흥선대원군 ┬ 재면
├ 고종(26대) ┬ 순종(27대)
└ 재선 ├ 강
└ 은

흥선대원군 집안 계보

도에 유배, 사사되었다.

그 뒤 왕위 계승 후보로 가장 유력한 인물은 남연군의 자손밖에 없었다. 남연군은 사형제를 두었는데, 그 가운데 막내인 흥선군이 가장 총명하고 행동도 비범해 세도가들로부터 항상 감시를 받았다. 흥선군은 이러한 세도가들의 경계심을 없애고 그들의 관심으로부터 벗어나고자 나이 마흔에도 시정잡배들과 어울렸으며, 일부러 안동 김씨 가문의 상갓집을 기웃거리거나 주정꾼, 노름꾼 행세를 하고 다녔다. 이를 두고 세상 사람들은 그를 '궁도령' 혹은 '상갓집 개'라고 비웃었다. 이러한 행동으로 지켜보던 안동 김씨 세력을 완벽하게 속일 수 있었고, 결국 살아남아 뜻을 이룰 수 있었다.

고종 즉위

조선 25대 왕 철종이 33살의 나이로 승하했다. 철종은 슬하에 5남 7녀를 두었으나 1녀만 겨우 살아남고, 나머지는 모두 일찍 죽어 뒤를 이을 사람이 없었다. 홍선대원군은 미리 후사를 준비했고, 철종이 승하하자 거사를 조심스럽게 추진했다.

홍선대원군은 은밀히 궁중의 최고 어른인 익종의 조 대비와 긴밀한 관계를 맺고 있었다. 조 대비가 철종 사후 가장 영향력 있는 인물이 될 것이라고 판단했기 때문이다. 또한 그의 친정인 풍양 조씨 가문은 그동안 권력을 독차지해 왔던 안동 김씨 세력으로부터 벗어날 수 있는 좋은 기회라 여겼고, 이를 이루려면 누군가의 도움이 필요했던 차였다.

철종이 승하하자 궁궐 내 모든 관심이 조 대비에게 쏠렸다. 안동 김씨 세력이 철종의 후사를 정하지 못하는 사이에, 홍선대원군은 조 대비의 힘을 빌려 그의 둘째 아들인 재황을 제26대 왕으로 삼았다.* 안동 김씨 세력은 무작정 손을 놓고 있다가, 이를 막을 명분을 찾지 못하고 고종을 조선의 국왕으로 인정해야만 했다. 이로써 홍선대원군은 안동 김씨에게 무시당했던 것을 되갚아 주고 품어 온 야망을 펼칠 기회를 얻게 되었다.

조 대비 풍양 조씨 만영의 딸로 순조의 아들인 효명세자와 혼인하여 세자빈에 책봉되었다. 하지만 효명세자(문조)가 요절하는 바람에 아들인 헌종이 그 뒤를 잇게 되었고, 효명세자는 익종으로 추존되고 그녀는 대비가 되었다.

* 홍선대원군은 재면, 재황, 서자 재선 등 세 명의 아들을 두었는데, 12살에 불과했던 둘째 아들 재황을 왕에 앉혔다. 나라를 다스리려면 19살이었던 재면이 왕위에 오르는 것이 당연했지만, 홍선대원군은 그렇게 하지 않았다. 자신의 야망을 펼치려면 어린 아들을 왕위에 앉히고, 이를 핑계 삼아 직접 통치할 명분이 필요했기 때문이다. 재황이 고종으로 왕위에 오른 뒤 홍선대원군은 대원군 칭호를 얻었고, '대원위 분부'라는 명령으로 권력을 휘두르며 왕권을 강화시켜 나갔다. '대원위 분부' 다섯 글자는 산천초목을 떨게 할 정도였다고 한다.

흥선대원군의 개혁 정치

고종을 대신해서 권력을 잡게 된 흥선대원군이 가장 먼저 해결해야 할 문제는 크게 두 가지였다. 첫째는 순조, 헌종, 철종의 통치 기간 60여 년 동안 왕실 외척들에 의해 약해진 왕권을 강화시키는 것이었고, 둘째는 삼정의 문란에 허덕이는 백성을 구해 민생을 안정시키는 일이었다. 특히 고종 즉위 1년 전인 1862년에 터진 진주 민란을 시작으로 곳곳에서 백성의 불만이 폭발하여 나라가 어수선했다.

흥선대원군은 5척이 약간 넘는 작은 체구였지만, 용모는 맑고 깨끗하였으며 성격은 호탕하고 의협심이 많은데다가 과감했다고 한다. 또한 만나는 사람들에게 언제나 정력이 넘치는 모습을 보였다고 한다. 그뿐만 아니라 도덕이나 경제, 정치 혹은 왕족의 문제 등을 거침없이 밀어붙였고, 곤란한 상황에 빠져도 굽히지 않았다.

| **인사 개혁과 국가 기구 정비** |　　　흥선대원군은 순조 이후 국정이 부패하고 국력이 쇠퇴한 원인이 안동 김씨를 비롯한 척족 권신이라고 여겼다. 그들이 권력을 독차지해 마음대로 국가를 운영하면서 지방에는 탐관오리들이 넘쳐 났으며, 왕권은 나약하기 그지없게 된 것이라 확신했다.

흥선대원군은 이를 바로잡고자 가장 먼저 인사 개혁에 착수했다. 안동 김씨 세력을 내쫓고 자신이 필요로 하는 인재들로 채웠다. 1864년 5월 영의정 김좌근, 이듬해 영돈녕부사 김흥근이 자리에서 물러났다. 김좌근의

아들로 외척 세력의 구심점이었던 김병기도 광주 유수로 밀려났다가 결국 옷을 벗어야 했다. 흥선대원군과 뜻을 같이했던 김병학과 김병국 등 몇몇은 자리를 지켰지만, 안동 김씨 세력은 더 이상 예전의 권력을 누리지 못했다.

흥선대원군은 전주 이씨 종친 중에서 인재를 골라 썼으며, 당파를 불문하고 유능한 인재를 등용했다. 이런 과감한 인사 정책은 척족이나 탐관오리에게 억눌려 왔던 백성들로부터 지지와 환영을 받았다. 전국적으로 확산된 민란이 잦아들었다.

왕권을 강화하고자 국가 기구 정비에도 나섰다. 16세기 말 임진왜란 이후 비변사가 군사뿐만 아니라 중앙 정부 최고 기관이 되면서 의정부와 삼군부가 본래 기능을 상실했다. 흥선대원군은 1865년 4월과 6월에 비변사를 의정부에 통합시키고, 정치와 군사 양권 분립의 원칙에 따라 삼군부를 독립시켰다. 이로써 의정부와 삼군부는 조선 초기의 기능을 되찾아 최고 기관으로 자리매김하게 되었고, 아울러 명령 체계의 단일화를 꾀할 수 있게 되었다.

또한 1866년 1월 조선 시대 최후의 통일 법전인 《대전회통》을 간행했다. 조선 후기 정치 기강이 문란해지고 사회가 극도로 혼란해진 것을 수습하고자 새로운 법전을 편찬한 것이다. 조선 최초의 법전인 《경국대전》을 모법으로 삼고 《속대전》, 《대전통편》과는 동급으로 취급했다. 즉 《경국대전》에 수록된 내용은 원(原)으로 표기하고, 《속대전》에 처음 보이거나, 《경국대전》의 내용이 바뀐 것은 증(增)이라 표기했으며, 처음이거나 기존 내용이 바뀐 것은 보(補)로 표기했다.

| 경복궁 중건 |　　　홍선대원군은 60여 년간 세도 정치를 겪으면서 실추된 왕권을 바로잡고자 임진왜란 당시 불에 타버린 경복궁을 다시 짓고자 했다. 경복궁은 조선이 건국되고 처음 만들어진 궁궐로, 왕권을 상징하는 중요한 의미를 지니고 있었다. 역대 왕들은 엄청난 비용 때문에 엄두를 내지 못했으나 홍선대원군은 270여 년 동안 내버려졌던 빈터에 경복궁을 중건하여 무너진 왕권의 위엄을 되찾고자 했다.

경복궁 중건은 조 대비의 적극적인 후원으로 진행됐다. 1865년 5월, 국가적인 건축 공사를 관장하던 임시 관청 영건도감을 설치하고, 영의정 조두순을 책임자로 삼아 경복궁 중건 사업을 추진했다.

다만 홍선대원군으로서도 여기에 필요한 막대한 자금을 마련하기란 쉽지 않았다. 그는 여러 경로를 통해 이를 해결하고자 나섰다. 먼저 백성들에게 노동력 제공을 요구하는 한편, 돈을 내는 자에게는 벼슬을 내리거나 포상하겠다고 공포했다. 그 결과 종친들이 수만 냥을 내놓는가 하면, 조 대비가 10만 냥을 선뜻 내놓기도 했다. 또한 양반 부호들을 비롯하여 백성에게 원납전 납부를 선전, 독려한 결과 496만 냥이 모아졌다. 필요한 재목은 능원묘에 있는 송화목을 벌채하여 사용했다. 건물을 짓는 데 필요한 전문 인력은 전국 각지의 공장(工匠)을 불러들여 충원했다. 부역하는 일반 백성에게 수고료 명목으로 1인당 1전씩 지급했고, 서울 근교에 사는 백성들이 매일 공사장으로 오가는 노고를 덜어 주고자 임시 거처를 마련하는 등 부역에 신중을 기했다. 이에 백성들로부터 원망을 크게 사지 않았고, 공사는 순조롭게 진행됐다. 또한 수시로 관리들로 하여금 부역민을 격려하거나 무동대, 농악대, 남사당 등을 동원해 노

경복궁 전경

고를 덜어 주었다.

　그런데 공사를 시작한 지 1년이 지난 1866년 4월에 화재가 발생해 가
건물 800여 칸과 목재가 전부 불에 타고 말았다. 순조롭게 진행되던 중
건 사업에 큰 차질을 빚게 되었다. 이 때문에 공사가 중지될 것이라는
소문까지 떠돌았다. 하지만 흥선대원군은 뜻을 굽히지 않고 실화 책임
자들을 엄벌에 처하는 한편, 공사를 강행했다. 목재는 강원도, 함경도
등 먼 곳에서 옮겨 와야 했으며, 석재 또한 얻는 게 쉬운 일이 아니었다.
이에 서낭당의 큰 나무나 석재, 양반 집안 선영의 목재까지도 강제로 빼
앗듯이 했다.

　더 큰 문제는 부족한 자금을 마련하는 것이었다. 이를 충당하고자 공

상평통보 당백전

공연히 벼슬자리를 팔았고, 일반 백성에게 징세하거나 성문 통과세를 부과하였으며, 그것으로도 부족하여 당백전을 발행했다.

이렇듯 무리하게 공사를 밀어붙이자 이곳저곳에서 경복궁 중건을 중지해야 한다는 목소리가 터져 나오기 시작했다. 하지만 흥선대원군은 아랑곳하지 않고 밀어붙였다. 결국 중건을 시작한 지 40개월 만인 1868년 8월, 공사가 어느 정도 마무리되자 고종은 이곳으로 거처를 옮겼다.

그 뒤 경복궁은 1872년 10월에 완공되었다. 공사 기간 17년 5개월 동안 내하전(內下錢) 11만 냥, 단목(丹木) 5천 근, 백반 3천 근, 종친 원납전 34만 913냥, 원납전 727만 7,680냥, 백미 824석이 소요되었다. 엄청난 비용을 들여 경복궁은 원래 모습으로 돌아왔지만, 생활이 더욱 곤란해진 백성들로부터 민심을 잃고 말았다.

| **서원 철폐** |　　홍선대원군이 가장 과감하게 추진한 것이 서원 철폐였다. 본래 서원은 훌륭한 학자들을 제사 지내고 양반 자제들이 공부하던 곳이었다. 그런데 조선 후기로 접어들면서 서원은 권력을 잡으려는 정치 세력의 본거지로 변질되었다. 또한 자기 집안을 드높이고자 앞다투어 서원을 설립하면서 그 수가 급증했다. 이에 따른 폐해가 적지 않았다. 사액을 받은 서원은 많은 토지를 소유하고 노비를 거느렸지만 세금을 내지 않았으며, 더욱이 군역을 피하려는 사람들의 소굴로 변하고 말았다.

당시 가장 큰 물의를 일으켜 비판을 받은 곳은 청주의 화양동서원과 만동묘였다. 만동묘는 임진왜란 당시 지원군을 보내 준 명나라 말기의 두 황제 신종과 의종을 추모하고자 숙종 때 송시열의 유지로 세워진 사당이다. 이들 서원은 제사나 행사를 치를 때면, 으레 필요한 물품을 애꿎은 일반 백성에게 부담시켰고, 이를 거역할 경우에는 곤장을 치거나 농사지을 땅을 빌려 주지 않아 백성의 원성이 적지 않았다.

홍선대원군은 서원 설립을 금지한 한편, 집권한 지 3년 만인 1865년 4월 가장 말썽을 일으킨 만동묘부터 없애 버렸다. 아무리 막강한 권력을 가진 홍선대원군으로서도 서원을 철폐시키는 일은 여간 어려운 일이 아니었다. 지방에 세력을 가진 양반들이 이를 가만히 두고 보지 않을 것이기 때문이다. 만동묘는 상징적인 의미가 컸기 때문에 전국 유림들

우리나라 최초의 서원인 소수 서원

이 거세게 반발했다.

이에 굴하지 않고 만동묘를 시작으로 서원 철폐를 단행했으나, 당시 상황은 여의치 않았다. 경복궁 공사가 한창이었고, 병인양요가 일어나 민심이 어수선했다. 그 뒤 어느 정도 국내외 문제가 안정되자, 만동묘를 없앤 지 6년이 지난 1871년 5월 서원 철폐령을 내려 본격적인 서원 철폐에 나섰다.

연전에 만동묘에 지내던 제사를 그만두게 한 것은 해마다 제사를 지내는 대보단이 있기 때문이었다. 이런 때 도학에 관한 학문이 있고 충성과 절개를 지킨 사람에 대해 서원을 세워 중첩하여 제향하고 있으니, 이것이 어찌 도리이겠는가? 그리고 서원에 신주를 모시는 것은 삼대의 법이 아니다. 그런데 우리나라에서는 문성공 안유[안향]를 사모하는 뜻을 보인 이후, 점점 늘어나서 지금은 한 사람을 중첩해서 제향하여 많게는 4, 5, 6개소에 이르고 있다. 처음에는 향현이라고 해서 서원을 내고, 결국에는 유생들이 상소를 올려 선액(宣額, 왕이 서원 이름을 지어 줌)하게 되는데, 여러 가지 말하기 어려운 폐단도 이 가운데 있다. 비록 사액한 서원이라고 해도 한 사람에 대해 한 서원 외에 중첩하여 설치된 것은 예조 판서가 대원군에게 품정하여 신주를 모신 서원을 제외하고는 모두 철폐하라. 이후 몇백 년을 내려가면서 도학으로 받들어야 할 분이 있으면 반드시 도학자들을 모시는 서원에 배향하고, 충성과 절개로 받들어야 할 분이 있으면 반드시 충성과 절개가 있는 사람들을 모셔두는 서원에 배향한다는 것을 거듭 밝혀 《오례편고》에 올림으로써 만년의 법식과 영구한 계책으로 삼도록 하라

_《고종실록》 1871년(고종 8) 3월 9일조

서원 철폐령에 따르면, 선현 1명이 2개 이상의 서원이나 향사에 중복되어 모셔져 있으면 사액 서원일지라도 철폐하게 하였다. 도학과 절의가 뛰어나 문묘에 배향된 인물일지라도 오로지 한 곳으로 제한하였다. 그 결과 전국적으로 600여 개에 달하던 서원은 47개만 남게 되었다. 전국 유생들은 분개하여 궐기해 부당하다고 진정하거나 경복궁 앞에 모여서 시위했다. 흥선대원군은 "진실로 백성에게 해가 있는 자라면 비록

공자가 다시 살아난다 해도 용서하지 않을 것이다."라면서, 포졸들을 풀어 항의하는 유생들을 해산시켜 한강 건너로 쫓아 버렸다. 그 뒤 반항하는 자들을 엄벌로 다스리자 기세등등하던 유생들도 함부로 반발하지 못하고 잠잠해졌다.

서원 철폐로 중앙 집권력이 지방에까지 미치게 되었으며, 서원의 토지와 노비를 몰수해 국가 재정이 넉넉해졌다. 더욱이 서원에게 시달렸던 백성들로부터 적극적인 지지를 받게 되었다. 하지만 강압에 눌려 불만을 토로하지 못했던 양반, 유생에게는 깊은 불신과 반감을 얻었고, 결국 훗날 그가 권력에서 밀려나는 원인 중 하나가 되기도 했다.

| **삼정 개혁** |　　철종 이후 전정(田政), 군포, 환곡 등 삼정의 폐단으로 민란이 빈번하게 일어났다. 나라의 기강을 바로 세우고 국가 재정을 튼튼히 하려면 이를 바로잡아야 했다. 국민이 내는 세금으로 나라 살림을 꾸려 나가야 하는데 조선 시대에는 양반을 제외한 백성들만 세금을 부담했다. 이는 조선 시대 내내 고질적인 병폐였으며, 삼정의 세금 제도가 문란해져 농민들의 고통은 더욱 심했다. 이를 바로잡으려면 재정 및 세제와 관련된 제도 개혁과 더불어 운영에도 개혁이 필요했다.

• 전정 개혁

흥선대원군은 국가 재정의 확충 방안으로 전정을 바로잡고자 했다. 당시는 농업이 주된 산업이었기 때문에 토지에 대해 전세, 대동미 등의 세금을 부과했다. 그런데 대부분의 토지를 소유하고 있는 서울의 권문세가와 지방 토호들이 면세와 탈세까지 저질러 국가 재정이 고갈된 상황이었다. 정작 농사를 짓는 농민들은 땅을 가지지 못해 비참하게 살아가고 있었다. 그는 이를 해결할 방안으로 전국의 토지를 측량하는 양전을 실시해 토지 대장에 올려 있지 않은 땅을 찾아내는 데 중점을 두었다. 아울러 토호들이 자행했던 남의 땅을 빼앗아 자신의 토지를 넓히는 토지 겸병을 금지시키고, 개인적으로 소유하고 있던 어장도 나라에 귀속시켰다. 하지만 양전 사업은 일부 지방에서만 추진되었을 뿐이고, 그것마저도 흥선대원군이 물러나면서 완전히 중단돼 전정 개혁은 큰 성과를 보지 못했다.

• 군포 개혁

군포는 국방에 필요한 자금을 마련하고자 제정된 것으로, 국민개병제 원칙하에 병역세로 징수한 것이었다. 하지만 양반에게는 군포를 면제해 주었고, 조선 후기에 양반의 수가 급증하면서 군포 징수가 급감했다. 그럴수록 일반 백성에게 군포를 과중하게 부과했다. 심지어는 어린 아이[황구]와 죽은 사람[백골]에게도 군포를 내도록 하여 불만이 쌓이고 쌓여 결국 민란으로 표출되었다.

흥선대원군은 군포를 호포라 고쳐 부르고 신분의 높고 낮음에 구분 없이 매 호마다 2냥씩 납부하게 했다. 이로써 면세 특권을 누리던 양반도 세금을 내야 했다. 다만 체면과 위신 때문에 세금을 내는 것을 꺼리자, 집안 머슴의 이름으로 이를 납부하는 것을 인정해 주기도 했다.

• 환곡 개혁

환곡은 흉년이나 춘궁기에 곡식을 빈민에게 빌려 주고 추수기에 이를 환수하던 제도로 삼국 시대부터 실시해 왔다. 그런데 조선 시대에 임진왜란과 병자호란으로 국가 재정이 어려워지자, 곡식을 빌려 주고는 이자를 부담시켜 국방 경비로 충당하곤 했다. 이때 곡식 대여뿐만 아니라 이자를 멋대로 정해 백성의 원망을 샀다. 환곡 본래의 기능을 잃어버린 것이다. 더욱이 후대로 올수록 지방 탐관오리들이 이를 악용해 자신들의 부를 축적하면서 백성의 고통이 더욱 커졌다. 이 역시 민란 발생의 한 요인으로 작용했다.

삼정 가운데 환곡의 폐단이 가장 극심하자 흥선대원군은 여러 대책을 마련했다. 여러 번에 걸쳐 환곡을 정당하게 운영하지 않는 자를 엄벌에 처한다고 알렸고, 《대전회통》에 처벌 규정을 상세하게 적어 놨지만 환곡 문제는 쉽사리 없어지지 않았다.

이때 호조판서 김병학의 제안에 따라 환곡을 사창제로 바꾸면서 문제점이 개선되었다. 각 면에서 인구가 가장 많은 곳에 사창을 설치하고, 근면 성실하고 생활이 비교적 넉넉한 사람에게 관리하도록 했다. 이는 환곡에 있어 가장 큰 병폐의 원인이었던 아전들의 간섭을 완전히 배제시키고자 한 것이다.

사창제는 흥선대원군이 집권할 동안 함경도, 평안도, 강원도를 제외한 각 도에서 실시되었다. 이를 통해 관리의 부정이 완전히 없어지거나 농민들의 생활이 크게 향상된 것은 아니었지만, 전반적으로 농민들의 부담이 줄어들었으며 국가의 재정을 확충하는 데도 기여한 바가 컸다.

• 각종 잡세 철폐

홍선대원군은 삼정의 개혁뿐만 아니라 자신과 국왕을 비롯한 왕실 측근들에게 근검절약하는 모범을 보이도록 하여 사치와 낭비를 줄여 나갔다. 또한 협잡배들이 외딴 시골에 나타나 왕실을 빙자하거나 궁궐에서 쓸 것이라며 금품을 갈취하는 폐단을 엄금했다. 삼남 지방에서 사실상 농민의 소유임에도 역토로 편입해 세금을 내도록 하는 폐단도 없앴다. 각 포구와 시장 등지에서 성행하던 잡세도 근절했다. 새로 부임한 지방관이 지방 토산품을 왕실이나 권세가에 바치던 관행을 금지하고, 이를 어길 경우에는 파면시키기도 했다.

쇄국 정책 실시

홍선대원군의 집권 당시 대외 정책은 쇄국으로 일관했다. 물론 이는 새삼스러운 것이 아니었다. 조선 500년 동안 쇄국 정책이 원칙이었고, 어느 누구도 이의를 제기하지도 않는 국론이었다. 조선 시대 대외 정책 기본 원칙이 사대교린(事大交隣)이었기 때문이다. 세력이 강하고 큰 나라인 중국은 받들어 섬기고[사대], 일본과 북방의 오랑캐와는 대등한 입장에서 사귀어[교린] 국가 안정을 도모했다. 쇄국 정책은 우리나라만 고수한 것이 아니었다. 당시 중국이나 일본도 여러 나라에 문호를 개방하지 않았다.

하지만 서구 유럽에서 산업 혁명이 일어난 이후 식민지 쟁탈전이 일어나면서 쇄국 정책만을 고집할 수 없게 되었다. 중국 중심의 세계관에 갇혀 있던 동양은 서양의 침략에 시달려야 했다. 먼저 인도가 영국의 식민지가 되었고, 이어 서구 열강은 동쪽으로 그 세력을 뻗쳤다. 중국은 1840년 영국과 치른 아편 전쟁에서 패하면서 아시아 종주국으로서의 위상이 크게 꺾이고 말았다.

그럼에도 중국은 여전히 문호를 완전히 개방하지 않았지만, 일본은 1854년 미국의 통상 요구에 재빨리 문호를 열고, 메이지 유신에 성공해 아시아 국가 중 가장 먼저 근대화의 길로 들어섰다. 중국은 1860년 영국과 프랑스에게 베이징이 점령된 이후에서야 비로소 문호를 개방했다. 하지만 조선은 아편 전쟁에 대해 자세히 알지 못했을 뿐만 아니라 서구 열강에 대해 알려고 하지도 않았다. 베이징이 점령당하고 황제가 피난 갔다는 소식이 알려지면서 무척 당황스러워했고 서양 세력이 곧 침략해 들어올 것이라는 풍문에 피난을 가는 사람들도 생겨났다.

이후 흥선대원군이 정권을 잡았지만 쇄국 정책은 변함없었다. 민생 안정과 더불어 왕권 회복을 위한 개혁 정책에만 골몰했지 국제 정세의 변화 흐름에는 둔감했다. 서구를 오랑캐 정도로만 이해했던 흥선대원군은 이들의 통상 요구를 침략 위협으로 인식하고 일절 응하지 않았다.

기록에 의하면 1735년(영조 11) 황해도 초도에 이양선이 처음 등장한 뒤, 1780년(정조 4) 전라도 흑산도, 1787년(정조 21) 경상도 동래에도 이양선이 출몰했다. 당시 이양선 대부분은 우리나라 연안에서 측량을 해 지형을 파악하는 것이 목적이었기 때문에 별다른 문제가 되지 않았다.

하지만 서양의 이양선이 중국과 일본을 굴복시킨 것을 알고부터는 달라졌다. 더욱이 프랑스, 미국, 러시아, 독일 등 여러 나라가 통상을 요구하자 이를 매우 두려워했다. 당시 이양선에는 유리구슬, 서양식 대접, 거울 등이 실려 있었는데, 우리나라 사람들이 가장 관심을 가졌던 물건은 거울이었다고 한다.

| 병인박해 |

우리나라 국경은 압록강과 두만강을 사

조선 말기 이양선 출몰

이에 두고 중국과 맞닿아 있었다. 그런데 1860년 영불 연합군이 중국 베이징을 침략했을 당시 러시아가 중재하여 베이징 조약을 체결하면서 상황이 달라졌다. 러시아가 이를 기회로 중국으로부터 헤이룽강 이북과 연해주 일대를 차지하면서 국경을 맞대게 되었다. 그 뒤 러시아인이 수시로 국경을 넘어와 통상을 요구했다. 홍선대원군은 천주교도 남종삼의 건의를 받아들여 영국과 프랑스의 세력을 이용해 러시아의 남하를 막아 보고자 했을 정도였다.

천주교는 18세기에 전파된 이후 몇 번의 박해를 받았지만, 베르뇌 (Simeon Francois Berneux) 주교 등 프랑스 선교사 12명에 의해 교세가 꾸준히 넓어져 한때 천주교도가 2만여 명에 달할 정도였다. 이는 천주교에 비교적 호의적이었던 흥선대원군의 영향도 적지 않았다. 그의 부인 민씨는 매일 천주교 교리를 외웠을 뿐만 아니라 고종이 왕위에 오르자 베르뇌 주교에게 감사의 특별 미사를 청하기도 했다. 민씨는 1896년에 '마리아'라는 세례명을 받기도 했다.

흥선대원군은 베르뇌 주교의 도움을 받아 당시 골칫거리였던 러시아의 남하를 막고자 했다. 하지만 주교가 정치, 외교 문제에는 개입하지 않는다는 원칙을 고수하면서 틀어지고 말았다. 이후 러시아의 남하가 잦아들면서 흥선대원군도 굳이 이를 고집하지 않았다. 그런데 천주교도들이 서구 세력과 결탁할 것이라는 소문이 나돌아 민심이 흉흉해지면서 사태는 급변했다. 순조 때 천주교도 황사영(黃嗣永, 1775~1801)이 서양 세력을 끌어들여 신앙의 자유를 얻으려다 발각된 적이 있기 때문이었다. 더욱이 '운현궁에 천주학쟁이들이 출입한다'라는 소문이 퍼지며 흥선대원군이 난처한 상황에 빠졌다. 그의 든든한 후원자였던 조 대비뿐만 아니라 관리들의 우려를 불식시키고, 만동묘 철폐로 반감을 가진 유림의 공격의 빌미를 없애야만 했다.

1866년 1월, 포도청에서 베르뇌 주교의 하인과 국내 신자 가운데 명망 있던 전장운, 최형 등을 체포하면서 병인박해가 시작되었다. 그해 3월 베르뇌 주교를 비롯하여 프랑스 선교사 12명 중 9명이 한강변

새남터에서 처형되었다. 그 뒤 1872년까지 7년에 걸쳐 8천여 명의 신자들이 죽임당했다. 1801년(순조 1) 신유박해, 1839년(헌종 5) 기해박해, 1846년(헌종 12) 병오박해 때와 달리 참형도 시켰지만 생매장, **백지사형** 등과 같이 잔혹한 사형 방법도 이용되었다. 이때 탄압을 피해 산속으로 들어간 신자 가운데 병에 걸리거나 굶어 죽은 부녀자와 어린이가 많았다. 이에 대해서는 다음과 같은 이야기 전해진다.

이때에 이르러 나라 안을 크게 수색하니 포승에 묶여 끌려 가는 모습이 길가에서 보이는 정도였고, 포도청 감옥이 만원이 되어 재판할 수도 없었다. 그중에는 아낙네, 어린아이들과 같이 철없는 사람들이 많았다. 포장(捕將)이 민망하게 여겨 신앙을 버리도록[배교] 타일러도 신자들은 듣지 않았다. 이에 몽둥이로[형장]로 때려서 기어코 회개시키고자 하니 피부가 낭자하게 터지고 피가 관청 지붕까지 튀어 올랐다. (중략) 죽일 때마다 천주교를 배반하겠는가 하고 물으면 어린아이들조차도 그 부모를 따라서 천당에 오르기를 원했다. 홍선대원군이 이를 듣고서 다 죽이도록 명하고 어린아이들만은 풀어 주었다. 시체를 수구문 밖에 산더미처럼 쌓아 놓으니 백성들이 벌벌 떨며 더욱더 위엄 있는 명령을 두려워하게 되었다.

_《근세조선정감》, 17쪽

백지사형 천주교 신도를 말뚝에 묶은 후, 손을 뒤로 묶고 상투를 풀어서 머리카락을 손에 묶은 뒤 얼굴을 하늘로 향하게 해 얼굴에 물을 뿌리고 그 위에 백지를 여러 겹 붙여 질식시키는 사형 방법.

로즈 제독

병인박해 속에서도 3명의 프랑스 신부들은 몸을 숨겨 겨우 목숨을 건졌다. 그 가운데 리델 신부는 금강 하구의 용당포에서 배를 타고 조선을 빠져나가 중국 톈진에 있던 프랑스 해군 사령관 로즈 제독에게 프랑스 신부들과 천주교도의 박해 사실을 알렸다. 프랑스는 조선에 보복을 결정하고 즉각 로즈 제독에게 출동 명령을 내렸다. 프랑스에게는 이를 기회로 조선과의 통상을 실현시킬 속셈도 있었다.

1866년 9월, 로즈 제독은 군함 3척에 리델 신부와 조선인 3명을 태우고 수로 탐사와 해도 작성을 위해 강화도를 거쳐 한강을 거슬러 양화진, 서강까지 올라왔다가 돌아갔다. 이때 흥선대원군은 청으로부터 프랑스 군함이 조선을 향해 출항했다는 연락을 받았지만, 안이하게 별다른 조처를 취하지 않았다. 프랑스 군함이 물러난 뒤에야 경비를 강화하도록 지시했을 뿐이다.

프랑스 군함의 출현에 수많은 유림들은 서양 세력의 침투를 철저히 막아야 한다는 상소문을 거듭 올렸다. 서양과 교통하게 되면 2, 3년 내

일본 나가사키 항에 주둔 중인 로즈 함대

에 온 백성이 금수(禽獸)의 지위로 떨어질 것이라 주장했다. 이러한 척사
사상에 백성들도 공감했기 때문에 절대적으로 이를 지지했다.

　그 뒤 2개월여가 지난 1866년 11월, 로즈 제독은 군함 7척에 군인 1천
여 명을 승선시켜 강화도를 재차 침략했다. 군함은 강화도 갑곶진에 상
륙했고, 무장 군인 600여 명이 강화부를 공격했다. 조선 군인 3~4만 명
이 방어에 나섰지만, 화력에 밀려 별다른 저항을 하지 못하고 결국 강화
부가 함락되고 말았다. 당황한 흥선대원군은 급히 전국 각지의 포수를
불러 모은 뒤 포도대장 이경하(李景夏)를 대장으로 삼고 이용희(李容熙)에
게 2천여 명의 군사를 거느리고 출정하게 했다.

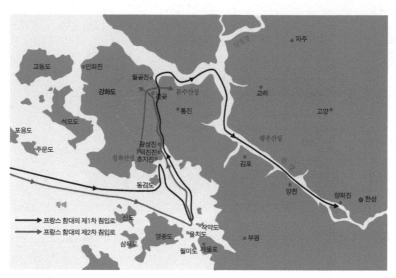

프랑스 군함의 1차, 2차 침략 이동 경로

    강화도로 들어가는 김포 통진에 도착한 이용희는 로즈에게 '국법을 어긴 자는 처벌을 받는 것이 마땅하며, 외국인이 몰래 들어와 풍속을 어지럽히면 만국공법에 따라 처형하는 것이 당연한 것이며, 프랑스군이 백성을 죽이고 약탈하는 것은 배은망덕한 것'이라는 내용의 격문을 보내고, 우선 회담을 주장했다. 로즈 제독은 '우리는 자비로운 프랑스 황제의 명령을 받들고 우리 선교사를 학살한 데 대한 응분의 보상을 받기 위해 조선에 왔다'라며 프랑스 선교사 학살에 관련된 3정승을 엄벌에 처할 것, 수호 조약의 초안을 공동으로 작성할 전권 대사를 파견할 것을 요구했다. 프랑스는 병인박해를 빌미로 조선과의 통상을 목적으로 했던 것이다.

    그런데 프랑스군은 조선 정부의 답신이 오기도 전에 김포 월곶진의

강화도를 공격하는 프랑스 군대

문수산성을 공격했다. 문수산성을 지키던 한성근과 조선 수비군이 치열하게 저항했지만, 통진부로 후퇴하고 말았다. 이어 프랑스 군대는 강화부 교동에 있던 경기 수영을 공격하는 한편, 정족산성 안에 있는 전등사를 약탈하고자 했다. 이러한 정보를 입수한 이용희는 양헌수로 하여금 조선군과 전국 각지에서 모집한 포수 등 정예군 500여 명을 이끌고 강화도 내에 있는 정족산성을 사수하게 했다.

양헌수는 프랑스군의 눈을 피해 밤을 틈타 강화도에 조선군을 상륙시킨 뒤에 요새였던 정족산성의 동문과 남문에 군사를 배치했다. 이러한 사실은 곧바로 로즈에게 보고되었고, 프랑스군 150여 명이 정족산성의 양헌수 부대를 공격했다. 프랑스 군인들이 동문으로 진입하려던 순간 잠복해 있던 양헌수가 이끄는 포수들이 일제히 포격을 가하며 격전을 벌였다. 그 결과 프랑스군은 전사자 6명을 포함하여 60~70명의 사상자를 냈으나, 조선군의 피해는 전사자 1명, 부상자 4명에 불과했다.

로즈 제독은 한강 입구만 봉쇄하면 조선이 항복할 것이라 예상했지만, 의외로 조선군의 끈질긴 저항에 부딪히자 당혹해했다. 더욱이 프랑스군의 사기가 급격히 떨어지자 강화도 철수를 결정했다. 프랑스군은 철수하기 전에 강화읍에 불을 질러 파괴했을 뿐만 아니라, 약탈한 많은 서적과 무기, 금은괴 등을 군함으로 옮겨 싣고 40일 만에 조선에서 물러났다.

병인양요로 서울 시민들은 공포에 떨어야 했으며, 지방에서 미곡이 반입되지 않아 생활에 큰 불편을 겪어야만 했다. 하지만 흥선대원군은 위정척사 사상을 주장하던 이항로 등의 유림이 척화 주전론을 적극 주장한 데 힘을 얻어 단호히 대처했다. 이항로는 전국 각지에 연락해 의병을 조직할 것을 독려하기도 했다.

프랑스군이 물러나자 천주교도 박해는 더욱 심해졌다. 이때 양화진 근처 절두산에 새로운 사형터가 마련되었고, 이곳에서 천주교도들의 박해가 이뤄졌다.

| 오페르트의 남연군 묘 도굴 | 독일 상인이자 항해가였던 오페르트(Ernst Jacob Oppert)는 중국 상하이에서 머물면서 조선과의 통상을 통해 일확천금을 얻고자 1866년 두 차례나 서해안의 해미현 서면 조금진까지 들어왔으나 번번이 실패했다. 오페르트는 한때 프랑스와 조선의 통상을 내심 기대했지만 실패로 돌아가자 크게 낙심했다. 1868년 6월 오

프랑스군의 외규장각
한국 문화재 약탈

병인양요 당시에 프랑스군은 강화도 외규장각에 보관되어 있던 우리 문화재를 약탈해 갔다. 궁궐 밖에 외규장각이 마련된 것은 강화도가 물살이 급한 해로와 드넓은 개펄로 천연의 요새지였기 때문이었다. 이러한 자연환경 덕분에 고려가 몽골에 맞서 40년간 항쟁할 수 있었고, 조선 시대에는 인조 등 국왕들의 피난처가 되었다. 정조는 외규장각을 설치하고 궁중의 중요한 문서들을 보관하게 했다.

외규장각에는 왕실 관련 귀중품 99점과 도서 1,007종 5,067책이 보관되어 있었는데, 그 가운데 359점이 약탈당했고 나머지는 모두 불태워졌다. 약탈해 간 문화재 중에는 신라 시대 혜초가 지은 《왕오천축국전》, 금속 활자로 인쇄된 세계에서 가장 오래된 책인 《직지심체요절》(1377) 등 매우 귀중한 책들이 포함되어 있었다. 약탈 문화재는 현재 프랑스 국립도서관에 소장되어 있다.

1993년, 미테랑 대통령이 고속철도 사업권을 따내고자 약탈한 책 중 한 권을 반환하면서 외규장각의 존재가 부각되었다. 그 뒤 2000년 10월 한국－프랑스 양국 정상 회담을 통해 외규장각 도서 맞교환 원칙을 합의했고, 2011년 191종 297권의 외규장각 도서를 145년 만에 대여 형태로 돌려받아 전시회를 개최했다.

페르트는 140여 명의 선원들을 태우고 상하이를 출발해 충청도 홍주군 행담도를 거쳐 구만포에 상륙했다.

오페르트는 선원들을 이끌고 삽교천으로 올라와 덕산 관아를 습격해 건물을 파괴하고는 어둠을 틈타 충남 예산군 덕산면 가동에 있는 홍선대원군의 아버지 남연군의 무덤을 파헤치기 시작했다. 홍선대원군과의 통상 협상 때 남연군의 시체와 부장품을 이용하고자 한 것이다. 이때 덕산 군수와 주민들이 이를 제지했으나 무장한 서양인을 당해 낼 수 없었다. 하지만 석회로 다져진 남연군의 묘가 견고하여 밤새도록 도굴하지 못했을 뿐만 아니라, 주민들이 몰려오고 썰물시간이 다가오자 오페르트는 포기하고 그대로 물러났다. 이 소식을 접한 홍선대원군은 몹시 격분해 쇄국 정책을 강화했고 천주교를 더욱 탄압했다. 이 사건은 조상의 묘를 신성시했던 조선인에게 서양인은 야만인이라는 점을 각인시켰고, 서양인에 대한 증오와 배척은 더욱 커졌다.

| 제너럴셔먼호 소각 사건 |　　병인양요 직전인 1866년 9월 중국 톈진에 있던 미국 상선 제너럴셔먼(General Sherman)호가 대동강을 거슬러 평양까지 올라와 통상을 요구했다. 제너럴셔먼호는 본래 영국 군함이었는데, 1863년 포획되어 미국 남북 전쟁 당시 북부군 군함으로 사용된 이후 민간에 팔렸다. 미국 상인들은 비단, 유리그릇, 천리경(망원경), 자명종 등을 가지고 들어와서는 조선의 쌀, 종이, 사금, 홍삼, 호랑이 가죽 등과 교역할 것을 제의했다.

이때 평안도 관찰사 박규수는 서양 선박의 내항과 통상은 국법으로

제너럴셔먼호

금하고 있다며 정중히 물러날 것을 요구했다. 그러나 미국 상인들은 이를 거부하고 더욱더 내륙 깊숙이 거슬러 올라왔다. 이때 이를 저지하던 조선군 병사 이현익이 그들에게 붙잡히고 말았다. 조선군을 석방하라는 요구에 제너럴셔먼호 측은 오히려 총과 화포를 들이대며 위협했다. 강변에서 이를 지켜보던 평양 군민들이 격분하여 돌팔매, 화살, 소총 등을 동원하여 그들과 맞섰다. 이에 불안을 느낀 미국 상인들이 서둘러 제너럴셔먼호의 뱃머리를 돌려 하류로 내려가던 중, 군민 한 사람이 조그만 어선을 타고 상선에 접근하여 이현익을 구출했다. 그러던 차에 제너럴셔먼호가 대동강 양각도의 모래톱에 걸려 꼼짝 못하게 되었다. 평양 군민들은 배 2척에 마른 장작과 화약을 실어 떠어 보내 배를 불태우고 격침시켜 버렸다. 배에 타고 있던 미국 선원은 모두 죽었다.

사건 발생 후 미국은 행방이 묘연해진 배를 찾기 위해 1867년 3월과 1868년 4월 두 차례에 걸쳐 조선으로 건너와 탐문했지만, 정확한 사건 내막을 알아내지는 못했다. 평양 군민에 의해 제너럴셔먼호가 격침된 것은 분명해 보였지만, 결정적 증거를 찾지 못했던 것이다.

|신미양요 발발| 미국은 제너럴셔먼호의 행방을 끝내 알아내지 못했지만, 이를 기회로 조선 연안에서 조난당한 미국인의 생명과 재산의 안전을 도모하기 위한 조약을 체결하고자 했다. 미국은 1854년 군함을 앞세워 일본을 개항시킨 경험에 비추어 조선과도 쉽게 조약을 체결할 수 있을 것이라는 막연한 기대를 가지고 있었다. 먼저 주청 미국 공사 로우(F. F. Low)에게 전권을 위임하고 아시아 함대 사령관 존 로저스(John Rodgers) 제독에게 조선을 원정하도록 했다. 로저스 제독은 콜로라도를 비롯한 군함 5척, 대포 85문, 군인 1,200여 명의 대함대를 이끌고 일본 나가사키를 출항, 1871년 5월 경기도 남양부의 풍도 앞바다에 정박했다.

로저스는 조선과의 교섭이 목적임을 밝히고 조선의 책임 있는 고위 관리 파견을 요구했다. 미국 군함은 수로를 측량하면서 제물포 부근 작약도를 정박지로 삼았다. 조선 정부는 하급 통역관 3명을 보내 자진 철수를 종용했지만, 미군 측은 국왕의 신임장을 지참하지 않았다며 면담을 거부하고 오히려 한강 수심을 측량하겠다고 통보했다. 조선 정부는 급히 어재연을 진무중군으로 임명한 뒤에 군사를 모으고 대포와 화약, 군량미 등을 강화도에 급송했다.

조선 원정을 앞두고 기함 콜로라도에서 회의 중인 미군 사령관 로저스 제독이 지도를 가리키고 있다.

　미군 함대가 강화도 손돌목에 이르렀을 때 광성진, 덕진진, 초지진 포대에서 일제 발포했다. 조선군의 반격과 군함 한 척이 급류에 휩쓸려 좌초할 기미를 보이자 미군 함대는 한발 뒤로 물러났다. 미국은 평화적으로 탐측 활동을 하는데 포격한 것은 야만 행위라고 비난하면서 협상과 함께 사죄와 손해 배상을 요구했다. 이를 거부할 경우 10일 후에 보복 상륙 작전을 벌이겠다고 위협했다. 조선은 미군 함대가 정식 허락 없이 항해한 것은 영토 침략 행위라며 협상 자체를 거부했다.

　이에 1871년 6월 미국은 해상 함포 사격으로 강화도 초지진을 초토화시킨 뒤 초지진과 덕진진을 점령했다. 이어 광성보로 진격해 어재연이 이끄는 조선 수비병 600여 명과 치열한 전투를 치렀다. 전투는 한 시간 동안 이어졌지만 광성보는 결국 함락됐다. 조선군은 어재연을 비롯

미군에 빼앗긴 어재연 장군기. 미 해군 사관 학교 박물관에 소장되어 오다가, 2007년 10월 136년 만에 한국에 돌아왔다.

해 전사자 53명, 부상자 24명의 희생자를 냈지만, 미군은 전사 3명, 부상 10명에 불과했다. 이를 신미양요라 한다. 당시 미군의 지휘관으로 남북 전쟁에도 참전한 바 있었던 블레익(Bulleic) 중령이 "그렇게 협소한 장소에서 짧은 시간에 그처럼 치열한 전투를 본 일이 없었다."라고 회상할 정도로 조선군은 미군과 격전을 벌였다.

광성보 전투 이후 홍선대원군은 불안해하는 민심을 달래며 지구전에 돌입했다. 프랑스 함대와 마찬가지로 미국 함대도 결국 물러날 것이라고 생각한 것이다. 홍선대원군은 서양 오랑캐가 우리와 강화를 맺고자 하지만, 수천 년 예의지국이 어찌 견양(犬羊)과 뜻을 같이할 수 있겠느냐며, 절대로 양보하지 않고 배척할 것이며, '화(和)'를 말하는 자가 있다면 매국의 법률로 다스릴 것이라는 교서를 내리기도 했다. 일본처럼 조선도 협상에 응할 것이라 예측했던 미국은 난감한 처지에 놓였다. 결국 미국 함대는 1871년 7월 조선 개항을 단념하고 강화도에서 철수했다.

| 척화비 건립 |　　병인양요와 신미양요 이후, 흥선대원군은 서양 세력과의 통상 수교를 절대 거부한다는 의지를 내보이고자 전국에 척화비를 건립했다. 척화비에는 다음과 같이 새겼다.

洋夷侵犯 非戰則和 主和賣國
서양 오랑캐가 침범함에 싸우지 않음은 곧 화의하는 것이요, 화의를 주장함은 나라를 파는 것이다.

비의 옆면에는 '戒吾萬年子孫 丙寅作 辛未立'이라 적었으니, '우리의 만대자손에게 경고하노라. 병인년에 짓고 신미년에 세우다'라는 뜻이다.

척화비는 일시적으로는 서양 침략을 저지했지만, 국제 정세를 이해하는 데 소홀하여 근대화를 지연시키는 결과를 낳았다. 훗날 임오군란으로 흥선대원군이 청으로 납치되고, 1876년 개항을 하면서 척화비는 철거되거나 파묻혔다. 그중 서울에 세워진 척화비는 1882년 9월 종로 보신각 부근에 묻혔다. 그 뒤 1915년 6월 보신각을 옮겨 세울 때 발견돼 경복궁 근정전 서쪽 회랑에 진열되었다가 현재 국립중앙박물관에 소장되어 있다.

척화비는 어디에 세워졌는가?

척화비는 서울의 종로 네거리, 경기도 강화, 경상도 동래, 함양, 경주, 부산진 등에 세워졌다. 1882년 임오군란 당시 홍선대원군이 청에 납치되어 간 뒤 일본 공사의 요구로 철거되었는데, 서울에 있던 척화비처럼 대부분 땅에 파묻었을 것으로 생각된다. 현재 남아 있는 척화비는 모두 26개에 달하며, 공사 중에 발견된 것이 대부분이다.

지역		이름	기념 여부
서울	종로 보신각 근처	서울 척화비	국립중앙박물관 소장
부산	강서구 성북동	가덕도 척화비	시기념물 35호
	남구 대연4동	부산 척화비	시도기념물 18호
	기장군 기장읍 대변리	기장 척화비	시도기념물 41호
충남	아산시 신창면 읍내리 신창초교	신창 척화비	도문화재자료 236호
	연기군 남면 연기리	연기 척화비	시도기념물 11호
	예산군 대흥면 사무소	예산 척화비	지정 사항 없음
	홍성군 구항면 오봉리	홍성 척화비	도문화재자료 163호
충북	옥천읍 삼양사거리	옥천 척화비	도기념물 6호
	청주시 상당구 남문로2가	청주 척화비	시도기념물 23호
경남	남해군 설천면 노량리	남해 척화비	경남문화재자료 266호
	산청군 산청읍 산청리 산청초교	산청 척화비	유형문화재 294호
	양산시 상북면 소토리	양산 척화비	유형문화재 120호
	창녕군 창녕읍 교상리	창녕 척화비	도문화재자료 218호
	함양군 함양읍 운림리	함양 척화비	문화재자료 264호
경북	구미시 구포동	구미 척화비	문화재자료 22호
	국립경주문화재연구소 청사 안	경주 척화비	지정 사항 없음
	군위군 군위읍 동부리 군위군청 안	군위 척화비	지정 사항 없음
	대흥면사무소 옆의 대흥읍성 동헌 뒷쪽	예산 척화비	지정 사항 없음
	영양군 영양읍 서부리(군청 내)	영양서부리 척화비	지정 사항 없음
	영주시 순흥면 읍내리	순흥 척화비	도문화재자료 242호
	청도군 화양읍 서장리	청도 척화비	도문화재자료 109호
	포항 홍해읍 홍해 민속박물관 내	칠포 척화비	지정 사항 없음
	포항시 남구 장기면 읍내리	장기 척화비	도문화재자료 22호
전남	함평군 함평읍 기각리 함평공원 내	함평 척화비	도문화재자료 176호
전북	전북 익산시 여산면 여산리	여산 척화비	익산 향토유적 7호

흥선대원군의 하야

고종의 등극과 더불어 권력을 장악한 흥선대원군은 많은 개혁을 단행해 백성으로부터 적극적인 지지를 받았다. 특히 병인양요와 신미양요의 극복은 백성의 적극적인 지지가 없었다면 불가능했을 것이다.

하지만 흥선대원군의 강력한 개혁 정책에 반기를 드는 세력도 나타났다. 특히 서원 철폐로 말미암아 유림에게 반감을 샀다. 흥선대원군은 유림의 불만을 잠재우고자 그들이 숭앙하던 이항로에게 관직을 내려 그를 회유하고자 노력했다. 하지만 이항로는 끝내 불응했고, 오히려 양이(洋夷)를 몰아내고 국가의 안전을 도모하려면 만동묘를 다시 설치해야 한다고 주장하고 나섰다. 그 뒤 관직에 진출한 최익현이 스승의 뜻을 이어받아 무리한 토목 공사 중지, 당백전 폐지, 서울 사대문세 폐지 등을 열거하며 대내 정치를 비판하고 나섰다.

이를 교묘히 이용한 사람은 다름 아닌 민비였다. 민비는 최익현을 불러 고종이 친정을 펼칠 때가 왔다며, 흥선대원군이 자리에서 물러나야 한다고 역설했다. 고종은 최익현을 왕명 출납을 담당하는 동부승지에 앉혔다. 민비의 오빠인 민승호 등 척족 세력도 이에 가담했다. 그 뒤 1873년 12월 최익현은 시무 상소를 올려 흥선대원군의 개혁 정책 전반을 맹렬히 공격했다. 이에 따르면, 옛 제도를 바꾸어 사람들이 연약해졌고 관습에 젖어 대신들은 자신의 의견을 말하지 않고 대간과 시종들도 비방을 피하여 조정은 세속의 의론으로 지배되었고 인륜은 무너졌다고 주장했다. 최익현은 흥선대원군의 정치가 잘못되었다는 것을 정면으로 공격한 것이다.

이에 격분한 홍선대원군은 상소를 즉시 되돌려 보내는 한편, 최익현에게 사직서를 강요했다. 또한 홍선대원군은 자기편 사람들을 총동원해 이를 반박하고 최익현의 처벌을 상주하도록 했다. 이와 달리 고종은 "실로 간절하고 애틋한 마음에서 나온 것이고 지극히 가상한 일이다." 라며 칭찬을 아끼지 않았다. 동시에 최익현을 호조참판으로 승진 임명했고, 그를 규탄하던 유생과 고관들을 모조리 유배를 보냈다.

그 뒤 12월에 최익현은 다시 상소하여 홍선대원군에 대한 비판 수위를 더욱 높였다. 그는 "만동묘 철폐는 군신의 윤리를 무너뜨린 것이고, 서원 혁파는 스승과 학생의 의리를 끊은 것이며, 귀신이 출몰한 뒤로는 부자의 친(親)을 문란하게 했다."라며 홍선대원군의 하야를 촉구했다.

이를 기회로 민비는 고종에게 "더는 아버지에게 기대할 것이 아니라, 제 구실을 하라." 하고 주문했다. 이에 힘입은 고종은 과감하게 사전 통보도 없이 홍선대원군이 궁궐에 출입할 때 전용했던 운현궁 공근문을 봉쇄했다. 홍선대원군은 갑작스런 조치에 망연자실했다. 홍선대원군은 이를 저지하고자 했으나 이미 대세가 기울어져 별다른 명분을 찾지 못한 채 자리에서 물러나고 말았다. 권력을 잡은 지 10여 년 만의 일이었다.

그 길로 홍선대원군은 충남에 있는 아버지 남연군의 무덤을 찾았다. 아들인 고종이 조만간 자신을 다시 찾을 것이라는 기대 때문이었다. 하지만 고종으로부터 아무런 연락을 받지 못하자 결국 양주 곧을골(직골)

‖ 공근문 지금은 없어지고 일본 문화원 옆 터에 그 기초만 남아 있다. ‖

홍선대원군 사저 운현궁

에 있는 산장으로 거처를 옮겼다. 홍선대원군은 외딴 시골에 처박혀 있으면서 훗날을 기약했다. 당시 홍선대원군은 뿌리를 드러낸 난초를 그리며 자신의 처지와 울분을 달랬다고 한다.

몇 개월이 흘러 신하들이 아버지를 서울로 모셔야 한다고 거듭 상소를 올리자, 마지못해 1875년 7월 고종은 1년 8개월 만에 홍선대원군을 서울로 모셔 왔다. 다만 운현궁에서 한 발짝도 밖으로 나오지 못하도록 군사들에게 지키도록 했다. 그는 비록 서울로 돌아왔으나 자기 집에 갇혀 사는 신세가 되었다.

왜 민비는
흥선대원군을 미워했을까?

흥선대원군은 고종의 왕비이자 며느리를 고르면서 매우 고심했다. 60여 년 동안 외척에 의해 왕권이 흔들렸기 때문에 이를 미리 막고자 뼈대는 있되 약한 가문의 딸을 며느리를 맞고자 했다. 그런 고심 속에서 부인이 청한 대로 처가쪽 민씨 가문에서 왕비를 골랐다. 특히 양친을 잃고 고향 여주를 떠나 서울에 올라와 일가에서 지내고 있던 민비를 고종의 배필로 선택했다. 민비는 민치록의 딸이었는데, 아홉 살에 아버지가 죽고 곧이어 어머니마저 죽어 고아로 자랐기 때문에 흥선대원군은 매우 흡족해했다. 왕권에 도전할 만한 외척이 없다는 이유에서였다.

민비가 궁궐에 들어왔을 때 16살이었고, 고종은 15살이었다. 부모의 사랑을 받지 못하고 사춘기를 보내야 했던 민비는 고종의 사랑을 독차지하고자 했다. 하지만 고종은 후궁 이씨만을 가까이 했고, 얼마 지나지 않아 그에게서 왕자가 탄생했다. 흥선대원군은 매우 기뻐하며 왕자를 완화군으로 부르고 마냥 귀여워했으며, 그를 세자로 책봉하려는 움직임까지 보였다. 완화군은 1880년 병을 얻어 13세의 어린 나이에 요절했다.

어느덧 세월이 흘러 민비가 스무 살이 되었을 때에 바라던 왕자를 낳았다. 흥선대원군은 할아버지로서 왕자가 건강하게 잘 자라라는 마음으로 귀한 산삼을 보내 달여 먹이게 했다. 그런데 산삼을 먹은 왕자는 태어난 지 5일 만에 죽고 말았다. 민비는 시아버지인 흥선대원군이 자신을 미워하여 왕자를 죽이려 산삼을 보냈다고 생각했고, 그 뒤부터 두 사람의 관계는 멀어졌다.

제2장

근대 국가 체제로의 전환과 갈등

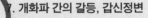

고종의 친정 체제 구축과 개항

고종의 친정

│ 친정 체제 구축 │　　　국정을 직접 챙기게 된 고종은 흥선대원군 시기에 활동했던 인물들을 내치고 자기 측근 인물들로 자리를 채워 나갔다. 왕위에 오른 지 10년 만이었다. 먼저 이유원(李裕元, 1814~1888)을 영의정으로, 박규수(朴珪壽, 1807~1877)를 우의정으로 임명했다. 이유원은 함경도 관찰사를 거쳐 고종이 즉위하면서 좌의정에 올랐으나 흥선대원군이 집권하면서 수원 유수로 좌천되었고 경기도 화도읍 가오곡 향리에서 은거하고 있다가 고종의 부름을 받았다. 박규수는 영조, 정조 시기에 실학자로 이름을 날렸던 박지원의 손자로 제너럴셔먼호 사건 때 평안도 관찰사로 활약했으며, 당시 해외 사정에 가장 밝은 인물로 평가받

고종 어진

고 있었다.

다음으로 홍선대원군을 하야시키는 데 공이 큰 인물들을 중요한 자리에 앉혔다. 민씨 척족 중에서 민규호(閔奎鎬, 1836~1878)를 이조 참판에, 조 대비의 조카인 조영하(趙寧夏, 1845~1884)를 금위대장에 발탁했다. 이외에 민씨들을 이조, 호조, 병조 등 주요 보직에 임명했다. 또한 홍선대원군에게 불만을 품고 있던 자들도 등용했다. 심지어는 홍선대원군의 친형 이최응(李最應, 1815~1882)과 맏아들 이재면(李載冕, 1845~1912)까지 불러들였다.

이로써 고종 주변에는 그의 측근과 민씨 척족 세력들이 권력을 장악하였고, 이를 기반으로 새로운 정치를 펼쳐 나가기 시작했다.

먼저 고종은 홍선대원군이 추진했던 여러 개혁에 손을 대기 시작했다. 고종 자신이 친정하는 데 공이 큰 최익현을 비롯한 유림의 요구이기도 했다. 고종은 홍선대원군이 부족한 국가 재정에 충당하고자 마구 거

민비 척족 세력은
어떻게 형성되었는가?

민비의 오빠인 민승호는 본래 홍선대원군의 장인인 민치구의 아들이었는데 민비 집안의 양자로 입양되었다. 천애고아였던 민비는 21살이나 위인 그를 아버지처럼 따랐다. 민비가 왕비가 되는 데 결정적 역할을 하기도 했다.

민승호는 민씨 척족의 거두가 되어 세도가로 권력을 휘둘렀다. 하지만 1874년, 한 고을 수령이 보낸 선물로 위장한 폭약을 풀다가 일가족과 함께 횡사하고 말았다. 이때 민비 집안에서는 민승호의 친동생 민겸호, 혹은 민두호, 민관호 등의 아들 가운데 한 명을 골라 양자로 들이고자 했으나 정작 민비는 내켜 하지 않았다.

민비는 촌수는 멀지만 영민했던 민태호의 아들 민영익을 양자로 욕심냈다. 하지만 민태호는 외아들인 영익을 양자로 보내는 것을 내켜 하지 않았다. 이때 민태호의 아우인 민규호가 중간에서 적극 나서서 민영익이 민승호의 아들이자 민비의 조카가 되었다. 그 대가로 민규호는 이조판서 겸 도통사가 되었다. 민태호는 외아들을 양자로 내준 대신에 민겸호의 아들 민영환을 양자로 삼았다. 민영환은 1905년 11월 을사늑약 체결에 반발해 자결했다.

뒤들인 세금 제도를 없애 백성의 부담을 줄여 주는가 하면, 대규모 토목 공사를 중단했다. 이런 가운데 청 화폐의 사용을 갑자기 금지시키는 바람에 유통에 큰 혼란이 일었으며, 국가 재정 또한 파탄 날 지경에 이르렀다. 당시 청 화폐는 서울이나 지방 관청 등에서 쌓아 놓고 사용하고 있던 반면, 호조에서 보유하고 있던 상평통보는 고작 800여 냥에 불과하여 이를 유통시키는 데 한계가 있었던 것이다. 고종은 유림들의 건의에 따라 화양동 만동묘를 부활시켰지만, 철폐된 서원의 복설 요구는 받아들이지 않았다. 고종은 유림들의 반대를 무릅쓰고 대일 외교의 개선에도 관심을 기울였다.

한편 1868년, 일본은 조선 정부에 왕정복고를 통고하며, 양국의 국교 회복을 청하는 사신을 보내왔다. 하지만 흥선대원군은 외교 문서인 서계(書契)의 격식이 예전과 다르고, 일본 도서(圖書)도 조선 정부가 새긴 것이 아니라는 이유를 들어 접견조차 거부했다. 당시 일본은 200여 년간 지속되어 온 쇄국 정책을 버리고 1854년 미국에 개항했고, 이어 영국, 러시아, 네덜란드, 프랑스 등 여러 나라 문호를 열어 정식으로 교류했다. 1868년에 이르러서는 무신 정권인 막부가 무너지면서 천황을 중심으로 하는 새로운 국가를 만들고 메이지 유신을 단행했다. 메이지 정부는 서양을 모방한 근대화 정책을 잇달아 추진했다. 이를 위해 외국인 교사를 적극 고용하고 서구에 유학생들을 파견했으며, 특히 이와쿠라 사절단에게 1년 10개월 동안 미국, 영국, 프랑스, 독일, 러시아 등 12개국을 돌며 정치, 경제, 사회 상황 등을 시찰하게 했다. 이들에 의해 일본 근대화가 추진되었다.

이와쿠라 사절단. 중앙에 일본 전통 옷을 입은 사람이 전권대사 이와쿠라 도모미이고, 그 오른쪽이 이토 히로부미이다.

이렇듯 일본이 근대화로 성큼 나아갈 때, 조선은 여전히 쇄국 정책을 고집하며 일본과 전통적인 관계를 유지하고자 했다. 흥선대원군 집권 당시 서계 문제로 불거진 조선과 일본 간 외교 문제는 양측 입장이 완강해 1년 동안 해결될 실마리를 찾지 못했다. 일본 정부는 조선 외교를 전담해 온 쓰시마 도주 소씨[宗氏]로부터 그 직임을 회수하고, 직접 이를 해결하고자 1869년과 1870년에 외무성 관리를 파견했다. 하지만 조선의 완강한 거부에 부닥쳐 타결을 보지 못했다. 이에 1872년 외무대신 하나부사 요시모토[花房義質]가 전면에 나서 군함을 이끌고 부산에 들어왔지만, 조선은 일본 사신이 군함을 타고 왔기 때문에 상대해 줄 수 없

조선과 일본의 외교에서 나타난 서계와 도서

조선 시대에 왜인들이 개항장에 들어오면 국경 수비를 맡은 장수 변장(邊將)은 서계(書契), 즉 외교 문서와 도서(圖書), 행장(行狀) 등 입국에 필요한 모든 증명을 확인한 뒤 일본인 거주지인 왜관(倭館)으로 들여보냈다.

조선 시대 일본에 보내는 외교 문서는 크게 두 종류가 있었다. 조선 국왕 명의로 일본 막부에 보내는 국서와 예조 참판 등이 대마도주나 막부 관리들에게 보내는 서계가 있었다. 국서는 규모나 격식이 엄격히 정해져 있어서 길이와 너비가 규정되어 있었고, 매첩에 4행씩 썼다. 겉의 오른편에 '봉서(奉書)'라고 쓰고, 왼편에는 '일본국대군전하(日本國大君殿下)'라고 썼다. 처음에는 '일본국왕'이라 썼는데 1636년(인조 14)에 '대군'으로 바뀌었다. 서계도 대개 국서 양식과 같았다.

도서는 도장 찍는 위치와 수에 따라 사절 목적의 중요성과 공사(公私)를 구별하는 암호 역할도 했다. 중요한 요청 사항의 경우 도장을 3번 찍었다. 또한 찍는 위치가 달랐다. 도서가 많이 찍힐수록 조선에서의 대접이 후했고, 돌아갈 때 소요되는 일수에 따라 식량까지 주었다.

다며 적극 나서지 않았다. 그는 결국 수개월 동안 체류하다가 빈손으로 돌아갔다. 이렇듯 번번이 거절을 당한 일본 내에서는 정한론이 등장했고, 금방이라도 조선을 공격할 기세였다.

이러한 상황에서 고종의 친정이 시작되면서 대일 정책에 대한 인식도 변하기 시작했다. 일본과 분쟁을 일으키지 않는 범위 내에서 어느 정도 타협할 수 있다는 입장으로 선회한 것이다. 이에 조선은 일본과 외교 협상에 들어갔지만, 여전히 배외 사상을 견지하던 조선 관리들이 협상을 결렬시켰다. 일본 또한 무력으로 자기들의 생각을 관철시키려 했기 때문에 협상에 적극적인 자세로 임하지 않았다. 이러한 일본의 저의는 운요호 사건으로 드러났다.

| 운요호 사건 |　　일본은 1854년 3월 미국의 무력 위협에 개항했던 경험(미일 화친 조약)을 흉내 내어 운요호 등 3척의 군함을 앞세워 조선을 개항시키고자 했다. 1875년 5월, 일본은 조선에 아무런 통고 없이 운요호를 부산항에 입항시켰다. 조선 정부는 관리를 보내 항의의 뜻을 전달했다. 일본은 조선과 더디게 진행되고 있는 외교 교섭을 독촉하고자 한 것이고, 군함은 단지 사신을 보호하기 위한 것이라며 둘러댔다. 그러면서 조선인 관리를 군함에 승선시켜 함포 사격 훈련을 구경시키는 등 군함의 위력을 과시했다. 이에 부산, 동래 일대의 백성들은 함포 소리에 군함의 위력을 실감하고 아연 실색했다. 그 뒤 일본 군함은 동해안을 따라 함경남도 영흥까지 올라갔다가 되돌아갔다.

그 뒤 3개월이 지난 1875년 9월경에 또다시 운요호가 모습을 드러냈

강화도에 침입한 일본 군함 운요호. 군인들이 영종도에 상륙하는 모습을 그린 판화

다. 이번에는 서해안을 거슬러 올라가 제물포, 월미도를 거쳐 강화도의
난지도에 이르렀다. 운요호 함장 이노우에[井上良馨]는 작은 배를 타고
강화도 초지진으로 접근했다. 당시 조선은 병인양요(1866)와 신미양요
(1871)를 치른 지 얼마 안 됐기 때문에, 조선 병사들은 다시 나타난 이양
선을 보고 바짝 긴장했다. 조선군이 배에 포격하자 놀란 일본군은 급히
군함으로 되돌아갔다. 조선군은 일본 군함을 향해 연신 대포를 쏘아 댔
지만, 사거리가 짧고 정확도가 떨어져 타격을 입히진 못했다. 일본 측은
기다렸다는 듯이 함포를 발사해 초지진 포대를 무너뜨렸다.

그 뒤 이노우에 함장은 제물포 앞바다에 있는 영종도에 포격을 가한 뒤에 일본군을 상륙시켰다. 당시 영종도에는 600여 명의 주민들이 거주하고 있었는데, 갑작스런 일본군의 출현에 대부분의 조선 군사들은 겁을 먹고 도망쳤다. 남아 있던 조선군은 일본군과 격전을 벌였으나 35명이 전사했고 포 36문을 약탈당했다. 그뿐만 아니라 일본군은 불을 질러 민가와 공공건물을 초토화시켰다.

한편 조선 정부는 운요호가 강화도 난지도 앞바다에 출현했다는 보고를 접했지만 일본 군함인지는 알지 못했다. 뒤늦게 해안 방어를 강화하도록 했지만, 영종도는 이미 일본군에 처참하게 짓밟힌 뒤였다. 조선 정부는 두 차례의 양요를 겪고 병사들의 훈련과 군비 확장에 힘을 쏟았지만, 무용지물이었다는 데 당황하지 않을 수 없었다.

조선 영토에 불법 침입한 일본 정부는 억지 논리를 내세워 조선을 압박해 협상의 우위를 점하고자 했다. 일본 군함이 음료수를 구하고자 초지진에 접근했을 뿐인데, 조선에서 일방적으로 포격을 가하는 바람에 응전할 수밖에 없었다고 우겼다. 자기들의 정당성을 부각시키고 일본인의 반한 감정을 자극해 일본 국내 여론을 유리하게 조성하고자 한 것이다. 이를 빌미로 1875년 10월 일본은 초량 공관과 거류민을 보호한다며 군함 3척을 부산에 파견했다. 군함들은 여러 차례 부산 앞바다에서 무력시위를 벌였다.

그 뒤 조선 정부에서는 일본 정부의 서계를 받아들이자는 의견이 흘러나오기 시작했다. 영의정 이최응은 등본만으로 가부를 논하는 것은 흔쾌한 일이 아니며, 서계의 몇몇 글자는 자기들 스스로의 존칭에 불과한 것이니 우리 체면에 손상될 것이 없다고 주장했다. 그러면서 동래 부사로 하여금 서계를 즉시 봉납하게 한 뒤에 어찌할지를 결정하는 것이 공명정대한 것이라 했다.

고종은 이최응의 뜻에 따라 일본 정부에 서계를 보내도록 했지만 거절당했다. 당시 일본은 운요호 사건을 빌미로 조선을 개항시키려는 속셈이 있었기 때문에 굳이 서계 문제에 얽매일 필요가 없었던 것이다. 더욱이 일본 정부는 이미 일본 내 각국 공사들로부터 적극적인 지지를 얻어 낸 상황이었다. 서구 열강은 일본 정부가 대신 조선을 개항시키기를 내심 기대하고 있었다. 미국 공사는 때마침 미국에서 출판된《페리 일본 원정기(Narrative of the Expedition of an American Squadron to the China Seas and Japan)》(1856)라는 책을 일본의 전권대사에게 선물하기까지 했다.

조일 수호 조규 체결

1876년 1월 일본의 특명 전권 대표 일행은 군함 2척, 수송선 3척으로 구성된 함대와 600여 명의 병력을 거느리고 부산항에 들어왔다. 이전에 거류민을 보호한다는 구실로 파견되었던 3척을 포함해 모두 8척의 군함이 부산항에 집결한 셈이었다. 전권대사 구로다[黒田清隆]는 조선 정부에 7, 8일 후 강화도에서 회담을 하자고 일방적으로 통보하고, 이에 응하지 않으면 서울로 직접 들어갈 것이라 윽박질렀다.

조선 정부는 대책 마련에 부심했다. 여러 차례 대신 회의를 열었으나 뚜렷한 결론을 내리지 못했다. 이때 일본 군함 1척이 강화도 초지진 앞바다에 나타났다는 보고를 접하고서는 아연 긴장했다. 조선 정부는 서둘러 어영대장 신헌(申櫶, 1810~1884)을 접견 대신으로 삼아 강화도에 파견했다. 양측은 접견 장소를 두고 신경전을 벌였다. 조선은 초지진을 고집한 반면, 일본은 강화부 관청에서 해야 한다고 맞섰다. 결국 무력을 앞세운 일본의 주장에 따라 1896년 2월 강화부 내 훈련장인 연무당에서 첫 번째 강화 회담이 열렸다. 회담이 시작되기 전 일본은 자기 나라의 기원절을 축하한다며 대포를 쏴 공포 분위기를 만들었다.

첫날 회담에서 일본은 운요호 사건과 서계 문제를 꺼냈다. 운요호에 엄연히 일본 국기가 게양되어 있었는데 왜 포격을 가했느냐는 것이었다. 하지만 조선 대표들이 국기에 대한 이해가 부족했기 때문에 이를 문제 삼기는 어려웠다.

반면에 신헌은 홍콩에 머물고 있던 일본인 하치노부 준슈큐[八戶順叔]가 1867년 3월 초 중국 광둥에서 발행되던 〈중외신문〉에 조선을 비방했던 글을 문제 삼았다. 그는 '조선 국왕이 5년에 한 번씩 일본 에도에 가서 대군(大君)을 알현하고, 공물을 바치는 것이 예로부터 내려오는 관례인데 조선 국왕이 이런 예를 폐한 지 오래되어 일본이 군함 80척을 구입하고 군사를 일으켜 조선을 정토할 뜻을 가지고 있다'라는 기사를 게재했던 것이다. 신헌은 이로써 국교가 단절되었다며 책임을 일본 측에 돌렸다. 이렇듯 회의 주도권을 잡으려는 양측의 신경전이 팽팽했다.

이런 가운데 양국 대표의 권한 문제를 의제로 할 것을 논의하는 등 비교적 무난하게 첫 회의를 끝내고 연회에 들어갔다. 조선은 소 5마리와 닭 50마리를 일본 대표단에 보내 외교적인 예의를 표시했다.

두 번째 회담은 해안 경비 사령부였던 진무영 집사청에서 열렸다. 이 날부터 본격적인 회담에 들어섰다. 일본은 미리 준비해 온 13조목에 달하는 조약안을 내놓았다. 협의를 통해 결정짓는 게 아닌 일방적인 요구였다. 조선은 어떻게든 전면전을 피할 목적에 소극적인 자세로 회담에 임했다. 종전의 교린을 회복하는 정도에서 개항지를 최소화하고자 주력했다. 회담은 긴장 속에서 이틀 동안 계속되었고, 다소 수정된 조약안이 조선 정부에 회부되었다. 구로다는 10일 말미를 주면서 기일이 지나면 양국의 교제가 끊어지는 것이라 간주하겠다며 으름장을 놓았다.

조선 정부에 13조목이 알려지면서 큰 파장을 몰고 왔다. 고종은 대신들을 모아 놓고 논의했지만, 쉽게 결론을 내지 못했다. 운현궁에 유폐되어 있던 흥선대원군까지 나서서 협상 자체를 강력 비판했다. 대신들 또한 일본이 군함을 앞세운 점을 들어 조선을 공격하고자 하는 것이라며 일본과의 수교에 매우 부정적이었다. 최익현은 도끼를 들고 경복궁 광화문 앞에서 일본과의 강화에 반대하는 상소를 올렸다가 흑산도로 유배되었다. 그는 일본과 강화하면 나라가 곧 멸망하고 말 것이라 주장했다.

이와 달리 박규수는 찬성했다. 그는 일본이 군함을 끌고 온 속셈이 의구하다면서도 일본의 침략을 막을 수 없다면 그들의 요구를 들어줘야 한다고 주장했다. 평안도 관찰사 시절 제너럴셔먼호와의 통상을 거부했던 입장과 달라진 것이다. 박규수는 1872년 청 사신으로 갔다가 그곳에서 한창 전개되고 있던 **양무 운동**에 큰 감명을 받고 새로운 세계관에 눈을 뜨게 되었다. 그는 '개화만이 살 길이다'라는 생각을 갖게 되었다.

쉽게 결론을 내지 못하고 있던 중 우의정 김병국(金炳國, 1825~1905)의

제의에 따라 신헌으로 하여금 일본이 진정으로 수교를 원하는지 보고하게 한 뒤에 대책을 강구하자는 쪽으로 의견이 모아졌다.

이때 청 총리아문으로부터 영중추부사 이유원(李裕元, 1814~1888)에게 한 통의 서한이 전달되었다. 당시 청에 세자 책봉사로 가있던 이유원이 북양 대신 리훙장에게 일본과의 수교 문제에 조언을 구했던 적이 있었다. 리훙장은 중국의 양무 운동을 이끌고 있었으며 일본, 영국, 프랑스 등과의 조약 협상에 참여한 인물이었다. 리훙장은 조선이 일본과 조약을 체결하면 전쟁을 피할 수 있을 것이라며 수교를 권고했고, 총리아문의 입장도 그와 같다는 내용이었다. 이로써 전세가 뒤집혀 조선 정부는 일본과의 수교 방침을 정했다.

조선 정부는 신헌에게 수교를 결정했다는 소식과 함께 수교 조약을 충분히 검토해 서로 편의토록 할 것이며, 이를 일일이 정부에 보고할 필요 없이 백성을 편하게 하고 나라를 이롭게 하는 것이라면 전결해도 괜찮다는 입장을 전했다.

이에 중단되었던 회담이 재개되었다. 조선은 13조목 가운데 일본 공사 파견과 서울 상주 문제, 해도(海圖) 작성 등에 대해 10년 혹은 15년의 기한을 두도록 하고, 부산 이외의 개항장은 경상도 1곳만 지정하며, 자세한 절목까지 이번에 논의할 것, 다른 나라와는 통상할 의사가 없기 때문에 최혜국 대우에 관한 조목을 둘 필요가 없다는 등의 의견을 전달했다.

양무 운동 1861년부터 1894년까지 중국 청에서 일어난 근대화 운동. '양무(洋務)'란 외교 교섭에 관한 사무를 뜻하지만, 넓게는 서양의 문물과 기술을 받아들인다는 뜻으로 쓰였다. 즉 양무 운동이란 서양 문물을 받아들여 부국강병을 이루고자 시행된 정책들과 사회적 변동을 가리킨다.

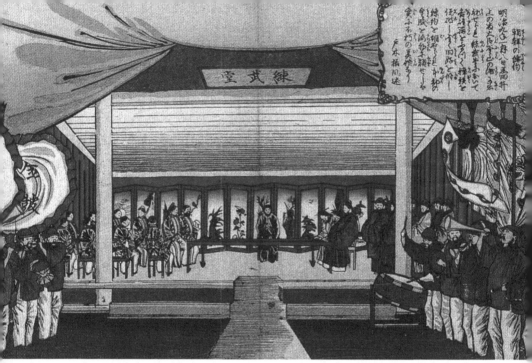

1876년 2월 연무당에서 조일 수호 조규를 맺는 모습

　　하지만 일본은 최혜국 대우 조항만 삭제한 채 나머지 12조목에 약간의 수정을 가한 뒤 원안대로 밀어붙였다. 결국 조선이 이를 수용하면서 1876년 2월 27일 조일 수호 조규가 체결되었다. 통상 이를 '강화도 조약' 혹은 '병자 수호 조약'이라 부른다.

　　조선은 일본과 체결한 조약이 불평등하게 이뤄졌다고 뒤늦게 깨달았지만, 이를 개정하는 데 만족할 만한 성과를 거두지 못했다. 도리어 일본의 위협과 강요에 부당하고 불법적인 조약을 체결할 수밖에 없었다. 특히 관세 주권은 1883년 9월에야 겨우 회복했다. 1889년 10월에는 극심한 흉년이 들어 전국적으로 민란이 일어나자 곡물 수출을 금지시키는 방곡령을 내렸는데, 일본은 자기네 상인들에게 손해를 입혔다고 생트집을 잡아 결국 엄청난 배상금을 받아 갔다.

조일 수호 조규가
불평등 조약인 이유는?

조일 수호 조규 가운데 불평등한 내용을 정리해 보면 다음과 같다.

제1관 일본이 조선을 자주국이라 인정한 것은 평등한 관계를 유지하고자 한 것이 아니다. 당시 조선이 큰 나라로 섬기고 있던 청과의 관계를 끊게 한 뒤, 청의 간섭 없이 조선을 침략하기 위한 속임수에 불과했다.

제5관 부산을 비롯해 서해와 동해에 각 1개씩 모두 3개의 항구를 개항하게 했는데, 이는 일본이 조선을 경제적으로 침략할 목적에서 요구한 것이었다. 그 결과 인천과 원산을 차례로 개항했다.

제7관 조선의 해안을 일본이 마음대로 측량하도록 한 것으로 일본 군함의 무력 침공을 인정한 것이다.

제9관 양국 인민은 각자 임의대로 무역을 할 수 있도록 하고, 국가가 이를 간섭하거나 제한, 금지하지 못하도록 했다. 이는 일본이 조선 내에 유치한 산업과 영세 상인들을 보호하고자 만든 조항이었다.

제10관 조선에서 죄를 지은 일본인은 당연히 조선의 법에 따라 벌을 받아야 함에도, 조선의 법이 아닌 일본 법에 따라 재판을 받도록 했다. 이는 대표적인 불평등한 조약 내용이며, 조선의 자주권이 크게 침해당한 것이다.

이 외에 일본은 일본 화폐의 유통과 관세 주권 포기, 미곡의 무제한 수출 허용 등을 규정하여 조선 경제를 일본에 예속시켜 버렸다.

수신사 파견

| 제1차 수신사 |　　　조일 수호 조규가 체결된 지 20여 일이 지났을
무렵, 고종은 홍문관 응교 김기수를 예조참판으로 삼은 뒤 수신사로 임
명했다. 일본 사신들이 내한한 답례라는 명분을 내세웠지만, 실상 수신
사 파견은 일본의 요청에 따른 것이었다. 일본은 수신사 일행을 맞이하
는 데 부산까지 증기선을 보내는 등 모든 경비를 부담했다. 일본이 조선
수신사에 공을 들인 것은 차후 조선과의 협상을 유리하게 끌고 나가려
는 전략이었고, 일본이 이룩한 문명개화, 혹은 부국강병의 실상을 보여
주고자 한 것이다.

　조선 정부의 입장이 전혀 없지는 않아서, 정부는 고종에게 새로운 방

어 체제를 강구해야 한다고 역설했다. 이에 고종은 수신사 파견에 대해 마음을 굳혔다.

1876년 4월, 수신사 김기수는 75명을 거느리고 서울을 떠나, 부산에서 기선을 타고 대한 해협을 건너 1개월여 만에 일본 수도인 도쿄에 도착했다. 당시 일본은 수신사에게 급성장한 일본의 군사, 경제 실상을 보여 주고자 대대적으로 준비했다. 수신사는 20일 동안 도쿄에 머물면서 극진한 대접을 받았을 뿐만 아니라, 정부 기관을 비롯해 육해군 학교 등 각종 학교, 생산 공장 등을 둘러보느라 몸살이 날 정도였다.

김기수는 귀국한 뒤 고종에게 보고서를 작성해 바쳤으며《수신사일기》를 남겼다. 고종에게 귀국 보고를 하는 자리에서 오갔던 내용을 살펴보면 다음과 같다.

돌아온 수신사 김기수를 소견(召見)했다.

하교하기를, "잘 갔다 왔는가?" 하니,

김기수가 아뢰기를, "전하의 은택으로 탈 없이 갔다 왔습니다." 했다.

하교하기를, "전선(電線), 화륜선(火輪船), 농기계에 대하여 들은 것이 없는가? 저 나라에서는 이 세 가지를 가장 급선무로 여기고 있다는데 과연 그렇던가?"

하니 김기수가 아뢰기를, "과연 그렇습니다." 했다.

하교하기를, "기계들은 다 어디서 나온 것이던가? 일본에서는 이제 모두 배웠다던가?"

하니 김기수가 아뢰기를, "여러 나라의 기계들을 이제는 모두 배웠다고 합니다." 했다.

하교하기를, "재주가 이미 정교한데다가 배우기를 또 부지런히 하니 이를 쉽게 터득할 수 있었을 것이다." 했다.

또 하교하기를, "그 밖에 풍속 가운데서 들을 만한 것을 두루 말하도록 하라."

하니 김기수가 아뢰기를, "풍속이 대개 나라를 부강하게 하는 데 힘쓰고 있습니다." 했다.

하교하기를, "이번에 일본 사신은 언제 출발하여 오게 되는가?"

하니 김기수가 아뢰기를, "이달 10일 이후를 넘기지는 않을 것 같습니다." 했다.

_《고종실록》 1876년(고종 13) 6월 1일조

김기수에게 귀국 보고를 받은 고종의 첫 질문은 일본 왕의 인품에 관한 것이었다. 김기수는 잠시 접견하여 자세히 알 수 없다고 답변하면서도, '자못 정명(精明)'하게 보였고 일본인 모두는 부강에 힘쓰고 있으며 군대는 '강장(强壯)하고 조련(操鍊)'이 매우 잘 되어 있다고 했다. 이러한 점을 통해 본다면 일본은 자기들이 기대했던 만큼 어느 정도 성과를 거뒀다고 할 수 있다. 결국 조선은 일본과 평등 관계를 잃고 일본의 영향에 휘말리는 모양새가 되고 말았다. 일본은 귀국하는 김기수에게 외무성 이사관을 파견할 것이라며, 조일 수호 조규 부록과 더불어 조일 무역 규칙(제1차 조일 통상 장정)을 추가 협상하자는 문서를 함께 보냈다. 실제 며칠 뒤에 일본 대표가 조선에 건너왔고 조선 대표로 형조 참판 조인희

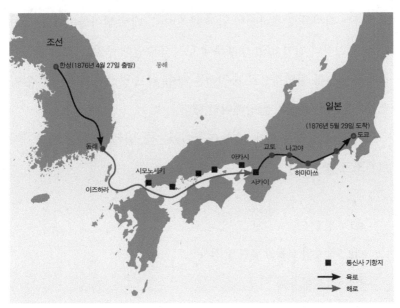

김기수 수신사 일행 이동 경로

(趙寅熙)가 협상에 나섰지만, 일본의 안을 심의하는 수준이었다.

20일 동안 13차례 회의를 하였지만 일본 공사의 서울 상주 문제, 일본 외교관 및 동반자의 조선 내륙 여행 자유, 개항장 추가 설치 문제 등은 조선이 쉽게 양보할 수 있는 사항이 아니었다. 시간을 끌다가 1876년 8월 조일 수호 조규 부록 11조관이 조인되었다. 일본 공사관의 서울 설치는 무산되었으나, 일본은 관리의 조선 내 여행 자유권을 얻었다. 이로써 일본은 조선에 정치, 경제적으로 침투할 기반을 확고히 다지는 기회를 얻었다. 특히 일본인이 본국 화폐로 조선의 물자를 구입할 수 있도록 해 일본 경제의 침투를 합법화시켜 주고 말았다.

같은 시기에 조인회가 조일 무역 규칙(일명 통상 장정)에 원칙적으로 동의한다는 각서를 발표하면서 일본 측 안이 그대로 받아들여졌다. 조선은 경제 지식이 전연 없었기 때문에 무작정 승인해 주었고, 결국 일본의 경제적 침투를 합법적으로 승인하는 꼴이 되고 말았다. 이로 말미암아 조선은 엄청난 불이익을 당해야만 했다.

조일 무역 규칙은 본래 10개 조항이었는데, 일본이 1개조를 추가해 11개조로 늘어났다.

제1칙 입항 수속

제2, 3칙 수입 화물의 통관 및 검사

제4, 5칙 출항 수속

제6칙 미곡류 수출입의 인정

제7칙 항세(港稅) 면제

제8칙 일본 선박의 고용

제9칙 밀수입자에 대한 치외 법권

제10칙 아편의 반입 금지 등

제11칙 무역 규칙의 개정 절차

조일 무역 규칙에 따라 조선의 많은 미곡이 일본으로 빠져나갔으며, 일본 선박은 마음대로 조선의 항구를 오가며 교역했다. 조선의 무지와 일본의 기만적인 외교로 벌어진 문제였다.

| 제2차 수신사와《사의조선책략》| 　　　　　1880년 7월, 무더위가 기승을 부릴 무렵, 조선 정부는 김홍집(金弘集, 1842~1896)을 정사로 하는 제2차 수신사를 파견했다. 제1차 수신사 파견은 조일 수호 조규 이후 의례적인 것이었지만, 김홍집의 파견은 조선의 필요에 의해 이뤄졌다. 조선 정부는 뒤늦게 일본의 인천항 개항 요구와 무관세 조항 등에 문제가 있음을 인식하고 개정하고자 했다. 하지만 이를 받아들일 리 없는 일본이 회피하면서 협상 자체가 난항을 겪었다. 이런 가운데 김홍집은 주일 청 공사를 만나 세계정세의 흐름, 통상 문제, 조선의 외교 정책 등에 대해 폭넓은 의견을 나누었다. 이때 청 참사관 황쭌셴(黃遵憲)이 조선의 외교 정책을 정리한《사의조선책략(私擬朝鮮策略)》을 김홍집에게 건넸다.

　《사의조선책략》에는 조선이 당대에 시급히 해결해야만 하는 사항들이 담겨 있었다. 이에 따르면 조선은 서양 제도와 기술을 받아들여 부국강병을 이뤄야 하며, 러시아의 침략을 막으려면 중국과 가까이 해야 하고[친청(親淸)], 일본과 손잡고[결일(結日)], 미국과는 조약을 체결하여 도움을 구해야 한다[연미(聯美)]고 주장했다. 조선에 도움이 되는 책략이기도 했지만, 러시아의 남진 정책에 위협을 받고 있던 청에 이로운 것이기도 했다. 당시 청은 1860년에 연해주를 넘겨준 뒤 만주까지 넘보는 러시아를 두려워하여, 청－조선－일본－미국이 서로 긴밀한 협조를 통해 러시아를 막아내려는 '이이제이(以夷制夷)' 정책을 내세운 것이다.

개화 물결과 보수 유림의 반대

고종은 김홍집이 가져온 《사의조선책략》을 받아 보고 전국 유생들에게 유포해 의견을 들어 보고자 했으나 도리어 거센 반발에 부딪혔다. 그전에는 이항로와 그의 제자들을 중심으로 위정척사 운동이 전개되는 정도였는데, 이후 이러한 분위기가 전국으로 확산되었다. 위정척사 사상은 서구 사상을 배격하고 성리학을 보존해야 한다는 주장으로, 18세기 후반 천주교를 배척하기 위해 형성되었다. 병인양요와 신미양요 당시 경제적 침탈에 따른 위기의식이 고조되면서 이항로와 기정진 등이 상소를 올리며 구체적인 운동의 형태로 변했다. 1876년 개항을 전후로 최익현, 김평묵, 유중교 등이 주도해 경기도와 강원도 유생 50여 명이 집단 상소하여 이를 반대하고, 결국 일본의 강요로 불평등 조약이 체결되자, '왜양 일체론'을 내세우며 위정척사 운동이 다시 일어났다. 하지만 전국의 유림들로부터 이렇다 할 호응을 얻지 못하여 크게 확산되지 못했다.

그런데 《사의조선책략》으로 말미암아 위정척사 운동이 대규모로 일어났다. 유림들은 친청(親淸)과 결일(結日)은 크게 문제 삼지 않았으나 연미(聯美)에 대해서는 민감한 반응을 보였다. 특히 보수성이 강한 영남지방 유림들은 소위 〈만인소(萬人疏)〉라는 상소를 올렸다. 우리나라에는 예로부터 훌륭한 법규가 있기 때문에 미국과 같은 서양 오랑캐와 절대로 손을 잡을 수 없다는 논리였다. 나아가 이들은 김홍집의 처벌을 요구하는 한편, 민씨 정권의 퇴진을 요구하는 등 정치적인 성격을 드러냈다.

1881년에 들어서면서 위정척사 운동은 정치적 단계에서 점차 반외세 투쟁으로 바뀌어 갔고, 범위 또한 넓어졌다. 영남 지역뿐만 아니라 경기, 충청, 호남, 강원 등지의 유림들은 당론에 상관없이 연대해 민씨 정권의 개화 정책과 서양과 일본 세력을 배척하는 상소를 연이어 올렸다.

정부가 신속하게 이들의 상소를 받아들여 사태를 수습하고자 했으나, 위정척사 운동은 수그러들기는커녕 오히려 더욱 극렬해졌다. 결국 고종은 1881년 6월 유림들을 회유하고 여론을 무마시키고자 〈척사윤음〉을 발표하여 척사의 태도를 보이고 김홍집을 파직시키는 한편, 유림들의 상소와 상경을 막는 양면책을 썼으나 별 소용이 없었다. 강원도 유생 홍재학(洪在鶴, 1848~1881)은 60여 일간 투쟁을 벌였음에도 상소가 받아들여지지 않자, 민영익의 부친으로 민씨 정권의 중진인 민태호(閔台鎬, 1834~1884)를 강력히 비판했다. 더욱이 고종이 직접 정치를 한 이래 위정척사의 태도가 석연치 않아 사악한 무리를 방치하는 실정을 범했고, 〈척사윤음〉도 기만적이었으며, 심지어 외국과 영합하고 있다고 망발을 서슴지 않았다. 결국 홍재학은 의금부에 끌려가 모진 고문을 받았지만 끝까지 자신의 소신을 굽히지 않다가 서소문에서 능지처참당했다. 이후 고종은 상소를 올리는 유생들을 귀양 보내거나 사형에 처하는 강경책으로 돌아섰다.

3.
통리기무아문 설치와 개화 정책 추진

위정척사 사상을 가진 보수 유림의 반발에도 조선 정부 내에서는 개화 정책을 하루 빨리 추진해야 한다는 분위기가 형성되고 있었다. 이러한 움직임은 1881년 1월 조선 시대 전통적인 중앙 관직 체제인 의정부, 6조 와는 전연 다른 통리기무아문이 설치되면서 구체화되기 시작했다. 개항 후 새로운 성격의 사무와 정세 변화에 따라 통리기무아문에 12사를 두어 외교, 통상, 군사, 병기 제조, 선박 제조, 외국어 교육 등을 담당하게 했다.

신사유람단 파견

통리기무아문이 추진한 첫 번째 사무는 일본에 신사유람단을 파견하는 일이었다. 이전에 김기수와 김홍집 등이 수신사로 일본에 파견된 것은 일본의 요청에 의한 것이거나 불합리한 조약을 바로잡는 데 있었다. 이와 달리 신사유람단 파견은 조선이 적극적으로 신문화를 수용할 필요에 의해 계획됐다. 때문에 모든 경비는 조선에서 부담했고 관심 부분에 집중되었다.

1881년 2월, 박정양, 엄세영, 강문형, 조병직, 민종묵, 조준영, 심상학, 어윤중, 홍영식, 이원회, 김용원, 이헌영 등 12명이 동래부 암행어사에 임명되었다. 이들은 30~40대의 젊은 관리들로, 개화 정책을 추진해 나갈 인물들이었다. 그 밑에 이들을 보조하는 수행원 2명과 통역, 종인 각 1명씩을 붙여 줘서 평균 5명을 1개 반으로 구성해 전체 12반 62명으로 신사유람단을 꾸렸다. 반별로 조사 대상을 정하여 최종 보고서를 작성하게 했다. 일본이 1871년 구미에 파견했던 이와쿠라 사절단에 비견되는 것이었다.

신사유람단 62명은 개화 정책을 원천적으로 반대하는 보수 척사 유림들의 눈을 피하고자 개별적으로 동래부 암행어사라는 신분으로 비밀리에 서울을 빠져나갔다. 당시 김홍집이 들여온 《사의조선책략》으로 유림들의 반발이 거셌기 때문이다. 부산에 집결한 신사유람단은 대한해협을 건너 1881년 5월 일본 도쿄에 도착했다.

신사유람단은 2개월 넘게 일본에 머물면서 공무가 아닌 사적인 것이라며 일본 정부의 도움을 받지 않고 반별로 민박 형식을 취했다. 신사유람단은 각기 담당한 일본 정부의 각 부처 수뇌들과 접촉하는 한편, 육군, 세관, 포병공창, 산업 시설, 도서관, 박물관 등도 주의 깊게 두루 살폈다. 이때 정부는 무관인 이원회(李元會, 1827~?)와 수행원은 아니지만 일본과 교류가 있던 개화승 이동인(李東仁, ?~1881)으로 하여금 일본에서 총포와 군함을 구입하도록 했는데, 이동인이 출발 직전 암살되면서 수 포로 돌아가기도 했다.

1881년 10월에 귀국한 신사유람단은 시찰 보고서를 작성했다. 보고 서는 모두 100여 책에 달했고, 이는 고종에게 전달되었다. 이를 통해 선 진 일본의 문물을 자세히 알게 되었고, 국내에 개화 여론을 확대하는 데 크게 역할을 했다. 이와 더불어 단원이었던 송헌빈(宋憲斌, 1841~?)의《동 경일기》, 강진형(姜震馨)의《일동록(日東錄)》등 견문기와 일본의 근대 농 법을 소개한 안종수(安宗洙)의《농정신편》등은 이후 국내에 개화 바람 을 일으키는 데 영향을 주었다.

신사유람단원들은 1882년 1월 통리기무아문의 조직 개편에 따라 각 기 해당 부서의 요직에 배치되어 개화 정책을 주도해 나갔다. 유길준, 유정수, 윤치호, 김양한, 손붕구 등은 일본에 남아 유학했다. 조선의 첫 유학생들이다. 유길준과 유정수는 후쿠자와 유키치(福澤諭吉, 1835~1901) 가 설립한 경응의숙에, 윤치호는 동인사(同人社)에, 김양한은 조선소에 들어가 공부했다. 이들 가운데 유길준과 윤치호는 1890년대에 개화사 상가로 크게 활약했다.

조선 최초의
개화승 이동인

　이동인은 양산 통도사 승려로 있던 중 개화사상에 눈떠 일본에 대한 지식을 얻고자 부산의 일본 절을 자주 찾았고, 부산항의 일본 관리인 마에다[前田獻吉]를 알게 되었다. 그는 이곳에서 일본어를 배우는 한편, 서구 여러 나라에 관한 사진이나 《만국사기》, 성냥 등을 얻어 서울 봉원사에서 개화파인 김옥균, 서재필, 유대치, 오경석 등과 교류했다. 그는 일본 공사로 부임해 온 하나부사 요시타다[花房義質]와도 조선의 상황과 개화파 인물들의 정보를 주고받았다. 그는 가장 믿을 수 있는 동지로 김옥균을 꼽았고, 박영효 역시 동지로 여겼다. 하나부사는 "옷매무새나 머리 모습은 고급 관리같이 단정하고 위풍이 당당했으며, 말씨는 진중한데다가 서생(書生)과 같았다."라며 그를 훌륭한 사상가 혹은 경략가로 평가했다.

　서른 즈음에 이동인은 김옥균이 건넨 금덩이를 들고 1879년 6월 유대치 등과 함께 일본으로 건너갔다. 그는 '조선야만'이라는 뜻의 아사노[朝野]라 창씨하고 교토의 한 사찰에 기거하면서 일본어를 익히는 한편, 일본 승려들의 소개로 재야 정치인들을 만나 정세 인식의 폭을 넓혀 나갔다. 이때 수신사 김홍집을 만나면서 큰 전환점을 맞게 되었다.

　김홍집은 함께 귀국한 뒤 그를 당시 민비의 조카로 실세였던 민영익에게 소개시켜 줬다. 민영익은 이동인에게 자기 집 사랑에 거처를 마련해 주었으며, 창덕궁에 머물고 있던 고종에게 알현까지 시켜 일본의 국정과 세계 각국 정세를 아뢰도록 했다. 승려의 도성 출입을 금지하던 시기라 매우 파격적인 일이었다. 이후 이동인은 램프, 석유, 잡화 등을 들여와서 왕실, 세도가, 친지들에게 선물하곤 했다. 조선인이 일제 상품을 최초로 서울에 들여온 것이다. 그리고 김옥균 등의 강력한 조언에 힘입어 중용되었다.

그때 조선은 김홍집이 들여온 《조선책략》으로 시끄러웠지만, 고종은 동요 없이 미국과의 조약 체결을 결정했다. 먼저 주일 청 공사 허루장(何如璋)에게 미국과의 교섭을 부탁하려 했지만 마땅한 인물이 없어 곤란하던 차에 이동인 이 적임자로 선발되었고, 고종의 신임장을 받아 비밀리에 부산이 아닌 원산을 통해 일본으로 건너갔다. 이동인은 허루장을 만나 고종의 의향을 전달하고 미 국과의 조약 체결에 중간 역할을 당부했다. 이때 그는 미국과의 조약 체결이 있을 것이라 내다보고 조약 초안을 작성했다고 하는데, 실제로 훗날 이를 기초 로 조약이 이뤄졌다.

한편 흥선대원군과 일부 관료들은 일본에 밀파된 이동인을 즉시 귀국시킨 뒤 제거하고자 했다. 이러한 정보를 접한 유대치가 급히 부산으로 달려갔지만, 이미 이동인은 귀국 즉시 동래부에 체포, 구금된 후였다. 그는 유대치의 주선으 로 얼마 뒤 석방되어 1881년 1월 상경했다. 서울 도착 후 이동인은 별선군관에 임명되어 자유로이 궁궐을 출입하며 고종에게 개화 정책에 대해 자문하곤 했 다. 특히 그는 통리기무아문의 참획관으로서 1881년 신사유람단을 일본에 보 낼 때 막후에서 활동했다. 또한 이원회와 함께 총포 등의 무기와 군함을 구입 하려고 일본과 비밀 교섭도 벌였다.

그런데 이 일을 추진하던 중 1881년 3월경 갑자기 사라져 버렸다. 당시 반대 파 누군가의 하수인에게 암살되었다고 한다. 자세한 내막은 알 수 없지만, 그의 죽음은 개화파에 큰 손실이었다.

영선사 파견과 기기국 창설

영선사 파견은 김윤식(金允植, 1835~1922)과 어윤중(魚允中, 1848~1896) 등 개화파들이 조선의 병기 제조와 군사 훈련 등을 통해 무비자강(武備自强)을 이루고자 한 데서 비롯되었다. 1879년 8월, 조선 정부는 먼저 청에 신식 무기의 학습과 수입 가능성을 타진했다. 청 북양 대신 리훙장은 톈진 기기국에서 무기 제조법을 배울 수 있을 뿐만 아니라, 군사 훈련도 가능하다고 답해 왔다.

1880년 4월, 이에 고무된 고종은 영선사 파견을 적극 추진하고자 했으나, 여러 대신들은 인선과 재정 문제를 들어 신중론을 폈다. 그럼에도 고종은 역관 변원규(卞元圭)를 청에 파견해 유학생 파견 문제를 협의토록 했고, 1880년 11월 리훙장을 만나 '장정'을 체결함으로써 성공적인 첫발을 내딛었다. 이에 따르면 1~2년 동안 38명은 기기(機器), 군기(軍機)를 학습 및 제조하게 하고, 군사 40명은 군사 훈련을 받게 하는 데 합의했다.

이에 위정척사 사상을 가진 일부 신하들은 '도리어 오랑캐를 불러들이는 매개가 된다'라며 반대 상소를 올렸고, 일본은 신군제와 군사 훈련은 자기들 것을 참고하라고 권하며 방해했다. 난처해진 정부는 청과 일본 사이에 중립 방안을 내세웠다. 통리기무아문 주관으로 일본에 신사유람단을, 중국에 영선사를 파견해 근대 문물을 고루 섭취하기로 했다.

그런데 신사유람단은 계획대로 추진되었으나 영선사는 책임자로 임명된 조용호(趙龍鎬)가 병사하면서 차질을 빚었다. 결국 무기 제조법만

배워 오기로 하고 영선사에 김윤식이 새로 임명되면서 다시 추진되었다. 1881년 9월, 김윤식을 비롯해 유학생 고영철(高永喆), 이필선(李苾善) 등 20명, 김원영 등 공장 18명으로 총 38명과 수행인을 합쳐 모두 83명의 대규모 사절단을 구성했다.

1881년 11월 베이징에 도착한 영선사 김윤식은 3차례에 걸쳐 리훙장과 회담했다. 리훙장이 일본 견제를 위해 권유한 조선의 연미론(聯美論)과 관련해 전권 대표 파견과 수호 조약 초안 검토, 미국 사신의 조선 방문 문제 등을 협의했다.

한편 유학생들은 1882년 1월부터 톈진 기기창의 동국과 남국에 배속되어 화약 및 탄약 제조법, 기계 조작법 등 근대적 군사 지식뿐 아니라 자연과학, 외국어 등도 익혔다. 그러나 불과 5개월 만에 19명의 유학생이 신병 등으로 귀국했고, 정부의 재정 지원도 충분치 않아 수업이 제대로 이뤄지지 못했다. 급기야 그해 7월에 임오군란이 터지면서 영선사는 존폐 위기에 처해졌다. 결국 영선사는 파견된 지 6개월 만인 1882년 11월 유학생 전원이 중도에 귀국하면서 막을 내렸다.

다만 톈진 공장에서 공부한 4명은 조선에 건너온 뒤, 근대식 무기를 제조하기 위해 1887년 12월경 서울 삼청동에 준공된 기기창에 배치되었다. 근대적인 무기와 군대가 있어야만 독립된 국가를 유지할 수 있다고 인식했기 때문이다. 기기창에서는 독일에서 12마력 증기기관을 수입하고 청으로부터 무기를 만드는 조총기기(造銃機器), 내찬혈기(內鑽穴機), 세포기(細砲機), 제약기(製藥機) 등의 기계를 도입해 무기를 생산했다. 이외 기기국 번사창에서는 무기고를 겸해 화약을 주로 만드는 곳이었는데,

탄약을 제조하고 무기를 보관하던 중국풍의 번사창

1894년 동학 농민 운동과 청일 전쟁이 일어나면서 문을 닫고 말았다.

별기군 창설

정부는 조일 수호 조규(1876)를 맺은 이후 국방력 강화의 절박함을 깨닫게 되었다. 먼저 신체가 강건한 5군영의 무반 자제 80여 명을 선발해 1881년 5월 신식 군대인 별기군을 창설했다. 이는 김홍집 수신사의 일행이었던 윤치호의 부친 윤웅렬(尹雄烈, 1840~1911)이 주도했다. 별기군의 책임자는 민비의 처조카인 민영익이 되었다. 일본은 조선 정부의 이 같은 계획을 미리 알아내 각종 소총을 기증했다.

하지만 조선에는 총을 다룰 수 있는 장교들이 별로 없었으며, 별기군을 훈련시킬 능력도 없었다. 이에 일본에서 새로운 무기를 들여오고, 일본 공사관에 소속된 호리모토 레이조[堀本禮造] 소위를 군관으로 초빙하여 군사 훈련이 이뤄졌다. 별기군들은 사관생도라 불렸으며, 급료나 피복 지급 등 모든 면에서 구식 군대보다 훨씬 나은 대우를 받았다. 당시 사람들은 이들을 '왜별기(倭別技)'라고 꼬집기도 했다. 이러한 차별은 임오군란의 원인이 되었고, 이후 정권을 잡은 홍선대원군에 의해 폐지되었다.

한편 조선 정부는 별기군을 운영하는 데 서구 열강과 일본의 도움이 필요했다. 이에 정부는 각국 공사들을 자주 초청해 연회를 베푸는 데 많은 비용을 들였다. 이를 만회하고자 정부는 5군영(훈련도감, 어영청, 수어청, 금위영, 총융청)을 2영(무위영, 장어영)으로 축소, 개편했다. 어영대장 이경하가 무위영 대장에, 신헌의 아들 신정희가 정어영 대장에 각각 임명됐다. 그리고 별기군을 무위영에 소속시켰다.

별기군은 서대문 밖 모화관을 임시 교장으로 사용하다가, 훈련도감에 속했던 하도감(下都監)으로 옮겼다. 하도감은 예전 서울 동대문운동장에 있었다. 임오군란 당시 구식 군인들은 이곳에 있던 별기군을 급습해 일본인 교관 호리모토 소위를 살해했다. 그 뒤 임오군란을 진압하고자 파병된 청 군대가 이곳에 진을 쳤으며, 갑신정변이 일어났을 때에는 고종이 이곳에서 3일간 머물기도 했다.

4. 서구 열강과의 조약 체결

서구 제국주의가 동아시아로 침략해 들어오면서 기존 세계 질서가 흔들리기 시작했다. 청은 오랫동안 조선을 '속방'으로 여겼으며, 조선 또한 청과 사대 관계를 유지해 왔다. 그런데 조선이 개항하면서 상황은 조금씩 달라져 갔다. 일본은 어떻게 해서든지 조선을 청로부터 떼어 놓고자 했고, 청은 조선으로 하여금 각국과 조약을 맺도록 하는 이이제이(以夷制夷) 정책을 통해 일본을 견제하고자 했다. 조선 내에서도 청과의 관계를 새롭게 정립하려는 움직임이 일기 시작했다. 개화파를 중심으로 **만국공법**에 따른 국제 관계와 조선의 처지에 대한 이해가 높아졌기 때문

만국공법 오늘날 국가 상호 관계를 규정하는 국제법을 지칭하는 것으로, 서양에서만 적용되던 법이었다. 국제법이 아시아에도 적용되기 시작한 것은 19세기 중반 서구 열강이 아시아에 진출하면서부터이다. 1876년 조선과 일본 간에 맺은 조일 수호 조규를 시초로, 1880년대 미국을 비롯한 유럽 국가들과 체결한 조약이 모두 국제법에 기초한 것이다. 이로써 조선 사회도 국제법 체제에 진입하게 되었다.

이다. 이러한 상황에서 조선은 서구 열강과의 조약 체결을 추진했다.

조미 수호 통상 조약 체결

1880년대에 들어서면서 조선은 국제적인 상황에 발맞춰 외국과의 조약 체결에 적극 나섰다. 첫 번째 대상국이 미국이었다. 미국은 일본에게 조선과의 수교에 적극 나서 줄 것을 요청했지만, 일본은 소극적인 자세로 일관했다. 이때 러시아의 남하와 일본의 조선에 대한 독주에 고심하던 청이 이를 적극 추진하면서 빠르게 진척되었다. 1880년 7월, 제2차 수신사로 일본에 갔던 김홍집이 얻어온《사의조선책략》에 영향을 받은바 컸다. 몇 년 전만 해도 미국이 어디에 붙어 있는지조차 몰랐을 정도였는데, 이후 미국에 막연한 호감을 갖게 되었다.

위정척사 사상을 가진 유림들의 거센 저항을 받기도 했지만, 조선 정부는 1881년 말부터 미국과의 수교를 차분히 진행시켜 나갔다. 하지만 조선 정부가 이를 주도하지는 못했다. 청이 조선의 대리인으로 나섰고, 미국 대표인 슈펠트(Robert W. Shufeldt)와의 협상도 조선 관리가 아닌 리홍장을 비롯한 청 관리들이 추진했다. 청이 조선을 배제시킨 것은 조선의 외교권과 주권을 인정하지 않은 속방 인식을 가지고 있었기 때문이다.

청나라에서는 영어와 불어에 능하고 만국공법에 밝았던 마젠중(馬建忠)이 이를 주도했다. 1882년 5월, 슈펠트는 휘하 장교들과 호위병들을 이끌고 제물포에 상륙했다. 조선에서는 천막을 준비했는데, 천막 전면에는 미국기가 게양되어 있었으며 양키 노래[Yankee Doodle]가 울려 퍼졌다. 이런 분위기 속에서 조일 수호 조규를 체결한 바 있던 신헌과 슈펠트 간에 조미 수호 통상 조약이 체결되었다. 은둔국 이었던 조선이 서양과 최초로 맺은 조약이었다.

슈펠트 제독

미국과의 조약은 조선에 유리한 것은 아니었지만, 조일 수호 조규보다 부분적이지만 불평등한 내용이 적었다. 조미 수호 통상 조약 가운데 가장 주목되는 조항은 최혜국 대우이다. 최혜국 대우란 통상 혹은 항해 조약을 체결한 나라가 상대국에 대해 가장 유리한 혜택을 받는 나라와 동등한 대우를 받는 것을 뜻한다. 당시 여러 열강이 앞다투어 최혜국 대우를 규정하면서 거류지 무역 제한이 사실상 철폐되었다. 조선은 최혜국 대우로 말미암아 별로 얻는 것 없이 열강의 경제 침탈에 내몰려 어려움을 겪어야 했다.

또한 조선에 살더라도 조선법의 적용을 받지 않는 치외 법권을 인정받았다. 그 뒤 조선 법률을 개정해 '미국의 것과 서로 부합하면 재판권을 즉시 조선 관리에게 넘긴다'라는 내용이 첨부되었지만 실현 불가능한 수식에 불과했다. 이외에도 제3국이 어느 한쪽을 불공하게 대하고 업신여기면 반드시 서로 돕고 잘 조처한다고 규정하였지만, 실상 조선이 위기에 처했을 때 미국은 아무런 도움을 주지 않았다. 1905년 11월 을사늑약이 강제로 체결되자 고종이 미국에 간절히 도움을 청했지만, 미국 정부는 이를 외면했다.

조영, 조독 수호 통상 조약 체결

미국과 조약을 체결한 이후, 조선은 영국을 비롯한 독일, 러시아, 프랑스 등 서구 여러 나라와 국교를 맺었다. 영국은 청의 리훙장에게 미국과 동등한 조건으로 조선과 조약을 체결할 수 있도록 도움을 청해 승낙을 얻어냈다. 그 뒤 1882년 5월 영국 아시아 함대 사령관 조지 그레빌 웰즐리(George Greville Wellesley) 제독과 조영하(趙寧夏, 1845~1884) 전권대신이 강화도에서 만나 조영 조약 체결에 관해 논의를 시작했다. 하지만 영국은 일본이 조선과의 조약을 통해 얻은 이익에 미치지 못할 뿐만 아니라 치외 법권의 철폐 위험, 아편 수입 금지, 고율 관세, 영국 함대 항만 출입의 미확보 등에 불만을 품었고, 이에 조약 체결이 중단되었다. 또한 독일의 주청 독일 공사 브란트(Max von Brandt)와의 조약 체결도 영국의 방해로 결렬되었다.

그 뒤 1883년 10월, 주청 영국 공사로 있던 파크스(Harry S. Parkes)와 조선 전권대신 민영목(閔泳穆, 1826~1884)이 만나 협상이 재개되었다. 조약을 수정한 뒤 그해 11월 전문 13조의 조영 수호 통상 조약과 부속 통상 장정, 세칙 장정, 선후속약 등이 조인되었다. 이듬해인 1884년 4월에 파크스와 김병시(金炳始, 1832~1898) 사이에 비준이 교환되었다. 영국과 조약을 체결할 당시 일본 요코하마 주재 총영사인 차페(Karl Edward Zappe)와 민영목 간에 조독 수호 통상 조약도 정식으로 체결되었다. 조약문은 영문 필사본으로 작성되었으며 고종의 어보가 찍혀 있다.

두 조약은 영국과 독일의 권익을 크게 보장한 매우 불평등한 것이었다. 외교 대표와 영사들은 조선 국내를 자유롭게 여행할 수 있고, 조선 정부는 그들을 보호해야 한다. 치외 법권 철폐는 조선 국왕이 아닌 영국 정부가 승인해야만 가능하며, 부산과 인천 이외에 서울과 양화나루를 개항하고, 개항장 내에서 종교의 자유가 허락되며, 걸어서 다닐 수 있는 일정한 지역에서는 여권이 없이 자유로이 왕래할 수 있도록 했다. 또한 영국 군함은 개항장 이외에 조선 국내 어디서나 정박할 수 있고 선원이 상륙할 수 있다는 조항 등이 포함된 것이었다. 이는 미국과 일본이 얻은 것보다 훨씬 유리한 조건이었는데, 미국과 일본도 최혜국 대우를 내세워 이러한 특권을 나눠 가졌다.

조러 수호 통상 조약 체결

1860년 베이징 조약 당시 러시아는 청으로부터 연해주를 할양받은 뒤 두만강을 사이에 두고 조선과 국경을 맞닿게 되었다. 그런데 조선인의 연해주 이주와 러시아의 통상 요구로 서로 간에 마찰이 잦아 외교적으로 이를 해결해야 했다. 하지만 러시아의 남하를 막으려는 청과 영국 간의 이해관계가 맞물리면서, 조러 수교는 별다른 진척을 보지 못했다. 조미 수교 이후에도 러시아가 청에 조선과의 수교에 대한 교섭 알선을 요청했지만 거절당했다.

1884년 조선과 영국, 독일과의 수교가 마무리되고 베트남을 둘러싼 청불 전쟁이 일어나자, 러시아는 이틈을 이용해 중국 톈진 주재 영사 베베르(Karl Ivanovich Waeber)를 조선에 파견했다. 그는 개화파 인사와 접촉하는 한편, 당시 청의 추천으로 조선의 외교를 담당하던 독일인 묄렌도르프(Paul Georg von Möllendorff)에게 도움을 청했다. 묄렌도르프가 러시아와의 수교를 적극 추천하자, 조선은 청이 이를 양해한 것으로 이해했다. 그 결과 러시아는 1884년 7월 영국, 독일과 비슷한 내용으로 조러 수호 통상 조약을 체결하게 되었다. 그런데 묄렌도르프는 조선에 러시아 세력을 끌어들였다 하여 1885년 리훙장의 압력으로 해임되었으며, 1901년 중국 닝보에서 죽었다.

조러 조약 체결 이후, 베베르는 청의 내정 간섭에 불만을 품고 있던 조선 측 인사들을 움직여 친러 정책을 추진했다. 1884년 12월, 고종은 러시아 차르 알렉산드르 3세에게 밀사를 보내 보호를 요청하는 친서를 전달했다. 1885년 4월, 조선 정부는 러시아의 조선 내 영향력 확대를 용인하는 대신 러시아 군사 교관 초빙 및 청일 전쟁 발발 시 조선의 독립을 지켜 준다는 내용의 제1차 조러 밀약을 체결하기도 했다.

묄렌도르프

조선은 1882년 미국, 영국과 조약을 체결하면서 본격적인 국제 관계를 형성하게 되었다. 한때 임오군란으로 나라가 어수선했지만, 진정될 무렵 고종은 청의 리훙장에게 언어에 능통하고 국제적인 경험이 있는 전문가 추천을 요청했다. 이에 리훙장은 묄렌도르프를 천거했다. 묄렌도르프는 독일 할레 대학에서 법학과 동양 언어를 전공했고, 22살에 중국으로 건너와 톈진에서 세관 업무를 담당했다. 이때 알게 된 북양 대신 리훙장의 추천으로 조선에 오게 됐다.

그런데 리훙장이 묄렌도르프를 조선에 파견한 데는 남다른 속셈이 있었다. 당시 청은 조선의 임오군란을 진압한 뒤 민비 정권에 압력을 가해 어느 나라보다도 가장 불평등한 조중 상민 수륙 무역 장정을 체결하여 많은 특권을 챙겼고, '속방'이란 문구까지 넣었다. 이로써 청은 병권과 재정권을 장악했는데, 이것도 부족하여 조선의 해관과 외교권까지 아우르고자 한 것이다.

묄렌도르프는 1882년 11월 조선으로 건너와 통리아문 협판에 임명되어 외교와 세관 업무를 맡게 되었다. 고종은 임오군란 때 가족이 몰살당한 민겸호의 집을 숙소로 내주었다. 그 집에 귀신이 머물고 있다는 이야기가 나돌았지만, 전혀 개의치 않고 집을 아주 싸게 구입하게 되어 좋아했다고 한다.

묄렌도르프는 목인덕이라 불렸으며, 관복을 입고 근무했다. 그는 리훙장의 조언에 따라 고종을 알현할 때에는 눈이 매우 좋지 않았음에도 안경을 벗고 삼궤구고두를 하여 고종의 호감을 샀다. 1884년 갑신정변 때에는 수구파에 협력해 김옥균, 박영효 등과는 사이가 좋지 않았다. 그해에 청과 사전 협의 없이 조선과 러시아의 조약을 알선했다고 하여 이듬해인 1885년 리훙장의 압력으로 해임되었고 얼마 뒤에 중국에서 죽었다.

| 영국의 거문도 점령 |　　　조선의 움직임에 민감한 반응을 보인 나라는 영국이었다. 19세기 전반 영국과 러시아는 세계 곳곳에서 세력 다툼을 벌였다. 러시아가 부동항을 통해 바다로 진출하려고 갖은 애를 쓰자, 이에 맞서 영국이 군사력과 외교력을 총동원해 이를 저지하고 나섰다. 더욱이 베이징 조약으로 연해주를 차지한 러시아가 블라디보스토크에 군항을 건설하여 태평양 진출의 교두보로 삼으려 하자, 영국으로서는 긴장하지 않을 수 없었다.

더욱이 러시아가 조선과 조약을 체결하고 조선이 친러 정책을 추진해 나갈 뿐만 아니라, 러시아가 강원도 동해안에 있는 영흥만을 점령한다는 풍문이 떠돌면서 영국을 긴장시켰다. 이러한 불안감에 1885년 4월 영국군은 전남에 있는 거문도를 무단 점령하여 마음대로 영국 기를 내걸고 해군 기지로 만들었다. 거문도는 여수와 제주도를 잇는 수로의 중간 지대이며, 수심이 깊어 거대 군함도 정박할 수 있는 천연 요새였다. 영국은 러시아가 거문도를 태평양 진출의 교두보로 차지할 것을 우려해 선점한 것이다. 영국 함대는 한국 영토를 침범하지 않겠다는 러시아의 약속을 받아 낸 뒤, 22개월이 지난 1887년 2월에 철수했다. 이곳에는 현재 영국군 묘지가 남아 있다.

조불 조약 체결과 선교 자유 문제

프랑스는 조미 조약이 체결되었다는 소식에 조선과의 수교 교섭에 나섰다. 그러나 조선은 병인양요를 떠올렸고, 천주교 선교 문제가 걸림 돌이 되어 쉽게 결론을 내지 못했다. 당시 프랑스는 베트남을 두고 청과 전쟁을 치르는 상황이었기 때문에 이에 적극 나설 형편도 아니었다. 그 뒤 조선 정부가 이이제이와 세력 균형이라는 외교의 기본 원칙에 따라 서구 여러 나라와의 조약 체결을 적극 추진하면서 상황은 호전되었다.

프랑스는 베트남 문제가 정리된 이후에 코고르당(F. G. Cogordan)을 전권위원으로 임명, 청을 통하여 조선과의 조약 체결을 추진했다. 1886년 5월 서울에 온 코고르당은 조선 대표 김윤식, 외교 고문 미국인 데니(Owen N. Deny)와 교섭을 벌였다. 하지만 프랑스 자국의 선교사 보호를 포함한 종교 문제를 최우선 과제로 앞세우는 바람에 협상은 결렬되었다. 조선은 협상 대표가 김만식(金晩植, 1834~1900)으로 교체되고, 조영 조약을 모델로 하되 일부를 수정한 뒤에 순조롭게 진행되었다. 그리하여 1886년 6월 비로소 조불 조약이 체결되었다.

그런데 조약 가운데 제9관 제2항의 해석 문제로 양국 간의 갈등이 불거질 조짐을 보였다. 이를 번역하면, '불란서 인민으로서 조선국에 와서 언어 문자를 배우거나 가르치며 법률과 기술을 연구하는 사람이 있으면 (중략)'이라는 내용이었다. 그런데 한문으로 작성된 조약문에는 '학습혹교회언어문자(學習或教會言語文字)'라고 적혀 있어 이를 어떻게 해석할 것인지를 두고 양국 간 외교 문제로 비화되었다. 조선에서는 '교회'를 '가르친다'로 해석한 반면, 프랑스 측은 '천주교 선교와 신교의 자유'를 승인한 것이라고 해석해 의견 충돌을 빚은 것이다. 양측 입장 차이가 워낙 커 이견을 좁히지 못했다. 조선에서는 정부가 공식적으로 개신교와 천주교의 선교 활동을 모두 금지하는 최악의 사태로 번졌다. 이런 분위기 속에서 서양 선교사들은 은밀하게 혹은 공개적으로 활동했고, 선교사와 신자들이 그곳 주민들과 마찰을 일으켜도 조선 정부로서는 이를 금압하거나 탄압할 여유를 갖지 못했다. 사실상 선교의 자유가 인정된 셈이었다.

5.
근대 교육의 첫걸음과 근대 문명 수용

최초의 근대 학교 원산 학사

원산은 1880년 5월 부산에 이어 두 번째로 개항했고, 일본 상인들이 이곳으로 몰려와 거류지를 만들면서 상업 활동이 활발해졌다. 개항한 지 3년밖에 안 된 1883년 당시 해관(海關)을 비롯한 공공 기관 5곳, 은행 1곳, 선박 회사 1곳, 상사(商社) 6곳, 상점 혹은 대리점 6곳 등이 들어서 크게 번창했다. 이렇듯 덕원, 원산 주민들은 새로운 근대 문물을 경험하면서 근대 교육의 필요성을 느꼈다. 서당을 개량해 운영하는 것도 한계가 있었다. 이때 1883년 9월 덕원 부사 정현석(鄭顯奭)이 원산 감리를 겸임하게 되자 주민들은 자금을 모으겠다며 근대적인 학교 설립을 요청했다. 이에 정현석은 신사유람단 일원이었던 서북 경략사 어윤중(魚允中)

1883년 정식 승인받은 원산 학사는 갑오개혁 당시 원산 소학교로 이름이 바뀌었다.

등의 지원을 받아 원산 학사를 설립했다. 원산 학사는 덕원, 원산의 주민들과 원산 상회소, 정현석, 어윤중, 정헌시를 비롯하여 외국인 등에게 재정 지원을 받아 1883년 9월 정부로부터 정식 승인받았다.

원산 학사는 설립 초기에 문예반과 무예반으로 편성되었다. 문예반은 50여 명 정도였고, 200명에 달한 무예반은 별군관(別軍官)으로 양성하고자 했다. 덕원, 원산 출신으로 나이 어리고 재주 있는 자제뿐만 아니라, 설립 기금을 내지 않는 주민의 자제도 원산 학사에 입학했다. 다른 지역 출신인 경우는 입학금을 내야 했지만, 무예반의 경우 무료로 입학이 가능했다.

1894년 갑오개혁 당시 원산 학사의 문예반은 원산 소학교로 승격했고, 일제 강점기에는 원산 보통학교로, 이어서 원산 제일 국민학교로 바뀌어 1945년까지 존속했다. 이와 더불어 원산 감리서는 중학 과정의 역학당(譯學堂)을 세워 소학교 졸업생들에게 외국어와 고등 교육을 실시하기도 했다.

동문학 설립

1882년 조미 조약 체결 이전에는 중국어나 일본어 통역관만 있으면 문제없었지만, 이후 외국과의 교섭이 활발해지면서 영어 통역관 양성이 절실해졌다. 이전 1881년 영선사 김윤식이 베이징의 외국어 전문 학교 동문관(同文館)을 시찰한 뒤 그에 대한 필요성을 느꼈지만, 이를 구체화시키지 못했다. 임오군란으로 개화 정책이 후퇴하는 상황에서 영어 교육 기관을 설치하는 것은 쉽지 않았다.

1882년, 리훙장의 추천으로 조선에 들어온 묄렌도르프가 통리아문 참의, 협판을 맡으면서 영어 학교 설립이 구체화됐다. 그는 1883년 8월 통리교섭통상사무아문 부속 기관으로 서울 재동에 영어 교육을 위한 동문학을 설립했다. 교장에 김윤식의 종형으로 조불 조약을 성사시킨 김만식이 임명되었지만, 당장 선생을 구할 수 없어 중국인 오중현(吳仲賢)과 당소위(唐紹威)에게 학생들을 가르치도록 했다. 이들은 묄렌도르프가 조선 해관 설립을 위한 차관 교섭과 해관원 선발을 위해 청에 갔다가 귀국할 때 데리고 온 사람들이었다. 얼마 뒤 묄렌도르프에 의해 초빙

된 해관 요원 가운데 서울 세무사에 배치된 영국인 핼리팩스(T. E. Halifax)가 주무 교사로 임명되었다.

동문학 학생으로는 15세 이상의 젊고 총명한 양반 자제 가운데 40여 명이 선발되었다. 이들은 오전, 오후반으로 나뉘어 영어, 일본어, 서양의 필산(筆算) 등을 배웠다. 1년 후 졸업생들은 세관을 비롯해 정부 기관에 대부분 취직해 개화 업무를 직접 담당했다. 최우수로 졸업한 남궁억(南宮憶, 1863~1939)은 어전 통역관으로 있다가 1886년 내부주사를 거쳐, 1887년 전권대신 조민희(趙民熙, 1859~1931)의 수행원으로 상하이에 다녀오기도 했다. 졸업생 가운데는 각국 언어를 배우고자 유학을 떠나는 사람도 있었다.

한편 1883년 8월 동문학 부속 기관으로 박문국이 설치되어 〈한성순보〉, 잡지 등의 편찬과 인쇄를 맡아 보았다. 1886년 9월 육영공원이 세워지면서 동문학은 문을 닫았다.

육영공원 설립

육영공원은 1883년 5월 주한 미국 공사 푸트가 부임한 이후 미국 대통령에게 국서를 전달하고자 그해 7월 민영익이 보빙사로 파견되면서 비롯되었다. 당시 민영익과 함께 동행한 홍영식, 서광범, 변수 등은 미국과 유럽 각지를 둘러본 뒤 근대 학교의 필요성을 절실히 깨달았다. 동문학이 있었지만 영어를 주로 가르쳤기 때문에 이에는 미치지 못했다.

1884년 5월 말 귀국한 민영익 등은 주한 미국 공사관 포크(G. C. Foulk) 중위의 도움을 받아 육영공원 설립을 추진했다. 그해 12월 갑신정변으로 잠시 중단됐지만 개화적인 관리를 길러내고자 했던 고종의 의지는 강했다. 동문학과는 달리 독립된 건물을 마련하는가 하면, 미국에 3명의 교사도 요청했다. 이에 1886년 7월 여름, 헐버트(H. B. Hulbert), 길모어(G. W. Gilmore), 번커(D. A. Bunker) 등이 조선에 들어왔다. 훗날 번커가 사임한 뒤에는 영국인 허치슨(W. F. Hutchison)과 핼리팩스가 1894년 육영공원이 폐교될 때까지 근무했다. 특히 헐버트는 을사늑약 후 고종의 밀서를 휴대하고 미국에 돌아가 국무장관과 대통령을 면담하고자 했고, 〈코리아 리뷰(The Korea Review)〉를 통해 일본을 규탄했으며, 고종에게 헤이그 밀사 파견을 건의하는 등 한국의 국권 회복 운동에 적극 협력했다. 그가 죽은 뒤 1950년에 대한민국 정부는 외국인 최초로 건국 훈장 독립장을 추서했다.

1886년 9월, 육영공원이 개교하면서 동문학은 폐교되었다. 육영공원은 '(젊은) 영재를 기르는 공립 학교'라는 의미에서 붙여진 이름이다. 처음에는 서울 정동에 설립되었으나 1891년 전동으로 이전했다.

고종은 민종묵(閔種默, 1835~1916)에게 육영공원 운영을 맡겼다. 민종묵은 1881년 승지로 있을 때 신사유람단 일원으로 일본 각계를 시찰하고 돌아온 인물이었다. 그는 육영공원을 통해 외교 교섭과 통상 등을 가르쳐 다른 나라에 속거나 끌려다니지 않도록 하겠다며 의지를 분명히 했다. 이는 고종의 생각이기도 했다. 당시 조선은 부국강병을 위해 서구로부터 기술을 도입하고자 했으나 여전히 청의 간섭을 받고 있었다. 이를

헐버트가 집필한 한글 교과서 《사민필지》의 한 부분. 육영공원에서 교재로 사용했다.

극복하고자 먼저 자주적으로 외교 통상 업무를 추진할 인재를 길러내고, 이들이 정책 결정에 직접 참여토록 하는 것이었다.

육영공원은 좌원과 우원 2개 반을 두었다. 좌원은 과거에 급제한 나이 어린 문무 관리로 구성되었고, 우원에는 관리 자제 가운데 15~20여 세의 아들들을 뽑아 입학시켰다. 1886년 9월 입학생들은 중인 출신도 있었지만, 대개는 양반 자제였다. 좌원반 14명 중 문과 출신이 12명이었고, 우원반은 21명 중 고위 관리 자제가 15명에 달했다. 이들 가운데는 친일파의 대명사로 알려진 이완용도 포함되어 있었다. 동문학과 달리 양반 자제 가운데 학생을 선발한 것은 개화 정책에 필요한 인재를 기르고자 했기 때문이다.

학생들은 영어를 집중적으로 배웠고, 기초적인 독서, 수학, 지리 등의 신학문과 농사, 누에치기(農桑), 의약, 공업 기술(工技), 상업 업무(商務) 등도 배워야 했다. 하지만 학생 대다수는 출세를 위해 영어를 배우는 데만 골몰했다. 실제로 영어를 조금할 줄 알게 되면 육영공원 교육을 소홀히 했다. 더욱이 우원반 학생들은 과거 시험에도 신경을 써야 했다. 과거를 통하지 않고서는 출세할 수 없었기 때문이다. 당시까지만 해도 근대 교육을 통해 인재를 선발하는 단계에는 이르지 못했으나 1894년 8월 과거제가 폐지되면서 조금씩 실현되어 갔다. 육영공원은 결국 이러한 한계에서 벗어나지 못하고, 1894년 재정난 등이 겹치면서 설립 8년 만에 폐교되었다.

개신교 학교 설립

| **배재 학당** |　　미국 감리교 선교사들이 조선에 건너오면서 개신교 계통의 학교가 설립되기 시작했다. 선교사들이 조선에 들어오게 된 것은 1883년 9월 민영익이 미국에 전권대사로 갔을 때로 거슬러 간다. 당시 민영익은 기차에서 우연히 미국 감리회 해외 선교 위원회 위원이었던 목사 가우처(John F. Goucher) 박사를 만났고, 가우처는 조선이라는 나라에 복음이 전파되지 않았음을 알게 되었다. 민영익은 조선에서의 교육과 의료 사업을 요청했고, 가우처는 적극적인 지원을 약속했다. 그 뒤 가우처가 2천 달러를 선교 기금으로 희사한 데 힘입어 미국 감리교 총회 선교 위원회는 매클레이(R. S. Maclay) 선교사에게 한국 답사를 훈령했다.

1884년 8월, 서울을 방문한 매클레이는 고종을 만나 교육과 의료 사업을 펼쳐도 좋다는 허락을 받았다. 이는 개신교를 조선에 전파하는 데 가장 좋은 수단이었다. 이러한 진전은 미국과의 수교와 더불어 푸트 장군이 주한 공사로 부임 후 서양에 대한 반감이 줄어들면서 자연스럽게 이뤄진 것이다.

배재 학당 체육 시간 모습

매클레이 귀국 후 1885년 5월, 미국 감리교 의료 선교사 스크랜턴(W. B. Scranton)과 그의 어머니, 아펜젤러(H. G. Appenzeller)와 갓 결혼한 아내 엘라(D. Ella), 장로교의 언더우드(H. G. Underwood) 등이 조선에 입국했다.

아펜젤러는 먼저 조선 선교회의 설립을 서두르는 한편, 스크랜턴의 집을 구입하고 방 두 칸의 벽을 헐어 학교를 설립했다. 아펜젤러는 조선에 개신교를 전파하기 전 학교 설립을 통한 계몽 교육에 더 비중을 두었다. 그는 '통역관을 길러 내거나 학교의 일꾼을 가르치려는 것이 아니라 자유의 교육을 받은 인물을 배출하는 것'에 목적을 두었으며, '큰 인물이 되려면 남을 위해 봉사할 줄 알아야 한다'라는 점을 강조했다. 그는 1885년 9월 학교를 설립하고 그리스도교인과 국가 인재 양성을 위한 일반 학과뿐만 아니라 연설회, 토론회 등을 열었으며, 사상과 체육 훈련에도 힘을 쏟았다. 그 결과 학교를 설립한 지 1년이 될 무렵인 1886년 7월 고종으로부터 '배재 학당(培材學堂)'이라는 이름을 하사받았다.

배재 학당 설립 초기에는 학생 가운데 양반층 자제를 거의 찾아볼 수 없었다. 그들이 배재 학당을 찾은 것은 1894년 갑오개혁을 통해 신분제와 과거제가 폐지되면서부터였다. 새로운 관료 임용 제도 실시와 근대 학제의 도입으로 신교육 수요가 넓게 확산되었기 때문이었다. 이에 학생은 170여 명으로 늘어났다. 배재 학당 출신으로 이승만, 서재필, 김소월, 나도향, 주시경 등을 꼽을 수 있다.

당시 배재 학당은 인쇄소까지 갖추고 있어 교재뿐만 아니라 성서를 인쇄했으며, 심지어는 〈독립신문〉, 〈협성회회보〉, 〈매일신문〉 등도 찍어 냈다. 특히 영문 활자는 이곳밖에 없었다. 또한 아펜젤러는 가정 형편이 어려운 학생들에게는 인쇄 직공으로 일할 수 있도록 배려했다.

| 이화 학당 |　　　이화 학당은 52살이었던 M. F. 스크랜턴 부인이 1884년 미국 감리교회 해외 여선교회로부터 조선 선교사로 임명받으면서 비롯되었다. 이듬해인 1885년 6월, 스크랜턴 부인은 아들 내외와 함께 조선에 들어왔다. 그녀는 조선에 들어와서 음식과 환경 때문에 고생을 많이 했다고 한다.

스크랜턴 부인은 1885년 10월 초가집 19채와 그 옆의 버려둔 빈터를 사들였다. 겨우내 설립 준비를 하고 1886년 봄부터 건물 신축에 들어가 1886년 11월경에 200여 평의 한옥 교사가 완공됐다.

스크랜턴 부인은 교사가 완성되기 전인 1886년 5월부터 아들 스크랜턴의 집에서 학생들을 가르치기 시작했다. 첫 학생은 관리의 첩이던 김씨 부인이었다. 영어를 배워 민비의 통역관이 되었으면 하는 남편의 바람 때문이었다. 그녀는 3개월 동안 영어를 배운 뒤 떠났다. 그 뒤 가난에 쪼들렸던 꽃님이가 찾아왔다. 외국인에게 딸을 맡겨 잘 먹고 잘살기를 바랐던 모친의 의지였다. 하지만 얼마 뒤 주변에서 딸이 미국으로 끌려갈 것이라 수군거리자, 마음이 편치 않았던 모친은 스크랜턴 부인에게 꽃님이를 데려가지 않겠다는 각서를 받기도 했다. 꽃님이는 거짓말과 도둑질로 말썽을 일으켜 쫓겨날 처지에 놓였지만, 묵묵히 지켜본 스크랜턴 부인에 의해 변하면서 조선어가 서툰 그를 돕는 등 중요한 역할을 도맡았다. 세 번째 학생은 7살 때 어머니와 함께 성벽에 버려졌다가 아들 스크랜턴 의사가 구해 준 간난이었다.

조선인은 처음에는 스크랜턴 부인의 행동에 경계 어린 눈빛을 보냈지만, 아이들이 만족해하고 스크랜턴 부인이 학생들을 자식처럼 보살피는 것을 보고 마음의 문을 열기 시작했다. 준공된 한옥 교사로 이사할 무렵에 학생은 4명이었는데, 1887년 1월에는 7명으로 늘었다.

학교 모양새를 갖춰 가자 1887년 2월 고종은 이화 학당(梨花學堂)이라는 이름을 하사했다. '배꽃같이 순결하고 아름다우라'라는 뜻이다. 1928년 이화학교로 불릴 때까지 '학당' 이름은 줄곧 사용되었다.

스크랜턴 부인은 기독교 교육을 통해 '더 나은 조선인으로 양성'하고 '조선인의 긍지와 존엄성을 회복하고 진정한 조선인'으로 기르고자 했다. 한동안 이화 학당의 조선인 남자 교사들은 교실에 천막을 치고 여학생들을 가르치기도 했다. 수업은 한글과 영어로 이뤄졌고, 기초 과목과 종교 과목을 가르쳤다.

이화 학당 학생들

    1891년, 스크랜턴 부인은 여선교사 로드와일러(Rothweiler)에게 이화 학당장을 물려주고 잠시 미국에 다녀온 후 조선 여성들의 전도에 매달 렸다. 스크랜턴 부인은 24년 동안 조선에서 선교 활동을 하다가 1909년 76세를 일기로 작고해 양화진에 묻혔다. 아들 스크랜턴은 제중원(濟衆 院)에서 의사로 근무하다가 사임하고, 1886년 10월 한옥을 개조하여 시 병원(施病院)을 건립했다. 그 뒤 의료 사업에 힘쓰는 한편, 성서 번역에 도 노력을 기울이다가 일본으로 건너간 뒤 1922년 고베에서 죽었다.

| **언더우드 학당** |　　　　1885년 5월에 입국한 한국 최초의 장로교 선교사 언더우드에 의해 설립되었다. 언더우드는 알렌(H. N. Allen)이 세운 광혜원(제중원 전신)의 약제사로 일을 시작했고, 그가 마련해 준 거처에 신자들을 모아 놓고 예배를 드렸다. 이것이 새문안교회의 시작이다. 이때 언더우드는 일본에서 가지고 들어온 〈마가복음〉 한자 번역본을 아펜젤러와 함께 다시 한글로 번역했다. 신자들이 보다 더 쉽게 성경을 읽게 하기 위해서였다. 또한 그는 한글을 배우면서 《영한사전》과 《한영사전》을 편찬하기도 했다.

언더우드는 한국에 들어온 지 1년이 다될 무렵, 1886년 5월 한 명의 고아를 데려다 한국 최초로 고아원을 설립했다. 언더우드 학당의 시작이었다. 그는 고아원을 확장하고자 크고 작은 기와집 5채를 사들이는 등 전도와 고아원 운영에 힘을 기울였다. 한편 1889년 3월, 그의 나이 30살에 자기보다 8살 위인 릴리아스 호턴(Lillias Horton)과 결혼했다.

호턴은 시카고 여자 의과 대학 수료 후에 에리 톰슨 병원에서 수련의로 근무하던 중, 북장로교 선교부의 요청을 받고 1888년 3월 조선에 들어왔다. 그녀는 빈민 구호 사업에 온 정성을 다했다. 제중원 부인부의 책임자로 많은 여성 환자를 치료하면서 민비의 시의(侍醫)까지 겸해 자주 궁중에 출입했다. 이를 계기로 호턴은 결혼할 때 민비로부터 많은 선물을 받기도 했다. 호튼은 조선에서의 생활을 《언더우드 부인의 조선 견문록》, 《조선에서의 토미 톰킨스와 함께》, 《조선인 언더우드》 등으로 엮어 내기도 했다. 그녀는 1921년 서울에서 사망해 양화진 외국인 선교사 묘원에 묻혔다.

1889년 1월, 기포드(Daniel L. Gifford)가 언더우드를 대신하여 고아원을 맡았고, 1890년 1월에는 모펫(Samuel A. Moffett)이 고아원 책임자가 되었다. 고아원은 학교 형태로 운영되어 예수교 학당으로 불렸다. 당시 예수교 학당에는 25여 명의 소년들이 있었다. 이들은 새벽 3시 반에 일어나 청소와 식사 준비를 하고 8시까지 한문 공부를 했다. 아침 기도회를 끝낸 뒤 아침 식사를 하고 영어와 성경을 공부했다. 하지만 예수교 학당은 정식 학교로 인정을 받지 못했고 선교 본부의 지원이 줄어들면서 유지하기조차 어렵게 되었다.

이때 1893년 4월 학당 운영을 맡게 된 밀러(Frederick Scheiblim Miller)의 노력으로 완전한 학교의 형태를 갖춰 나갔다. 학교는 학당장의 이름을 따서 '민로아 학당' 혹은 '구세 학당'이라 불렀다. 하지만 재정 지원이 원활하지 못해 1897년에 폐교되고 말았다.

4년 뒤인 1901년, 서울 연지동에 중등학교로 다시 문을 열었다. 이듬해인 1902년에는 '예수교 중학교'라고 이름을 고쳤다. 그리고 1905년 '세계 사조를 외면한 구태에서 벗어나고 청소년에게 새로운 배움을 통해 진리를 깨우쳐 간증하게 한다'라는 목적에서 '경신(儆新)'이라 이름을 고쳐 지금에 이르고 있다. 언더우드 학당의 후신인 구세 학당을 거쳐 간 인물로는 송순명, 안창호, 김규식 등을 들 수 있다.

어떻게 양화진에
외국인 묘지가 들어섰는가?

양화진 외국인 묘지는 1890년 7월, 미국 북장로회 의료 선교사이며 고종의 의사이기도 했던 존 헤론(J. W. Heron)이 사망하면서 만들어졌다.

헤론은 1885년 조선에 건너온 뒤로 신분의 귀천을 가리지 않고 조선 사람들을 돌보다가 이질에 걸려 조선에 온 지 5년 만에 세상을 떠났다. 헤론이 임종하기 이틀 전, 동료 선교사 2명이 미국 공사를 찾아가 매장지를 어떻게 마련할 것인지 의논했다. 과거 두 명의 외국인이 죽어 1883년 인천에 만들어진 외국인 묘지에 묻혔던 적이 있었다. 하지만 시신을 인천까지 운구한다는 것은 여간 번거롭고 힘든 일이 아니었다.

다급한 사정을 전해 들은 미국 공사는 통역관 알렌을 앞세워 교섭통상사무독판 민종묵을 찾아갔다. 그는 1883년 영국과 체결된 조약을 근거로 외국인 묘지를 무상으로 제공할 것을 요구했다. 영국과 맺은 조약 내용이었으나 다른 나라와 맺은 조약도 같은 효력을 발생한다는 최혜국 조항에 따른 것이었다. 이때 미국 공사는 남산 기슭에 외국인 묘지를 마련해 주기를 청했다. 민종묵은 미국 공사의 급작스런 제안에 난색을 표명했다. 서울에 외국인 묘지가 마련된 경우가 없었으며, 국법에 서울 장안에는 묘를 쓸 수 없었기 때문이다. 자연히 외국인 묘지를 정하는 데 어려움을 겪을 수밖에 없었다.

헤론이 숨을 거뒀지만 막상 묻힐 곳은 없었다. 더운 날씨에 속히 매장해야 했지만, 장례지는 쉽게 결정되지 못하고 있었다. 더 이상 미룰 수 없어 헤론이 살았던 집 마당에 임시로 매장할 수밖에 없었다. 이때 각국 공사들도 거들고 나섰다. 프랑스 공사는 서울 양화진과 부산, 원산 등지에 외국인 묘지를 마련

해 줄 것을 요청하기도 했다. 거듭된 각국 공사들의 요청에 조선 정부의 입장
도 바뀌어 2~3일 동안 협상을 벌인 결과 양화진에 외국인 묘소를 마련하기로
결정했다. 이에 조선 정부는 이 일대의 땅을 매입했고, 헤론이 처음으로 이곳
에 묻혔다. 그의 비문에는 '하느님의 아들이 나를 사랑하시고, 나를 위하여 자
신을 주셨다'라고 적혀 있다. 외국인 사망자가 증가하면서 외국인 묘지도 점차
확장되었다. 2015년 현재 이곳에 묻힌 외국인의 무덤 수는 555기에 달한다. 선
교사와 그의 가족들이 묻힌 경우가 가장 많고, 국적으로는 미국, 영국, 캐나다
순이다.

〈한성순보〉, 〈한성주보〉 창간

개항과 더불어 언론도 이전과는 전연 다른 모습으로 변모했다. 조선 시대에는 사헌부, 사간원, 홍문관 등이 언론 기관의 역할을 했고, 신문고나 격쟁을 통해 백성의 억울한 일이 임금에게 직접 전달되기도 했다. 또한 나랏일을 널리 알리고자 〈조보(朝報)〉가 발간되기도 했다. '보도 자료'가 승정원에 게시되면 각 관아의 아전들이 이를 베껴 소속 관청에 알리곤 했다. 그런데 조선 후기로 갈수록 많은 정보를 담아내고 전달하는 데 어려움이 뒤따르면서 벽서, 괘서, 사발통문 등이 등장하기도 했다.

임오군란 이후 수신사로 일본에 파견된 박영효는 당시 유학하고 있던 유길준에게 신문의 기능, 역할 등을 듣게 되었다. 그는 귀국 길에 일본인 인쇄공과 기자를 데리고 들어왔다. 그 뒤 한성 판윤에 임명된 박영효는 고종에게 신문 발행의 필요성을 역설해 간행 허가를 얻어 냈다.

박영효는 1883년 8월 동문학 부속 기관으로 박문국을 설치한 뒤, 나중에 귀국한 유길준에게 실무 책임을 맡겼다. 저동(을지로 2가)에 신문사 사옥을 마련하는 등 신문 발행이 순조롭게 진행되었지만, 개화 세력을 견제하던 민씨 세력이 집권하면서 틀어지고 말았다. 이를 주도한 박영효가 광주부 유수로 좌천되었고, 유길준 또한 신병을 이유로 물러나면서 신문 발행은 중단되었다.

그 뒤 실무 책임자가 김인식으로 교체되면서 신문 발행이 재개되었다. 장박, 강위, 현영운, 정만조, 오세창 등 개화 인사와 젊은 문필가들이 오늘날 기자에 해당되는 주사로 선발되었다. 이들은 일본인 기술자 이

1884년 1월 18일 발간된 〈한성순보〉 제9호(왼쪽), 1887년 5월 30일 발간된 〈한성주보〉 제65호(오른쪽)

노우에 가쿠고로[井上角五郎]의 지휘를 받으며 신문 발행에 매달렸다.

그 결과 1883년 10월 1일(양력 10월 31일) 마침내 〈한성순보〉 창간호가 발간됐고, 열흘에 한 번씩 발행되었다. 〈한성순보〉는 순한문체로 인쇄되었는데, 각 관아와 관리들에게 배포되었으며 일반인에게는 돈을 받고 팔기도 했다. 정부에서 발행하던 〈조보〉를 발췌하거나 중국, 일본 등 외국 신문 기사를 뽑아 번역하기도 했다. 주사들이 정부 소식을 취재하여 싣기도 했다. 특히 개화사상과 개혁 정책에 관한 글이 연재되기도 했는데, 김옥균이 쓴 〈치도약론(治道略論)〉, 〈회사설(會社說)〉 등이 대표적이다. 〈한성순보〉는 갑신정변 당시 신문사와 인쇄 시설이 불타는 바람에 창간 1년 만에 발행이 중지되었다.

그 뒤 많은 사람들이 불편해하고 신문 간행을 바라면서 박문국이 다시 설치됐고, 그 결과 1886년 1월에 〈한성주보〉가 창간되었다. 일주일에 한 번씩 발행되어 '주보'라 불렸다. 〈한성주보〉는 이전과 달리 국한문 혼용과 순한글로 된 기사도 실었다. 주로 외세에 대한 경계, 외국 문물 소개, 생활 개선 등 당대 여러 문제를 다루었다. 또한 최초로 상업 광고를 실었다는 점에서 이전보다 크게 진보한 신문이었다.

〈한성주보〉는 매호 약 3천 부씩 발행됐다고 하는데, 값은 1호당 동전 50문이었다. 하지만 적자가 누적되고, 1888년 8월 박문국이 폐쇄되면서 폐간되었다. 근대 신문의 발행은 짧은 기간 이뤄진 것이지만, 급진 개화파에 의해 기초가 닦였고, 온건 개화파에 의해 결실을 맺었다는 데 의의가 있다. 더욱이 근대 신문의 필요성을 인식시키고 세계정세를 이해시키는 데도 적지 않은 영향을 미쳤다.

광혜원, 근대 병원의 탄생

우리나라에 처음으로 근대식 병원을 세운 것은 선교사 알렌이었다. 알렌은 본래 중국에서 활동하던 미국 북장로회 출신 의료 선교사였다. 1883년 10월 중국 상하이에 도착한 알렌은 그곳에서 의료 선교 사업을

우리나라 최초의 신문 상업 광고 1886년 2월 22일자 〈한성주보〉 4호에 독일계 무역 회사 세창양행의 광고가 실렸다. 우리나라 최초의 신문 상업 광고였다. 세창양행은 한국과 독일의 근대적 교역을 상징하는 무역 회사였다. 광고는 한문으로 쓰여 있다. 덕상세창양행고백(德商世昌洋行告白)이란 제목 밑에, '저희 세창양행이 조선에서 개업하여 호랑이, 수달피, 검은 담비 등 여러 물건을 사들이고 있다. (중략) 자명종 시계, 뮤직 박스, 호박, 유리, 각종 램프, 서양 단추 등을 공정한 가격으로 팔고 있으니 찾아와 주기 바란다'라는 내용이었다.

펼치려 했지만, 이미 런던 선교회 선교사들이 활동하고 있었다. 알렌은 8개월 동안 상하이와 난징 일대를 돌아다니며 무료하게 보내던 차에 반가운 소식을 듣게 되었다. 조선이 미국, 영국 등 서양 여러 나라와 조약을 체결했다는 정보였다. 그는 조선에서 의료 선교 활동을 펼치고자 했고, 미국 선교부로부터 허락을 받아냈다.

1884년 9월, 알렌은 제물포를 통해 조선에 들어왔다. 그의 직함은 주한 미국 공사관 소속 의사였다. 알렌은 선교하는 데 왕실 의사가 도움이 될 것이라 판단하고, 정부 고관들과 친분을 쌓았다. 그러던 차에 기회가 찾아왔다.

그가 조선에 건너온 지 2개월이 지났을 무렵 갑신정변이 일어났다. 갑신정변에서 민비의 조카로 막강한 권력을 휘둘렀던 민영익이 자객의 칼에 맞아 목에 깊은 상처를 입었다. 출혈이 심했으나 10여 명의 한의사들은 우왕좌왕할 뿐 목숨을 장담하기 어려운 지경이었다. 알렌도 연락을 받고 급히 달려갔지만 가망이 없어 보였다. 그런데 그의 지극한 간호 덕분에 4개월 만인 1885년 3월 민영익은 건강을 완전히 되찾았다.

그 뒤 알렌은 고종의 주치의가 되었다. 이를 계기로 조선인은 서양 선교사들에 대한 반감을 누그러뜨렸으며, 서양의 의술과 학문을 적극적으로 받아들였다. 다른 선교사들도 고종의 두터운 신임을 얻었고, 그 부인과 아이들은 자주 민비의 부름을 받아 입궐하기도 했다.

한편 알렌은 자신을 찾아오는 환자가 날로 늘어나자 번듯한 병원을 설립하고자 했다. 그는 고종에게 "대부분의 환자들은 멀리서 오는 가난한 사람들이기 때문에 묵을 곳이 없어 제대로 치료를 받지 못하고 있다."

라면서 깨끗한 곳에 있는 커다란 한옥 한 채와 땔나무, 숯, 가난하여 무료로 치료받는 환자의 비용, 약값 등으로 연 3천 달러를 요구했다. 고종은 기존 혜민원과 활인원(活人院)을 없애 그 재원으로 삼고, 재동에 있던 이윤용의 집(현 헌법재판소)을 병원 부지로 사용하도록 했다. 이로써 1885년 4월 우리나라 최초의 서양식 왕립 병원인 광혜원(廣惠院)이 탄생했다.

정부는 광혜원 규칙을 제정하고 알렌을 초빙해 환자를 진료하게 했다. 알렌을 제외한 모든 관리는 한국인으로 구성했다. 그 뒤 고종은 '대중을 널리 구한다'라는 뜻을 가진 '제중원(濟衆院)'이란 이름을 하사했다. 제중원을 찾는 환자 수와 업무량이 많아지자 의료 선교사 헤론이 알렌을 도왔으며, 1886년 여의사 앨러스(A. J. Elless)가 오면서 부인부(婦人部)가 설치되었다. 고종은 제중원의 의료 활동을 높이 평가해 알렌과 앨러스에게 당상관 품계의 벼슬을 내리기도 했다.

갈수록 환자가 늘어나자 1887년 정부 후원으로 제중원은 홍영식의 집(현 을지로입구 한국외환은행 본점)으로 옮겨졌다. 홍영식이 갑신정변에 참여해 대역죄로 처형당하고 가족들이 자결한 이후, 그의 집은 빈집으로 방치된 상태였다. 홍영식의 집은 1천 달러를 들여 대대적인 수리와 개조 공사를 통해 병원으로 새롭게 거듭났다. 우선 환자들의 출입구를 분리했다. 환자가 대문을 들어서면 마당, 마루를 거쳐 외래 진찰실로 들어가고 이어 수술실과 약국을 거쳐 나가게끔 했다. 병실은 약 40병상 규모로, 독방, 특실, 일반, 외과 병실, 여자 병실로 구분했다. 환자 수는 하루에만 최고 260여 명에 달할 정도였다고 한다. 이에 정부는 1889년 의학교를 설립하여 의사를 양산했다. 하지만 제중원은 왕실의 재정 지원이

우리나라 최초의 근대식 병원인 광혜원. 연세대학교 안에 당시 모습으로 복원되었다.

원활하게 이뤄지지 않으면서 설립 9년 만인 1894년 미국 북장로회 선교
부로 이관되었고, 1904년 다시 세브란스 병원으로 옮겨 갔다. 그 뒤 세
브란스 의학교 학생 7명은 10년이 지난 1908년 6월 졸업하여 대한 제국
정부로부터 의사 면허를 받았다.

수구파와 개화파의 갈등

임오군란

| **구식 군인의 반발** |　　　1880년대에 접어들면서 개화는 시대의 큰 흐름으로 인식되었다. 이를 반대하던 위정척사 사상을 가진 유림들은 극형에 처해지거나 유배되는 등 희생되었으며, 흥선대원군을 중심으로 반개화 세력들이 모여들었다. 그들 가운데는 고종을 폐하고 흥선대원군의 서자이자 고종의 이복형인 이재선(李載先, ?~1881)을 추대하려는 움직임까지 있었다. 이러한 모의는 사전에 발각되었고, 이재선은 결국 사형을 당하고 말았다. 고종은 이를 빌미로 위정척사파뿐만 아니라 흥선대원군의 측근 세력까지 탄압했다.

　　반대 세력을 제거한 고종은 미국을 비롯해 영국, 프랑스, 러시아, 독

일 등 서구 열강과 조약을 체결하여 국제 사회의 일원이 되고자 했다. 하지만 조선 정부는 너무나 나약했고, 국제 관계에 둔했다. 조선은 병인양요, 신미양요를 비롯해 운요호 사건을 치르면서 부국강병의 필요성을 절실히 깨닫게 되었다. 이러한 반성에서 1881년 5월 별기군이 탄생했다. 그 뒤 구식 군대의 규모가 5군영에서 2군영 체제로 축소되면서 실직자가 많이 발생했고, 남게 된 구식 군대 병사들의 처우는 너무 열악해졌다. 구식 군인들의 봉록미는 13개월 동안 지급되지 않았다. 예전 홍선대원군 집권 당시 배고픔을 몰랐던 시절과는 전연 딴판이었다. 봉록미 미지급은 개항 이후 많은 양의 곡식이 일본으로 유출되면서 비롯된 것이었지만, 구식 군인들은 궁궐의 낭비와 민씨 척신들의 탐욕 때문이라 여겨 책임자인 선혜청 당상 병조 판서 민겸호(閔謙鎬, 1838~1882)와 경기 관찰사 김보현(金輔鉉, 1826~1882) 등에게 깊은 원한을 품게 되었다.

1882년 7월에도 여전히 봉록미 지급이 이뤄지지 않자, 구식 군대의 병영에서 불만의 목소리가 터져 나오기 시작했다. 이를 잠재우고자 정부는 마침 전라도에서 올라온 조미(漕米)로 무위영 구식 군인들에게 봉록미 1개월 치를 지급했다. 그런데 이를 담당하던 선혜청 고지기[庫直]가 몰래 쌀가마니에 모래와 겨를 반쯤 섞고 나머지를 착복했다. 쌀을 지급받은 군인들은 격분해 봉록미를 반납하고 선혜청에 돌을 던지든가 하면 고지기를 구타하며 격투까지 벌였다. 이 소식을 전해 들은 민겸호는 무조건 소동을 일으킨 주동자 4명을 포도청 감옥에 넣은 뒤 고문을 가하는가 하면 2명을 처형했다. 사태는 악화되었고, 구식 군인들은 분노했다.

구식 군인들은 투옥된 동료를 구출하려고 실직한 군인을 불러 모았다. 이에 흥선대원군의 동생 이최응이 조총과 화포로 무장한 별파진(別破陣)으로 구식 군인들을 진압하게 했다는 소문이 퍼지면서 구식 군인들을 긴장시켰다. 이렇듯 자신들이 원하지 않은 방향으로 사태가 흘러가자, 흥선대원군에게 발탁된 무위영 대장 이경하를 찾아가 민겸호의 불법과 억울한 사정을 호소했다. 하지만 이경하는 자신에게 급여에 관여할 권한이 없다며 구속된 군인들의 석방을 청하는 서찰을 던져 주고는 민겸호를 직접 찾아가 하소연을 해 보라는 말만 했다.

구식 군인들이 할 수 없이 민겸호의 집으로 가던 중 일반 백성까지 합세해 참여 인원이 늘어났다. 집에 거의 다다랐을 무렵, 고지기와 맞닥뜨린 군민들은 갑자기 흥분하여 민겸호 집에 난입해서는 집기들을 마구 부쉈다. 당시 민겸호는 궁궐에 있어서 위기를 모면할 수 있었다. 사태가 걷잡을 수 없을 정도로 커지자 구식 군인들은 민씨 척족들에게 죽임당할 것이라 생각해 운현궁의 흥선대원군을 찾아가 이를 수습해 줄 것을 바랐다. 상황을 지켜보고 있던 흥선대원군은 다시 권력을 거머쥘 좋은 기회라 판단하고 그들을 이용하고자 했다.

| 일본 공사관 습격 |　　흥선대원군은 봉록미 지급을 약속하며 군민에게 해산을 권고하는 한편, 구식 군인 주동자들과는 비밀리에 계략을 세웠다. 먼저 흥선대원군은 자신의 심복인 허욱(許煜, 1827~1883)에게 군복을 입게 하고 구식 군인들을 지휘하게 했다. 이튿날 구식 군인들은 허욱의 지도에 따라 3대로 나뉘어 움직였다. 일대는 예전 훈련도감의 본

임오군란 당시 제물포에서 벌어진 군민과 일본 공사관과의 전투 장면을 묘사한 다색 목판화 〈조선변보격도폭 발지도 판화〉 중 일부

영인 동별영의 무기고를 습격해 무장하고, 포도청에 갇혀 있던 동료뿐만 아니라 개항을 반대하다 의금부에 투옥된 충청도 유생 백낙관(白樂寬, 1846~1883)을 풀어 주고자 했지만, 그는 거절했다.

　다른 일대는 서대문 밖 경기 감영으로 몰려가, 평소 눈엣가시처럼 여겼던 경기도 관찰사 김보현을 처단하고자 했다. 김보현은 1864년 흥선 대원군이 정권을 잡은 직후 추방되었는데, 실권한 뒤 민씨 척족의 일파가 되어 형조, 이조 판서, 선혜청 당상을 지낸 인물이다. 그는 특히 선혜청 당상 재임 중에 모리 행위를 심하게 해 원성이 자자했다. 사전에 눈치챈 김보현이 달아나고 없어 뜻을 이루지 못했지만, 이들은 무기고를 부수고 총기를 약탈하여 무장을 강화했다. 나머지 일대는 강화 유수 민태호를 비롯한 척신과 개화파 관료의 집을 습격, 파괴했다. 몇몇 군민들은 별기군이 있던 하도감을 습격하여 일본인 훈련 교관을 죽이기도 했다.

군민들은 밤이 되자 일본 공사관이 있는 서대문 밖의 청수관(현재 동명 여자중학교 자리)으로 향했다. 청수관은 원래 경기 중영(中營)에서 사용했는데, 1880년 5월 하나부사[花房義質]가 초대 주한 일본 공사로 부임해 오면서 공사관으로 바뀌었다. 군민이 일본 공사관을 포위 습격하자 공사관 직원들이 나서서 대항했다. 하지만 워낙 열세여서 버틸 수 없었다. 이에 하나부사 공사는 급히 공사관에 불을 지르고 20여 명의 직원들과 함께 서울을 빠져나갔다. 이튿날 새벽, 공사관 직원들은 인천에 도착했지만, 여전히 두려움이 가시지 않아 월미도에 숨었다가 영국 선편으로 귀국했다.

| 민씨 척족 처단 |　　　한편 고종은 구식 군인의 난동을 단순히 봉록미 문제라고 보고받고 대책을 마련하지 않았다. 그러다가 민씨 척신들의 집이 습격당하자 서둘러 사태 수습에 나섰다. 먼저 무위대장 이경하로 하여금 그들을 회유하게 했지만 별 소용이 없었다. 병인양요, 신미양요 당시에 방어 사령관으로 혁혁한 무공을 세운 그였지만, 구식 군인들의 행동에 회의적이었기 때문에 그들의 분노를 잠재울 수 없었다. 사태가 점점 급박해지자 고종은 급료 책임자를 문책한다는 의미에서 선혜청 당상 민겸호, 도봉소 당상 심순택(沈舜澤, 1824~?), 무위대장 이경하, 장어대장 신정희(申正熙, 1833~1895) 등을 파직시켰다. 이어 무위대장 후임에 흥선대원군의 장자 이재면을 임명해 민심 수습에 나섰으나, 이미 때는 늦어 민씨 정권의 붕괴는 시간 문제였다.

그날 밤 군민들은 흥선대원군의 명령에 따라 해산했다가 이튿날 인

의동에 있던 훈련도감 본영인 동별영(東別營)에 모였다. 이날은 더욱 많은 사람들이 모였다. 정부가 구식 군인들을 달래 줄 방향을 찾지 못하고 있는 사이에 왕십리의 하급 군인과 서울 주변 빈민들이 적극 동참했다. 왕십리는 하급 군인뿐만 아니라 빈민들이 주로 거주하는 곳으로, 잡혀간 군인 4명 가운데 3명이 왕십리 거주자였다. 하급 군인 대부분은 빈민층에서 충당되었으며, 적은 급료 때문에 수공업, 상업에 종사하거나 도시 근교에서 채소를 재배해 팔거나 막노동으로 겨우 살아가고 있었다. 서울 변두리 빈민들은 민씨 정권 아래 각종 수탈을 당했으며, 개항 이후에는 일제의 경제 침탈로 영세 수공업이 몰락하고 쌀값이 폭등하는 등 경제적으로 매우 어려운 처지에 있었다. 이러한 이유로 군민들은 어느새 1만여 명으로 늘어났다.

기세가 등등해진 군민들은 홍선대원군의 밀명을 받고 이최응의 집을 습격해 그를 처단한 뒤 민비를 제거하고자 창덕궁으로 몰려갔다. 겁에 질린 수문장이 도망치는 바람에 군민들은 아무런 저지를 받지 않은 채 궐내로 들어와 민비를 찾고자 궁궐을 뒤졌다. 이 와중에 궁궐에 숨어 있던 민겸호와 경기 관찰사 김보현 등이 죽임을 당했다. 하지만 끝내 민비를 찾지 못했다. 이미 민비는 무예별감의 기지로 궁녀 차림으로 궁궐을 빠져나간 뒤였다. 민비는 충주 장호원에 있던 충주 목사 민응식(閔應植, 1844~?)의 집에 피신해 있었다.

홍선대원군의 제1차 재집권

군민에게 궁궐까지 침범당한 고종은 하는 수 없이 홍선대원군에게 사태 수습에 나서 줄 것을 요청했다. 홍선대원군은 허욱의 지휘 아래 구식 군인 200명의 호위를 받으며 여흥부대부인 민씨와 장자 이재면을 대동하고 입궐했다. 고종은 1882년 7월 "지금 이후로 대소 공무는 모두 대원군 앞에 품결하라."라는 명령을 내림으로써, 홍선대원군에게 사실상 정권을 내주었다. 그의 나이 64세로, 권좌에서 물러난 지 10년 만이었다. 이로써 300여 명이 죽고 수많은 집이 파괴되었으며, 일본인 13명이 희생을 치르고서야 임오군란은 일단락되었다.

정권을 다시 잡은 홍선대원군은 군민들을 회유해 해산시키고 정부를 개편하고자 했다. 이에 앞서 홍선대원군은 고종에게 지난날의 통치를 자책하는 교지를 내리도록 했다.

오늘의 일에 대해 어떻게 차마 말할 수 있겠는가? 다만 부덕한 내가 외람되이 크나큰 왕업을 이어 백성을 제대로 돌보아 주지 못한 결과 전에 없던 이런 변고를 초래했다. 이것이 어찌 그들이 일부러 범하고 화를 즐겨 그런 것이겠는가? 첫째도 나의 잘못이고, 둘째도 나의 잘못이다. 말이 이에 미치니 절로 한심해진다. 승정원에 있는 승지들은 일일이 효유하여 그들로 하여금 물러가게 하라.

_ 고종의 〈자책 교지〉

이어 홍선대원군은 구식 군인에게 봉록미 지급을 약속하고 무위영, 장어영과 별기군을 혁파하여 5군영을 복구하고 실직한 구식 군인을 다시 불러 모았다. 고종은 군란의 책임이 자신에게 있다며 군민들을 회유했지만, 그들의 불안은 여전히 가시지 않았다. 민비의 생사 여부가 명확하게 밝혀지지 않았기 때문이다. 그들은 민비가 재집권하면 자기들의 목숨이 어떻게 될지 몰라 불안에 떨었던 것이다. 홍선대원군은 반신반의하는 군민의 불안감을 없애 주고자 고종에게 "왕비께서는 금일 정오경에 승하하였으므로 장례 절차는 전례를 쫓아 마련할 것이며, 망곡(望哭) 처소는 명정전 뜰로 한다."라는 명을 내리도록 하여 민비의 사망을 공식화했다.

여기에는 군민들을 안심시킬 목적도 있었지만, 홍선대원군의 속셈은 따로 있었다. 민비가 생존해 있을지라도 감히 다시 나타나지 못하도록 하기 위한 것이었다. 몇몇 신하들이 민비의 시신이 없다며 국상을 반대했지만, 홍선대원군은 이를 무시하고 임시 기구로 국장도감을 설치하게 했다. 이후 장례 절차는 신속히 진행되었고, 고종은 "중전의 시신을 사방에서 찾아보았지만, 끝내 그림자도 없으니 또한 어찌할 도리가 없다."라며, 민비가 입었던 옷[의대(衣襨)]만 관에 넣은 뒤 장례를 치르도록 했다. 민비의 생사를 확인할 수 없었던 고종 또한 사실상 민비의 죽음을 받아들일 수밖에 없었다. 민비의 능호는 '희릉(熙陵)'으로 정해졌다. 장호원으로 피신하여 엄연히 살아 있던 민비의 장례가 치러진 것이다.

한편 홍선대원군은 고종이 개화 정책을 추진하고자 마련했던 기구나 정책 등을 모두 없애고 이전으로 되돌렸다. 군민들은 홍선대원군의 통치에 크게 기대했다. 그는 개화 정책을 추진하던 통리기무아문을 혁파하고 삼군부를 설치하여 보수적인 인물들을 대거 기용했다. 이는 자신의 정권을 강화시키려는 것이었으며 민씨 척족 세력을 제거하려는 조치였다. 그의 아들 이재면에게 훈련대장과 더불어 호조 판서, 선혜청 당상까지 겸직하게 해 병권과 재정권을 아울렀다. 영의정에는 수구파의 거두로 쇄국 정책을 지지한 홍순목(洪淳穆, 1816~1884)을 임명했다. 당시 기용되었던 인물들은 대개 남인 계열의 나이 든 정치가들이었다.

또한 자신의 입장을 충실히 따랐던 인사 중에 투옥되었거나 유배당한 죄수 887명을 석방시켰다. 그들 가운데는 홍선대원군이 실각한 뒤에 유배되었던 정현덕(鄭顯德, 1810~1883)을 비롯해 위정척사 운동으로 투옥된 이만손(李晚孫, 1811~1891), 김평묵 등도 포함되었다. 결국 홍선대원군이 재집권하면서 정국은 급속도로 보수화되었다.

청 군대의 파병과 홍선대원군의 실각

청은 임오군란이 일어난 지 1주일이 지난 뒤에야 주일 청 공사가 보고해 알게 되었다. 당시 공사는 일본 정부가 군함을 조선에 파견하기로 결정했다며, 청도 속히 군함을 파견할 것을 건의했다. 청 정부는 이를 결정하기 전 당시 톈진에 머물고 있던 김윤식과 어윤중 등을 불러 의견을 물었다. 이들은 임오군란 소식에 무척 당황하면서도, 청이 일본보다 앞서 군대를 보내 고종을 보호하고 난을 진압해 줄 것을 요청했다. 일단

독일에서 건조된 북양 함대의 기함 정원

청은 군함을 파견해 정황을 자세히 파악하도록 지시하는 등 신중하게
접근했다.

　1882년 8월, 북양 함대 제독 딩루창(丁汝昌)은 정원호 등 3척의 군함을
이끌고 톈진을 출발해 제물포에 도착했다. 정원호는 12인치 함포 4문을
장비한 막강한 화력을 보유한 7천 톤이 넘는 거대 전함으로, 청일 전쟁
당시 일본군에게 200여 발의 집중 포격을 받았지만 침몰되지 않았을
정도였다. 여기에 청의 마젠중과 어윤중이 동행했다. 마젠중은 리훙장
의 추천을 받아 프랑스로 유학을 떠나 변호사 자격증을 얻고 귀국해 인
도와 조선과의 외교 교섭에 종사한 인물이다. 어윤중은 도착하자마자
정보를 수집했고, 딩루창에게 임오군란의 주모자가 흥선대원군이며 난
을 조속히 진압해야 한다고 건의했다. 딩루창 또한 일본 외무성 서기관
을 만나 임오군란의 전말과 조선의 상황을 파악하고, 정부에 군대 파견
을 정식 요청했다. 하지만 그전에 벌써 청 정부는 조선 군민들이 왕비와

대신 13명을 살해하고 홍선대원군이 정권을 잡고 있다는 정보를 입수해 군 파병을 결정한 상태였다. 이에 우창칭(吳長慶)이 거느리고 있던 광둥의 3천여 병력이 남양만 마산포에 도착했다.

한편 톈진으로 돌아온 딩루창은 김윤식 등과 임오군란을 진압할 방법을 논의했다. 이때 김윤식의 의견에 따라 홍선대원군을 체포하기로 결론을 맺고 귀국을 서둘렀다. 김윤식은 딩루창, 위안스카이(袁世凱) 등과 더불어 마산포로 귀국했다. 청의 육해군이 조선에 들어왔다는 정보를 입수한 정부는 접견대신 병조 판서 조영하와 공조 참판 김홍집을 마산포로 파견했다. 조영하는 1882년 전권대신으로서 미국, 영국, 독일과 통상 조약을 체결한 인물이다. 이곳에서 그들은 어윤중과 김윤식을 만날 수 있었다.

서울로 들어온 우창칭, 딩루창 제독 등은 마젠중으로부터 조선의 상황을 전해 듣고 홍선대원군 체포 작전을 협의했다. 1882년 8월 그들은 접견대신과 더불어 창덕궁에 있던 고종을 알현한 뒤, 운현궁으로 가서 홍선대원군을 예방했다. 그날 밤 홍선대원군은 답례차 훈련도감의 분영인 하도감에 머물고 있던 우창칭을 찾았다. 이때 마젠중은 홍선대원군을 하도감에 머물게 하고는 이번 정변의 사유를 힐책했다. 청 황제가 책봉한 국왕을 밀어내고 군민들을 이끌고 궁궐에 침입하였으니, 이는 국왕을 기만한 것이고 황제를 무시한 것이라는 것이다. 이어 마젠중은 톈진에 가서 조정의 처치를 기다려야 한다며 강제로 홍선대원군을 배에 태웠다. 홍선대원군은 자신을 구해 줄 사람이 주위에 아무도 없음을 알고 별다른 저항 없이 마산포로 가서 군함을 타고 톈진으로 향했다.

용산 군 기지의 역사

용산을 군 기지로 사용하기 시작한 것은 13세기로 거슬러 올라간다. 당시 고려에 침입한 몽골군이 용산 일대를 병참 기지로 활용하면서 비롯됐다. 그 뒤 임진왜란 때는 평양 전투에서 패한 일본군 고니시 장군의 부대가 퇴각해 원효로 4가에, 가토 부대는 청파동 일대에 각각 주둔했다. 근대에 용산 일대는 본격적으로 조선에 주둔한 각국의 군 기지로 자리매김하기 시작했다. 용산 지역은 한강이 가까워 한강에 상륙한 뒤 남산과 북한산을 점령하여 서울을 쉽게 함락시킬 수 있는 데다, 퇴로가 항상 확보돼 있는 전략적인 요충지였다. 따라서 외국 군대가 주둔하게 된 것이다.

1882년 임오군란 때에는 용산에 청 병력 3천 명이 주둔한 데 이어 러일 전쟁을 앞둔 1904년에 일본군이 수만 명이 주둔할 수 있는 병영을 짓고 주차 사령부를 설치했다. 경술국치 이후 일제는 일본 거류지를 조성하고 2개의 사령부를 주둔시켰다. 1916년 이후 19, 20사단이 주둔하면서 대륙 침략의 교두보 역할을 담당하기도 했다. 1945년 해방 후에 용산 기지는 미군 손에 넘어갔다. 같은 해 9월 2일 발표된 한반도 분할 점령을 공식화하는 '연합군 최고 사령관의 일반 명령 제1호'에 따라 미 7사단 병력 1만 5천 명이 용산에 진주, 일본군의 병영을 모두 접수하면서 용산 기지를 차지했다. 이후 1950년 6.25전쟁에 참전한 미군이 1953년 7월 휴전 이후 용산 기지를 다시 사용했고, 1957년에 주한 미군 사령부와 1978년 한미 연합 사령부를 창설하면서 용산 지역을 사실상 관할해 왔다.

육군 본부는 1989년 계룡대로 이전할 때까지 용산 일대에 주둔했으며, 1970년부터 지금까지 국방부가 들어서 있다. 1988년 용산 미군 기지를 지방으로 이전할 것을 합의한 바 있으나, 2017년까지 시행되지 못하고 있다.

이로써 흥선대원군의 재집권은 불과 33일 만에 막을 내렸다. 흥선대원군은 북양 대신 리훙장에게 임오군란은 민겸호의 탐학에서 비롯된 것이지 자기와는 상관없는 일이었다고 주장했지만, 허베이성의 바오딩부로 옮겨져 그곳에서 3년 동안 유폐 생활을 하게 되었다. 바오딩부는 청 리훙장 직예총독이 머물던 곳이다.

제물포 조약 체결

임오군란을 피해 황급히 조선을 떠난 일본 공사 하나부사는 나가사키에 도착하자마자, 외무대신 이노우에[井上馨]에게 그간의 상황을 긴급 타전했다. 그는 조선에 있는 개항장의 일본인 거류민을 보호하고 조선과 교섭을 하려면 일본군의 지원이 절대적으로 필요하다는 뜻을 전했다. 급전을 받은 일본 정부는 급히 내각 회의를 열어 문제를 협의했다. 일본은 하나부사를 전권위원으로 삼아 조선에 파견해 사죄와 배상을 요구하고, 부산, 원산의 거류민을 보호하고자 군함을 파견한다는 기본 방침을 세웠다. 또한 일본은 이를 기회로 강화도 조약 이후 해결하지 못한 상권 확장 문제를 매듭짓고자 했다. 당시 일본 상인들은 개항장을 중심으로만 활동이 가능했다. 일본은 조선 내륙으로 상권을 확대시키고자 했다.

1882년 8월, 하나부사는 군함 4척과 1개 대대 병력을 수송할 수송선 3척을 이끌고 제물포항에 도착했다. 하나부사는 제물포항을 떠난

지 2주일여 만에 다시 돌아온 것이다. 그보다 이틀 앞서 딩루창, 마젠중 등이 군함을 이끌고 들어와 있었다. 이때 청 군함에 김윤식과 어윤중이 동행한 것처럼 일본 군함에는 김옥균과 서광범이 동행했다. 이후 개화에 대한 서로의 입장 차이로 김윤식과 어윤중은 친청파, 김옥균과 서광범은 친일파의 길을 걷게 되었다.

하나부사는 마젠중 등과 만나 임오군란에 관련한 정보를 교환했지만, 청은 이미 홍선대원군을 납치하기로 결정한 상태였다. 하나부사는 호위병을 이끌고 고종을 만나고자 서울로 향했다. 홍선대원군이 이를 저지하려 했지만 소용없었다. 하나부사는 고종을 알현하고 7개 조항을 제시하며 3일 안에 수용 여부를 결정할 것을 요구했다.

1. 지금부터 20일 내에 흉도 우두머리와 그 무리들을 체포하여 엄중히 징벌할 것.

2. 살해된 자를 후하게 장례를 치러 줄 것.

3. 5만 원을 지출하여 피해자의 가족과 아울러 부상자에게 나눠 줄 것.

4. 무릇 흉도의 행동으로 말미암아 일본이 입은 손해 및 군대 출병 등에 소요된 모든 경비를 배상할 것.

5. 원산, 부산, 인천 등 각 항의 활동 범위를 사방 100리로 넓히고, 새로 양화진을 개시장으로 하여 함흥과 대구의 왕래 통상을 허할 것.

6. 일본 공사, 영사 및 그 수행원 등이 내지 각처를 돌아다닐 수 있게 할 것.

7. 이제부터 5년간은 일본 육군병 5개 대대를 두어 일본 공사관을 호위하게 할 것.

7개 조항은 일본이 임오군란을 통해 조선 내에서의 상권을 넓히고 군대를 주둔시켜 자신들의 세력을 확대하고자 한 것이다. 권력을 쥐고 있던 흥선대원군은 난색을 표하며 일본과의 협상 자체를 거부했다. 하지만 며칠 뒤 흥선대원군이 청에 납치되면서 조선과 일본 간 교섭이 신속히 진행되었다. 제물포에 정박 중인 일본 군함에서 첫 회담이 열렸다. 7개 조항을 중심으로 회담이 진행되었으나 손해 배상과 일본군의 파병에 대한 입장 차이가 커 쉽게 결말을 내지 못했다. 회담 시작 3일째 일본이 제시한 요구 사항을 조선이 거의 원안대로 받아들였다. 그 결과 6개 조로 된 제물포 조약과 2개조의 수호 조규 속약이 체결되었다.

〈제물포 조약〉

제1항 지금으로부터 20일을 기하여 조선국은 흉도를 체포하고 수괴를 가려내 중벌로 다스릴 것.

제2항 일본국 관리로 피해를 입은 자는 조선국이 융숭한 예로 장사를 지낼 것.

제3항 조선국은 5만 원을 지불하여 일본국 관리 피해자의 유족 및 부상자에 지급할 것.

제4항 흉도의 폭거로 일본국이 받은 손해 그리고 일본 공사를 호위한 육해군의 군비 중에서 50만 원을 조선이 부담하되, 매년 10만 원씩 5년에 걸쳐 완납, 청산할 것.

제5항 일본 공사관에 군인 약간 명을 두어 경비하게 하며, 병영의 설치, 수선은 조선국이 책임을 지고, 만약 조선국의 병, 민이 법률을 지킨 지 1년 후에

제물포 조약 체결 장면을 그린 〈화방공사조선국응접도〉

일본 공사가 경비가 필요하지 않다고 인정할 때에는 철병을 해도 무방함.

　제6항 조선국은 일본에 대신을 특파하고 국서를 보내어 일본국에 사죄할 것.

　〈수호 조규 속약〉

　첫째, 부산, 원산, 인천 각 항의 간행이정(間行里程)을 금후 확장하여 사방 각 50리로 정하고, 2년 후를 기하여 다시 각 100리로 할 것.

　둘째, 일본국 공사, 영사와 그 수행원 및 그 가족의 조선 내지 여행을 허용하며, 예조에서 여행지를 지정하여 증서를 급여하되 지방관은 그것을 대조하고 호송할 것.

제물포 조약은 배상 금액을 매년 10만 원씩 5년에 걸쳐 완납하도록 했고, 일본군 주둔 경비는 조선이 부담하며, 1년 후에 일본 공사의 판단에 따라 철병하기로 합의했다. 일본에 대관을 특파하고 국서를 보내 사죄한다는 내용이 추가되었다. 또한 수호 조규 속약 체결로 조선 내 일본인의 상업 활동이 보장되었다.

조선은 제물포 조약에 따라 임오군란 주동자들을 처벌하고, 배상금 50만 원 가운데 15만 원을 선지불했으며, 박영효, 김옥균, 김만식 등을 일본에 사죄사로 파견했다. 또한 일본은 공사관 경비를 구실로 1개 대대 병력을 서울로 파견했다.

제물포 조약은 조선의 주권을 침탈하는 가혹한 것이었으며, 훗날 일본이 조선을 침략하는 디딤돌 역할을 했다. 청은 3천여 명의 군대를 조선에 파견하고 있었음에도 이를 수수방관했다. 당시 북양 대신 리훙장은 모친상을 당해 고향에 머물렀고, 직무 대리자는 임오군란을 진압하고 흥선대원군을 체포하는 선에서 자신의 임무를 끝내려 했다. 일본과 군사적인 충돌을 일으켜 문제를 만들고 싶지 않았던 것이다.

민비의 피난

민비는 군민들이 창덕궁에 난입하자 서둘러 궁녀의 옷으로 갈아입었다. 하지만 궁궐을 빠져나갈 뾰족한 수가 없어 엄두를 내지 못했다. 이때 흥선대원군과 같이 궁궐에 들어온 부대부인이 타고 온 4인교가 도착했다. 부대부인은 민비를 알아보고는 자신이 타고 온 4인교에 숨겨 주었다. 잠시 위기에서 벗어나는 듯했으나 구식 군인 중 한 사람이 이를 수상히 여겨 가마를 들추고 안에 있던 민비를 살폈다. 민비의 얼굴을 알리 없었던 그가 궁녀 복장을 한 민비에게 "누구야!"라고 묻자 무예 별감 홍재희(洪在羲, ?~1895, 홍계훈으로 개명)가 "내 누이동생 홍 상궁이다."라고 답하고 민비를 업고 자리를 피해 위기를 모면했다. 실제 홍재희의 누이동생은 민비를 모시는 상궁이었다. 홍재희는 민비를 등에 업고 창덕궁 동쪽의 작은 문인 단봉문(丹鳳門)을 통해 궁궐을 빠져나왔다. 단봉문은 창덕궁의 정문인 돈화문에서 동쪽으로 이어진 담장에 나 있는 문으로 왕족과 그 친인척 그리고 상궁들의 전용문이었다.

궁궐을 빠져나온 민비는 1882년 7월 24일 정릉 화개동에 살던 규장각 소속의 윤태준(尹泰駿, 1839~1884) 집에 머물면서 앞으로의 일을 궁리했다. 윤태준은 한때 민비 아들인 세자를 시위한 적이 있으며, 1881년 수신사와 영선사의 종사관으로 일본과 청에 다녀왔던 개화파 인물 가운데 한 명이었다. 민비는 익찬 민응식과 이용익(李容翊, 1854~1907)을 은밀히 불러 논의하고 고향인 여주 근처 충주 장호원으로 피신하기로 했다. 민응식은 민비의 6촌 오빠이며 충주 목사였다. 발 빠르기로 소문난 이용익에게는 경기도 양근으로 피신해 있던 민영익에게 자신의 처지를 알리도록 했다.

7월 27일 밤 10시경, 민비는 윤태준의 집을 나와 북촌 벽동에 살던 민응식 집으로 거처를 옮겼다. 그다음 날 새벽에 민비는 민응식, 민긍식, 현홍택, 홍재희, 홍 상궁 등과 함께 집을 나서 뚝섬나루에서 한강을 건너려고 했다. 뱃사공은 한강을 차단하라는 명령을 받아 배를 움직일 수 없다고 고집했다. 민비가 손가락에 끼고 있던 금가락지를 뱃사공에게 건네준 뒤에서야 한강을 건널 수 있었다.

점심 무렵 민비는 경기도 광주군 취적리의 임천 군수 이근영의 집에 도착해 식사를 한 뒤 가까운 조현(현 광주시 목현동 새오개) 점사(민간 주막)에서 잠을 청했다. 7월 29일 새벽, 다시 길을 재촉한 민비는 점심 무렵 경기도 이천에 도착해 점심을 먹었다. 여주에 이르러 단강에 사는 권삼대 집에서 잠을 청했다. 다음 날 여주를 떠나지 못하고 그 옆집인 한점대 집으로 거처를 옮겨 이틀을 더 머물렀다. 민응식의 집을 나설 때부터 건강이 좋지 않았던 민비가 탈이 난 것이다. 그 뒤로도 사람들의 이목을 피하려고 샛길을 이용했고, 주로 늦은 밤이나 새벽에 길을 나섰으며, 무더운 여름날이었기 때문에 민비의 심신은 매우 지쳐 있었다.

며칠 몸을 추스른 민비는 8월 1일 다시 길을 재촉하여 충북 음성군 감곡면을 거쳐 충주에 도착했다. 서울을 출발한 지 1주일 만에 250여 리를 걸어 최종 목적지인 장호원 **민응식의 집**에 도착했다. 민비는 50여 일 내내 장호원을 벗어나지 않고 내당에서만 생활했다. 보안을 위해 안주인에게도 안채 출입을 엄금했다. 마을 사람들의 이목을 피하려고 한밤중에 거짓으로 가마꾼을 동원해 횃불을 밝히고 산속의 원통곡으로 보낸 일도 있었다. 임오군란이 마무리되고 거창한 행차가 온 뒤에야 그가 민비인 것을 알았다고 한다.

한편 숨어서만 지내던 민비는 너무 불안하고 무료한 나머지 용한 무당을 찾았고, 이웃 마을의 윤가라는 무당을 만났다. 무당은 민비가 음력

민응식의 집 민응식의 집에는 매괴 성당이 자리했다가 지금은 매괴 고등학교가 위치하고 있다. 학교 운동장 한편에 '명성황후 피난처'라 쓰인 표지석이 있다.

7월 보름이면 환궁할 것이라 예언했는데, 그것이 적중했다. 민비가 환궁할 때 무당도 동행했다. 또한 민비가 질병을 앓고 있을 때마다 무당이 손으로 아픈 곳을 어루만지면 그 증세가 사라졌다고 한다. 이에 더욱 총애를 받게 된 무당은 자기가 관우 딸이라면서 관우 사당 관왕묘(關王廟) 건립을 청했고, 민비는 즉각 이를 받아들였다. 그뿐만 아니라 그를 진령군(眞靈君)으로 봉하고 엄청난 재물까지 하사했다. 무당이 봉군을 받은 것은 사상 처음이었다. 관우 복장을 한 진령군 무당은 자신을 신비화했고, 국정에 두루 간여했다. 무당의 한마디에 관리가 임명되거나 한순간에 파직되기도 했다.

당시 가장 크게 활약한 인물로 이용익을 꼽을 수 있다. 이용익은 민비의 눈과 귀가 되어 서울과 장호원 왕복 400리를 발 빠르게 오갔다. 이용익은 함북 명천의 한미한 집안 출신으로 20세 전후로 서울에 올라와 보부상, 물장수로 근근이 살았다. 언젠가 민영익이 민비에게 이용익이 전주에서 서울까지 500리를 하루 만에 올라왔다는 놀라운 얘기를 했고, 이는 고종에게까지 알려졌다. 고종은 시험 삼아 이용익에게 부채 1천 자루를 바치라는 친서를 전라도 관찰사에게 전하고 답변서를 받아오도록 했다. 이용익은 아침 8시에 서울을 출발해 12시간 뒤인 그날 저녁 8시에 되돌아왔다. 1달 넘게 걸리는 거리를 한나절 만에 오간 것이다. 뭇 사람들은 그가 축지법을 쓴다고 했지만, 이용익에게는 단지 두루마기 뒷자락을 깃발처럼 나부끼도록 하여 후퇴부에 붙지 않게 하면 걸음을 빨리 걷게 된다는 비법이 있었던 것이다.

한편 고종은 죽은 줄 알았던 민비가 장호원에 살아 있다는 소식을 들고 이용익을 통해 민비와 비밀리에 소식을 주고받았다. 그는 서울과 장호원까지 반나절에 오갔다. 민비가 환궁한 뒤에 이용익은 출세 가도를 달렸고, 고종의 두터운 신임을 받아 정계 핵심 인물로 급부상했다. 고종은 흥선대원군이 청로 끌려간 지 10여 일이 지난 뒤에 민비의 생존을 공표하는 동시에 국장도감 등을 폐기하게 했다. 영의정 홍순목 이하 대신들은 민비를 맞을 준비를 서둘렀고, 일부는 직접 장호원으로 내려가기도 했다. 우창청 제독은 청 군사 100명을 충주로 파견해 민비를 시위하게 했다. 민비는 50여 일 만인 9월 12일에 창덕궁으로 무사히 돌아왔다.

조청 상민 수륙 무역 장정 체결과 국내 상권의 붕괴

청은 흥선대원군을 톈진으로 끌고 간 뒤에 제물포의 청군들에게 서울의 치안을 담당하게 했다. 청군은 임오군란의 주동자 색출 명목으로 왕십리와 이태원 일대를 급습해 구식 군인 170여 명을 체포하고 그 가운데 11명을 참수했다. 민비가 환궁한 뒤에 정국은 어느 정도 안정을 되찾았고, 민씨 척족들이 다시 정권을 장악했다.

조선 정부는 조영하, 김홍집, 어윤중 등을 청에 보내 군대 파견에 감사의 뜻을 전했다. 1882년 10월에는 그동안 미뤄 왔던 조청 상민 수륙 무역 장정(이하 무역 장정)을 체결했다. 무역 장정은 통상을 장려하여 부강에 힘써야 한다는 어윤중의 주장에 따라 추진된 것이다. 1881년 1월부터 양국 간 무역 장정 관련 논의가 오갔고, 1882년 3월 어윤중이 톈진으로 건너가면서 협상이 본격화되었다가 임오군란으로 중단되었다.

조선과 청, 두 나라가 무역 장정에 관심을 가진 것은 양쪽의 절실한 사정 때문이었다. 조선과 청의 교역은 '사신 무역(조공 무역)'이라 하여 중국에 파견되는 사절단 일행에게만 허용되었다. 이외에 국경 지역의 의주, 회령, 경원 등지에 시장을 열어 2년에 한 번씩 6개월 동안 이뤄지는 관 무역이 전부였다. 이러한 교역은 엄격히 통제되었고 생필품 등에 한정되었기 때문에 일반민이나 상인에게 항상 불만이었다. 이에 밀무역이 성행했고, 잠상이 늘어 갔다. 조선은 이러한 문제를 해결해야만 했고, 청은 1876년 강화도 조약 이후 일본에 밀렸던 주도권을 되찾아 종속 관계를 강화시키려는 속셈이 있었다.

하지만 조선은 무역 장정을 통해 기대했던 만큼의 성과를 거두지 못했다. 무역 장정은 조선이 청의 속국임을 분명하게 명시한 것에 불과했기 때문이다. 청의 주장대로 '조약'이란 용어 대신에 '장정'이란 하위 용어를 사용한 것도 그러한 맥락에서였다. 전문 8개조를 살펴보면 다음과 같다.

제1, 2조 조선 사절의 베이징 상주 요청을 거부하는 대신, 조선의 왕과 북양 대신은 동등한 지위이며, 양자는 개항장에 상무위원을 파견하되 청은 영사 재판권을 행사하는 치외 법권을 행사할 수 있도록 했다.

제3조 황해도 연안 및 산둥반도 등주 연안에서의 어업 활동이 허용되었다.

제4조 베이징과 양화진의 개잔 무역(開棧貿易, 상인들이 일정한 장소에 거주하면서 상행위를 하는 것)을 허용하되 양국의 내지채판(內地采辦)은

금했다.

제5, 6조 책문(柵門), 의주, 훈춘, 회령의 개시와 홍삼세칙을 15/100로 규정했다.

제7, 8조 초상국윤선(招商局輪船)의 운항 및 병선의 조선 연해 내왕, 정박은 북양 대신과 조선 국왕의 자회(咨會)로 결정한다는 것 등을 규정했다.

무역 장정은 청에 치외 법권, 통상권, 연안 어업권, 연안 항해권까지 내준 불평등 조약이었다. 특히 청 상인에게 조선 내륙에 들어와 장사를 할 수 있게 해 준 것이 더 큰 문제였다. 당시 일본 상인은 개항장을 중심으로만 움직였을 뿐 신변 위험 때문에 내륙 깊숙이 침투하지 못하고 있었다. 개항 초기에는 외국 상인의 활동 범위를 개항장 10리 내로 제한했다. 그런데 1880년대에 조선을 둘러싼 청, 일 간의 상권 경쟁으로 개항장 100리까지 상권이 확대되었다. 이에 서울을 비롯한 조선 각지에서 청과 일본 상인 간에 상권 침탈 경쟁이 치열해졌다. 서울의 경우 청 상인들은 남대문로와 수표교 일대를 중심으로, 일본 상인들은 충무로 일대를 중심으로 조선의 상권을 잠식해 갔다.

무역 장정 체결로 청 상인들이 늘어났다. 1884년 이후 매월 한 차례씩 상하이와 제물포를 오가는 정기선 출항이 영향을 미쳤겠지만, 서울 거주가 가능해진 것도 주된 요인이었다. 그 결과 1883년에 59명에 불과하던 청 상인 수가 1년이 지난 1884년에는 353명으로 급증했다. 그 가운데 165명은 비교적 거상들로, 47개의 점포를 가지고 있을 정도였다. 그 결과 육의전을 비롯한 시전 상인들의 피해가 막심했다. 청 상인들은

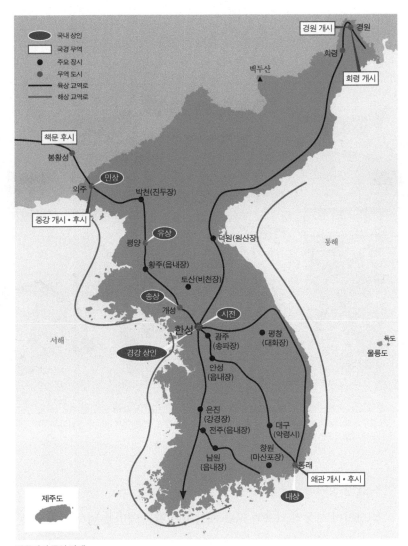

중국과의 무역 관계

벌어들인 돈으로 서울 장안의 큰 집들을 샀다. 현재 명동에 있는 중국
대사관 터는 이경하 포도대장의 집이 있었던 자리인데, 그 집을 청 상인

인천 중구의 북성동과 선린동에 형성된 차이나타운. 1883년 인천이 개항하면서 당시 청 상인이 부두와 가까운 이곳에 터를 잡으면서 비롯되었다.

이 사들인 것이다.

청 상인이 서울의 가옥과 땅을 매입하며 활동 영역을 넓혀 가자, 조선 정부는 조약 내용 이외의 토지 매입을 가능한 한 억제하고자 했다. 수천 명의 서울 상인들은 1주일 동안 상점 문을 닫고 외국 상점들의 서울 퇴거를 주장하는 상권 수호 시위 운동을 격렬히 전개했다. 또한 서울 상인들은 '황국 중앙 총상회'를 조직하여 외국인의 불법적인 내륙 상업 활동

일제 강점기 당시 최대 번화가가 된 명동 풍경

을 엄단할 것을 촉구하는 운동을 펼치기도 했다. 당시 외국 상인들이 얼마만큼 위협적인 존재였는지를 보여 준다.

청과 일본의 영세 상인들은 노점, 행상을 주로 하며, 직물 수입상, 외래품 잡화상, 포목상, 잡화 소매, 피혁 모피상, 여관, 음식점 등에 종사했다. 청 상인들이 영국제 면제품을 비싸게 팔고 조선의 곡물과 금을 헐값에 가져가면서 조선의 무역 수지 적자 폭은 커져만 갔다. 청은 조선 무역의 80% 이상을 차지할 정도였다. 그 결과 무역 판세가 일본에서 청으로 완전히 뒤바뀌었다. 상대적으로 조선 상인의 상업 활동은 위축되어 갔고, 특히 보부상의 피해가 극심했다. 항구 근처의 객주와 여각도 피해가 적지 않았다. 강화도 조약 체결 직후에는 항구 근처의 객주, 여각, 보부상들이 많은 이익을 남겼다. 일본 상인은 내륙으로 들어갈 수 없었으므로 보부상이 전국 각지로 드나들면서 일본 상인의 수요, 공급을 담당했기 때문이다. 청이 조선에서의 경제적 우위를 쥐자 일본은 청을 경계하기 시작했다. 이는 청일 전쟁의 배경이 되기도 했다. 청은 조선과 전통적인 책봉 관계를 유지하여 구미 열강과 일본의 침략을 막고자 했고, 일본은 이를 단절시키고자 했기 때문에 두 나라가 충돌한 것이다.

청의 간섭

무역 장정에서처럼 청은 조선을 속국으로 규정하고 조선의 내정과 외교까지 간섭하고자 했다. 당시 청 정부는 조선을 어떻게 통치할 것인지 의견이 분분했다. 조선에서 일본의 영향력을 저지하려면 속국인 조선을 방치하면 안 된다는 데는 공감했지만, 구체적 방안을 두고 의견이 분분했다. 한나라 당시처럼 4군을 설치해 조선 국왕을 폐하고 한 개의 성으로 만들자, 대관을 파견하여 조선의 외교와 군사 등의 실권을 장악하자, 제물포 조약으로 조선이 일본에 배상해야 할 50만 원을 대신 부담하여 일본의 조선에 대한 간섭을 미리 막자는 등 의견이 다양했다.

그 가운데 리홍장은 조선의 정치와 외교를 간섭할 목적에서 고문 파견을 적극 검토했다. 이에 1882년 12월 마젠장과 독일인 묄렌도르프를 조선에 파견했다. 마젠장은 마젠중의 형으로, 유럽에 유학하여 공법을 배웠고 서양 사정에 밝았으며, 주일 공사 밑에서 실무 경험을 쌓은 인물이었다. 묄렌도르프는 리홍장의 두터운 신임을 얻고 있었던 인물로 상하이에서 해관 업무를 전담했으며, 톈진 주재 부영사로 활동하기도 했다.

그 뒤 이들의 자문을 받아 조선의 관제 개혁이 단행되었다. 임오군란 당시 흥선대원군이 폐기한 통리기무아문을 대신해 기무처를 신설하였지만, 규모가 작아 복잡해지는 국정을 처리하기에는 역부족이었다. 이에 마젠장과 묄렌도르프의 자문을 받아 통리아문과 통리내무아문을 설치했다. 얼마 뒤 통리교섭통상사무아문[외아문]과 통리군국사무아문[내아문]으로 개칭하고 전자는 외교 통상을, 후자는 내정 일체를 전담하게 했다. 이때 묄렌도르프는 외아문 협판에, 마젠장은 의정부 찬의와 외아문 협판에 임명되었다. 하지만 마젠장은 중국 관리로서 속국 관직을 받았다 하여 해임되었다. 1885년 7월에는 묄렌도르프가 파면되었다. 묄렌도르프는 고종의 신임을 받아 여러 부국강병 정책을 적극 추진했으나, 청과 일본을 함께 견제하고자 러시아와 비밀 협약을 추진한 것이 빌미가 되었다. 조선으로서는 자주권을 확보하는 데 필요한 조처였지만 청과 일본 두 나라로부터 동시에 견제당하게 되었고, 결국 그마저도 파면되었다.

1885년 10월, 리홍장은 미국인 메릴을 조선의 새로운 해관 총세무사로 추천하면서 조선 해관을 청 해관의 일부로 개편, 통합하라는 훈령을

조선 해관 설립

조일 수호 조약 체결 이후 조선은 일본과 조일 수호 조규와 수호 조규 부록 및 무역 규칙 등 불평등 조약을 강요당하고 무관세 무역을 인정하게 되었다. 이러한 해관세 문제가 처음으로 거론된 것은 1878년 7월 경상좌도 청술어사 이나식(李鰢植)이 화물 출입처에 물품에 따라 세율을 정할 것을 건의하면서 부터다. 부산 개항 후 이러한 실책을 깨닫게 된 조선은 해관 설치를 위해 노력하여 1878년 9월 부산 두모진에 수세로를 설치하고 수입 상품에 대해 수입세 15~20%를 부과했다. 두모진 해관에서는 일본 조계지 출입 상품을 검사하고 관세를 징수했다. 그러나 일본은 조선 상인에게만 제한된 수입세 징수를 하였음에도 이를 조약 위반이라 트집 잡았다. 일본 대리공사 하나부사는 무력시위와 협박을 통해 관세 징수의 중지를 요구했으며, 결국 리홍장의 권고로 불과 3개월 만에 소기의 성과를 거두지 못하고 문을 닫았다.

하지만 관세 문제는 매우 중요한 사안이었다. 때문에 1880년 7월 김홍집을 제2차 수신사로 일본에 파견하면서 관세 설정 문제를 타결하고자 했다. 당시 김홍집은 청일 양국의 세칙례에 따라 일반 상품에 대한 종가 5% 수준의 관세율과 미곡의 금수 문제 등에 대해 협상을 벌였다. 이에 일본은 5%의 관세율 책정에는 동조할 의사를 보이면서도 관세 협정은 수년 후 협의하자는 무관세 무역 체제를 고수하려는 입장을 취했다. 미곡의 수출입 금지 문제는 미곡이 조선의 수출품 중 대종을 이룬다는 이유를 들어 노골적으로 관세 협정에 응할 의사가 없음을 밝혔다. 1881년 1월에 역관 출신 이용숙을 청에 파견해 리홍장에게 세제, 세율, 세관 설치 등의 동의와 자문을 구했다. 이에 리홍장은 관세 징수에 대해 동감을 표시하고, 조선이 장차 서양 각국과의 통상에 대비해 서양인 중에서 세관 사무에 밝고 한문에 능통한 자를 초빙하여 세관을 임시로 관리하게 할 것을 조언했다. 아울러 그는 하루 속히 조선 청년을 훈련시켜 조선 해관이 조선인에 의해 관리되도록 해야 한다고 권고하기도 했다. 그 뒤 1882년 5월 미국과 체결한 한미 수호 조규에서 처음으로 관세 자유권과 10% 기준의 관세율을 명기했다. 조선은 이를 근거로 일본에 이와 동등한 관세율 적용을 촉구했으나 별다른 반응을 보이지 않았다.

이후 1882년 11월 외부 고문으로 부임한 묄렌도르프는 중국 증기 해운 회사로부터 은 20만 냥을 융자받고 해관 근무자 28명을 선발한 뒤에 1883년 1월부터 준비에 착수해 같은 해 6월 16일 인천 해관(1907년부터 세관으로 바뀜), 6월 17일 원산 해관, 7월 3일에는 부산 해관 등을 설치했다. 그런데 묄렌도르프는 일본 공사와 비밀리에 교섭하여 해관세 수세 업무를 일본 제일은행 각 지점에 위탁하는 계약을 체결했다.

1884년 7월, 묄렌도르프는 일본과 협의를 통해 5%의 낮은 관세를 적용하기로 합의했다. 이로써 조일 수호 조약 이후 7여 년 동안 무관세로 일관해 오던 일본에 관세를 물리기 시작한 것이다. 하지만 최혜국 원칙에 따라 조약을 맺은 서구 열강에게도 5%의 낮은 관세율이 적용되었다.

해관을 통한 무역품의 관세와 선박의 톤세를 통해 거둬들인 해관 수입금은 1884년 10만 불 이후 매년 증가해서 1891년 55만 불에 이르렀으며, 그 후 약간 감소해 1893년에는 35만 불에 달했다. 해관 수입금은 국왕의 전권하에 여러 용도로 쓰였고, 특히 각종 배상금 지불에도 사용되었다.

내렸다. 조선에 대한 청의 종주권 강화와 상권 확장을 도모하고자 한 것이다. 이에 메릴은 기존의 해관원을 해고 혹은 직위 교체하는가 하면, 조선 해관의 분기별 보고서를 청 해관의 무역총책에 합쳐 간행했다. 조선 해관이 청 해관의 일부분이라는 인상을 심어 주고자 한 것이다.

한편 조선의 군사 제도도 개편되었다. 임오군란 이후 서울에 주둔한 청 장군 우창칭이 이를 주도했다. 우창칭은 임오군란 당시 흥선대원군을 납치하고 그의 세력을 숙청하는 한편, 민씨 정권을 복귀시키고 보호하는 데 앞장선 인물이다. 그는 1882년 11월 수도 방위군을 정비, 강화할 방책으로 조선의 장정 1천여 명을 선발해 훈련시켜 친군영을 창설했다. 이에 필요한 총과 탄약 등은 리훙장이 적극 지원했다. 친군영은 훈련원에서 위안스카이에게 훈련받는 신건친군좌영(新建親軍左營)과 동별영(東別營)에서 주선민(朱先民)에게 훈련받는 부대를 친군우영으로 나누었다. 그 뒤 친군영은 지방으로 확대되어 강화도, 평안도, 경상도 등에도 설치되었고 이들은 상경하여 중앙군과 함께 훈련하기도 했다.

제3차 수신사 박영효 파견

1882년 9월, 임오군란 이후 제물포 조약에 따라 박영효를 비롯한 김만식, 서광범 등이 수신사로서 일본에 파견되었다. 김기수, 김홍집에 이은 세 번째 수신사 파견이다. 이들은 임오군란 때 일본이 입은 피해를 사과하고 제물포 조약의 비준 교환을 문제없이 해결하며, 손해 배상금

50만 원의 지불 방법을 완화하고자 했다. 이때 태극기를 만들어 배에 게양했다는 것은 널리 알려진 사실이다.

수신사 일행 외에 비공식적으로 민영익, 김옥균 등도 동행했다. 민영익은 첫 방문이었으나 김옥균은 1881년에 이어 두 번째였다. 이는 조선 정부가 보다 적극적으로 개화 정책을 실시하겠다는 의지를 보인 것이다. 민영익은 여전히 민비의 조카로 실권을 거머쥐고 있었고, 김옥균은 고종으로부터 두터운 신임을 받고 있었다. 둘은 개화의 필요성을 인식하고 급격히 가까워졌다. 이들은 수신사들과 달리 일본의 개화된 면모를 직접 시찰하고 신문물과 신제도를 도입하며, 차관 교섭과 유학생의 파견 등에 관심을 두었다.

한편 박영효 등 수신사 일행은 1개월가량 일본에 머물면서 유력 인사들은 물론, 영국, 미국, 독일 등 외교 사절과도 접촉해 세계의 흐름과 국제 관계의 지식을 넓히는 한편, 일본의 개화된 모습을 폭넓게 살폈다. 민영익은 3개월 뒤에 귀국했지만, 김옥균은 일본인 후쿠자와의 집에 6개월 동안 머물렀다. 이때 그는 전국 각지를 돌아다니면서 놀라움과 선망, 울분 등을 경험했다. 그뿐만 아니라 후쿠자와의 소개로 당시 일본 정계의 중요 인물들을 두루 만나 친분을 쌓기도 했다.

하지만 국내 분위기는 그들이 원하는 방향과 다르게 흘러가고 있었다. 민비가 충주 장호원에서 창덕궁으로 환궁하면서 민씨 척족들의 권력이 이전 수준으로 회복되었고, 더욱이 조선 정부가 친청 정책을 쓰면서 이들은 관심 밖으로 밀려나고 말았다. 특히 영선사로 파견되었던 김윤식과 어윤중 등이 귀국하면서 조선 정부 내 개화파 사이에서 분화 조짐도 나타나기 시작했다. 이른바 개화 방법을 둘러싸고 온건 개화파와 급진 개화파로 나눠진 것이다. 온건 개화파는 청국의 양무파를 모범으로 하는 친청 경향을, 김옥균, 박영효 중심의 급진 개화파는 일본 메이지 유신을 본뜨려는 친일 경향을 보였다.

1882년 11월 귀국한 박영효는 대신직에서 한성 판윤으로 밀려났다. 그럼에도 그는 박문국을 창설하여 신문 창간을 서둘렀으며, 도로의 확장과 정비, 색깔 있는 옷의 장려 등 몇 가지 개혁을 착착 진행시켜 나갔다. 하지만 이것마저도 그가 1883년 3월에 광주 유수 겸 수어사로 좌천되면서 물거품이 되고 말았다. 대신 그는 남한산성 수어영에 연병대를 신설하고 일본식 훈련을 실시했으나, 이 역시 광주 유수에서 쫓겨나면서 끝을 맺지 못했다. 결국 급진 개화파는 정권에서도 소외되었고, 자신들이 양성한 군대까지 민씨 정권에 넘겨줘야만 했다.

이에 더해 급진 개화파는 국가 재정난의 타개책을 두고 민씨 정권과 충돌했다. 급진 개화파는 당오전 등의 악화 주조를 반대하고 울릉도와 제주도의 어채권을 담보로 일본에서 차관을 들여오고자 했다. 하지만 차관 도입이 일본에 거절당하면서 급진 개화파는 급속히 약화되었다.

태극기는
어떻게 만들어졌나?

조선이 국기에 대한 의미를 알게 된 것은 운요호 사건 당시였다. 운요호 사건으로 조선군 수병 35명이 전사한 반면, 일본군은 2명의 경상자만 발생했음에도 일본은 그 책임을 물어 조선에 전권대사를 파견해 책임을 추궁했다. 당시 일본은 "우리는 대일본 제국의 국기인 일장기를 달고 조선을 방문했는데 귀국 수병들이 무차별로 포격했다."라고 생트집을 잡았다. 이에 조선은 "우리는 일장기가 무엇이며 국기가 무엇인지도 모르고 우리나라 수병들에게 가르쳐 준 적도 없다."라고 항변했다. 사실 일본은 메이지 유신 직후 부산 왜관을 통해 일장기의 사본을 조선에 보내 준 바 있으나, 조선은 이에 대한 의미를 모르고 이를 무시했다.

그 뒤 국기 문제는 강화도 회담이 진행되는 와중에 제기되었다. 일본이 조선에 속히 국기를 만들어 보내 줄 것을 요청하기도 했다. 이때 국기는 지극히 귀중한 것이니 만일에 갑국 선적이 을국 국기를 위조 사용하거나 모독하면 을국의 군함은 이를 해적과 같이 간주해 나포, 응징할 것이라는 국기 사용에 대한 주의 사항도 알게 되었다. 하지만 국기는 국제 외교에서 필요한 것이라는 인식 정도에 머물렀다.

국기 도안 문제는 1880년 김홍집이 일본에 가서 청 외교관 황쭌셴으로부터 받아온 《사의조선책략》에 따르면, 조선도 국기를 제정해 사용하되 '용이 그려진 깃발(龍旗)'를 채택하도록 권했다. 당시 청 국기였던 대청황룡기를 본떠 만들도록 한 것이다. 하지만 외국과의 교류가 없었기 때문에 이에 대한 필요성을 느끼지 못하여 이뤄지지 않았다.

1882년 5월, 한미 조약 체결 당시에 미국은 성조기를 걸었으나, 조선은 마땅한 것이 없어 급히 태극 도형기(흰바탕에 청홍 태극 문양)를 만들어 사용했다. 태극 도형기는 바탕색은 백성의 옷, 홍색은 왕의 옷, 파랑은 신하의 옷에서 유래했다고 한다. 그런데 청 외교관 마젠중은 태극 도형기와 일본 국기가 너무 닮아서 멀리에서 보면 식별이 어렵다며, 조선국은 대청국의 속국이므로 청 국기인 황룡기를 사용하되, 속국답게 용의 발톱 한 개를 줄이고 청운(靑雲)을 홍운(紅雲)으로 그려서 사용하도록 강권했다.

이에 김홍집은 정중하게 사양하고 우리 조선국은 조상이 악을 막아 주고 행운을 가져다주는 부적처럼 사용하는 길표가 있다며 태극 8괘도 도안을 내놓았다. 이는 조선 국기 도안의 근거가 되었다. 그 뒤 마젠중과 김홍집은 이를 바탕으로 고종의 옷인 홍용포를 하늘의 태양으로 배치하고 신하의 관복 색인 파란색을 태음으로 삼아 군신 간의 옷 색으로 조선 국기 도안을 그려 고종의 재가를 받은 뒤 태극 문양으로 정했다고 한다.

1882년 여름, 임오군란 이후 수신사 박영효가 일본 여객선 메이지마루를 타고 대한 해협을 건너는 중 갑판에서 조선 국기 태극 8괘도를 그렸다. 이를 지켜보던 영국인 선장은 바다 멀리서 보면 일본 국기처럼 보일 것이라며, 대각선에 있는 4괘 그림만 남기고 나머지는 지우는 것이 좋겠다는 의견을 내놓았다. 선장의 말에 따라 잠시 생각에 잠겼던 박영효는 그의 조언을 받아들여서 4괘로 국기를 그렸다고 한다. 박영효가 일본에 도착한 뒤에 조선 국기를 숙소인 니시무라 여관에 처음으로 내걸었다. 각국 외교관들이 박영효가 묵고 있는 숙소로 찾아와 조선 국기를 그려 갔다고 한다.

박영효가 귀국하여 고종의 재가를 받은 뒤에 비로소 조선을 대표하는 국기로 인정을 받았다. 1883년 1월, 고종은 전국 각지에 조선 국기를 알렸다. 그 뒤 고종이 황제로 즉위하여 대한 제국이 만들어지면서 조선 국기는 태극기라 불리게 되었다.

그러나 1910년 일본의 탄압으로 식민지로 전락하면서 조선 국기를 더 이상 사용할 수 없게 되었다. 그러나 나라 잃은 백성의 가슴 속에서는 단 하루도 국기가 내려간 적이 없었다. 때문에 1919년 3.1운동 당시 전국 각지에서 만세 운동을 벌이면서 국기를 들고 나섰던 것이다. 이후 일제의 감시를 피해 국기를 태극기라 부르면서 명칭이 널리 알려졌다. 태극기는 35년 동안 일제의 압제를 당했던 조선 사람에게 나라를 되찾을 수 있다는 희망을 품게 했다. 특히 해외에서 조선의 독립을 위해 목숨을 아끼지 않았던 독립운동가들은 항상 태극기를 내걸고 마음을 다지기도 했다. 비록 나라를 잃어 버렸지만 나라를 대표하는 태극기는 조선을 대표하고 있었던 것이다. 1945년 8월 15일 광복을 맞이했을 때에도 사람들은 누구나 태극기를 들고 거리로 나와 '독립 만세'를 외쳤다.

그 뒤 태극기는 1948년 남과 북에 각기 다른 정부가 만들어지기 전까지 한마음으로 사용되었다. 38선으로 나라가 쪼개지면서, 남한에는 대한민국 정부가 수립되고 태극기가 공식적인 국기로 사용되었고, 북한에서는 인공기가 새롭게 만들어졌다. 태극기는 그동안 여러 모양으로 사용되다가 1949년 10월 비로소 정부에서 현재 모습의 태극기를 제정했다.

7.

개화파 간의 갈등, 갑신정변

개화파의 대두

쇄국 정책 당시 박규수를 중심으로 중인 출신 지식인과 젊은 양반 관료 사이에서 개화사상이 싹트기 시작했다. 고종이 집권하면서 '충의계'가 만들어져 개화 세력이 힘을 얻었다. 이런 가운데 1880년《사의조선책략》이 전해지면서 조선 사회에서는 개화를 추진하려는 세력과 이를 반대하는 위정척사 세력이 충돌했다.《사의조선책략》이 불태워졌고, 개화를 추구하려던 민씨 정권을 몰아내려는 움직임까지 보였다. 결국 이러한 갈등으로 임오군란이 일어났고, 청의 도움을 받아 사태가 수습되었다. 그 뒤 민씨 정권이 다시 권력을 쥐게 되었지만, 청의 내정 간섭이 심해지면서 개화 세력은 온건 개화파와 급진 개화파로 갈라졌다.

김홍집, 어윤중, 김윤식, 이조연 등을 중심으로 형성된 온건 개화파는 청에 의지하면서 개화 정책에는 소극적이었다. 이들은 청의 내정 간섭을 용인하면서 자강 운동[양무 운동]과 같은 방식을 따르려 했다. 반면 청으로부터 벗어나고자 했던 김옥균, 박영효, 홍영식, 서광범 등의 급진 개화파들은 일본 메이지 유신을 따르려 했다. 개화를 추구하는 방법이나 생각에서 서로 간에 입장 차이가 매우 컸다. 두 세력 간의 불신과 대립은 점차 골이 깊어 갔다. 특히 중도파의 길을 걷던 민영익이 보빙사로 미국과 유럽을 순방하고 돌아온 이후, 두 세력은 점차 막다른 골목으로 치달았다.

| 미국으로 외교 사절 파견 | 민영익은 김옥균 등과 친교를 맺고 일찍이 개화사상을 받아들였고, 고종과 민비의 신임을 받아 개화 정책을 적극 추진한 인물이기도 하다. 그는 임오군란 이후 외교, 통상 업무를 전담해 김옥균과 일본에 동행했으며, 묄렌도르프와 함께 청에 건너가 해관, 광산, 철도 등의 개설에 필요한 차관 문제를 협의하기도 했다. 더욱이 그는 1883년 6월 주한 미국 공사 푸트(L. H. Foote)가 내한한 뒤에 보빙사로서 미국에 다녀오기까지 했다. 보빙사절단 부대신에는 현직 영의정의 아들 홍영식, 종사관에 서광범, 수행원에 유길준, 최경석, 변수, 고영철, 현홍택, 통역관 중국인 우리탕(吳禮堂) 등으로 구성됐다. 우리탕은 미국 유학을 다녀온 후 묄렌도르프에게 발탁되어 조선 해관 총세무사에 근무하고 있었다. 당시 마땅히 통역할 사람이 없어서 우리탕이 영어를 중국어로 옮기면 고영철이 중국어를 한국어로 전달하는 방식을

1883년 7월 조선에서 처음 세계에 파견한 사절단 보빙사 일행. 앞줄 왼쪽부터 현흥택, 로우웰(미국인 고문), 홍영식, 민영익, 서광범, 우리탕(중국인), 뒤로 변수, 고영철, 최경석, 유길준, 미야오카 츠네지로(통역)

택했다.

1883년 7월 제물포항을 출발한 보빙사절단은 일본에 들러 한 달간 머물렀다. 이때 일본 주재 미국 공사관의 주선으로 미국인 로웰(P. Lowell)을 참찬관 및 고문으로 고용했다. 그는 보스턴 명문가 출신으로 하버드 대학을 졸업하고 1880년부터 일본에 머물면서 여행과 저술에 전념하고 있었다. 마침 로웰의 개인 비서 미야오카[宮岡恒次郎]가 영어를 유창하게 구사해 보빙사 일행의 통역은 주로 일본어를 매개로 한 이중 통역으로 바뀌었다. 우리탕의 영어 실력이 신통치 않아 중국어 이중 통역에 어려움이 있었기 때문이다.

일행을 태운 태평양 횡단 여객선 아라빅(Arabic)호가 1883년 9월 2일 미국 샌프란시스코 항에 도착했다. 푸트 공사의 배려로 보빙사 일행은 도착 직후부터 국빈으로 환대를 받았다. 미국 언론은 '은둔국' 조선에서 처음으로 건너온 외교 사절에 대해 대대적으로 보도했다. 일행이 묵은 팰리스 호텔에는 샌프란시스코 시장, 상공회의소 부회장, 무역협회 부회장, 육군 장군, 해군 제독 등 정, 재계 인사들의 방문이 잇따랐다.

1883년 9월 7일, 일행은 대륙 횡단 열차를 타고 5일 밤낮을 달려 시카고에 도착했다. 역에서는 남북 전쟁의 전쟁 영웅 셰리든(P. H. Sheridan) 중장이 영접했다. 일행은 마차 2대에 나눠 타고 경찰의 호위를 받으며 파머하우스로 안내되었다. 일행은 시카고에서 1박하고 이튿날 저녁 워싱턴을 향해 출발했다. 미국 국무부는 조미 수호 조약을 체결한 슈펠트 제독에게 일행의 영접을 맡길 계획이었지만, 그가 고사하는 바람에 해군 소위 포크(G. C. Foulk)가 대신하게 되었다. 9월 15일 오전, 일행은 국무부 차관보 데이비스(J. Davis)와 포크의 영접을 받으며 워싱턴 역에 도착해 알링턴 호텔에 여장을 풀었다.

하지만 아서(C. A. Arthur) 대통령은 뉴욕을 방문하느라 워싱턴에 없었다. 국무부는 일행을 마냥 기다리게 할 수 없어 뉴욕 피프스 애비뉴(Fifth Avenue) 호텔에서 신임장을 제정하도록 조치를 취했다. 워싱턴에서 이틀을 보낸 일행은 9월 17일 또다시 뉴욕행 밤 기차에 올랐고, 다음 날 호텔 1층 대접견실에서 아서 대통령을 만날 수 있었다. 일행은 민영익을 선두로 서열에 따라 일렬로 대기실에 들어갔다. 아서 대통령을 만난 일행은 민영익의 지시에 따라 대통령에게 큰절을 했다. 미국인 눈에 우스꽝스러워 보였겠지만 조선 관리가 외국 국가 원수에게 표할 수 있는 최고 수준의 의전이었다. 이어 민영익이 아서 대통령 앞에서 부임사를 읽었다.

사신 민영익, 홍영식 등은 대아미리가(大亞美里加) 합중국 대백리새천덕 (大伯理璽天德)께 아뢰옵니다. 사신 등이 대조선국 대군주 명을 받자와 대신으로 대백리새천덕과 미합중국 모든 인민이 한 가지로 안녕을 누리시기 청하오며, 두 나라 인민이 서로 사귀고 우의를 돈독히 하기를 바라노이다.

_〈뉴욕 헤럴드〉 1883년 9월 29일자

만남은 불과 15분 만에 끝났지만 조선도 서양 국가를 상대로 독자적인 외교를 펼칠 수 있다는 사실을 전 세계에 알리는 계기가 되었다. 그런데 청국의 내정 간섭으로 미국에 공사를 파견하기까지는 4년의 시간이 더 필요했다. 일행은 보스턴 등 각지를 순회하고 유럽을 거쳐 1884년 5월 조선을 떠난 지 10개월 만에 귀국했다. 민영익은 미국 및 유럽을 순방하면서 매우 깊은 인상을 받았다. "나는 암흑계에서 나서 광명계에 갔다가 지금 또다시 암흑계로 돌아왔다. 나는 아직 나의 갈 길을 분명히 볼 수 없으나 오래지 않아 보게 되기를 희망한다."라고 소감을 밝힐 정도였다.

귀국 후 민영익은 고종을 알현한 자리에서 서양이나 미국이 부유한 것은 상무(商務)를 중시하기 때문이며, 미국이 강한 무력을 가지고 있지 않으면서도 막강한 것이 그러한 이유라 설명했다. 또한 그는 러시아는 강력한 무력으로 유럽 제국을 공포에 몰아넣고 있다면서 일본, 청뿐만 아니라 러시아와도 유대 관계를 맺어야 한다고 청하기도 했다. 이는 1884년 7월 조러 통상 조약이 체결되는 계기가 되었다.

보빙사 일행 그후

귀국 후 홍영식은 미국에서 우편 제도를 도입해 우정국을 설립했고, 최경석은 농기계와 종자를 도입해 농무 목축 시험장을 만들었다.

미국에서 유학한 뒤 귀국한 유길준은 갑신정변 주도 세력과 연루됐다는 혐의에 내몰렸다. 유길준은 민영익의 보호를 받아 우포도대장 한규설의 집에 연금되었다. 그는 자신이 경험했던 서양의 근대 문물을 총정리하여 1889년 3월 《서유견문》을 완성했다. 이 책은 대표적인 서양 문물 소개서이자 근대화의 필요성과 방법을 역설한 개화사상서였지만, 그 결실을 거두지 못했다. 아관파천으로 유길준이 일본으로 망명하면서 금서가 되어 보급되지 못한 것이다.

변수와 서광범은 갑신정변에 가담 후 역적으로 몰려 미국으로 망명했다. 변수는 메릴랜드 농과 대학을 졸업했지만 4개월 뒤에 교통사고로 사망했다. 서광범은 막노동으로 생계를 유지하다가 미국 시민권을 얻어 연방 정부 교육국에서 번역관으로 일했다. 그는 미국 정부 기관지와 일반 잡지에 한국과 관련한 〈조선 교육론(Education in Korea)〉과 〈조선 민담(Korean Stories)〉 등을 실었다. 그는 10년 후인 1894년 사면령을 받고 귀국하여, 그해 12월에 김홍집, 박영효 연립 내각의 법부대신에 임명되었다. 미국 시민권자로서 조선에서 최고위직에 오른 것이다. 사법 제도의 근대화에도 노력해 〈재판소 구성법〉, 〈법관 양성소 규정〉 등을 제정하고, 당시 비인도적인 참형을 교수형으로 대체했다. 1895년 10월 제4차 김홍집 내각에서 학부대신에 기용되었다가 2개월 뒤에 주미 특명 전권공사로 부임했다. 그러나 1896년 2월 아관파천으로 친일 내각이 붕괴되면서 해임되었다. 그는 1897년 폐병으로 미국에서 일생을 마쳤다.

개화파의 갈등과 분화

민영익은 보빙사로 다녀온 직후 자신의 경험을 살려 여러 개혁을 추진했다. 먼저 미국에서 가져온 농기구와 종자로 시험 농장을 만들었고 의복 제도를 바꾸려 했다. 하지만 이러한 일들은 성공하지 못했다. 이를 지지할 만한 세력이 없었고, 민비를 비롯한 민씨 세력들은 무관심했기 때문이다. 민씨 척족들은 청에 의지하는 온건적인 개화 방식을 선호했다. 결국 민영익도 개화파를 멀리하면서 1884년 7월부터는 노골적으로 친청 정책에 동조했다. 민영익은 그동안 함께했던 김옥균 등과는 전연 다른 길을 걷게 된 것이다. 김옥균은 청이 조선의 자주권을 억압한다며 비판적인 입장이었지만 일본에는 우호적이었다.

당시 조선은 재정 부족으로 매우 어려운 상황에 처해 있었다. 이를 극복할 방안으로 당오전 발행과 차관 도입이 거론되었다. 전자는 민씨 척족 세력과 재정 고문 묄렌도르프가 제안한 것이고, 후자는 김옥균의 주장이었다. 하지만 둘 다 문제가 있었다. 당오전은 당일전보다 5배의 가치가 있었기 때문에 물가를 부추길 우려가 있었고, 차관 도입은 외세를 끌어들일 위험이 있었다. 어느 하나를 선택한다는 것은 쉬운 일은 아니었다. 고종은 결단을 내리지 못하고 두 가지 모두 실행에 옮겨 보자는 쪽으로 결론을 내렸다.

1883년 6월부터 당오전이 발행되어 유통되었고, 그 무렵 김옥균은 차관 도입을 위해 고종의 위임장을 가지고 일본으로 건너갔다. 세 번째 도일한 김옥균에게는 정치 생명과 직결된 문제였다. 민영익이 보빙사로 떠나기 한 달 전이었다. 김옥균이 차관 도입에 자신감을 보인 것은 일본에 머물 당시에 조선 정부의 국채 위임장만 있으면 차관을 제공하겠다는 믿음 때문이었다. 하지만 일본 정부로부터 300만 원의 차관을 얻기란 쉽지 않았다. 일본 정부는 주한 일본 공사로부터 무력한 개화파 세력을 지지해서는 안 된다는 보고를 받고 태도가 달라졌다. 더욱이 일본 정부에게는 300만 원이라는 거액을 지급할 여력도 없었다. 결국 김옥균은 빈손으로 돌아올 수밖에 없었다.

이는 김옥균에게 정치적으로 큰 타격을 주었다. 민영익과 관계가 멀어지면서 정치적인 입지는 더욱 좁아졌으며, 급진 개화파 중심의 개혁들도 민씨 척족 세력 때문에 차질을 빚었다. 박영효는 박문국을 설치해 신문을 발간하고자 했지만 광주 유수로 좌천되면서 결실을 보지 못했다. 신식 경찰 제도인 순경부 신설, 서울 도로 정비를 위한 치도국 설치 등도 뜻을 이루지 못했다. 박영효가 역점을 두었던 1천여 명 규모의 신식 군대 육성은 민씨 세력에 의해 면직되면서 물거품이 되고 말았다. 일본 사관생도 출신의 14명을 중심으로 추진한 사관 학교 설치는 청의 완강한 거부로 첫발도 딛지 못했다. 봉수, 역마를 이용한 통신 수단을 개혁하고자 고종의 재가를 받아 우정총국 또한 갑신정변 이후 중단되었다.

급진 개화파들은 근대적인 국가 체제로 개혁하고자 서둘렀고, 기회만 되면 일본에 유학생을 보냈다. 유학생들은 경응의숙 등 여러 학교에 입학했고, 1883년 말에는 그 수가 50여 명에 달했다. 급진 개화파들은 개혁 추진이 번번이 좌절되는 상황에서 차관 도입도 어려워지자 정치적인 입지가 좁아졌을 뿐만 아니라 민씨 척족들에게 목숨까지 위협받는 지경에 이르렀다. 그들이 선택할 방안은 많지 않았다.

급진 개화파의 갑신정변 준비

급진 개화파들은 권력의 핵심에서 밀려나면서 위기의식에 사로잡혔다. 다음 글은 김옥균을 비롯한 급진 개화파의 처지가 얼마큼 다급했는지를 여실히 보여 준다.

> 우리들은 수년래 평화 수단을 쓰면서 무진 애를 썼지만, 별 소용이 없었을 뿐만 아니라 금일에는 이미 사지에 내몰리고 말았다. 앉아서 죽음을 기다릴 바에야 상대편이 준비하기 이전에 선수를 치지 않을 수 없는 형편에 놓였다. 그런 까닭으로 우리들의 결심은 한 길이 있을 뿐이다.
>
> _ 김옥균

> 근래 제이당[온건 개화파]이 왕비의 비호를 받아 더욱더 권력을 얻게 되면서 우리에게 죄명을 씌워 유형에 처하려는 사악한 계획을 꾸미고 있다는 얘기가 심심찮게 들려온다. 우리들은 평소 죽음을 각오하고 있지만, 저들의 손에 죽임당하는 것을 원치 않는다. 따라서 우리도 나름의 계획을 가지고 있다
>
> _ 박영효

1884년 9월 안남(지금의 베트남) 문제로 청과 프랑스 사이에 전쟁이 발발하자, 급진 개화파들은 위기 국면을 돌파할 기회로 여겼다. 그들은 청불 전쟁으로 청이 조선에 소홀할 것이며, 결국 프랑스에 패배하여 조만간 조선도 청으로부터 독립할 것이라는 막연한 기대를 가졌다. 그들은 초조와 흥분 속에서 매일 정변을 모의했다. 자신들의 힘만으로는 정변이 성공하기 어렵다고 판단해 미국 공사관과 접촉했다. 하지만 미국 공사관은 이에 매우 소극적인 입장인데다 당시 미국 정부의 외교 정책이 내정 불간섭주의를 표방했기 때문에 미국의 도움은 애초부터 불가능한 것이었다.

다급해진 급진 개화파들에게 호재가 생겼다. 그동안 급진 개화파들을 냉대만 해 오던 일본 공사 다케조에 신이치로[竹添進一郎]가 본국에 다녀온 뒤 태도가 달라진 것이다. 그는 제물포 조약 당시 조선이 지불했던 배상금을 돌려주는가 하면, 청의 패배를 기정사실화하면서 조선 정부에 내정 개혁을 촉구했다. 청불 전쟁의 틈을 이용하여 조선에서 자신들의 세력을 넓히려는 속셈이었다. 급진 개화파들은 일본이 접근해 오자 붙잡지 않을 수 없었다.

급진 개화파들은 다케조에 일본 공사와 더불어 정변을 모의했다. 그들의 거사 방법은 크게 세 가지 안으로 좁혀졌다. 첫째는 일본 공사관 낙성식 때 고종을 초청해 그를 모시고 오는 반대파들을 제거하는 안이고, 둘째는 밤중에 중국 옷을 입은 자객을 반대파의 집에 잠입시켜 살해하는 안이며, 셋째는 우정국 개국 축하연에 반대파까지 초대해 살해하는 안이었다.

정변을 일으켜 반대파를 살해한다는 원칙에는 합의했지만, 시기와 방법을 두고 의견을 달리했다. 여러 날 회의를 거듭하여 세 번째 안으로 최종 결정했다. 1884년 12월 4일 우정국 개국 축하연 때 **안동 별궁** 방화를 정변의 시발점으로 잡았다. 그 뒤 급진 개화파들은 10개 항의 실행 계획과 지휘 연락, 반대파 살해 방법까지 구체적으로 정했다. 거사일 이틀 전에는 한강 뚝섬 건너편에 있던 박영효의 별장에서 예행연습을 갖기도 했다.

3일 정권 수립

1884년 12월 4일 저녁 7시, 안국동 우정총국에서 외국 사절과 민영익 등 국내 정계 요인들이 참석한 가운데 개국 축하연이 열렸다. 다만 거사를 같이 모의했던 일본 공사 다케조에는 참석하지 않았다.

밤 10시경, 축하연이 3시간이 다 되어 가는데 안동 별궁에서 불꽃이 타오르지 않았다. 이를 기회로 거사를 일으키기로 했는데 여의치 않았던 것이다. 김옥균 등은 거사가 실패로 돌아가지는 않을까 노심초사했다. 그때 우정총국 북쪽에 있는 민가에 불을 질러서야 비로소 거사가 시작되었다. 축하연이 끝나갈 무렵 창밖으로 불길이 치솟고 포성이 울리

안동 별궁 1881년(고종 18)에 지은 별궁으로, 북부 안국방의 소안동에 위치하고 있었다. 이미 세종 때부터 왕자나 시집간 공주들이 거처한 곳이지만, 고종 대에 다시 별궁이 조성된 것이다. 순종이 태어난 곳으로, 고종이나 민비에게는 의미 있는 곳이기도 했다. 현재 풍문 여자 고등학교가 자리 잡고 있다.

갑신정변이 시작된 우정총국

자 연회장은 술렁였다.

이때 급히 밖으로 나갔던 민영익이 급진 개화파 행동대원의 칼을 맞고 다시 들어오자, 연회장은 삽시간에 아수라장이 되었다. 축하연에 참석했던 인사들은 놀라 뿔뿔이 흩어져 달아났다. 첫 단계의 계획이 차질을 빚자 김옥균, 박영효 등은 창덕궁으로 달려가 고종에게 사대당과 청군대가 변을 일으켰다며 거짓 정보를 아뢰고 민비와 함께 경우궁으로 모셨다. 경우궁(옛 휘문고)은 순조의 생모인 수빈 박씨의 사당으로 규모가 작아 수비하기 좋았다. 200여 명의 일본군이 경우궁을 호위했다. 이때 변란을 듣고 달려온 여러 대신이 죽임당했다.

그런데 경우궁은 오랫동안 사용하지 않았던 건물이어서 고종과 민비가 머물기에 적당하지 않았다. 추위를 이겨 낼 난방 도구가 없었으며,

음식을 조달하는 데도 어려움이 뒤따랐다. 결국 하루 만에 김옥균은 고종과 민비를 궁궐 밖 계동궁으로 옮겨 모셨다. 계동궁은 고종의 사촌형인 이재원의 집이었다.

밤새 혼란스러웠던 모든 일들이 어느 정도 안정되자, 김옥균 등은 새로운 정권을 수립했다. 먼저 이재원을 영의정으로 앉히고, 갑신정변의 주역인 홍영식을 좌의정에, 군사를 움직이는 좌포장과 우포장에 각각 박영효와 서광범, 서재필은 병조 참판에 이름을 올렸다. 김옥균은 국가 재정을 담당하는 호조 판서에 올랐다. 그 외에 좌찬성 이재면, 이조 판서 신기선, 예조 판서 김윤식, 병조 판서 이재완, 형조 판서 윤웅렬, 공조 판서 홍순형, 한성 판윤 김홍집, 도승지 박영교 등이 임명되었다. 이와 같이 신임 각료에는 급진 개화파 인사와 고종의 종친이 대거 기용되었다.

| 14개조 혁신 정강 공포 |　　　　　김옥균 등은 신임 각료들과 더불어 혁신 정강을 협의하고, 12월 6일에는 이를 고종의 재가 없이 독단으로 공포했다. 그 뒤에 고종이 이를 받아들인다는 조서를 내렸다. 대략 밝혀진 14개조의 혁신 정강 내용은 다음과 같다.

　1조 대원군을 청에서 조속히 귀국하게 하고 청에 대한 조공 허례를 폐지할 것.
　2조 문벌 폐지와 더불어 인민 평등의 권리를 제정하고 재능에 따라 인재를 등용할 것.
　3조 전국의 지조법을 개혁하여 간악한 관리를 근절하고 궁민을 구제하고 국가 재정을 충실하게 할 것.

4조 내시부를 폐지하되 재능 있는 자는 허통(許通) 등용할 것.

5조 국가에 해를 끼친 탐관오리 중 심한 자를 처벌할 것.

6조 각도의 환곡 제도를 영구히 면제할 것.

7조 규장각을 폐지할 것.

8조 조속히 순사를 두어 도적을 방지할 것.

9조 혜상공국을 혁파할 것.

10조 유배 또는 갇혀 있는 죄인을 다시 조사하여 석방할 것.

11조 4영을 합쳐 1영으로 하되 장정을 선발하여 근위대를 조속히 설치하고 육군대장은 왕세자로 정할 것.

12조 모든 국가 재정은 호조에서 관할하게 하고 그 밖의 재무관청은 폐지할 것.

13조 대신과 참찬은 합문(閤門) 내의 의정부에서 회의하고 정령을 의정, 공포할 것.

14조 의정부 6조 외에 모든 불필요한 관청을 혁파하되 대신과 참찬으로 하여금 이를 심의, 품계토록 할 것.

혁신 정강은 전제 국가의 낡은 제도를 근대적인 입헌 군주 국가 체제로 바꾸려는 시도였다. 제1조는 청과의 전통적인 사대 관계를 끊어 자주 국가를 지향하고, 제2조는 양반 제도를 타파하여 계급 사회를 탈피한 국민 국가를 수립하며, 제3, 6, 9, 12조는 관리들의 부정부패의 온상인 삼정 문란을 바로잡고 국가재정을 일원화하며 상공업을 활성화하기 위한 것이다. 제8, 11조는 낡은 치안 조직과 군사 제도를 근대화시키고자 한 것이고, 제5, 10조는 정변에 대한 백성의 민심을 얻고자, 제4, 9, 13, 14조는 국왕의 전제와 척족의 국정 간섭을 차단하고 입헌 군주제의 내각제를 추구하고자 한 것이다.

정강은 시대적 문제를 풀어 나가야 할 혁신적이고 급진적인 내용들이었다. 하지만 김옥균 등에게는 이를 추진해 나갈 힘도, 명분도 약했다. 더욱이 이를 지지해 줄 백성의 기반도 없었다. 결국 급히 출동한 청 군대에 의해 김옥균 등의 개화당 정권은 3일 만에 무너졌다. 당시 청불 전쟁 중이었음에도 서울에 주둔하고 있던 청 군인 1,500명에 의해 궁궐을 수비하고 있던 일본군이 무너졌다. 다케조에 공사는 급히 일본군과 더불어 공사관으로 도망쳤고, 김옥균을 비롯한 박영효, 서광범, 서재필 등이 그 뒤를 따랐다. 당시 고종을 배종하던 홍영식, 박영교 등은 청 군인에게 참살되었다. 그 뒤 혁신 정강을 비롯한 모든 전교는 회수되었고, 우정국 총국은 혁파되었다. 김옥균, 박영효, 홍영식, 서광범, 서재필 등은 5적으로 규정되어 체포령이 내려졌다.

다케조에 공사를 비롯하여 공사 관원과 수행원 그리고 김옥균 등 급진 개화파 인사 등 260여 명이 겨우 일본 공사관으로 피신했지만, 군민들이 에워싸고 발포하거나 돌을 던지는 등 위협을 가하여 더 이상 안전하지 않았고, 오래 버틸 식량도 없었다. 그들은 겨우 공사관을 빠져나와 서대문과 양화진을 거쳐 1884년 12월 8일 인천 영사관에 도착했다. 그 전에 기밀 문서를 태우던 사환의 실수로 일본 공사관이 불에 타버리고 말았다. 임오군란 이후 일본 공사관이 두 번째로 소실되었다.

마침 인천에 일본 기선이 정박 중이었으므로, 김옥균 등은 이를 이용해 일본으로 망명하고자 했다. 하지만 사후 처리 문제로 남게 된 다케조에 공사는 이를 원치 않았다. 조선과 일본 간 외교 문제로 비화돼 자신의 입장이 곤란해질 우려 때문에 김옥균 등에게 일본 영사관에 발을 들여놓지 못하도록 할 정도였다. 결국 김옥균 등은 다케조에 몰래 일본 기선 선장에게 간청해 망명할 수 있었다.

한성 조약과 톈진 조약 체결

| **한성 조약** |　　　일본은 갑신정변이 일어난 지 10여 일이 지난 뒤에서야 사건 전모를 알게 되었다. 당시 조선과 일본 사이에는 전신선이 놓여 있지 않아 일본에 있던 청 공사를 통해 소식을 접했기 때문이다. 곧바로 일본 내각은 회의를 소집하고 외교 전략을 세웠다. 일본 정부는 정변 책임에 대해서는 침묵하고, 일본인의 피해, 공사관의 소실 등을 문제 삼아 조선에 사죄, 손해 배상, 피해자 구휼금 등을 요구하기로 했다. 이를 위해 외무성 관리를 파견하여 다케조에 공사와 사전 협의하게 했다.

한편 일본보다 일찍 정변 소식을 접한 청은 조선에 군함을 출동시키고, 관리를 파견하여 진상을 조사하고 선후책을 강구했다. 이로써 결국 임오군란 당시와 마찬가지로 청과 일본의 군대가 조선에 몰려오는 형국이 되고 말았다. 조선 정부는 정변 당사자인 다케조에와의 협상 자체를 거부하고, 김옥균, 박영효 등의 조속한 송환을 요구했다. 그 뒤 상황이

여의치 않게 전개되자 조선 정부는 다케조에 공사가 저지른 책임을 묻고자 일본에 서상우와 묄렌도르프를 파견하려던 계획을 돌연 취소했다.

일본 대표로 파견된 메이지 유신의 주역 이노우에 카오루[井上馨]는 갑신정변의 정황을 파악하고자 외교를 담당하던 조병상과 묄렌도르프와 회견하는가 하면, 다른 나라 외교 사절들과도 접촉했다. 이를 통해 이노우에는 다케조에 공사가 정변에 깊숙이 관여했다는 사실을 파악했다. 그럼에도 그는 다케조에를 송환하는 대신 조선의 의견을 완전 무시한 채 호위병을 앞세워 함께 고종을 알현했다. 그 자리에서 이노우에는 담판을 요구했고, 우의정 김홍집이 회담에 나섰다.

첫 회담은 일본 공사의 정변 간여 문제로 팽팽히 맞서다 결렬되었다. 이노우에는 더 이상 일본의 책임을 회피할 수 없다고 판단하고 협상안을 제시했다. 그는 배상금을 원치 않고 다케조에 공사를 본국으로 소환할 것이라면서 청일 양군의 철수를 요구했다. 당시 조선 정부는 청불 전쟁 중이라 정변 처리에 신중하게 접근했던 청의 입장을 받아들여 일본의 협상안을 받아들였다.

그 결과 1885년 1월 9일, 5개 조항의 한성 조약이 체결되었다. 한성 조약은 일본의 요구를 그대로 수용한 것에 불과했다. 일본에 도리어 사죄하고 공사관의 이전 건축비를 부담하며, 일본인 사상자에 대한 보상금 지불을 약속하는 등 굴욕적인 내용뿐이었다. 더구나 일본 정부가 원치 않는다고 했던 배상금까지 물게 되었다. 일본 정부는 정변 책임을 조선에 전가하는 한편, 일본군 1개 대대를 공사관 수비 명목으로 주둔시켰다.

〈한성 조약〉

제1조 조선국은 국서를 일본에 보내 사의를 표명한다.

제2조 상하이를 입은 일본인의 유족, 부상자를 휼급하고 상민의 화물이 훼손, 약탈된 것을 보전하여 조선국에서 10만 원을 지불한다.

제3조 이소바야시[磯林] 대위를 살해한 흉도를 사문 나포하여 엄벌에 처한다.

제4조 일본 공관을 신기지로 이축하는데 조선국은 기지 방옥을 교부하여 공관 및 영사관으로 사용토록 할 것이며, 그 수축, 증건에 조선국이 2만 원을 지불하여 공사비에 충용토록 한다.

제5조 일본 호위병의 영사는 공관 부지를 택하여 정하고, 제물포 조약 제5관에 비추어 시행한다.

〈별단(別單)〉

1. 약관 제2, 4조의 금액은 일본 화폐로 계산할 것이며, 3개월을 기하여 인천에서 완불한다.

1. 제3조의 흉도를 처단함은 입약 이후 20일을 기한으로 한다.

| 텐진 조약 |　　　조선 정부와 시급히 협상을 마무리한 일본 정부는 곧바로 청과의 협상에 착수했다. 갑신정변으로 말미암아 조선에서 청보다 열세에 높인 일본 정부로서는 세력 균형을 이뤄야 했다. 청이 전쟁을 치르고 있다는 점도 기회로 여겼다. 일본 정부는 전권 대사로 이토 히로부미를 임명해 베이징에 파견했다. 청은 텐진에 회담 장소를 마련

하고 북양 통상 대신 리훙장으로 하여금 협상에 나서도록 했다. 협상은 양국 군대의 충돌 방지를 위한 철수 문제와 더불어 정변 당시 일본 거류민 사상자들의 피해 보상 문제, 책임자 처벌 등을 중심으로 논의되었다.

양국의 위신이 걸린 문제였던 만큼 회담은 6회에 걸쳐 이뤄졌다. 긴 회담 끝에 두 나라는 1885년 4월 3개조의 톈진 조약을 체결했다.

〈톈진 조약〉

1. 청일 양군은 4개월 이내에 조선에서 철병할 것

2. 조선 국왕에게 권하여 조선의 자위군을 양성하도록 하되, 훈련 교관은 청, 일 이외의 나라에서 초빙하도록 할 것

3. 조선에서 변란이나 중요 사건이 발생해 청, 일 두 나라 또는 어느 한 나라가 파병할 때는 먼저 문서로 연락하고 사태가 진정되면 다시 철병할 것

톈진 조약에 따라 1885년 6월 양국의 전 병력이 조선에서 철수했다. 이로써 조선에서 양국 간에 세력 균형이 이루어지고 평화가 찾아온 것처럼 보였다. 하지만 조선을 둘러싼 대립과 경쟁은 더욱 치열하게 전개되었다. 조선 정부는 청의 정치적 간섭을 받아야 했으며, 일본의 경제적 침투에 따른 피해를 고스란히 입고 말았다. 또한 톈진 조약으로 말미암아 10년 후에 조선 땅에서 청일 전쟁이 일어나는 도화선이 되었다.

제3장

근대 국민 국가 수립 운동

제1차 동학 농민 운동

| 개항 이후 조선 사회, 경제 상황의 변화 |　　1880년대로 접어들면서 청, 일본과의 무역 제한 요소들이 풀리면서 무역 규모가 커졌고, 품목 또한 다양해졌다. 1882년 10월 조청 상민 수륙 무역 장정이 체결된 뒤 청 상인들은 비교적 자유롭게 조선 내륙까지 진출했다. 일본과 1883년 7월 조일 통상 장정을 맺은 뒤 개항장을 중심으로 조선의 상권이 위협받았다. 조선의 수출 품목이 쌀, 금, 가죽 등으로 매우 제한적이었던 반면, 수입품은 면제품, 석유, 잡화류, 약재 등 생활필수품으로 조선에 불리한 것이었다. 특히 1890년대 일본이 큰 흉년을 맞아 조선 쌀의 수요가 폭발적으로 증가했다. 당시 일본은 신흥 공업 국가로 발돋움하고자 공업 지대

의 저임금 노동자들이 필요했고, 정부는 이들에게 최소한의 생계유지를 보장해 주려면 쌀을 원활하게 공급해야만 했다. 그런데 조선 쌀은 모양과 품질이 일본과 비슷했기 때문에 다른 수입 쌀에 비해 비쌌다. 이를 기회로 일본의 미곡 수입 상인들은 막대한 부를 누렸다. 이때 조선에서 수출된 쌀은 대부분 지주들이 소작농들로부터 받은 소작미와 정부가 거둬들인 조세미였다.

막대한 양의 쌀이 일본으로 유출되면서 국내 쌀값이 치솟자 지주들은 소작료를 올려 받았다. 이를 감당하지 못하는 소작농들은 농촌을 떠나 도시의 일일 노동자로 전락했다. 높은 소작료를 지불한 농민들의 처지도 그들과 별반 다를 게 없었다. 이런 가운데 지주들은 자신들의 세금마저 소작농에게 내도록 하거나, 이를 내지 못하는 소작농에게 돈을 빌려 주고는 비싼 이자를 물렸다. 지주들은 이렇게 해서 벌어들인 돈으로 다시 토지를 사들여 100정보(약 30만 평) 이상의 대지주로 성장했다. 반면 하층 농민들은 추수기에도 끼니 걱정을 해야만 했고, 보리 수확기 전부터는 초근목피로 삶을 버텨야 했다.

이러한 상황인데도 정부는 재정 적자에 허덕여 별다른 손을 쓰지 못했다. 왕실은 홍삼 판매로 막대한 이익을 봤지만 이를 왕실 유지와 사치품 구입에 써버렸고, 관리들의 봉급도 제때 지급하지 못하면서 부정부패의 악순환이 반복됐다. 국가 재정 부족의 원인이 지주의 횡포와 관리의 부정부패에 있었지만, 정부는 이를 개혁하는 대신 백성에게 온갖 세금을 물렸다. 자연재해로 못쓰게 된 토지에도 세금을 물렸으며, 어전, 염전, 포구 등 경제 활동이 비교적 활발한 지역에서는 갖은 명목으로 세금을 뜯어냈다. 더욱이 물가가 급등하자 관리들은 돈보다는 현물로 세금을 납부하도록 강요했다. 설상가상으로 계속된 흉년에 백성은 기근에 시달려야 했으며, 전염병도 나돌아 더욱 사지로 내몰렸다. 또한 정부는 고액 화폐를 발행하거나 외국으로부터 차관을 들여오는 손쉬운 방법으로 재정을 메웠다. 결국 고액 화폐의 발행은 물가를 급등시켜 나라 전체를 더욱 곤경에 빠뜨렸고, 차관 도입은 내정 간섭을 받는 꼴이 되고 말았다.

그럼에도 임오군란 이후 다시 정권을 되찾은 민씨 척족 세력은 무력한 모습만 보여 줬다. 새로운 국가 체제를 꿈꿨던 급진 개화파마저 철저히 제거되어 마땅한 대책도 없었다. 이런 가운데 외세의 직접적인 간섭과 영향에서 민족의 자존심과 이익은 침해당했다. 앞날에 대한 불확실성과 좌절감에 빠진 일부 백성은 《정감록》에서 희망을 찾았으며, 동학으로 위안을 삼았다.

| 교조 신원 운동의 전개 |　　　동학은 부패 정치, 조세 수탈, 계급적 모순의 심화, 흉년과 질병 등으로 고통받던 백성에게 큰 위안을 주었다. 1864년 세상을 현혹시키고 백성을 속이고 있다[혹세무민]는 죄로 최제우가 처형되면서 동학은 한때 위축되기도 했다. 하지만 제자 최시형이 《동경대전》(경전), 《용담유사》(포교 가사집) 등을 간행하면서 종교 의식으로 발전해 갔고, 충청도를 중심으로 교세가 되살아나 정부의 탄압에도 신자들이 늘어나기만 했다.

동학이 창시된 지 30여 년이 지난 1890년대 초, 교세가 커지자 자신

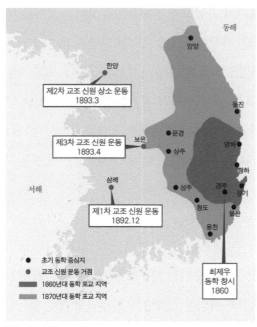

감을 얻은 지도자들은 정부로부터 합법적인 종교로 인정받고자 했다. 먼저 동학 지도자들은 최제우의 억울한 죽음에 대한 신원을 원했다. 이는 동학 공인과 포교의 자유를 의미하기도 했다. 이에 시작된 것이 교조 신원 운동이다. 1892년 12월, 공주에 모인 1천여

동해

양양

한양

제2차 교조 신원 상소 운동
1893.3

울진

문경
제3차 교조 신원 운동
1893.4 **보은**

상주

영해

청하

서해 **삼례**

성주 **경주**

장기

제1차 교조 신원 운동
1892.12

청도 **울산**

웅천

● 초기 동학 중심지
● 교조 신원 운동 거점
▬ 1860년대 동학 포교 지역
▬ 1870년대 동학 포교 지역

최제우
동학 창시
1860

교조 신원 운동

명의 신자들이 충청 감사에게 동학 탄압 중지를 요청하면서 교조 신원 운동이 시작되었다. 이어 전라도 삼례에서도 수천 명의 동학교도와 농민들이 모이자 전라 감사는 동학교도의 수탈을 금하겠다며 약속을 하기도 했다.

이에 고무된 동학 지도자 40여 명은 1893년 3월 서울로 올라와 경복궁 광화문 앞에 엎드려 고종에게 동학 공인과 최제우의 신원을 3일 밤낮 호소했다. 서울 시내 곳곳에는 외국인을 배척하는 괘서가 붙여졌고, 서울로 잠입한 동학교도가 수천, 수만에 달한다는 풍문이 떠돌았다. 상황을 주시하던 정부의 탄압에 동학 지도자 대부분은 뜻을 얻기는커녕

도리어 체포되고 말았다.

겨우 서울을 빠져나온 몇몇 지도자들은 동학 본부가 있는 충북 보은으로 내려가 대응책을 고심했다. 최시형은 전국의 교도들에게 4월 25일(음력 3월 10일)에 보은으로 집결하게 했다. 그날은 최제우가 처형된 날이었다. 약속된 날에 2만 7천여 명의 교도들이 모인 가운데 보은 집회가 20여 일 넘게 계속되었다. 당시 교도들은 '교조 신원'과 더불어 왜와 서양 세력을 몰아내자는 '척왜양창의(斥倭洋倡義)'의 기치를 내걸었다. 이때 전라도 금구에서는 전봉준 등 지도자들의 주도하에 집회가 열렸다.

이를 심상치 않게 여긴 정부는 선무사를 파견해 동학교도들을 해산시킨 한편, 해당 지역 관찰사를 경질했다. 1893년 5월 중순경, 동학교도들은 여전히 비류(匪類, 폭도)로 취급되는 데 불만이 없지 않았지만, 정부가 군대를 동원해서 토벌하겠다는 강경책에 할 수 없이 해산했다. 이로써 2년여에 걸친 교조 신원 운동은 일단락되었다. 이를 통해 동학 농민 운동을 주도할 지도부가 형성되었고, 일반 농민까지 아우르는 운동 조직이 성장하는 계기가 되었다.

| 고부 민란과 제1차 동학 농민 운동 |　　교조 신원 운동이 일어난 지 8개월이 지난 1894년 2월 전북 고부(현재 정읍)에서 민란이 터졌다. 이는 그때까지만 해도 19세기부터 전국에서 일어난 민란 중 하나였다.

고부 민란은 전형적인 탐관오리였던 군수 조병갑 때문에 일어났다. 그는 농민들에게 세금을 면해 주겠다며 황무지를 개간하게 해놓고는 추

동학을 창시한 최제우

최제우는 경주의 어느 몰락한 양반가에서 태어나 어려서부터 글공부에 전념하다가, 13살에 울산 출신의 박씨와 혼인했다. 17살에 아버지를 여의고 화재로 집을 잃은 뒤에는 지독한 가난에 시달려야 했다. 3년상을 마친 그는 여기저기 떠돌아다니며 갖가지 장사와 의술, 점술 등의 잡술을 익히거나 서당에서 글을 가르치며 나날을 보냈다.

그러다가 1855년 3월 금강산 어느 사찰에서 온 스님으로부터 《을묘천서(乙卯天書)》라는 책을 얻은 뒤에 깨달은 바가 있어 수련에 뜻을 두게 되었다. 그는 처가가 있는 울산에서 머물며 천성산에 있는 암자나 토굴에 들어가 도를 깨치는 데 전념했다. 그 뒤 1859년 처자를 거느리고 고향인 경주로 돌아온 뒤에도 구미산 용담정에서 수련을 계속했다. 이 무렵 그는 어리석은 세상 사람을 구제하겠다고 결심하고 이름을 제우(濟愚)라 고쳤다. 그가 이렇듯 수도에 전념한 지 5년이 흘렀을 무렵, 1860년 4월 갑자기 몸이 떨리고 정신이 아득해지면서 천지가 진동하는 듯한 소리를 듣는 종교 체험을 했다고 한다.

> 뜻밖에도 4월에 마음에 한기가 들고 몸이 전율하여 …… 말로 형언할 수 없는 즈음에 어떠한 신선의 말이 홀연히 귓속에 …… 놀라 일어나 캐어 물은 대, "무서워하지 말고 두려워하지 말라. 세상 사람들이 나를 상제라 일컫는다. 너는 상제를 알지 못하느냐?"라고 말씀하셨다. 그 강림하신 까닭을 묻자온대 이르기를, "내 또한 보람(功)이 없는 연고로 너를 세상에 낳아서 이 법을 사람에게 가르치게 하겠다. 의심하지 말고 의심하지 말라."
>
> _《동경대전》〈포덕문〉

이후 최제우는 1년간 노력 끝에 기도교 사상과 유, 불, 선의 장점을 융합해 시 천주(侍天主) 사상을 핵심으로 하는 교리를 완성해 동학이 탄생했다. 동학은 농민, 천민뿐만 아니라 유생 층까지 전파되었고, 많은 사람들이 동학의 가르침에 따르고자 했다. 동학 세력이 커지자 지방 유림 중에는 이를 비난하는 사람들이 생겨났고, 동학이 당시 박해를 받고 있던 서학(천주교)과 별반 다를 게 없다는 소문까지 나돌았다. 최제우는 더 이상 경주에 머물지 못하고 1861년 11월 전라도 남원 은적암으로 피신했다. 이곳에서 최제우는 동학이 서학으로 오해되는 부분을 없애고자 서학을 비판하는 책을 저술하기도 했다.

얼마 뒤 동학에 대한 비난이 잠잠해지자 최제우는 1862년 3월 경주로 돌아와서 전도에 힘썼고, 동학교도는 더욱 늘어났다. 이때 그는 이상한 술법으로 사람들을 속인다는 혐의로 경주 관아에 끌려갔다가, 수백 명의 제자들이 그의 가르침에 해가 없다며 석방을 요구하여 풀려나기도 했다. 이후 일반 백성이 관청에서 동학을 인정한 것으로 인식하면서 신도가 계속 늘어났다. 이에 최제우는 각지에 접(接)을 두고 접주(接主)에게 그 지역의 신도를 관할하게 했다. 접은 경상도, 전라도뿐만 아니라 충청도와 경기도에도 설치되었다. 교세는 계속 넓어져 1863년에는 신도가 3천여 명, 접소는 13개소에 달할 정도였다.

정부는 동학 세력이 더욱 커질 것을 우려해 이를 이단 종교로 규정하고 탄압했다. 이에 최제우는 서둘러 최시형을 북접주인으로 정한 뒤에 해월이라는 호를 지어 주고 제2대 교주로 삼았다. 얼마 뒤 최제우는 '백성들을 미혹시켰다'라는 죄명으로 제자 23명과 함께 정부 관원에게 붙잡혀 서울로 압송되었다. 가는 도중에 철종이 승하하여 대구 감영으로 이송되었고, 그곳에서 심문을 받다가 1864년 4월 25일(음 3월 10일) 효수형에 처해졌다.

수기에 세금을 강제로 징수하는가 하면, 부자에게는 죄명을 뒤집어씌워 재물을 빼앗기도 했다. 그렇게 강탈한 돈이 2만여 냥에 달했다고 한다. 그의 탐학은 이에 그치지 않고 태인 현감을 지낸 자기 아버지 공덕비를 세운답시고 고을 백성들로부터 강제로 1천여 냥을 거둬들이기도 했다.

그런데 문제는 만석보에서 불거졌다. 만석보는 동진강에 만들어져 고부와 태인 사람들이 농사철에 이용하곤 했는데, 조병갑이 멀쩡한 만석보를 부수고는 그 밑에 새로운 보를 쌓은 뒤 이를 이용하는 농민에게 세금을 물렸다. 이때 갈취한 쌀이 700여 석이나 되었다. 농민들은 억울하지만 군수에게 따져 물을 수도 없고, 하소연할 곳도 마땅치 않았다. 이에 고을 훈장 전봉준을 찾아가 관에 올릴 진정서를 써 줄 것을 부탁했다.

1893년 12월, 전봉준은 농민 40여 명을 이끌고 고부 관아를 찾아가 조병갑에게 사정을 얘기하고 세금을 낮춰 줄 것을 요구했다. 그런데 조병갑은 오히려 전봉준 등을 옥에 가둬버렸다. 다음 날 풀려난 전봉준은 60여 명의 농민과 함께 다시 조병갑을 찾았지만 역시 쫓겨났다. 조병갑의 부당한 처사에 전봉준은 동지 20여 명을 모은 뒤에 "고부성을 격파하고 포악한 군수 조병갑과 아전들을 제거하며 전주 감영을 함락시킨 후 서울로 진격할 것"을 맹약하고, 주모자가 드러나지 않도록 참가자의 이름을 사발 모양으로 둘러가며 적었다.

1894년 2월, 음력설을 쉰 뒤에 추운 겨울임에도 전봉준 등이 이끈 동학 농민군 1천여 명은 머리에 흰 수건을 둘러매고 몽둥이와 죽창을 들고 고부 관아를 습격했다. 어느새 도망친 조병갑을 붙잡지는 못했지만, 무기고를 부숴 무기를 탈취하고 하급 관리들을 포박했으며, 농민들에

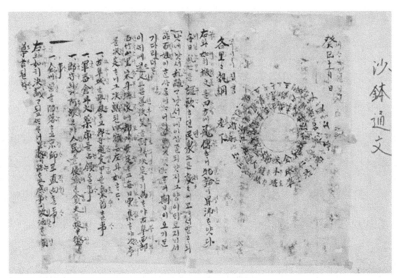

전봉준이 조병갑의 학정에 맞서 봉기할 것을 약속하며 작성한 사발통문

게 쌀을 도로 나눠 줬다. 이어 동학 농민군들은 만석보를 파괴했다.

목숨을 건진 조병갑은 곧장 정읍을 거쳐 전주에 도착하여 전라도 관찰사 김문현에게 상황을 보고했다. 김문현은 즉시 중앙에 사태를 보고하고 고부에 관리를 파견했다. 관리는 전봉준을 찾아가 해산을 종용하는 한편, 그를 체포하고자 했으나 오히려 동학 농민군에게 잡혀 살해되었다. 이러한 과정에서 조병갑의 탐학이 드러났고, 그가 의금부에 압송되면서 민란은 일단락되는 듯했다. 그런데 민란을 진정시키고자 파견된 안핵사 이용태 때문에 문제가 꼬였다. 이용태는 민란의 원인을 동학 농민군에게 전가해 그들을 잡아들였고 집을 불태우거나 처자를 잡아죽이는 등 악랄한 행동을 서슴지 않았다.

동학 농민군들은 일단 고창군 무장으로 피신했다. 손화중이 동학 접주로 있던 무장은 다른 곳과 달리 동학 교세가 강하여 비교적 안전한 곳이었다. 며칠 뒤 동학 농민군들은 봉기했다. 이를 '무장기포'라고 하는데, 제1차 동학 농민 운동의 시발점이 되었다. 동학 농민군은 창의문을 발표하고 고부를 점령한 뒤에 부안의 백산으로 이동했다. 이곳에서 전봉준 등은 동학 접주들에게 통문을 돌려 '보국안민'을 내세우며 과감히 일어설 것을 독려했다. 가장 먼저 고부군과 태인현의 동학 농민군들이 백산으로 몰려들었다. 백산은 해발 47m에 불과한 언덕이었으나 주변이 평지였기 때문에 사방을 경계하기 용이했고 보급도 편리해 요새지로 안성맞춤이었다. 이어 금구, 부안, 고창 등지의 동학 농민군들이 속속 모여들어 그 수가 만여 명에 달했다. 이때 전봉준이 대장으로 추대되었고 손화중, 김개남 등을 총관령으로 삼았다. '동도대장(東徒大將)'이라 쓴 큰 기를 들고 한껏 기세를 올렸다. 전봉준은 4대 강령과 행동강령 12개조를 선포하여 창의의 뜻을 밝혔다. 이를 〈호남창의대장소〉라 한다.

〈4대 강령〉

첫째, 사람을 죽이지 말고 재물에 손대지 말 것.

둘째, 충효를 다하여 세상을 구하고 백성을 편안하게[濟世安民] 할 것.

셋째, 서양과 왜놈을 몰아내어 성인의 도[聖道]를 밝게 할 것.

넷째, 군사를 이끌고 서울로 올라가 권력을 탐하는 자들을 모두 죽일 것.

조직을 정비한 전봉준은 동학 농민군을 이끌고 부안 관아를 습격한 뒤에 다시 고부로 돌아왔다. 이 소식을 접한 김문현은 급히 250명의 별

초군과 보부상을 부안으로 내려보내 동학 농민군을 토벌토록 했다. 이에 정읍 황토현에서 동학 농민군과 관군 사이에 첫 교전이 치러졌고, 동학 농민군은 밤에 기습 공격해 관군에게 크게 승리를 거두었다. 기세가 높아진 동학 농민군은 파죽지세로 정읍, 흥덕, 고창, 무장 등지로 세력을 넓혀 나갔다. 전봉준은 무장에서 3일간 머물면서 동학창의의 취지를 다시금 천명했다.

민은 국가의 근본이다. 근본이 허약하면 나라가 쇄잔해지는 것이다. 보국안민의 방책을 생각하지 않고 오직 향저(鄕邸)를 두어 혼자 잘 살기만 꾀하고 헛되게 국록을 도적질 하니 어찌 그럴 수가 있는가. 우리들은 비록 초야의 유민이나 나라의 땅으로 먹고 살고 나라의 옷을 입고 사는지라, 국가의 위망을 좌시할 수 없어 팔로(八路)가 마음을 함께하고 억조(億兆)가 의논을 거듭하여 이에 의기(義旗)를 들고 보국안민으로서 사생(死生)의 맹서를 삼는다. 오늘의 이 광경이 비록 놀라운 일이라 하나, 결코 공동(恐動)하지 말고 각기 생업에 평안히 하여 함께 태평한 세월을 축하하며 다 함께 성화(聖化)의 은택을 입게 되면 천만행심으로 안다.

_《동학란 기록》상

이때 충청도에 거점을 두고 있던 최시형은 전라도의 동학 농민군이 백산을 점령한 뒤에야 비로소 움직였다. 그는 충청도의 동학 접주들에게 통문을 띄워 충북 옥천군 청산현 소사리에 집결하게 했다. 이에 모인 수천 명의 동학 농민군은 성전평(현 대전시 유성구 학하동)을 점령하고 회덕까지 아울렀다. 그런데 최시형은 돌연 충청도 동학 농민군을 해산시켰다. 이에 불만을 가진 동학 농민군은 한때 여러 고을을 습격하기도 했지만 이내 자취를 감추었다.

한편 고부 민란을 보고 받은 조정에서는 전라도 병마사 홍계훈을 양호초토사로 임명하여 현지로 급파했다. 홍계훈은 군사 800명과 야포 2문, 기관포 2문 등으로 무장하고 전주로 향했다. 하지만 관군들은 동학 농민군의 수가 굉장히 많고 기세 또한 등등하다는 사실을 풍문으로 알고 있었기 때문에 사기는 매우 떨어져 있었다. 이에 대열을 이탈하는 군인들이 늘어나 470여 명으로 줄어들어 홍계훈이 증원군을 요청할 정도였다.

동학 농민군은 전주성을 공격하려던 애초 계획을 바꿔 전남 영광, 함평을 차례로 점령하면서 기세를 더욱 올렸다. 이런 가운데 관군과 동학 농민군의 2차 전투가 전남 장성 황룡촌에서 벌어졌다. 처음에는 관군이 포격을 가해 동학 농민군 10명을 살상하는 등 전세를 주도했지만, 수적으로 월등한 동학 농민군의 반격에 관군은 도망쳤다. 자신을 얻은 전봉준은 곧바로 전주성을 공격했다. 전라도 관찰사였던 김문현이 파면된 뒤였고 황토현 전투 이후 전주성을 지키는 관군은 없었다. 이에 1894년 5월 동학 농민군은 봉기 3개월 만에 전주성에 무혈입성했다.

동학 농민군이 전주성을 점령한 지 1주일이 지났을 무렵, 홍계훈이 이끄는 관군이 전주성 남쪽에 위치한 완산에 진을 쳤다. 완산은 해발 183m의 낮은 산이었지만, 전주를 내다볼 수 있어 전략적으로 매우 유리한 곳이었다. 지형을 이용한 관군의 집중적인 포격에 동학 농민군은 즉각 반격했지만, 많은 사상자를 내고 대장기와 500여 자루의 총검을

전주성 남문인 풍남문

빼앗겨 전의를 상실하고 말았다.

한편 다급해진 조선 정부는 청에 이들을 진압할 군사를 요청했고, 일본 역시 톈진 조약을 빌미로 조선에 군대를 파견했다. 1894년 6월경 고종은 서둘러 "관리 탐학의 폐에 대해서는 조정에서 법으로 다스릴 것이니 각자 고향으로 돌아가 생업에 종사하라."라는 윤음을 내렸다. 또한 홍계훈은 전의를 상실한 동학 농민군의 해산을 종용하면서 전봉준을 잡아들이는 자에게 상을 내릴 것이라며 이들을 분열시켰다. 정부의 회유와 이간책에 전봉준은 동학 농민군 봉기의 정당성을 호소하는 한편, 불법 탐학을 자행하는 관리들의 반성을 촉구했다.

이때 동학 농민군들은 전봉준이 죽었다는 풍문에 동요했고, 때마침 농번기에 접어들자 고향으로 돌아가고자 했다. 더욱이 청과 일본이 군

김개남

대를 조선에 파견했다는 소식이 들리자 더 이상 운동을 지속해 나가는 것은 무리였다. 결국 전봉준이 홍계훈이 제안한 폐정 개혁안을 수용하면서 6월 10일 전주 화약이 체결되었고, 동학 농민군은 전주성을 점거한 지 12일 만에 철수했다.

동학 농민군과 관군 모두 물러났지만 전라도 일대는 고을 수령들이 도망치는 바람에 치안과 행정이 공백 상태였다. 전라도 관찰사는 전봉준과 타개책을 협의하고 전라도 53개 주의 관아에 별도로 조선 역사상 최초의 농민 자치 기관인 집강소를 설치했다. 이에 전봉준은 금구, 원평 등 전라우도, 김개남은 남원을 중심으로 하는 전라좌도의 치안과 행정을 각각 책임지게 되었다. 다만 나주, 운봉, 순창 등지에서는 고을 향리와 재지 유생 등이 집강소 설치를 거부하는 바람에 치열한 전투가 벌어지기도 했다. 또한 경상도 예천에서는 동학 농민군을 토벌하기 위한 또 다른 형태의 집강소가 설치되어 동학 농민군들이 체포, 처형되기도 했다.

그럼에도 집강소는 치안뿐만 아니라 폐정 개혁에도 적극 나섰다. 개혁 요강은 12개조에 달했다. 대체로 탐관오리, 양반 유림, 토호들의 탄압과 경제적 수탈 중지, 신분상 모든 차별대우 폐지, 일본의 침략에 내통하는 자에 대한 엄격한 징계, 경작지의 농민 균등 분배 등이 포함되었다.

〈폐정개혁 12개조〉

1. 동학도는 정부와의 원한을 씻고 서정에 협력한다.

2. 탐관오리는 그 죄상을 조사하여 엄징한다.

3. 횡포한 부호(富豪)를 엄징한다.

4. 불량한 유림과 양반의 무리를 징벌한다.

5. 노비 문서를 소각한다.

6. 7종의 천인 차별을 개선하고, 백정이 쓰는 평량갓은 없앤다.

7. 청상과부의 개가를 허용한다.

8. 무명의 잡세는 일체 폐지한다.

9. 관리 채용에는 지벌(地閥)을 타파하고 인재를 등용한다.

10. 왜와 통하는 자는 엄징한다.

11. 공사채를 물론하고 기왕의 것을 무효로 한다.

12. 토지는 평균하여 분작(分作)한다.

청일 전쟁 발발

조선 정부의 요청에 청군 2,800여 명이 충남 아산에 상륙했다. 충청도와 전라도의 동학 농민군을 진압하고자 한 것이다. 그런데 청군의 파병은 일본군을 불러들이는 결과를 낳았다. 일본은 제물포 조약과 톈진 조약을 빌미로 '일본 공사관과 거류민을 보호한다'라며 조선에 파병을 통보했다. 조선 정부는 뜻하지 않은 일본군 파병을 적극 반대했지만, 6,300여 명의 일본군이 인천에 상륙했다. 조선 정부는 급히 전주 화약을 맺어 동학 농민군을 해산시키는 한편, 일본군의 철수를 요구했다. 이에 청과 일본 대표가 양국 군의 철수를 논의하는 과정에서 일본은 돌연 청에게 공동으로 동학 농민군 토벌과 조선의 내정 개혁을 하자고 제안했다. 청은 이미 동학 농민군이 물러났고 개혁은 조선이 자발적으로 추진해야 할 내정 문제라며 난색을 표했다. 조선을 속국으로 여기고 있던 청으로서는 조선에 대한 일본의 내정 간섭을 받아들일 수는 없는 노릇이었다.

이는 청일 전쟁을 염두에 둔 일본의 고도의 술책이었다. 일본은 작정한 듯 인천의 주둔병 2천여 명을 서울로 진입시켰다. 각국의 주한 공사들이 철군을 강경하게 요구했지만, 일본은 이를 무시했다. 오히려 주한 일본 공사 오토리 게이스케[大鳥圭介]는 고종을 알현하고 조선 내정 개혁의 필요성을 역설했다. 고종은 이를 거부하면서 즉시 철군을 명령했지만, 오토리 공사는 아랑곳하지 않고 오히려 조선 대신들에게 내정 개혁안을 제시하고서는 기한 내에 이를 추진할 위원을 임명해 줄 것을 요구하고 나섰다.

조선 정부는 오토리 공사의 제안을 완강히 거절하지 못했다. 결국 1894년 7월 10일 남산에 있던 민영준의 별장인 노인정에서 조선과 일본

일본군이 흥선대원군을 앞세워 경복궁을 점령하는 모습을 그린 일본 그림

의 첫 회동이 있었다. 이를 '노인정 회담'이라 부르기도 한다. 그 자리에서 오토리 공사는 총 5조 26개 항에 달하는 내정 개혁안을 제시했다. 그가운데는 서울과 주요 항만 간에 철도를 부설하고, 또 전국 중요 도시 간에 전신을 가설해야 한다는 등 조선을 침략 교두보로 삼으려는 것들도 포함됐다. 조선 대표들은 이를 내정 간섭이라며 완강히 거절하는 동시에 불법으로 진주한 일본군의 철수를 거듭 요구하는 한편, 앞으로 조선 정부가 독자적으로 개혁을 추진해 갈 것임을 분명히 밝혀 두었다. 고종은 이에 맞춰 교정청을 설치하게 해 동학 농민군을 비롯한 재야의 요구를 받아들이는 정치 개혁을 추진하고자 했다.

오토리 공사는 더 이상 내정 개혁안을 관철시킬 수 없다고 판단하고, 조선 정부에 청 군대의 철수 및 청과 체결한 모든 조약을 폐기할 것을 강요하는 등 압박 수위를 높였다. 이에 조선 정부가 청과 협의 중에 있다는 답변을 보냈음에도, 7월 23일 새벽에 일본군은 경복궁을 점령했다. 이를 갑오변란이라 한다. 갑오변란을 일으킨 일본은 자신들의 무력

행사를 열강에 은폐하고자 청에서 돌아와 운현궁에 유폐되어 있던 홍선대원군을 앞세워 고종으로부터 통치권을 위임받았다. 홍선대원군이 세 번째로 권력을 잡은 것이다. 이어 일본은 시위군을 강제로 무장 해제시키는 한편, 민씨 일파를 제거했다.

경복궁을 점령한 일본군은 이틀 뒤인 7월 25일에 아산만 입구인 풍도해상에서 청 군함과 수송선을 기습 공격해 격침시켰다. 이로써 청일 전쟁이 시작되었다. 서울에 주둔하고 있던 일본 군인들은 아산으로 급파되어 그곳에 주둔하고 있던 청 군대와 전투를 벌였다. 청은 무기와 보급 면에서 일본군에 비해 우세했으나 패하고 말았다. 일본군은 기세를 몰아 평양에 집결해 있던 청 군사 1만 4천 명을 상대로 전투를 치러 승리했다. 육지뿐만 아니라 해전에서도 우위를 보여 서해 해전에서 청국 함대를 격침시켰다. 이렇듯 승승장구하던 일본군은 10월 하순경 압록강을 건너 남만주로 진격했고, 11월 하순경에는 랴오둥반도의 뤼순, 다롄을, 1895년 2월에는 산둥반도의 웨이하이를 점령하며 베이징까지 위협했다. 청은 이렇듯 일본이 침략 야욕을 드러내자 일본과의 강화에 적극 나서 시모노세키 조약을 체결하면서 청일 전쟁을 끝냈다.

제2차 동학 농민 운동

조선 정부는 전주 화약 이후 집강소를 설치해 폐정 개혁을 펼쳐 나가고 있었지만, 국내외 정세는 불안하기만 했다. 일본은 조선 정부의 철수

요구를 묵살하고 경복궁을 점령한 뒤 흥선대원군을 앞세워 새로운 정권을 세웠으며, 청일 전쟁을 일으켰다. 전봉준은 일본군을 몰아내기 위해 다시 봉기했다. 가을 추수가 마무리될 즈음, 각지의 동학 접주들에게 통문을 띄웠다. 전라도 각지의 동학 농민군이 호응하여 삼례역에 집결한 수는 10만여 명에 달했다.

한편 교주 최시형을 중심으로 충청도 일대에서 활동하고 있던 북접의 동학 세력은 종교적 입장을 고수하고 있어 남접의 행동이 마뜩하지 않았다. 하지만 얼마 뒤 항일 구국 투쟁이란 명분 앞에 대동단결하기로 결의하고 전격 동참하게 되었다. 이에 북접의 동학 농민군 10만여 명이 최시형이 살고 있던 충청도 옥천군 청산에 집결했다. 1894년 11월 11일경 남접과 북접의 동학 농민군은 논산에 모여들었다. 어느 때보다 많이 모인 그 자리에서 서울로 진격하기로 결정하고 우선 공주를 점령하기로 의견을 모았다. 전봉준은 다음과 같은 격문을 충청도 관찰사에게 보내며 봉기의 뜻을 고취시켰다.

일본 침략자들이 구실을 만들어 군대를 동원하여 우리 임금님을 핍박하고 우리 국민을 어지럽게 함을 어찌 그대로 참을 수 있겠는가? 옛날 임진왜란의 병화(兵禍) 때에도 능침을 침범하고 궁궐과 종묘를 불태우고 군친(君親)을 욕보이고 국민을 죽였음은 모두가 분하게 여기고 천고에 잊을 수 없는 한이 되어 있다. 초야에 있는 필부(匹夫)와 무지몽매한 어린아이까지 아직도 답답한 울분을 감추지 못하고 있는데, 하물며 충청도 관찰사는 세록충신(世祿忠臣)으로서 평민소부(平民小夫)보다 몇 갑절 더 느끼지 않겠는가?

오늘날의 조정 대신들은 망령되이 생명의 안전만을 도모하여 위로는 군부(君父)를 위협하고 아래로는 백성을 속여 일본 오랑캐와 연결하여 삼남의 국민에게 원을 사며 함부로 친위군을 움직여 선왕의 적자를 해치고자 하니 참으로 이는 무슨 뜻에서 나온 것인지? 지금 내가 하고자 하는 것은 극히 어렵다는 것을 알고 있으나 일편단심 죽음을 각오하고 천하의 인신(人臣)으로 두 마음을 품는 자를 쓸어 버려 선왕조 5백 년 동안의 유육(遺育)의 은혜에 보답코자 하니 원컨대 각하도 맹성(猛省)하여 의로써 같이 죽음을 각오한다면 천만다행이오.

_《동학란 기록》 하, 〈전봉준 상서〉

일본군은 청과 전투를 치르고자 개항장을 비롯해 내륙의 거점에 병참 기지를 마련하여 병력을 배치하고, 부산과 서울을 연결하는 군용 전신선을 가설하고 있었다. 이는 동학 농민군의 주요 공격 목표가 되었다. 동학 농민군은 일본군 병참 기지를 습격하는가 하면 전신선을 절단했다. 1894년 9월 한 달 동안에 전신선이 9차례나 절단되기도 했다.

이렇듯 동학 농민군의 움직임이 심상치 않았지만, 일본군에게는 이를 막아 낼 병력이 많지 않았다. 일본군의 주력 부대는 청일 전쟁에 동원된 상황이었기 때문이다. 이 무렵 일본은 오토리 공사를 이노우에 카오루[井上馨]로 전격 교체했다. 이노우에는 1884년 당시 전권대신으로 조선에 건너와 한성 조약을 체결하였으며, 그 뒤 일본 외무대신을 역임했던 인물이다. 이노우에는 조선에 부임하자마자 일본 정부에 급히 군대 파견을 요청했다. 이때 증파된 일본군과 관군은 동학 농민군이 논산

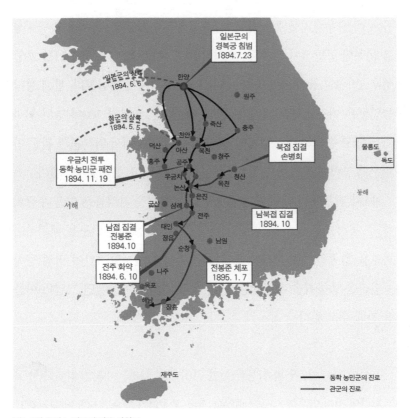

제1, 2차 동학 농민군의 전투 상황도

에 집결해 북으로 향할 것이라는 정보를 입수하고 충청도 공주에 포진했다.

20여만 명의 동학 농민군은 공주로 북상하던 중에 일본군이 참전한다는 소식을 듣고 지레 겁을 먹고 대열에서 이탈했다. 동학 농민군은 만여 명으로 크게 줄어들었지만, 공주를 공략하기 위한 전략상 2개 부대로 나누었다. 전봉준이 이끄는 부대는 웅치를 넘어 공주 동쪽을 공격하고, 다른 부대는 우금치를 통해 공주 남쪽을 공격하기로 했다. 이윽고 공주성을 둘러싼 공방전이 크게 두 번 치러졌다. 1차 전투는 1894년 11월 20일 이후 2박 3일 동안 충청도의 이인, 효포, 웅치에서 벌어졌다. 한때 동학 농민군은 이인에서 치러진 첫 전투에서 관군, 일본군 100여 명의 전사자를 내고 승리하기도 했지만, 효포와 웅치 전투에서 일본군과 관군 연합군의 강력한 공격에 부딪혀 많은 사상자를 내고 후퇴해야만 했다.

제1차 전투에서 패퇴한 동학 농민군은 전열을 가다듬은 다음 우금치를 주 공격로로 정하고, 금강 건너 유구 쪽에 동학 농민군을 배치하여 공주를 협공하기로 작전을 세웠다. 드디어 12월 4일, 1만여 명의 동학 농민군은 총공격을 개시했다. 당시 정부 기록은 처참했던 그날의 아픔을 전해 주고 있다.

아아, 슬프다. 저 비류[동학 농민군] 수만의 무리들이 4, 50리에 걸쳐 포위하여 길이 있으면 다투어 빼앗고, 높은 봉우리가 있으면 다투어 점거하고, 동쪽에서 소리가 나면 서쪽으로 달리고 좌측에서 칼날이 번득이면 어느새 우측으로 돌고, 깃발을 흔들고 북을 치며 죽음을 무릅쓰고 다투어 산에 오르니, 그 의리와 담력을 어떻게 설명해야 될 것인지. 당시의 상황을 생각하면 등골이 떨리고 마음이 서늘해진다.

_《순무선봉진등록(巡撫先鋒陳謄錄)》

우금치 전투는 6, 7일간에 걸쳐 40~50회의 공방전이 치러질 정도로 치열했다. 동학 농민군은 우세한 화력으로 무장한 2,700여 명의 일본군과 관군의 방어선을 끝내 뚫지 못하고 많은 사상자만 낸 채 논산 방면으로 후퇴했다. 동학 농민군은 수적으로 우세했지만 잘 훈련된 정예병 일본군과 그들의 대포와 연발총, 최대 사거리가 2천m에 이르는 소총의 화력에 밀렸다. 살아남은 자는 1만여 명 가운데 500여 명에 불과했다. 그 뒤 김개남이 이끄는 5천여 명의 동학 농민군이 청주를 공격했으나 이 역시 패하고 말았다.

동학 농민군은 일본군, 관군의 추격을 받으면서도 계속 싸웠으나 패배를 거듭할 뿐이었다. 전봉준과 김개남은 강경에서 만나 재기하고자 했지만, 이들의 조직과 세력은 이미 완전히 무너진 뒤였다. 전주, 태인을 거쳐 금구, 원평까지 물러난 뒤에 더 이상 승산이 없다고 판단한 동학 농민군은 뿔뿔이 흩어지고 말았다. 김개남은 태인에서 을사 의병 당시 최익현과 더불어 의병을 일으켰던 임병찬에게 붙잡혔다. 전봉준은 순창으로 피신한 뒤에 손화중 등과 재기를 모의하던 중, 1895년 1월 7일 밤에 지방민의 밀고로 붙잡혔다. 전봉준은 일본군에 넘겨져 서울로 압송되어 재판을 받고 동지들과 함께 1895년 4월 사형당했다.

고부 민란으로 시작되어 1년 이상 끌었던 동학 농민 운동은 막을 내렸다. 살아남은 동학 농민군과 지도자들은 외래 종교로 숨어들거나, 훗날 의병 부대에 합류하기도 하고, 일진회와 같은 친일 단체에서 활동하기도 했다. 동학은 3대 교주 손병희에 의해 천도교로 거듭났다.

비록 동학 농민 운동은 그들의 목적을 달성하지 못하고 일본군과 관군에게 패하고 말았으나 한국 근대사에 중요한 발자취를 남겼다. 첫째 중세 사회의 낡은 체제를 무너뜨리는 결정적 계기를 마련했으며, 둘째

반봉건 농민 항쟁의 총결산이자 근대 민중 항쟁의 출발점이었으며, 셋째 외세의 침략을 극복하고자 투쟁하였던 반침략 반외세 투쟁의 선구자적 역할을 담당했다.

2. 갑오개혁

제1차 갑오개혁

동학 농민군이 전주성에서 자진 해산했음에도 일본은 조선에 파병했던 일본군을 철수시키지 않았다. 오히려 일본은 7천여 명의 군사를 앞세워 조선에 내정 개혁을 요구했다. 고종은 재차 철병을 요구했지만, 일본은 내정 개혁을 고집했다. 일본이 이를 협상할 위원단 구성을 줄기차게 강요했고, 결국 조선 정부가 이를 받아들여 노인정에서 회담이 개최되었다. 하지만 조선은 일본군 철수를 내세워 심의를 거부하고 독자적인 개혁을 펼쳐 나가고자 했다.

| 교정청 설치 |　　　　고종은 1894년 7월 의정부에 개혁을 추진해 나갈 교정청 설치를 지시했다. 당상관과 낭청 관리들에게 매일 회의를 열어 개혁안을 논의하고 중요한 사안은 보고한 뒤에 시행하도록 했다. 총재는 현직에 있는 대신[시임 대신]과 퇴임한 대신[원임 대신]으로 정하도록 했다. 고종은 교정청 설치의 이유를 다음과 같이 피력했다.

나라의 재정이 궁색하고 백성의 살림이 곤궁하여 점점 쇠퇴하는데도 수습하지 못하는 지경에 이른 것은 실제 그럭저럭 미봉책으로 얼버무리는 일이 많고 법이 해이해져 진작시킬 줄 모르고, 폐단이 고질로 되어도 고치지 않으며, 위아래가 안일에 빠진 데서 빚어진 소치이다. 나는 두려운 마음으로 정신을 차리고 경계하고 잠자리에 들었다가도 자주 일어나 분발하고 가다듬어 정치를 일신하려는 생각에서 어제 하교한 것이니, 모든 신하들도 마땅히 깊이 반성하고 나의 뜻을 선양할 책임을 다하여야 할 것이다.

_《고종실록》 1894년(고종 31) 6월 11일조

1894년 7월, 당상 15명, 낭청 2명으로 구성된 교정청이 출범했다. 교정청은 민심을 달래고자 그동안 폐단이 많았던 부분부터 철폐하고자 했다. 먼저 교정청은 최근 10년 동안 새로 설정된 잡세를 철폐하고, 군역 가운데 하나인 족징(族徵)을 일체 거론하지 말 것이며, 부채로 인한 소송 가운데 30년이 지난 것은 없애도록 했다. 그 가운데는 동학 농민군들의 요구 사항을 받아들인 것도 있었다. 하지만 교정청은 오래가지 못했다. 교정청에 참여했던 당상관들은 개혁의 필요성을 느끼지 못하였으며, 이를 추진할 만한 지식도, 능력과 자질도 부족했다. 당시 이조 판서였던 윤용구는 교정청 당상에 임명되었으나, 겸직하기 곤란하다는 이유로 교정청에서 물러났다.

| **군국기무처 개혁** |　　　　그 틈에 일본군이 경복궁을 점령하고 흥선대 원군에 의해 새로운 정권이 들어서면서 1894년 7월 교정청 대신 내정 개혁을 의결하는 군국기무처가 신설되었다. 군국기무처는 책임자 김홍 집을 영의정 겸 총재로 임명했고, 박정양, 신기선, 김윤식, 유길준, 우범 선 등 회의원 17명으로 구성했다. 회의원들은 반청, 친일적인 성격을 가 졌거나 한미한 가문 출신이 많았고, 대개 정치, 사회 체제에 불만을 가진 세력들이었다. 이들은 개혁을 단행하지 않고서는 조선의 앞날을 기대할 수 없다는 위기의식을 가지고 있었다. 비록 군국기무처가 일본의 요구 로 설치되었지만, 내정 개혁은 이들에 의해 주도적으로 추진되었다.

군국기무처는 흥선대원군의 왕명을 받들어 개청식을 가진 뒤에 첫 회의를 개최했다. 그 이후 1894년 12월 폐지될 때까지 5개월여 동안 총 41회의 회의를 열었고, 210여 건의 제도 개혁안, 정책 건의안을 의결했 다. 그동안 일본은 청과 전투를 치르고 있었기 때문에 상대적으로 간섭 을 덜 받았다. 또한 군국기무처는 의결 기구였지만 입법권을 갖는 초정 부적인 기관이었기 때문에 어떠한 제한도 받지 않았다.

군국기무처가 가장 역점을 둔 개혁은 정치 제도였다. 유길준, 김가진, 안경수 등은 《대전회통》,《육전조례》와 일본의 신식 법전 등을 참조하 여 근대 법치 국가의 내각 제도를 수립하고자 했다. 1894년 8월 의정부

장관을 총리대신으로 삼은 제1차 김홍집 내각이 성립했다. 또한 6조를 개편해 내무, 외무, 탁지, 군무, 법무, 학무, 공무 등과 농상아문을 신설하여 8아문을 두었다. 각 아문의 책임자인 대신 밑으로 협판, 참의, 주사를 각각 두었다. 아울러 18품계를 11품계로 축소하고, 정종 1, 2품을 칙임관, 3품에서 6품까지는 주임관, 7품에서 9품까지를 판임관으로 정하고, 이에 따라 월급제를 실시했다.

제도 개혁 가운데 가장 혁신적인 것은 과거제 폐지였다. 과거제는 고려 광종 때 이후 줄곧 관리를 선발하던 제도였는데, 조선 중기 이후로 여러 폐단이 일어나면서 폐지해야 한다는 의견이 끊이질 않았다. 군국기무처는 과거제를 전격 폐지하는 대신 선거조례와 전고국 관제를 신설했다. 과거제 폐지는 과거 합격을 보장받았던 양반 자제들에게 큰 충격을 안겨 주었다. 선거조례와 전고국 관제에 따르면, 먼저 자기 아문에 소속시킬 주임관과 판임관을 구술로 뽑은 뒤에, 전고국에서 보통 시험과 특별 시험에 통과하면 적당한 관직에 임명토록 하는 제도이다. 보통 시험은 과거 경서 위주에 벗어나 국문, 한문, 사자(寫字), 산술, 내국 정치, 외국 사정 등 근대 학문을 중심으로 치러졌다.

개혁은 사회, 경제적인 분야로 확대되었다. 오랫동안 조선 사회의 폐단이 되었던 신분, 가족, 의복 제도 등의 분야에서 개혁이 이뤄졌다. 즉 인재 등용 시 고질적인 문제였던 문벌 및 신분 타파와 더불어 문무 관리의 차별, 죄인 연좌제의 폐지, 조혼 금지, 과부의 재가 허용, 공사노비 혁파, 양자 제도 개선 등의 내용을 담고 있었다. 이는 동학 농민 운동 당시 제기된 문제들이기도 했지만 관습적으로 행해지던 조혼 금지는 쉽게

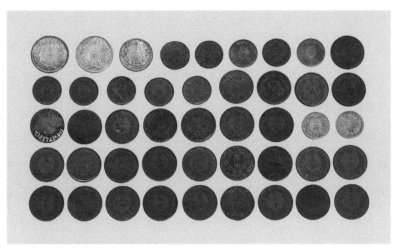
대한 제국 때 주조된 근대 동전들

고쳐지지 않았다.

경제 부분에서 가장 주목되는 것은 재정의 일원화였다. 종전에는 왕실 소속 기관이나 특설 관청이 정부와 별도로 세금을 거둬 독립적으로 장부를 관리했다. 이는 백성에 대한 가렴주구로 이어지는 폐단을 낳기도 했다. 이에 탁지아문에서 모든 세금을 관리하게 해 창구를 단일화했다. 하지만 고종이 궁내부 안에 내장원을 설치해 국내의 주된 재원을 관리하게 하면서 본래의 취지를 살리지 못하고 말았다.

그 뒤 화폐 개혁이 단행되었다. 당시 화폐 제도는 상당히 문란했다. 개항을 전후로 부족한 재정을 메우고자 임시방편으로 발행된 당백전, 당오전과 같은 악화가 주된 문제였다. 이를 해결하고자 1892년 12월 일본의 자본을 들여와 근대 화폐를 유통시키고자 했으나, 청의 방해로 뜻을 이루지 못했다. 이때에 들어서야 1894년 8월 〈신식화폐발행장정〉을 의결해 은 본위제를 채택하고, 백동, 적동, 황동을 보조 화폐로 규정했다. 이에 따르면 10푼을 1전, 10전을 1냥으로 했으며, 1푼은 황동, 5푼은 적동, 2전 5푼은 백동, 1냥과 5냥은 은으로 만들고 5냥짜리 은을 본위 화폐로 삼았다.

화폐 제도의 개혁으로 지세의 금납화가 본격적으로 이뤄졌다. 그 결과 농작물의 상품화가 촉진되면서 상업적 농업의 발전을 촉진시키는 계기가 되었다. 또한 도량형을 통일하기도 했다. 그런데 신식 화폐를 많이 주조하기 이전에 잠시 외국 화폐의 사용을 허용하면서 또 다른 문제를 야기했다. 일본 화폐가 국내에 침투할 수 있는 법적인 명분을 주고 만 것이다. 실제로 청일 전쟁을 치르던 일본이 군수 물자를 조달하는데 일본 화폐로 결재하면서, 조선에 일본 화폐가 널리 유통되고 말았다.

군국기무처의 개혁은 여러 한계를 드러냈다. 먼저 그동안 가장 큰 병폐로 여겨졌던 세제에 대한 근본적인 개혁안을 내놓지 못하였으며, 양전 계획도 세우지 않았다. 또한 군국기무처 회의원들은 근대적인 경제 지식이 없었던 이유로 산업화에 대한 문제를 논의하지도 않았다. 이러한 한계점으로 말미암아 결국 일본의 경제적인 침투를 용인하는 과오를 범하고 말았다.

제2차 갑오개혁

일본은 경복궁을 점령하고 청과 전쟁을 일으켰으면서도 조선 정부로부터 군사적인 지원을 받고자 했다. 먼저 일본은 친일 세력 중심의 군국기무처를 설치하고 제1차 김홍집 내각을 출범시켰다. 그 뒤 일본은 경복궁에서의 일본군 철수를 전제로 조선 정부와 협상을 벌여 1894년 8월 〈조일 잠정 합동 조관〉을 체결했다. 주요 내용으로 궁궐과 가까운 곳에서 청과 일본이 충돌한 것을 불문에 붙이도록 했으며, 서울과 부산, 인천 간에 전신선 설치와 더불어 경인, 경부철도를 부설하기로 합의했다. 또한 전라도 연해 지역 가운데 한 곳을 통상을 위해 개항한다는 조항이 포함되었다. 하지만 이는 잠정적인 비밀 협상안이었기 때문에 국내외적인 공인을 받을 수 있는 것은 아니었다. 그럼에도 일본은 청일 전쟁을 조선 땅에서 치르면서 물자나 사람과 말을 징발해 가는 등 조선의 주권을 마구 해쳤다.

조선 정부는 비록 일본과 합동 조관을 체결했지만, 청일 전쟁에 적극 나서기보다는 오히려 거부 입장을 보였다. 일본이 청을 이길 것이라고는 생각하지 않았기 때문이다. 이와는 달리 일본은 조선을 확고한 동맹국으로 만들어 청과의 전쟁을 치르고자 조선을 더욱 압박했고, 결국 1주일 뒤 군사 동맹인 〈조일 공수 동맹〉이 강제 체결되었다. 이로써 일본은 조선을 청으로부터 독립시켜 주겠다는 명분으로 전쟁에서 필요한 물자와 인력을 조선으로부터 원활하게 제공받게 되었다. 조선이 더욱더 일본의 영향력 안에 놓이게 되는 결과를 낳고 말았다. 또한 양국 맹약은 일본군이 동학 농민군을 완전히 진압하는 데 이용되기도 했다.

그 뒤 일본군은 평양 전투에서뿐만 아니라 서해 해전에서도 청 군대를 크게 이겼다. 이에 자극을 받은 동학 농민군들은 재봉기하여 반일 운동을 전개했지만, 일본군과 관군의 연합군에 의해 완전히 와해되고 말았다. 이때 오토리 공사 후임으로 총리대신 이토 히로부미의 친구인 내무대신 이노우에가 조선으로 건너왔다. 그는 조선 문제에 관해서 전권을 부여받았다.

이노우에는 흥선대원군을 정계에서 물러나게 한 뒤 1894년 11월 자신이 작성한 혁신안 20개조를 고종에게 올렸다. 그 뒤 군국기무처가 폐지되는 대신에 중추원이 신설되었고, 1894년 12월 박영효와 김홍집 연립 정권인 제2차 김홍집 내각이 출범했다. 박영효는 갑신정변 이후 일본으로 망명했다가 청일 전쟁 중인 1894년 8월 귀국했다. 하지만 곧바로 정계에 복귀하지 못했다. 일본 정부의 노력으로 갑신정변 당시 내려졌던 '대역부도(大逆不道)'의 죄에서 벗어난 뒤에야 비로소 정계 복귀의 명분을 가지게 되었다. 그 뒤 박영효는 이노우에 공사의 전폭적인 지원을 받아 제2차 김홍집 내각의 핵심 세력으로 떠올랐다.

이노우에는 자신이 제안했던 내정 개혁안을 관철시키기 전에 조선과 청과의 관계를 완전히 단절시키고자 했다. 일본은 고종에게 청과의 관계를 끊었다는 국시(國是)의 변경을 종묘에 고하고 전국에 선포하게 했다. 이에 1895년 1월 고종은 왕세자, 흥선대원군, 종친, 군신들을 앞세워 종묘에 나아가 자주독립과 내정 개혁을 맹세하는 서고문을 고했다. 며칠 뒤에 고종은 〈홍범 14조〉 내용을 전 국민에게 알렸다. 조선이 청으로부터 자주독립을 했다는 데 의미가 있지만, 청에서 일본으로 대체되었을 뿐이다.

〈홍범 14조〉에는 청과의 절연, 자주독립의 확립, 국왕의 직접 통치와 이에 따른 법령 정비, 왕실 비용의 삭감과 왕비를 비롯한 종친의 정치 불간섭, 이어 지방 제도 및 군사 제도의 개편과 외국 유학생 파견 등 광범위한 내용을 담고 있었다.

〈홍범 14조〉를 중심으로 제2차 갑오개혁이 박영효의 주도로 추진되기 시작했다. 비용은 조세를 저당 잡히고 일본으로부터 들여온 300만 원으로 충당했다. 우선 정치 제도를 개혁하여, 종래 의정부 관제를 폐지하고 '내각'이라 개칭했고 각 아문도 '부'로 바꾸었다. 이로써 외부, 내부, 탁지부, 군부, 법부, 학부, 농상공부 등 7부로 되었다. 중요 안건은 내각 회의를 거쳐 국왕의 재가를 받아 시행토록 하여 일본식 내각 제도로 바꾸었다. 중추원은 법률칙령안과 내각의 자문에 응하여 심사 의정하는 역할을 담당하게 했지만, 실제 권한은 주어지지 않았다. 내각과 대립적인 위치에서 방대한 조직을 거느리던 궁내부를 크게 축소했다. 지방 제도는 8도제 대신 23부제를 채택하고 그 밑에 337개 군을 두었다. 군사 제도는 기존 중앙군이었던 친군영 체제를 없애고, 군무아문 소속 훈련대, 신설대, 시위대로 재편하는 한편, 지방군을 거의 해산시켜 조선 군대를 크게 축소시켰다. 해산된 지방병들은 훗날 의병에 투신해 주요한 전투원으로 활약하기도 했다.

사법 제도도 개혁 대상에 포함되었다. 1895년 4월 재판소 구성법이 공포되어 사법권 독립이 어느 정도 이뤄졌다. 이전에는 의금부 등을 정부에 소속시켜 행정관이 재판 업무를 담당했는데, 이를 없애고 재판관이 재판 업무를 관할하게 한 것이다. 재판은 2심제를 채택했다. 제1심 재판소에는 지방 재판소와 개항장 재판소가 있었으며, 제2심 재판소에

〈홍범 14조〉 서고문과 14개 조목

　〈홍범 14조〉는 우리나라 최초의 근대적인 헌법으로, 순한글체와 순한문체 및 국한문 혼용체 등 세 가지로 작성, 발표되었다. 순한글체에서는 〈홍범 14조〉를 '열네 가지 큰 법'이라 표기했다. '홍범'이란 모범이 되는 큰 규범을 뜻한다.

　종묘, 영녕전에 나아가 전알했다. 왕세자도 따라가 예를 행했다. 이어 서고를 행했다. 그 글에 이르기를, 감히 황조(皇祖)와 열성(列聖)의 신령 앞에 고합니다. (중략) 우리 황조가 우리 왕조를 세우고 우리 후손들에게 물려준 지도 503년이 되는데, 짐의 대에 와서 시운이 크게 변하고 문화가 개화했으며, 우방이 진심으로 도와주고 조정의 의견이 일치되어 오직 자주독립을 해야 우리나라를 튼튼히 할 수 있는 것입니다. (중략)

　이제부터는 다른 나라에 의거하지 말고 국운을 융성하게 하여 백성의 복리를 증진함으로써 자주독립의 터전을 튼튼히 할 것입니다. 생각건대 그 방도는 혹시라도 낡은 습관에 얽매이지 말고, 안일한 버릇에 파묻히지 말며, 우리 조종의 큰 계책을 공손히 따르고 세상 형편을 살펴 내정을 개혁하여, 오래 쌓인 폐단을 바로잡을 것입니다. 짐은 이에 14개 조목의 큰 규범을 하늘에 있는 우리 조종의 신령 앞에 고하면서, 조종이 남긴 업적을 우러러 능히 공적을 이룩하고 감히 어기지 않을 것이니 밝은 신령은 굽어살피시기 바랍니다.

　1. 청에 의존하는 생각을 끊어버리고 자주독립의 기초를 튼튼히 한다.
　1. 왕실의 규범을 제정하여 왕위 계승 및 종친과 외척의 본분과 의리를 밝힌다.

1. 임금은 정전에 나와서 시사를 보되 정무는 직접 대신들과 의논하여 재결하며 왕비나 후궁, 종친이나 외척은 정사에 관여하지 못한다.

1. 왕실에 관한 사무와 나라 정사에 관한 사무는 반드시 분리시키고 서로 뒤섞지 않는다.

1. 의정부와 각 아문의 직무와 권한을 명백히 제정한다.

1. 백성이 내는 세금은 모두 법령으로 정한 비율에 의하고 함부로 명목을 더 만들어 불법적으로 징수할 수 없다.

1. 조세나 세금을 부과하는 것과 경비를 지출하는 것은 모두 탁지아문에서 관할한다.

1. 왕실 비용을 솔선하여 줄이고 절약함으로써 각 아문과 지방 관청의 모범이 되도록 한다.

1. 왕실 비용과 각 관청 비용은 1년 예산을 미리 정하여 재정 기초를 튼튼히 세운다.

1. 지방 관제를 빨리 개정하여 지방 관리의 직권을 제한한다.

1. 나라 안의 총명하고 재주 있는 젊은이들을 널리 파견하여 외국의 학문과 기술을 전습 받는다.

1. 장관(將官)을 교육하고 징병법을 적용하여 군사 제도의 기초를 확정한다.

1. 민법과 형법을 엄격하고 명백히 제정하여 함부로 감금하거나 징벌하지 못하게 하여 백성의 생명과 재산을 보호한다.

1. 인재 등용에서 문벌에 구애되지 말고 관리들을 조정과 민간에서 널리 구함으로써 인재 등용의 길을 넓힌다.

_《고종실록》 1894년(고종 31) 12월 12일조

는 고등 재판소와 순회 재판소가 있었다. 재판은 원칙적으로 판사로 하여금 심판하게 하고, 예외적으로 합의제를 인정했다. 이외에 왕족의 범죄에 대한 형사 재판을 담당하는 경우에는 법부대신을 재판장으로 하는 특별 법원이 있었다. 우수한 사법관을 양성하기 위해 법관 양성소 규정을 공포했다. 연령 20세 이상으로 입학시험에 합격한 자, 혹은 관리 가운데 선발하여 양성소에서 6개월간 법률을 가르쳐 졸업한 자에게 법관 자격을 주었다.

또한 전통적인 교육 제도를 근대적으로 고쳤다. 먼저 소학교를 설립하기 전에 교원 양성 기관인 한성 사범 학교와 부속 소학교를 설립했다. 속성 6개월 과정을 마친 후에 관공립 소학교 교원으로 임명되었다. 이어 외국과의 교류 확대를 위해 외국어 학교 관제를 공포하여 영어, 프랑스어, 일어, 중국어, 독어 등을 가르쳤다. 양반 자제 114명을 선발하여 일본 경응의숙에 유학을 보내기도 했다. 새로운 문물을 과감히 받아들이고자 하는 목적에서 결정된 것이었다. 유학생들은 서구의 신학문을 수학하는 동시에, 친목회 같은 단체를 조직하고 토론회를 개최하는가 하면, 1895년 11월 최초의 근대 잡지라 할 수 있는 〈친목회회보〉를 발간하기도 했다. 하지만 유학생 파견이 친일 세력에 의해 주도되었기 때문에 아관파천 이후 유학생들은 강제 소환되었다.

제2차 갑오개혁을 추진했던 연립 내각에서 각 계파별 알력 다툼이 벌어지며 정국은 항시 불안했다. 특히 내부대신 박영효의 권력은 고종과 왕비의 전폭적인 지지와 이노우에 공사의 후원으로 총리대신을 능가할 정도였다. 하지만 그만큼 반대파들의 견제와 갈등 또한 적지 않았다.

연립 내각이 출범한 직후, 1895년 2월 친군영에서 장정을 뽑아 1대대 규모의 훈련대를 설치하고 대장에 신태휴를 임명하려고 한 데서 갈등이 폭발했다. 군부대신 조희연은 신태휴를 임명하고자 각의를 거쳐 고종에게 올렸으나, 박영효가 이를 강경하게 반대하고 나섰다. 신태휴는 박영효뿐만 아니라 고종과 민비로부터도 미움을 받던 인물이었다. 신태휴

〈친목회회보〉 표지

는 갑신정변 당시 청군에 앞장서서 급진 개화파를 공격한 바 있었고, 또 위안스카이가 내정에 간섭해 국왕 폐위 음모를 꾸몄을 때 가담한 바 있었기 때문이다.

이것이 기화가 되어 1895년 2월 대신과 협판들의 연석 회의 석상에서 박영효가 총리대신 김홍집을 공격하여 내정 개혁으로 오늘날까지 이룬 것이 하나도 없으니 총사직해야 한다고 역설하자 분위기는 한순간 싸늘해졌다. 대신들이 할 수 없이 고종에게 사표를 제출하면서 분위기는 더욱 험악해졌다. 김홍집 내각의 파탄을 원치 않았던 이노우에의 중재로 겨우 사태는 진정되었지만 근본 문제는 여전히 남아 있었다.

그 뒤에도 박영효는 흥선대원군의 손자 이준용을 둘러싼 쿠데타 음모 사건의 처리 문제로 갈등을 겪었고, 이어 연립 내각에서 중립파의 길을 걷던 조희연이 김홍집파에 가담하자, 박영효가 그를 면직시키면서 갈등은 더욱 커졌다. 이에 김홍집이 항의 표시로 사직했다. 이로써 박영효가 내각의 실권을 쥐는 듯 했으나, 1895년 7월 반역 음모 혐의를 받아 일본으로 망명해야만 했다. 그 결과 제2차 갑오개혁은 더 이상 추진되지 못했다.

제3차 갑오개혁, 을미개혁

박영효가 망명한 뒤 1895년 8월 제3차 김홍집 내각이 수립되었다. 이때 박정양, 이완용, 이범진, 서광범 등 미국 내지 러시아와 관련이 깊은 인사들이 대거 내각에 진출했다. 이들은 우선 서울에 소학교, 중학교, 의학교, 상공학교 등 근대적인 학교를 설립하고, 서울과 인천에 우체사를 설치했다. 우체사는 갑신정변으로 우정총국의 근대적 우편 제도가 폐지된 지 10년 만에 부활했다. 1900년에 이르러서는 **우체사**는 38개소, 임시 우체소는 340개소로 늘어났다.

군제도 개편했다. 종래 훈련대와 시위대를 합쳐 친위대를 신설하여 서울을 방비하게 하고, 지방에는 진위대를 두었다. 그뿐만 아니라 〈종두규칙〉을 공포하여 이를 시행하게 했다. 이어 1895년 음력 11월 17일을 1896년 1월 1일로 삼으라는 조칙에 따라 이날부터 양력을 사용했고 건양이라는 연호도 사용하게 되었다.

그런데 1895년 10월 8일, 민비가 일본 낭인들에게 시해되는 을미사변이 일어나면서 김홍집 내각은 심각한 위기에 빠지고 말았다. 내각은 이를 타개하고자 단발령을 발표해 머리를 깎도록 강요함으로써 오히려 백성으로부터 원성을 샀고, 유생들은 의병을 일으켜 친일 내각을 무너뜨리고자 했다. 결국 고종이 아관파천을 단행함으로써 김홍집 내각은 붕괴되고 말았다.

갑오개혁은 근대적인 제도를 도입하여 조선을 근대 국가 체제로 만드는 데 목적이 있었다. 하지만 추진 세력이 일본의 무력에 의존했다는 제약 때문에 반일, 반침략을 우선시하였던 국민의 반발에 부딪혀 좌절되었다. 이는 곧 일본에 정치적으로 예속되는 결과를 낳았으며, 민비 시해 사건을 숨기면서 민족의 자존심마저 버리는 한계를 드러냈다.

우체사 초기의 우편 업무는 매일 오전 9시에 집배원이 우편물을 짊어지고 서울과 인천 우체사에서 각자 출발해 40여 리를 걸어 중간 지점인 오류동에서 만나 우편낭을 서로 교환하는 식이었다. 그 뒤 우편낭을 각자의 우체사로 가져와 최종 목적지에 배달했다. 당시 집배원이 매시간 10리(4km)를 걸었다면 오류동에서 우편낭을 교환하는 데 드는 20분을 포함하더라도, 우체사를 왕복하는 데 9시간 정도가 소요되었다고 한다.

〈종두 규칙〉 1. 모든 소아는 생후 70일부터 만 1년 이내 종두를 맞도록 하며, 성년 남녀라도 종두(種痘)치 않은 자는 맞되, 천연두를 맞은 자는 이 기간에 제한을 받지 않는다.
2. 천연두가 유행될 때는 언제든지 관리의 지정 기일에 종두를 맞는다.
3. 군인이나 경찰이 되고자 하는 자는 종두를 거쳐야 한다.
4. 종두 증서를 위조하는 자는 1원 이상 2원 이하의 벌금이나 또는 1일 이상 2일 이하의 구류에 처한다.
5. 조선국 신민으로써 종두 급 검진을 게을리한 자는 20전 이상 50전 이하의 벌금 또는 1일 이내의 구류에 처한다.
6. 본 규칙은 504년 11월 1일(1895년 12월 16일)부터 시행한다.

지석영과 종두법

조선 시대 3대 전염병은 천연두, 홍역, 콜레라였다. 그 가운데 호랑이나 오랑캐보다 더 무서운 게 천연두였다. 이 병의 우리 이름은 두창인데, 그보다는 '마마'나 '손님'으로 높여 불렀다. 죽음에 대한 공포와 경외심에서 비롯된 것이다. 또한 '호랑이가 살점을 찢어 내는 고통을 준다'라고 하여 호열자로 불리기도 했다. 조선 시대에 천연두에 걸리면 거의 죽음을 피해 가지 못할 정도로 무서운 전염병이었다. 천연두에 걸리면 열이 많이 나고 오슬오슬 떨리며 온몸에 두창이 생겨 딱지가 저절로 떨어지기 전에 긁으면 얽게 되어 자국으로 남는데, 이를 마마 자국이라 했으며 평생 지울 수 없었다.

임진왜란과 병자호란 직후인 17세기 무렵, 군대에 징발된 남성 가운데 5분의 1이 얼굴에 마마 자국이 있었다고 한다. 1821~1822년 두 해에 걸친 콜레라로 수십만 명이 죽었으며, 서양도 다르지 않았다. 중세 시대에 막강한 로마군을 전멸시킨 것은 다름 아닌 천연두였으며, 에스파냐 정복자였던 코르테스의 매서운 공격에 잘 버티던 멕시코도 2년 동안 350만 명이 천연두로 떼죽음하는 바람에 그만 항복하고 말았다.

공포의 대상인 천연두는 영국인 제너에 의해 정복되었다. 제너는 1796년 우두에 걸렸던 사람은 다시 우두에 걸리지 않는다는 사실을 알게 되었다. 제너는 우두 고름을 채취하여 8살 된 어느 소년에게 접종하였는데, 이후 소년은 천연두에 걸리지 않았다.

우리나라에서 종두법에 가장 먼저 관심을 둔 사람은 지석영이었다. 그는 일찍부터 중국에서 들여온 서양 의학서의 번역본을 많이 읽었고, 제너의 우두법(우두 접종법)에 대해 알고 있었다. 1876년 수신사 자격으로 일본을 다녀온 박영선에게 《종두귀감》을 얻었으며, 1879년 부산으로 내려가 일본인이 경영하는 제생의원에서 두 달간 우두법을 배웠다. 그해 겨울, 서울로 올라오는 길에 처가가 있던 충주시 덕산면에 들러 40여 명에게 최초로 우두를 시술했다. 1880년에는 2차 수신사 김홍집을 따라 직접 일본으로 건너가 우두종계소에서 두묘(痘苗, 우두 원료) 제조법을 배워 돌아오는 길에 두묘 50병을 얻어와 종두법을 보급하고자 힘썼다. 하지만 '우두를 맞으면 소가 된다'라는 풍문으로 사람들은 종두 주사를 기피했다고 한다.

1883년에는 문과에 급제하여 관직에 진출한 그는 1885년 《우두신설》을 저술했다. 하지만 1887년 조정에서 시폐를 논하다가 그만 일본과 결탁한 개화당과 같은 부류라는 이유로 전라도 신지도에 유배되어 종두법을 널리 보급할 기회를 잃고 말았다. 유배당한 6년간 부지런히 농학서 《중맥설》과 의학서 《신학신설》을 저술했다. 그 뒤 유배에서 풀려나 다시 관직에 등용되었고, 1895년 제3차 갑오개혁 당시 종두법을 공식적으로 시행하게 되었다. 1896년에는 동래부사가 되어서 우두법의 보급에 공헌했다.

그렇다고 천연두가 완전히 사라진 것은 아니었다. 20세기 들어서도 여전히 천연두는 기세를 부려, 6.25 전쟁 중이던 1951년 한 해에만 4만여 명이 천연두에 걸렸다고 한다. 1967년 한 해 동안 세계에서 1천만 명이 이 병에 걸려 200만 명 이상이 죽었을 정도였다. 1980년 5월 세계보건기구(WHO)는 지구상에서 천연두가 완전히 사라졌음을 공식 선언했다.

3.
을미사변과 을미 의병

을미사변

일본은 청일 전쟁에서 승리한 뒤에 시모노세키 조약을 체결하여 청으로부터 랴오둥반도와 타이완 및 펑후섬 등을 할양받았다. 이에 1895년 4월 러시아의 주도하에 프랑스, 독일 등 3국은 일본의 대륙 침략 저지를 위해 랴오둥반도를 청에 반환할 것을 일본 정부에 강력히 권고했다. 러시아는 일본이 랴오둥반도를 소유하게 되면 단순히 청의 수도를 위태롭게 할 뿐만 아니라 조선의 독립까지도 유명무실하게 만들 우려가 있어 장래 극동의 영구적인 평화를 해칠 것이라는 이유를 내세웠다. 러시아는 군함을 고베에 파견해 일본을 위협했다. 이를 '삼국 간섭'이라 한다. 결국 일본은 삼국 열강을 상대로 싸울 만한 힘이 없었기 때문에 마지못해 랴오둥반도를 포기했다. 이로써 청일 전쟁의 승리에 고무되어 있던 일본 국민은 큰 충격을 받았고, 러시아는 만주에 철도 부설권을 획득하고 랴오둥반도를 조차했다.

승승장구하던 일본이 위축되자 갑오개혁에 불만을 품고 있던 고종과 민비 세력은 이를 기회로 러시아와 유대를 긴밀히 하여 왕권을 강화시키고자 했다. 민비는 러시아 공사 베베르와 손을 잡고 친일 세력을 완전히 제거하고자, 1895년 7월 왕비 시해 음모 혐의로 내무대신 박영효에게 체포령을 내리고 정계에서 완전히 축출했다. 이어 민비는 민씨 척족을 다시 불러들여 세력을 키워 나갔다. 이를 기회로 러시아와 미국에 호감을 가진 정치 집단인 정동파가 탄생했다. 또한 이노우에 일본 공사가 조선 정부에 약속한 300만 원을 일본 정부의 반대에 부딪혀 제공받지 못하게 되자 배일 세력이 증가했다.

조선의 친러 정책에 당황한 일본은 이노우에를 불러들이고 무인 출신 미우라를 주한 일본 공사로 파견해 사태를 수습하게 했다. 미우라 공사는 친일 세력을 사주하여 민비를 시해하려는 음모를 꾸몄다. 우선 미우라는 국내외 여론을 호도하고자 민비와 갈등 관계에 있던 홍선대원군과 훈련대 군인들을 끌어들였다. 당시 고종과 민비는 훈련대와 별도로 궁궐 수비를 전담하는 시위대를 따로 창설하고, 미국인 다이 장군에게 훈련을 맡겼다. 그러나 시위대는 일본의 방해로 규모나 무기 또한 훈련대보다 열등했다. 이런 상황에서 훈련대가 궁궐을 수비하는 순검과 자주 충돌을 일으켰다. 훈련대를 못마땅하게 여겼던 고종과 민비가 해산시키려 하자 미우라 공사는 이들을 끌어들인 것이다.

미우라 공사는 민비 시해 계획을 세우고, 1895년 10월 한성신보사에 있던 일본 낭인(浪人, 일본의 떠돌이 무사)들을 이용하기 위해, 사장을 공사관으로 불러 6천 원의 거사 자금을 주고 민비 시해의 전위대로 삼고자 했다. 그리고 그들에게 공덕리 별장에 머물고 있던 흥선대원군을 궁중으로 호위하도록 했다. 그 외 일본군 수비대와 일본인 거류지 담당 경찰관 및 친일 조선인까지 동원할 계획을 세우고, 훈련대의 우범선, 이두황, 이진호 등 3명의 대대장과 전 군부 협판 등을 포섭했다.

이런 가운데 1895년 10월 7일 새벽에 돌연 고종은 훈련대를 해산시켰다. 훈련대 제2대대장 우범선은 즉각 이런 사실을 미우라 공사에게 알렸다. 미우라는 훈련대가 해산되면 음모를 성사시키지 못할 것이라 판단하고 민비 시해 계획을 10월 8일 새벽으로 결정했다. 흥선대원군을 앞세운 일본 낭인들은 서대문을 거쳐 우범선, 이두황이 이끄는 훈련대와 합류한 뒤 광화문을 통해 궁궐로 침입했다. 궁궐을 지키고 있던 훈련대 연대장 홍계훈과 군부대신 안경수가 1개 중대의 시위대 병력으로 이들을 저지하고자 했지만 어림도 없었다.

일본 낭인들은 궁궐에 침입해 궁내부 대신 이경직과 홍계훈을 살해한 다음, 왕비의 침실인 옥호루에 난입했다. 낭인들은 장안당과 곤령합 사이 뜰로 민비를 끌고 나와 시해한 뒤 시신을 옥호루에 잠시 옮겨 놓았다가 건청궁 동쪽 인공산인 녹산 남쪽에서 석유를 뿌려 시신을 불태운 뒤에 묻어 버렸다.

미우라 공사는 민비 시해 사건의 진실을 감추려고 친일 색채로 해산 문제가 대두된 훈련대가 흥선대원군을 추대해 쿠데타를 일으켰고, 시

민비의 시신이 잠시 안치되었던 건청궁 옥호루를 담은 흑백 엽서

위대와 훈련대의 내부 충돌을 진압하고자 일본 수비대가 개입한 것이라 거짓 발표했다. 하지만 고종, 왕세자(순종) 및 미국인 교관 다이, 러시아인 등을 비롯하여 많은 조선인이 민비의 시해 현장을 목격했고, 사건은 국내는 물론, 국제적으로도 자세히 알려졌다. 이에 구미 열강이 강경한 태도로 일본을 비난하자 마지못해 미우라를 공사에서 해임하고 고무라(小村壽太郞)를 파견하여 을미사변을 무마하게 했다.

한편 일본은 국제적인 눈치를 살피며 미우라 등 관계자 48명을 일본 히로시마 감옥에 가두고, 형식적으로 관련 혐의자를 취조했으나, 결국 증거 불충분을 이유로 전원 석방했다.

| 춘생문 사건 | 을미사변이 어느 정도 수습될 무렵, 친러 세력이었던 이범진 등은 불안과 공포에 휩싸인 고종을 궁궐 밖으로 모시려는 계획을 세웠다. 고종은 자신도 살해될지 모른다는 불안에 떨었다. 조카 이준용이 왕위를 계승하려고 한다는 소문마저 떠돌았다. 이에 미국 선교사들이 돌아가면서 입궐하여 고종을 보호했다. 언더우드는 고종이 독살되는 것을 막고자 자신의 부인이 만든 음식을 놋그릇에 담아 자물쇠로 채워 가져다주곤 했다고 한다. 러시아 공사 베베르와 미국 공사는 거의 매일 고종의 안전을 살피려고 알현했으며, 고종은 앨런에게 미군의 왕궁 경호를 요청하기도 했다.

이범진을 비롯한 전현직 관리들과 정동파 인사들은 고종을 경복궁에서 탈출시킬 방안을 모색했다. 먼저 이범진 등은 친위대 남만리, 이규홍 등 몇몇 장교들을 끌어들였고, 미국인 선교사 및 교관을 비롯해 서구 외

교관에게 협력하겠다는 약속을 받아냈다. 1895년 11월 27일 거사 하루 전날 밤, 시종원 시종 임최수는 비밀리에 훈련원에 모인 30여 명에게 고종을 동소문 밖으로 모실 것이라는 거사 계획을 일러 주고, 이어 친위대 중대장 남만리와 이규홍에게 궁궐로 들어와 고종을 구출하라는 비밀 칙지를 전달했다.

1895년 11월 28일 새벽, 남만리, 이규홍 등이 이끄는 800여 명의 친위대들은 안국동을 거쳐 경복궁 동쪽 문인 건춘문을 통해 궁궐로 잠입하고자 했다. 이때 이범진과 같이 움직였던 안경수가 무리에서 빠져나와 거사 계획을 외부대신 김윤식에게 일러바쳤다. 안경수는 1893년 전환국 방판(帮辦)으로 일본의 화폐 주조를 시찰하고 돌아와 신화폐를 주조하였으며, 갑오개혁 당시 2, 3차 김홍집 내각에서 탁지부협판과 군부대신을 지낸 인물이다. 그 뒤 을미사변에 연루되어 한때 파면되었지만, 곧 중추원의관에 복직되었다.

이러한 사실을 알 리 없던 시위대들은 건춘문이 굳게 닫혀 있자, 상대적으로 경비가 허술하였던 경복궁 북쪽 춘생문 쪽으로 거슬러 올라갔다. 그들은 미리 약속했던 대로 친위대 대대장 이범래와 이진호 등이 춘생문을 열고 서로 내응하기를 기다렸다. 그런데 궁궐 내에서 갑자기 포성이 울렸다. 이진호가 변심하여 군부대신 어윤중에게 계획을 밀고했고, 이로 말미암아 훈련대 소속 군인들이 거사에 가담하기로 했던 시위대를 공격한 것이다. 결국 이규홍, 이도철 등 10여 명이 현장에서 체포되었다. 날이 밝은 뒤에는 다른 가담자들도 체포되고 말았다. 한 달 뒤에 특별 재판이 열려 임최수, 이도철 등은 사형에 처해졌고, 이때 이범진은 러시아로 망명했으며, 안경수는 징역 3년형을 선고받았다. 거사를 사전에 밀고한 이진호는 아관파천 당시 일본으로 망명했다.

춘생문 사건은 실패로 끝을 맺었다. 거사 당일까지도 고종을 어디로 모실 것인지 계획이 세워지지 않았을 정도로 준비가 미흡했다. 결국 성공 여부에 회의적이었던 안경수와 이진호 등이 배신하면서 계획은 뜻대로 이뤄지지 못했다. 이를 계기로 일본의 영향력이 강화되었고, 김홍집 내각은 태양력 도입, 연호 제정, 단발령 등 각종 개혁 법령을 공포해 나갔다.

단발령 시행

을미사변 이후에도 친일 정권의 개혁은 계속되었다. 그런데 개혁은 조선의 전통 질서를 일시에 파괴시켜 행정과 사회의 조직력을 무력화시켰다. 전국 8도를 23부로 개편하고, 음력을 바꿔 양력을 공포하는가 하면, 끝내는 단발령까지 내렸다.

1895년 12월, 고종이 공포한 단발령 조칙에 따르면 "짐이 머리를 깎아 신하와 백성에게 솔선하였으니, 백성은 짐의 뜻에 예를 지극히 하여 [극례(克禮)] 여러 나라와 더불어 나란히 함께하는 대업을 이루도록 하라."라고 했다. 다음 날부터 정부 각부의 관료와 이속, 군인, 순검 등이 일제히 단발했다. 1896년 1월부터는 전 국민을 상대로 단발령을 시행하여 백성들의 상투가 잘려 나갔다. 정부는 '위생에 이롭고 작업에 편

〈매천야록〉에 나타난
단발령에 대한 기록

　1895년 11월(음) 15일, 고종이 단발한 후 나라 안팎의 관료와 백성들에게 명을 내려 일체 단발하도록 했다. 두루마기 착용을 선포한 이후 단발한다는 소문이 점차 퍼지더니, 10월 중 일본 공사가 고종을 위협하여 일찍 단발하기를 재촉하므로 고종은 인산(因山)을 마친 후에 단발하겠다고 했다. 이때 유길준, 조희연 등이 일본인을 끌어들여 궁궐 주위에 대포를 설치하고 단발하지 않는 사람은 모두 살해하겠다고 하자, 고종은 긴 탄식을 하며 조병하를 돌아보고, "네가 내 머리를 자르라."라고 하자 조병하는 가위를 들고 고종의 머리를 잘랐다. 유길준은 태자(太子)의 머리를 깎았다.

　그 뒤 단발령이 내려지자 곡성이 하늘을 진동하고 사람마다 분이 나 죽으려는 기색을 보이며 곧 무슨 변이라도 일으킬 것 같아 일본인은 군인들을 동원하여 대기하고 있었다. 경무사 허진은 순검들과 함께 가위를 들고 길을 막고 있다가 사람만 만나면 달려들어 머리를 깎아 버렸다. 또한 그들은 인가에도 함부로 침범하여 남자만 보면 닥치는 대로 머리를 깎아 버렸다. 깊이 숨지 않고서는 머리를 깎이지 않는 사람이 없었다. 그중 서울에 온 시골 사람들은 문밖에 나섰다가 상투를 잘리면, 그 상투를 주워 주머니에 넣고 통곡을 하며 성을 빠져 나갔다. 이렇게 상투를 잘린 사람들은 하나같이 말끔하게 깎이지 않아, 긴 머리가 드리워져 그 모습이 마치 장발승과 같았다. 부녀자와 아이들만 머리를 깎이지 않았다.

　학부대신 이도재는 연호 개정과 단발령에 관한 상소를 한 후 관직을 버리고 고향으로 돌아갔다. 그 상소문은 다음과 같다.

요즈음 내각에서 두 개의 제안을 제출해 대신들에게 서명을 요구한 바 있습니다. 하나는 연호 개정에 관한 것이며, 하나는 단발령에 관한 것이었습니다. 신은 조용히 생각해 보니 주상을 존경하는 사람은 그 명예를 중시하지 않고 실상을 중시한 것이며, 백성을 교화하는 사람은 그 형식에 있는 것이 아니라 마음에 있다고 봅니다. 그러나 지금 우리나라는 내란이 빈번하고 국세가 위태로워 상하가 한마음으로 실무에 치중해도 목적을 달성하지 못할까 두렵습니다. (중략) 참으로 국가에 이익이 된다면 신이 어찌 한줌에 쥘 수 있는 단발을 아끼어 국가를 위하지 않겠습니까? 누차 생각해 보아도 그 이익은 보이지 않고 그 해만 보이기 때문에 감히 양심을 속여 따를 수가 없었습니다.

_ 황현, 《매천야록》 2권, 고종 32년 을미(1895)

리'하다는 이유를 내세워 단발을 강요했다. 상투를 인류의 기본인 효의 상징으로 여기던 백성들은 거세게 반발했다. 심지어는 두 아들이 상투를 잘랐다고 아버지가 자살하는 사건까지 벌어지기도 했다.

이렇듯 백성의 저항이 예상외로 크자 유길준은 유림의 거물이었던 최익현을 찾아가 단발을 강요했다. 이에 최익현이 "내 목을 자를지언정 내 머리카락은 자를 수 없다." 하고 큰소리를 치는 바람에 감히 손을 대지 못했다. 단발령이 공포된 이후 서울 물가가 치솟았다. 백성들은 상투를 잘릴까 염려하여 물건을 성안으로 가지고 들어올 엄두를 내지 못했기 때문이다. 그럼에도 김홍집 내각은 고종의 조칙과 내부의 고시를 연이어 내려 보내며 단발령을 강제로 집행했다.

을미 의병

1895년 을미년 당시 동학 농민 운동이 막을 내렸지만 여전히 사회가 안정되지 않았고, 청일 전쟁 이후 삼국 간섭으로 어수선했으며, 친일 내각에 의한 개혁 바람으로 사회가 급변했다. 이에 가장 탄압을 받고 소외된 계층은 동학 농민 운동에 참가했던 동학 농민군과 과거 폐지로 더 이상 관직에 진출할 수 없게 된 유림들이었다. 이들에게는 탈출구가 필요했지만, 마땅한 것이 없던 차에 민비가 시해되었고, 유림들은 이를 매우 민감하게 받아들였다.

각지 유림들은 서원이나 향사에 모여 대책을 논의했다. 하지만 그들의 의견은 하나로 모아지지 못했다. 그들은 흥선대원군과의 개인적인 친분 관계 때문에 무작정 책임 문제를 따지지도 못했다. 또한 임오군란 당시에 민비에 대한 국상이 공표되었지만, 살아 돌아온 경우가 있었기 때문에 이번에도 그 진위에 의구심을 품는 자도 있었다.

이때 경상북도 현풍군 출신으로 진잠 현감을 지낸 문석봉이 처음으로 의병을 일으켰다. 을미 의병의 신호탄이었다. 문석봉은 국모의 원수를 갚고 임금이 욕을 당하면 신하는 죽음으로 보답한다는 정신으로 의병을 일으켰고, 민영환, 송근수, 신응조 등 중신들의 찬동을 얻어내 명분을 만들었다. 그 뒤 그는 충청도 유림들과 함께 유성 장터에서 의병을 일으켰다. 문석봉이 이끄는 의병 600여 명은 회덕 관아의 무기를 탈취하고 진잠에 들어가 공주로 진격했다. 그러나 관군에 패하여 문석봉은 대구부에 구금되었다. 그는 탈출하여 1896년 11월에 의병을 다시 일으키고자 준비하던 중에 병으로 죽고 말았다.

또한 만주에 근거지를 두고 있던 초산군의 김봉현과 동학 접주였던 김창수[김구] 등은 포수 300여 명을 불러 모아 의병을 일으켜 평북 강계읍으로 진격했으나 관군에 패했다. 하지만 의병은 전국적으로 확산되지는 못했다.

그 뒤 을미사변 이후 분노를 삭이지 못하고 있던 차에 단발령이 내려지자, 친일 내각에 불만을 가졌던 유림들이 본격적으로 의병을 일으켰다.

| 경기, 강원도 일대 | 1895년 11월 서울에 살던 김하락은 젊은 유생들을 이끌고 경기도 이천으로 내려가 의병을 일으킨 뒤에 안성 의병,

여주 의병 등과 연합하여 북상하면서 관군과 일본군을 상대로 전투를 치렀다. 한때 이들은 광주 노루목 장터를 장악했지만, 이내 습격을 받아 도로 내주고 말았다. 1896년 1월, 흩어진 의병들을 모은 뒤 남한산성을 거점으로 서울 진공 계획을 세우기도 했다. 그 뒤 김하락은 안동에서 신돌석과 의병 활동을 했지만, 관군과 전투를 벌이다 패하자 강물에 뛰어들어 자결했다.

강원도 춘천 지역에서는 1896년 1월 춘천부 유생 정인회가 관군 성익현, 상인 박현성과 더불어 400여 명을 불러 모아 춘천 관찰부를 습격, 점령하고, 관아를 임시 의병 본영으로 삼으면서 시작되었다. 이들은 단발한 종9품의 초관 박진희를 잡아 처형하고 그의 머리를 홍문에 효수하였으며, 유수로 있으면서 백성들로부터 곡물과 재물을 약탈한 민두호의 생사당에 불을 지르고, 그의 아들 민영준의 집을 때려 부쉈다. 그 뒤 춘천 의병은 춘천 봉의산 산성 안에 의병 진영을 설치하고 농민과 보부상이 합류하면서 의진 규모가 커지자 부대를 편제하는 한편, 당시 명망이 높던 이소응을 대장으로 추대했다. 춘천 의병은 신임 관찰사 겸 선유사인 조인승을 가평에서 처단하고 서울로 진격했지만, 관군의 저항에 부딪혀 뜻을 이루지 못했다. 그 뒤 이소응은 제천 의병에 합류했다.

강원도 평창, 영월, 정선 등지에서 기병한 관동 의병은 일본군 주둔지인 원산을 공격하는 등 기세를 올렸으나, 일본군의 공격에 더 이상 활동하지 못하고 개마고원을 넘어 만주로 들어가 훗날을 기약해야만 했다.

경기도 지평에서 비롯된 제천 의병은 400여 명의 포수를 중심으로 천여 명의 규모로 조직되었다. 제천 의병은 원주 관아를 점령했으며, 제천에 무혈입성했다. 이어 일본군과 관군의 저항에 밀리기도 했지만, 유인석이 총대장으로 추대되면서 의진을 새롭게 정비했다. 그 뒤 제천 의병은 충주부를 중심으로 중부 지역 일대를 장악하는 세력으로 성장했다. 하지만 관군과 일본군의 대규모 공격을 받아, 결국 제천 의병은 압록강을 건너 남만주 회인현으로 들어가 재기를 준비했다.

| **충청도 일대** |　　　충청도 홍주 의병은 홍주, 청양 일대를 중심으로 100여 명으로 결성되어 홍주부 내에 창의소를 설치했다. 하지만 관찰사의 배반으로 지휘부가 구금되면서 별다른 활동을 보여 주지 못했다. 다만 청양 군수 등이 의병을 다시 일으켰으나 패하고 말았다.

| **경상도 일대** |　　　경상도 진주 의병은 노응규를 중심으로 결성되어 진주성을 점령하고 고종에게 창의소를 올려 '석 달 안에 왜적을 축출하고 선왕의 문물과 토지를 회복할 것'을 천명했다. 이어 의병을 정비한 뒤에 대구부에 파견된 관군을 두 차례에 걸쳐 격파하고 많은 전리품을 확보하여 사기가 고무되었다. 그 뒤 진주 의병은 활동 범위를 넓혀 함안, 김해 일대까지 진출해 일본군 수비대와 치열한 전투를 치르기도 했다. 하지만 관군의 이간책으로 말미암아 관군에게 진주성을 빼앗기고 말았으며, 선봉장과 노응규의 부친, 친형이 서리들에게 살해되면서 결국 해산했다.

안동 의병은 김도화 등 안동 유생들을 중심으로 결성되어 안동 관찰부를 공격, 점령했다. 안동 향교에 본영을 설치하고 참봉 권세연을 대장

으로 추대했다. 이때 이만도 등도 예안에서 의병을 일으켜 안동 의병에
합류했다. 그러나 안동을 탈출한 관찰사가 관군을 이끌고 불시에 공격
하는 바람에 의병 부대는 안동에서 퇴각하고 말았다. 그 뒤 안동 의병은
다시 안동부를 점령했다. 한편 안동 의병은 일본군에 밀려 남하하던 제
천 의병과 연합하여 함창군 태봉에 주둔하고 있던 일본군과 나흘간 전
투를 치렀으나, 대구에서 증파된 일본군에 밀려 예천, 풍기 쪽으로 후퇴
해야만 했다. 이때 일본군의 보복으로 노약자와 부녀자들이 무차별 학
살되었으며, 민가 천여 호가 불에 탔다. 결국 안동 의병은 정부의 권유
로 해산했다.

상주에서는 이기찬 등이 유림들과 더불어 의병을 규합한 뒤에 김산
으로 근거지를 옮겨 그곳 의병들과 연합했다. 김산 의병은 장날에 읍으
로 들어가 수백 명의 의병을 모집하고 김산군의 무기고를 습격해 무장
을 갖췄다. 하지만 지휘 체계가 갖춰지지 않았고 전투력이 너무 떨어져
관군과의 전투에서 패퇴했다.

| 호남 일대 |　　　장성, 나주, 광주 지역을 중심으로 의병이 일어났다.
장성에서는 기우만, 기삼연, 고광순 등을 중심으로 광주 향교를 근거지
로 활동했다.

나주에서는 아전 출신인 김창규를 중심으로 나주 관속들이 가담했으
며, 해남 군수도 지원했다. 나주 의병은 신사유람단으로 일본에 다녀온
뒤에 《농정신편》을 집필한 나주부 참서관 안종수를 처단하며 기세를
떨쳤다. 그 뒤 기우만 등과 연합하고자 했지만 관군의 공격을 받아 무력

화되었다.

함흥, 해주, 의주 등지에서 의병이 일어났다. 함흥에서는 평강 출신 최문환이 의병을 일으킨 뒤 함흥부를 점령하여 참서관 등을 처단하고 각지에 포고문을 발표했다. 함흥 의병은 일본 상인의 경제적 수탈에 항거하여 일어난 것이 특징이며, 관동 의병과 연합 작전을 펼치기도 했다.

해주에서는 포수들이 중심이 되어 의병을 일으켰다. 이들은 동학 농민 운동에 가담했다가 투옥된 상태였는데, 각지에서 의병이 일어나자 파옥한 뒤에 경무관 등을 처단하고 관찰사를 가둔 뒤에 의병을 일으킨 것이다. 그러나 관군의 공격을 받아 패주했다.

의주에서는 압록강을 중심으로 의병 활동이 전개되었으며, 평산과 수안 유생들은 제천 의병에 참여하기도 했다.

전국적인 의병 봉기에 놀란 정부는 선무사와 주력 부대를 내려 보내 이를 진압하는 데 주력했다. 한편 이범진 등의 정동파들은 혼란한 틈을 이용하여 아관파천을 단행함으로써 친러 내각을 출범시켰다. 이는 1895년 8월 출범한 제3차 김홍집 내각과 일제 침략군에 큰 타격을 주었다. 아관파천 이후 김홍집과 어윤중 등 개화파 관리들이 처단되었으며, 침략 정책의 일환으로 추진되었던 개화 정책은 실효를 거두지 못했다. 새 내각은 단발령을 철폐하고 의병 해산을 권고하는 조칙을 냈으며, 각종 세금을 탕감하는 등 백성을 회유해 의병 봉기의 명분을 없애는 데 노력했다. 그 결과 을미 의병은 1896년 여름에 거의 해산했다. 농번기를 맞아 전투 조직을 유지할 수 없었고, 고종의 해산 조칙에 저항할 논리도 없었기 때문이다.

을미 의병의 역사적 의의와 성격

을미 의병의 의병장 대부분은 관료 출신 양반 유생이거나 화서학파를 중심으로 하는 위정척사 계열의 유림들이었다. 그러한 이유로 의병 조직은 집성촌 혹은 친족 문중을 중심으로 이뤄졌으며, 서원, 향교 조직이나 향약에 기반을 두었다. 이들은 갑오, 을미개혁을 반대했으며, 동학 농민 운동 당시 동학군을 진압하는 데 참여했던 인물들이었다. 이외에 아전이나 평민이 의병장으로 나서는 경우도 있었다. 나주 의병의 경우는 아전 출신이 주도적으로 의병을 일으켰으며, 해주 의병은 포수가 의병을 이끌었다.

의병에는 일부 유생도 포함되었으나 포수, 동학 농민, 소작농 등 평민층이 대부분이었다. 포수들은 전투력을 갖춘 유일한 자원이었기 때문에 의병장들은 포수를 불러 모아 전투력을 높이려고 갖은 애를 썼다. 또한 황현이 《매천야록》에 '東匪(동비, 동학 무리)의 여당(餘黨)이 얼굴을 바꿔 다른 자가 반이나 된다'라고 기록한 것과 같이 동학 농민의 참여가 많았다. 이들은 동학 농민 운동 당시에 전투를 치른 경험이 있기 때문에 적지 않은 공헌을 했을 것으로 생각된다. 그렇다고 그들이 을미 의병을 주도하지는 못했다. 동학 농민들은 의병 운동에 참여해 자신을 숨길 수 있는 기회를 얻었을 뿐이었다. 소작농의 경우는 지주인 유림, 의병장을 따라 종속적인 관계에 있었기 때문에 참여하는 경우가 많았다.

을미 의병 지휘부와 의병 간의 신분적인 한계로 말미암아 전투력을 충분히 발휘하지 못하는 경우도 있었다. 의병 사이에 전투 수행 능력보다는 신분 또는 성분에 대한 차별적인 태도가 지나치게 강조되었기 때문이다. 이에 전력의 약화를 초래하였으며, 결국은 패인으로 작용했다.

을미 의병의 공격 대상은 일본군이었지만, 단발령 철폐가 최우선이었기 때문에 이를 집행했던 군수나 관찰사 등 지방관을 처단하는 경우가 많았다. 이에 군수의 굴복을 받아 내거나 고을에서 쫓아내 단발령을 집행하지 못하도록 하는 경우가 많았다. 다만 단발령을 강행했던 춘천, 충주, 안동, 강릉, 예천, 영덕 등지에서는 관찰사나 군수, 참서관, 경무관 등을 처단하거나 관군, 일본군과 직접 전투를 치르기도 했다. 전투가 전개된 곳은 주로 동학 농민 운동이 강하게 일어났던 주변 지역인 경우가 많았다. 강원도, 충북, 경북 지방의 경우가 그렇다. 이와 달리 동학 농민 운동이 격렬했던 전북과 충남에서는 의진 자체가 형성되지 못했다. 동학 농민 운동으로 민력(民力)이 쇠진했거나, 유림과 농민 간의 대립이 여전히 극단적이어서 양자가 제휴하기 어려웠기 때문이다.

의병의 시기 구분

　의병이란 우리나라에 침입한 왜적과 대항하고자 의(義)를 앞세워 자발적으로 조직된 민병을 뜻한다. '창의군'으로 불리기도 했다. 조선 시대에 일어난 큰 전쟁이었던 임진왜란, 병자호란과 같은 외적의 침략에 맞서 자발적으로 의병이 구성되었다. 1895년 이후 을미사변을 계기로 다시금 의병이 일어났지만, 1915년까지 20여 년에 걸쳐 의병 운동이 전개되었다. 연구자의 시각에 따라 의병 운동의 시기 구분과 용어가 다르다.

　1. 전기 의병(1895~1896) 을미 의병. 일제의 반식민지적 침략과 의병 운동의 발단. 을미사변과 단발령이 계기

　2. 중기 의병(1904~1907) 을사 의병. 일제의 준식민지적 강요와 의병 운동으로 발전, 한일 의정서와 을사늑약이 계기

　3. 후기 의병(1907.8~1909) 정미 의병. 정미 조약과 국민 전쟁적 의병전, 해산 군인의 참전과 서울 탈환 작전, 평민 의병장의 확산

　4. 전환기 의병(1909~1915) 의병 전쟁과 독립군 편성. 의병의 산악전과 대한 제국의 멸망, 독립군으로 전환

　5. 말기 의병(1915~1918) 산발적 의병 항전과 의열 투쟁적 저항

참고문헌 조동걸, 《한국민족주의 성립과 독립운동사연구》, 1989, 지식산업사, 49~50쪽 참고

더 알아보기

4.
아관파천과 각국의 이권 침탈

아관파천

을미사변 이후 고종은 자신도 죽임당할지 모른다는 불안 때문에 낮밤을 바꿔 생활했다. 이를 견디지 못한 고종은 경복궁에서 벗어날 궁리를 했지만, 그것 또한 여의치 않았다. 일본군과 친일 내각의 삼엄한 감시망을 벗어날 수 없었던 것이다. 그러던 차에 단발령이 공포된 이후 전국적으로 의병이 일어나면서 기회가 찾아왔다. 의병을 진압하고자 서울에 주둔하고 있던 주력 부대가 지방으로 내려가면서 경계가 소홀해졌다. 이를 틈타 춘생문 사건 이후 미국과 러시아 공사관에 피신해 있던 정동파 인사들이 본격적으로 고종을 빼낼 계책을 세웠다.

먼저 공사관 경비를 강화한다는 명목으로 인천에서 주둔하고 있던

정동에 있었던 러시아 공사관. 본관은 6.25전쟁 때 파괴되었고, 3층 규모의 탑만이 남아 있다. 덕수궁과 연결된 비밀 통로(폭 45cm, 길이 20.3cm)는 지금도 남아 있다.

소수의 미국 해병대와 120명의 러시아 해병대를 서울로 들어오도록 했다. 그 뒤 1896년 2월 11일 새벽, 고종과 왕세자는 궁녀들이 타는 가마에 몸을 감추고 경복궁 동쪽 문인 건춘문을 빠져나와 정동에 있던 러시아 공사관으로 피신했다. 그때가 오전 7시 20분경이었다. 러시아 공사관으로 옮기게 된 결정적 이유는 고종의 희망에 따른 것으로, 러시아 공사 베베르와 협의해 이루어졌다. 이를 아관파천이라 한다. 그날 아침에 여러 장교, 경관 및 병졸, 순검 등이 러시아 공사관으로 달려가 고종을 호위했다.

이를 전혀 눈치채지 못하고 있던 총리대신 김홍집 이하 각료들은 뒤늦게 상황을 파악한 뒤에 서둘러 입궐하여 사후 대책을 논의했다. 하지만 사태가 워낙 긴박하게 이뤄졌기 때문에 별다른 의견들을 내놓지 못했다. 순간 자신들이 위기에 처했다는 것을 느끼고 서둘러 궁궐 밖으로 나가려 했으나 순검과 군중에 둘러싸였다. 러시아 공사관에 도착한 고종이 경무관에게 친일 내각 역적인 김홍집, 정병하 등을 붙잡아 죽일 것을 명령했기 때문이다. 김홍집, 정병하는 광화문 부근 경무청으로 끌려가는 도중에 이완용의 심복에게 죽임당했다. 두 사람의 시체는 종로 큰 길가에 내팽개쳐졌고, 격분에 찬 백성 가운데 돌멩이로 내려치는 이도 있었다.

탁지부대신 어윤중은 요행히 서울을 빠져나갔지만, 충북 보은의 고향집으로 도망치던 중에 경기도 용인에서 난민으로부터 피습당해 살해되었다. 내부대신 유길준, 법부대신 장박, 군부대신 조희연 등은 일본 공사관으로 피신한 뒤 양복으로 갈아입고, 일본 병사의 보호를 받으며 일본으로 망명했다. 외부대신 김윤식은 한동안 잠적했으나, 결국 고발, 탄핵을 받아 제주도로 종신 유배를 당했다.

이후 친일 내각은 몰락하고, 박정양, 이완용, 조병직, 이윤용, 윤용구, 이재정 등 친러, 친미파 인사들로 새로운 내각이 구성되었다. 신내각은 민생을 안정시키고 시국을 수습하는 데 주력했다. 의병 운동을 불문에 부치고 의병들에게 속히 고향으로 돌아가 본업에 힘쓰도록 하였으며 죄수들을 석방하는 등 민심 수습에 애썼다. 백성들로부터 거센 저항을 일으켰던 단발 문제는 각자 자유의사에 맡겼고, 아울러 세금을 탕감시켜 백성의 어려움을 덜어 주고자 했다. 친일 정권하에서 일본식으로 고쳤던 내각 제도를 폐지하고 의정부제로 원상 복귀시켰다.

한순간에 지지 기반을 잃게 된 주한 일본 공사는 러시아 공사를 찾아가 진상 해명을 요구하는 한편, 고종을 알현한 자리에서 독립 국가의 체면을 내세워 조속한 환궁을 요청했다. 러시아 공사는 고종 자신의 의지에 따라 파천한 것이라 밝히고, 고종은 당분간 환궁할 뜻이 없음을 분명히 했다. 고종은 불안과 공포에 질린 궁궐보다는 어느 정도 신변이 보장되는 러시아 공사관에 머무르는 것이 좋았던 것이다.

그렇다고 한 나라의 국왕이 남의 나라 공사관에 피신해 있는 것은 모양새가 좋지 않았다. 1896년 2월 고종은 윤음을 내려 자신의 처지를 알리고 백성들로부터 이해를 구하는 한편, 도망친 역적들을 체포하고 정세가 안정되면 즉시 환궁하겠다는 뜻을 내비쳤다. 그러나 정국은 쉽게 수습되지 않았다. 새로운 내각을 결성했지만 나라 기강은 해이해졌고 사회 불안은 더욱 커져만 갔다. 의병 또한 여러 차례 회유했지만 해산하지 않았고, 오히려 기세는 갈수록 커졌다.

아관파천으로 고종 자신은 안정을 찾을 수 있었는지 모르지만, 그의 위엄은 사라져 국정을 운영하는 데 불리하게 작용했다. 더욱이 러시아의 입김이 세지면서 다른 열강과의 대립이 갈수록 격화되었다. 열강에 이권을 마구 넘겨줬기 때문에 나라의 위신 또한 땅에 떨어졌으며, 재정적으로도 큰 손해를 보았다.

러시아와 일본의 비밀 협상

고종이 러시아 공사관으로 파천한 지 3개월이 다 되어 갈 무렵인 1896년 5월 말, 러시아 마지막 황제 니콜라이 2세의 대관식이 열렸다.

특명 전권 공사로 민영환이 윤치호 등과 함께 참석했다. 이때 민영환은 황제를 알현하고 원조 요청을 했다. 그 내용은 ① 러시아 군대에 의한 국왕의 호위, ② 군사 교관의 파견, ③ 러시아 고문관 파견, ④ 조선과 러시아 육상 전신선 가설, ⑤ 300만 원 차관 제공 등 5가지였다. 하지만 러시아 정부는 선뜻 고종의 제안을 받아들이려 하지 않았다. 러시아는 당시 일본과 비밀리에 협상을 진행시키고 있었기 때문이다.

아관파천으로 조선에서 러시아에 밀리게 된 일본은 세력을 만회하고자 여러 조처를 강구했다. 먼저 일본은 러시아에 조선과 만주를 둘러싼 양국의 세력 균형을 위한 협상을 제의했다. 이에 1896년 5월 조선 주재 러시아 공사 베베르와 일본 공사 기무라는 비밀리에 만나 서로 의견을 주고받아 합의를 도출했다. 이를 〈베베르 - 기무라 각서〉라 한다. 이에 따르면 일본은 아관파천과 친러 정권을 인정하고 을미사변에 대한 책임을 시인함과 동시에 일본군을 감원하고 그 외 병력은 철수한다는 것이었으며, 러시아도 이에 준해서 이행한다는 합의였다. 그런데 일본은 이렇다 할 이득도 얻지 못하고 도리어 러시아의 조선 침투를 승인하고 마는 꼴이 되었다.

이를 불만스럽게 여긴 일본은 러시아와 재협상을 추진했다. 니콜라이 2세 대관식에 전권 대사로 참석한 야마가타[山縣有朋]는 러시아 외무대신 로바노프를 만나 협상을 벌였다. 야마가타는 〈베베르 - 기무라 각서〉만으로는 일본과 러시아 간 충돌을 막기 힘들 것이라며 1896년 6월 6개조의 의견서를 내놓았다. 하지만 러시아는 조선에 양국 군대를 증파할 경우 서로 충돌을 막고자 조선에 완충 지대를 두자는 일본 측

제안[국토 분할안]을 거부했다. 조선에서 우월한 위치에 있던 러시아로서는 이를 받아들일 필요가 없었던 것이다. 결국 로바노프와 야마가타 사이에 조선 문제에 관한 밀약이 체결되었다. 이른바 〈로바노프 – 야마가타 의정서〉이다.

의정서는 4개조의 공개 조관과 2개조의 비밀 조관으로 되었는데, 골자는 일본이 제안한 38선 기준의 국토 분할안을 후퇴시키는 대신 장래 필요한 경우에 러일 양국이 조선을 공동 점거할 것을 약속한다는 내용이었다. 결국 일본은 러시아가 조선의 재정을 장악하고 군대를 조직하지 못하도록 못을 박았다. 일본은 조선에서 러시아의 우위를 무너뜨리지는 못했어도 어느 정도의 세력을 만회했다.

때문에 러시아는 조선의 원조 요청에 선뜻 나서지 못한 것이다. 다만 러시아는 일본과의 합의 사항에서 빠져 있던 두 가지에 대해서는 조선의 요청을 수락했다. 먼저 군사 고문 파견 문제부터 추진되었다. 1896년 8월과 10월경에 육군 대령 스트렐비츠키, 푸티이타를 비롯하여 3명의 장교와 10명의 하사관이 조선에 파견되었다. 그 결과 러시아 무기가 구입되었으며, 중앙 군제도 러시아식으로 개편되었다. 친위대는 일본, 미국에 이어 세 번째로 러시아 교관에게 훈련받게 되었다.

재정 고문관 파견은 오랫동안 지체되다가 1897년 10월에서야 러시아 세관의 고위 관리인 알렉셰프가 파견되었다. 그는 서울에 도착하자마자 조선의 재정 상태를 조사하고 한러은행 설립에 관심을 두는 한편, 조선의 관세를 비롯한 모든 재무를 러시아 세력하에 두고자 했다. 그는 탁지부 대신처럼 행세했다.

한편 조선의 보호국을 자처하게 된 러시아는 이를 기회로 조선 정부에 압력을 행사해 많은 이권을 얻어 냈다. 두만강, 압록강 연안과 울릉도의 삼림 채벌권을 비롯해 함경북도 경원, 종성의 광산 채굴권 등이 러시아인에게 넘겨졌다. 또한 러시아는 경원 전신선을 시베리아 전선에 연결하는 권리, 인천 월미도와 부산 절영도 저탄소 기지 건설 등의 침략적 야욕을 드러냈다.

구미 열강의 이권 침탈

러시아뿐만 아니라 구미 열강도 동등한 권리를 요구하며 값진 이권들을 챙겼다. 미국인에게는 경인 철도 부설권과 운산 금광 채굴권이 넘어갔다. 특히 운산 금광은 금 매장량이 풍부하고 수익성이 높아 일찍부터 '노다지 광산'으로 알려져 있었다. 운산 금광은 1939년 일본에 800만 달러에 매도될 때까지 40년간 900만 톤의 금광석을 산출하여 1,400만 달러 이상의 순이익을 올렸다고 한다. 이 외에 서울 시내의 전차와 전기 가설권이 미국인 콜브란에게 넘어갔다. 특히 전차 가설은 고종 황제가 자주 민비가 묻혀 있는 홍릉에 행차하는 것을 본 콜브란 등이 전차를 가

노다지 운산 금광의 조선인 광부들에게 황금은 '노 터치'였다. "노 터치(No touch, 손대지 마라)! 노 터치!" 미국인 채굴 감독관의 고함이 갱 속을 울렸다. 땅속에서 금맥이 드러날 때마다 미국인들이 지르는 소리는 똑같았다. 노 터치! 혹여 금을 훔칠까 봐 소리치는 것인데, 조선인 광부들의 귀에는 '노다지'로 들렸다. 그들은 노다지는 금을 가리키는 양인 말이라고 믿었고 그래서 자신들도 금맥을 발견하면 "노다지!"라고 외쳐 금이 나왔음을 알렸다. 그 뒤 노다지는 '광물이 쏟아져 나오는 광맥이 발견되었다'라는 뜻으로 쓰이다가, 점차 '큰 횡재'를 뜻하는 말로 의미가 달라져 지금까지 회자되고 있다.

이권	내용	국가
철도 부설권	경인 철도	미국(일본)
	경인 철도	프랑스
	경인 철도	일본
광산 채굴권	평안도 운산 금광	미국
	함경도 경원군, 경성군 전체 사금 광산	러시아
	은, 철, 석탄	러시아
	강원도 당현 금광	독일
	운산 금광	영국
저유창고 건설권	인천 월미도 저유창고	미국
삼림 채굴권	함경도 무산, 압록강 유역, 울릉도	러시아

열강의 조선 내 이권 침탈

설하면 비용이 절감되고 번잡함을 피할 수 있다고 아뢰면서 비롯되었다. 이에 황실과의 공동 출자로 자본금 150만 원의 한성전기회사가 설립되었고, 동대문에 발전소가 들어선 후 1899년 5월에는 서대문과 홍릉을 오가는 전차가 개통되었다. 1900년 6월 말에는 민간에서도 불을 켤 수 있게 되었다.

그런데 전차를 둘러싸고 많은 문제가 일어났다. 전차가 운행될 경우 생계에 위협을 느낀 인력거꾼들의 반대에 부딪히기도 했고, 개통식 직후 전차가 어린아이를 치어 죽여 이에 격분한 군중에 의해 전차가 불타기도 했다. 이에 놀란 일본인 운전수와 기술자들이 신변 보호 문제로 일제히 사직하는 바람에 개통한 지 얼마 안 돼서 운행이 여러 달 중단되기도 했다.

영국은 다른 열강에 비해 늦게 조선의 이권에 참여했지만, 매우 유리한 조건에서 조선 정부와 계약을 체결했다. 몇 곳을 제외한 지역에서 광산을 마음대로 선택하도록 했으며, 채굴 연한을 75년으로 하고 순이익의 25%를 조선 정부에 납부하며 계약일로부터 2년 이내에 하기로 했다. 이에 따라 영국은 은산 금광 채굴권을 얻어, 이후 3년 동안 3만 6,500여 톤을 채탄했고 150만 원의 순이익을 냈다.

독일은 어렵게 강원도 금성의 당현 금광 채굴권을 얻었지만, 많은 양의 금을 꺼내지 못해 적자를 면하지 못했다. 프랑스는 1896년 7월 경의선 철도 부설권을 얻어 3년 내에 기공하기로 했지만, 실측조차 이뤄지지 못하고 미뤄지다가 결국 조선 정부에 이권을 반환했다. 그 뒤 경의선 철도 부설권은 한때 대한철도회사에 넘어갔으나, 자금과 기술 부족으로 성공하지 못했다. 이후 러시아가 이를 요구했지만 뜻을 이루지 못하다가, 1904년 러일 전쟁 직후에 일본인에 의해 서울 – 의주 간 군용 철도로 부설되었다.

일본의 이권 침탈

아관파천 이후 조선에서 일본의 세력은 매우 약화되었지만, 러시아를 비롯해 열강들이 조선의 이권을 잠식해 가는데 방관만 하고 있을 수 없었다. 일본은 구미 열강이 획득하고도 미처 손을 대지 못하고 있던 이권을 매수하거나 이양받아 자신들의 몫을 챙겼다. 특히 일본은 무역과 금융 방면으로 경제적 침투를 노렸다. 1896년 당시 조선에 있던 외국인 상사는 258개였는데 그 가운데 210개가 일본인의 소유였다. 이에 따라 조선의 대외 무역은 주로 일본과 이뤄져 수입의 50%, 수출의 80%를 차지할 정도였다. 수입은 날로 비중이 높아져 1906년에는 77%를 차지하면서 일본 상품이 유럽 상품을 제치고 조선 시장을 독점했다.

금융 방면으로도 발 빠르게 진출했다. 1878년 일본 국립제일은행 지점이 부산에 설립된 이후, 원산, 인천, 서울, 목포, 진남포, 군산, 평양, 대구, 개성, 함흥, 마산, 경성에 출장소가 개설되었다. 제일은행은 상업은행의 역할뿐만 아니라 관세 업무를 담당하였으며, 청일 전쟁과 러일 전쟁 당시에는 군자금을 관리하기도 했다. 제일은행 외에 제18은행, 제58은행 등이 조선으로 건너와 차관을 제공하면서 조선의 유통업에 큰 영향력을 행사했다.

일본이 조선의 이권 가운데 가장 눈독을 들인 부분이 철도 부설권이다. 일본은 미국인 모오스가 가져갔던 경인 철도 부설권을 양도받아 1899년 9월 경인선을 개통시켰다. 이어 일본은 러시아와 〈니시-로젠 협정〉을 체결하고 '만한 교환 정책'을 관철시켜 러시아로부터 조선에 상업과 공업을 진출시켜도 좋다는 확인을 받은 뒤에 경부 철도 부설권 획득에 나섰다. 총리대신 이토가 나설 정도로 일본은 경부 철도 부설권에 심혈을 기울였고, 결국 부설권을 얻은 일본은 1902년 8월 착공해 만 3년

니시-로젠 협정 일본은 세 번째로 러시아와 협상을 벌여 세력 균형에서 보다 유리한 지위를 차지하고자 했다. 그 결과 1898년 4월 일본 외상 니시와 주일 러시아 공사 로젠이 서로 만나서 체결한 것이 〈니시-로젠 협정〉이다. 이에 따르면 일본은 러시아로부터 조선에서 상공업상의 우월권을 인정받았다. 하지만 일본은 이에 만족하지 않고, 1900년 이후에는 한반도는 일본이 갖고, 만주는 러시아가 갖자는 '만한 교환 조건(滿韓交換條件)'의 협상을 러시아에 제의하기도 했다. 그러나 러시아와의 협상이 여의치 않자 삼국 간섭 이래 계속 군비를 증강해 온 일본은 1902년에 영일 동맹을 맺고 1904년에 러일 전쟁을 일으켰다.

만인 1905년 5월 준공했다.

이어 일본은 광산업에도 뛰어들어 충남 직산의 사금광을 차지했다. 이는 운산이나 은산에 못지않은 금광이었다. 이외에도 마산포 금광, 황해도 송화 금광, 강원도 철원 금광 등도 일본인의 손에 넘어갔다. 또한 어업권도 일본인이 독차지했으며 포경권까지 얻어갔다. 이렇듯 일본의 이권 침탈은 그 수를 헤아릴 수 없을 정도로 많았다. 그만큼 일본인의 불법 행위도 급증했다.

일본의 이권 침탈은 다른 열강과는 방법과 목적에서 달랐다. 다른 열강은 자본가들이 암약하여 이권을 획득했으나, 일본의 경우는 조선에서의 정치적 지배 확립을 기본 목표에 두었다. 때문에 개인 자본가가 표면적으로 나설 때에도 일본 정부의 강력한 지원을 받거나, 정부의 앞잡이 행세를 하면서 이권을 얻기도 했다. 더욱이 일본은 조선의 중요 지점을 장차 군사 기지로 쓰고자 일본인 개인에게 자금을 줘 이를 구입하게 했다.

서재필의 귀국과 〈독립신문〉 창간

갑신정변의 실패로 미국으로 망명했던 서재필이 1895년 12월경에 귀국했다. 11년 만에 고국 땅을 밟은 것이다. 그는 미국에서 고등학교와 의과 대학을 졸업했으며, 미국 국적을 취득하고 이름을 필립 제이슨이라 고쳤다. 1894년에는 미국인 암스트롱과 결혼을 하기도 했다. 살아생전 다시는 고국으로 돌아갈 수 없을 것이라는 생각에 미국인으로 살아가고자 한 것이다.

그런데 1894년 갑오개혁 당시 갑신정변에 연루된 인사들에게 내려졌던 '대역 죄인'이란 죄명이 벗겨지면서 귀국 길이 열렸다. 물론 박영효와 서광범 등도 죄명을 벗고 각기 일본과 미국에서 귀국해 제2차 김홍집 내각의 내부, 법무대신을 맡았다. 서재필 또한 1895년 5월 박정양 내각이 들어서면서 외무협판을 맡아 줄 것을 요청받았다. 하지만 서재필은 신혼 초였고, 갓 병원을 개업한 상황이었기 때문에 굳이 귀국할 필요성을 느끼지 못하여 제안을 거절했다.

몇 달 뒤 민비 반역 음모 혐의를 받아 미국으로 망명해 온 박영효가 그를 찾아왔다. 서재필은 박영효의 귀국 종용에 마음이 움직였고, 벌여 놓았던 사업을 정리하고 귀국할 결심을 굳혔다. 그의 나이 32살이었다. 귀국 후 서재필은 조선 정부로부터 중추원 고문직을 제의받았지만 실권이 없다는 이유로 거절했다. 얼마 뒤 서재필은 내부대신 유길준의 끈질긴 설득에 이를 수락하는 대신 신문 간행에 필요한 경비 지원을 요구했다. 그는 신문을 발간하여 정부가 하는 일을 백성에게 알리고, 외국에 조선이란 나라를 일깨워 주고자 한 것이다.

서재필은 신문 간행을 준비하는 과정에서 일본의 거센 압력을 받았다. 당시 일본인들은 한글과 일문으로 된 〈한성신보〉를 간행하고 있었는데, 조선인이 신문을 발행할 경우 큰 타격을 입을 것이라는 우려 때문이었다. 일본인이 운영하던 〈한성신보〉는 사실을 왜곡해 일본의 입장을 두둔하거나 정당화시키곤 했다. 서재필이 새로운 신문을 만들면 자신들의 실체가 드러날 것이고, 그 결과 자신들뿐만 아니라 일본도 궁지에 몰리게 될 것이라고 판단한 것이다. 일본의 방해로 신문 발간은 불투명해졌다.

그런데 뜻하지 않은 기회가 찾아왔다. 1896년 2월 아관파천으로 친일 내각이 물러나고 새롭게 출범한 박정양 내각이 서재필을 후원하고 나선

1899년 5월 16일자 〈독립신문〉

것이다. 서재필은 정부로부터 지원받은 돈으로 인쇄 기계, 활자 등을 주문하는 한편, 신문 창간호 발간을 서둘렀다. 드디어 1896년 4월 7일, 감리교 선교부에서 경영하던 삼문출판사를 이용해 총 4면으로 된 우리나라 최초의 한글 신문인 〈독립신문〉을 창간했다. 1, 2면에는 논설, 관보, 잡보, 외국 통신을, 3면에는 광고, 4면에는 영문으로 논설을 실어 국내 정치 활동을 소개했다.

〈독립신문〉이 창간되자 각계각층의 반응이 뜨거웠다. 비록 일본인들의 비방이 있긴 하였지만 큰 문제는 아니었다. 신문사는 활기에 넘쳤고, 국민의 호응뿐만 아니라 정부의 지원도 부족함이 없었다. 학부에서는 각급 학생들에게, 내부에서는 각 지방 관청에 신문 구독을 지시하기도 했다. 서울뿐만 아니라 인천, 원산, 부산 등 개항장과 평양 등 지방 주요 도시에 지사가 설치되었다. 신문이 전국적으로 널리 읽혔음을 알 수 있다.

이렇듯 짧은 시간에 널리 배포된 이유 중 하나는 〈독립신문〉의 구독료가 쌌기 때문이다. 〈독립신문〉 창간 당시 1부를 생산하는 데 1전 6리의 비용이 들었음에도 신문 대금은 1부에 1전씩 받았기 때문에 항상 적자였다. 서재필은 중추원 고문의 봉급으로 생계를 해결하고 신문사 주필 월급은 한푼도 받지 않았다고 한다.

그 뒤 〈독립신문〉은 정부의 탄압을 받게 되었을 뿐만 아니라, 서재필이 1898년 5월 미국으로 돌아가면서 한때 어려움에 처하기도 했다. 하지만 윤치호가 주필 겸 실질적인 관리자로 운영을 맡으면서 이전보다 발전해 격일로 발간되던 신문은 1898년 7월 1일부터 매일 발행되었다. 그뿐만 아니라 발행 부수도 늘어나 처음에는 300부씩 발행하던 것이 곧 500부가 되고 점차 3천 부로 급증했다. 영문판도 1898년에는 200부씩 발행되었다. 그러나 윤치호가 덕원 부사 겸 원산 감리로 임명되면서 아펜젤러, 영국인 엠벌리 등이 맡아 겨우 유지됐는데 정부가 이를 매수한 뒤에 1899년 12월 4일자로 폐간시켰다.

〈독립신문〉은 국내 정치 소식뿐만 아니라 세계 여러 나라의 새로운 소식을 전했고, 논설을 통해 나라를 발전시키기 위한 여러 가지 방도도 제시했다. 또 정부나 관리의 잘못을 지적하고 비판하면서 국민의 단결과 애국심을 강조했다. 또한 한글을 사용했기 때문에 국민의 문화 수준 향상에도 크게 기여했다. 이렇듯 〈독립신문〉은 19세기 말 한국 사회의 발전과 민중의 계몽을 위해 큰 역할을 했을 뿐만 아니라, 신문의 중요성을 일반에 널리 인식시켜 주었다. 비록 〈독립신문〉은 폐간되었지만,

〈독립신문〉 창간호 논설

우리가 독립신문을 오늘 처음으로 출판하는데 조선 속에 있는 내외국 인민에게 우리 주의를 미리 말씀하여 알게 하노라. 우리는 첫째, 편벽되지 아니한 고로 무슨 당에도 상관이 없고 상하 귀천을 달리 대접 아니 하고, 모두 조선 사람으로만 알고 조선만 위하며 공평하게 인민에게 말할 터인데, 우리가 서울 백성만 위할 것이 아니라 조선 전국 인민을 위해 무슨 일이든지 대언하여 주려 함. 정부에서 하시는 일을 백성에게 전할 터이요, 백성의 정체를 정부에 전할 터이니, 만일 백성이 정부 일을 자세히 알고 정부에서 백성의 일을 자세히 아시면 피차에 유익한 일만이 있을 터이요, 불평한 마음과 의심하는 생각이 없어질 것임. 우리가 이 신문 출판하기는 이득을 취하려고 하는 것이 아닌 고로 값을 싸게 했고, 모두 언문으로 쓰기는 남녀 상하귀천이 모두 보게 함이요, 또 구절을 떼어 쓰기는 알아보기 쉽도록 함이라. 우리는 바른대로만 신문을 할 터인 고로 정부 관원이라도 잘못하는 이가 있으면, 우리가 말할 터이요, 탐관오리들을 알면 세상에 그 사람의 행적을 알릴 터이요, 일반 백성이라도 무법한 일하는 사람은 우리가 찾아 신문에 설명할 터임. 우리는 조선 대군주 폐하와 조선 정부와 조선 인민을 위하는 사람들인 고로 편당 있는 의논이든지 한쪽만 생각하게 하는 말은 우리 신문상에 없을 터임. 또 한쪽에 영문으로 기록한 것은 외국 인민이 조선 사정을 자세히 모른즉 혹 편벽된 말만 듣고 조선을 잘못 생각할까 하여 실상 사정을 알게 하고자 하여 영문으로 조금 기록함.

그리한즉 이 신문은 꼭 조선만 위함을 가히 알 것이요, 이 신문을 인연하여 내외 남녀 상하 귀천이 모두 조선 일을 서로 알 것임. 우리가 또 외국 사정도 조선 인민을 위하여 간간이 기록할 것이니, 그것을 인연하여 외국은 가지 못하더라도 조선 인민이 외국 사정도 알 것임. 오늘은 처음인 고로 대강 우리 주의만 세상에 고하고 우리 신문을 보면 조선 인민이 소견과 지혜가 진보함을 믿노라. 논설 끝마치기 전에 우리가 대군주 폐하께 송덕하고 만세를 부르나이다.

_〈독립신문〉 창간호, 1896년 4월 7일

1898년 〈매일신문〉, 〈제국신문〉, 〈황성신문〉 등이 창간되는 계기가 되었다.

독립 협회 결성과 독립문 건립

서재필은 〈독립신문〉 발행에 힘을 쏟는 한편, 자신이 배운 서양 학문을 배재 학당 학생들에게 가르치기도 했다. 서재필의 강의는 1년여 동안 지속되었고, 학생들의 호응은 대단했다. 서재필은 이에 만족하지 않고 학생들에게 토론회를 열도록 제의했고, 그 결과 1896년 11월 이승만, 양홍묵 등 13명의 학생들이 중심이 되어 협성회가 조직되었다. 창립 목적은 첫째 충군애국지심을 기르고, 둘째 회원의 친목을 도모하며, 셋째 서로 협조하여 학습과 선행을 이루며, 넷째 전국 동포를 계몽하자는 것이었다. 이에 토론회 주제는 학교 설립과 인민 교육, 언론을 통한 인민 계몽, 우체국 설치, 의회 설립과 정치 제도의 개혁 등 근대 시민 사회의 필수적인 요소들이었다.

이후 협성회는 일반인이 참여하면서 지방 조직이 결성될 정도로 세력이 확대되었으며, 기관지 〈협성회회보〉를 창간하는 등 사회 운동 단체로 발전했다. 토론회 주제도 그에 걸맞은 자주독립, 자유 민권, 자강 개혁 등으로 정해졌고 매주 공개 토론회를 열었다. 그 결과 결성 1년 만에 회원 수가 200명이 넘는 큰 단체로 성장했다. 협성회의 토론회와 출판 활동은 개화기의 민족의식과 계몽사상 확산에 영향을 미쳤으며, 서

협성회 기관지 〈협성회회보〉

재필을 중심으로 조직된 독립 협회와 만민 공동회가 탄생하는 계기가 되었다.

서재필은 〈독립신문〉을 창간한 지 3개월이 지난, 1896년 7월 친러, 친미의 정동파 내각과 더불어 조선의 자주독립 의지를 대내외에 천명하고 내정 개혁을 추진하고자 했다. 고종이 러시아 공사관에 머물고 있었기 때문에 서구 열강의 세력 침투에 국가의 자주권이 크게 위협당했다. 하지만 상황은 여의치 않았다. 고종이 러시아 공사관에 머무는 한 독립 국가의 자주성을 주장할 명분이 약할 수밖에 없었다. 또한 학부대신 신기선을 비롯한 수구파들이 고종의 환궁을 주장하면서 모든 제도를 갑오개혁 이전으로 되돌리려는 움직임을 보였다.

정동파 내각과 서재필은 수구파들의 정치적 영향력이 커지는 것을 차단하고자 했다. 안경수, 이완용 등 14명도 서재필과 뜻을 같이하기로 했다. 그들은 정부의 고급 관료들이었고, 정동구락부라는 단체에서 활동했으며, 외국 사정에 밝고 실무 능력을 갖춘 개혁 지향적 인물들이었

손탁과 손탁 호텔

손탁(Antoniette Sontag, 1854~1925)은 1885년 러시아 공사 베베르를 따라 조선에 첫발을 디뎠다. 그녀는 알자스로렌 지방 출신의 독일인으로, 베베르의 처형이었다. 용모가 아름답고 태도가 세련됐으며 머리가 좋고 수완이 뛰어나, 서울 주재 서양 외교관에게 인기 있는 사교계의 여왕이 되었다.

개항 이후 미국, 영국, 독일, 러시아 등과 외교 조약을 체결하면서 궁궐에서 외교 사절을 접대하는 일이 많아졌다. 이에 외국어에 능통한 여성이 절대적으로 필요했고, 베베르 공사의 추천으로 손탁은 궁내부 소속의 관원이 되어 외국인 접대를 담당했다. 손탁은 외국인을 위한 왕실 연회를 주관했으며, 고종과 민비에게도 서양 요리를 제공했다. 특히 고종은 손탁의 커피를 즐겨 마셨다.

손탁은 인테리어에도 재능이 있었다. 손탁은 고종이 경복궁에 머물 당시에 실내 장식뿐만 아니라 주방과 침전까지도 서양식으로 바꿨다. 민비는 손탁을 총애하여 자주 접견했다. 손탁은 민비에게 서양 열강의 소식뿐만 아니라 서양 역사와 제도, 음악과 미술에 대해 가르쳐 주었으며, 심지어 화장술까지도 전해 주었다. 청일 전쟁 이후 친일 정부가 들어서자 고종과 민비는 손탁이 직접 조리하는 서양 요리만을 안심하고 먹었을 정도로 그녀를 신뢰했다.

고종은 1895년 손탁에게 정동 29번지 소재 왕실 소유의 가옥 및 토지 1,184평을 하사했다. 손탁은 그 저택을 서양식으로 꾸며 서양 외교 사절들의 사교장으로 활용했다. 당시에는 서울에 호텔이 없었기 때문에 조선을 방문한 서양인들은 손탁의 사저에 머무르는 것을 최고로 생각했다.

그 뒤 고종이 러시아 공사관으로 피신하는 데 손탁이 여러모로 큰 도움을 주었고, 이에 대한 감사의 뜻으로 손탁 사저에 단층의 서양식 벽돌 건물을 지어

더 알아보기

정동구락부의 모임 장소였던 손탁 호텔

주었다. 1898년 3월 16일자로 된 〈양관하사증서〉에 고종은 '노고에 보답하는 뜻(以表其勞事)'을 각별히 표시했다. 손탁은 이를 호텔식으로 개조했다. 이로써 우리나라 최초 호텔이 탄생했다.

손탁 호텔에는 주로 서울에 오는 국빈들이 머물렀다. 그러나 외국인들의 서울 방문이 빈번해지자 방 5개로는 협소했고, 이에 고종의 재정 지원으로 1902년 10월에 2층으로 된 서양식 벽돌 건물이 준공되었다. 러시아 건축 기사 사바친이 설계해 증축된 손탁 호텔은 벽면 전체를 아케이드 처리한 전형적인 러시아풍의 아름다운 근대 건축물이었다. 영국 수상을 지낸 처칠, 미국 시어도어 루스벨트 대통령의 딸 앨리스, 이토 히로부미 등이 이용했다. 손탁은 경술국치 이전인 1909년 보에르에게 호텔을 매각했고, 보에르는 1917년에 이를 다시 이화 학당에 매각하였으며, 한때 이화 학당 기숙사로 사용하다가 철거되었다. 1923년에 이 자리에 '프라이 홀(Frey Hall)'을 신축했으나, 그마저도 1975년의 화재로 사라졌다. 현재로서는 과거 손탁 호텔의 흔적을 찾을 수 없게 되었다.

다. 서재필 등은 먼저 1896년 7월 국민적 공감대를 불러일으키고자 독립문과 독립공원 건립을 명분으로 독립 협회를 결성했다. 독립 협회는 고문에 서재필, 회장에 안경수를 선출하고, 위원장은 이완용, 위원은 김가진 외 7명, 간사원은 송헌빈 외 9명으로 구성되었다. 서재필은 당시 미국 국적을 갖고 있었기 때문에 고문직에 임명되었다.

그들은 독립 협회의 합법성을 고종에게 인정받고자 독립문 건립 재가를 요청했다. 고종도 아관파천으로 손상된 왕권 및 왕실의 권위를 회복할 기회라 여기고, 독립 협회 창립과 더불어 독립문 설립을 허가했다. 이후 독립 협회는 본격적인 활동을 펼쳐 나가기 시작했다. 독립문 건립을 위한 보조금을 내고 가입에 찬성하면 누구나 독립 협회 회원이 될 수 있었다. 왕세자(순종)가 1천 원의 거액을 하사한 것을 계기로 독립 협회의 창설에 무관심했던 신기선, 윤용선 등 수구파 관료들, 중앙과 지방의 현직 관료, 학생과 교사 및 기생을 포함한 일반인과 하급 군인들이 잇따라 헌금하여 1896년 12월 말 4,700여 원의 기금이 모아졌다.

독립 협회는 조선의 자주독립을 국내외에 천명하고자 청의 사신을 맞이하던 서대문 밖에 있던 영은문 자리에 독립문을 세우고 이들이 묵었던 모화관을 개수하여 독립관으로 사용하기로 의견을 모았다. 1896년 11월, 정부 대신들을 비롯하여 각국 외교 사절, 각 학교 학생, 일반 시민이 참석한 가운데 독립문 정초식이 성대하게 치러졌다. 독립 협회는 정초식을 통해 조선의 자주독립을 대내외에 천명하는 동시에 정부와 국민의 화합을 도모하며, 근대적 개혁을 지속적으로 수행해 나갈 기반을 조성하는 기회로 적극 활용하고자 했다. 이때 왕세자가 '독립관'이라고

한글로 쓴 액자를 하사했다. 이 액자는 1897년 5월 독립관 개수 작업이 완료된 뒤 현판에 새겨져 내걸렸다. 또한 독립 협회는 11월 30일자로 협회 기관지인 〈대조선독립 협회회보(大朝鮮獨立 協會會報)〉를 간행해 국민을 계몽시키고자 했다.

독립문은 공사를 시작한 지 1년이 지난 1897년 11월에 완공되었다. 프랑스 개선문을 본떠서 서재필이 스케치한 것을 근거로 독일 공사관의 스위스 출신 기사가 설계했다. 높이 42척, 폭 33척으로 화강암을 주로 사용했으며, 총공사비는 당시 화폐로 3,825원이었다. 공사는 주로 중국인 노무자들에 의해 이뤄졌다. 독립문의 남쪽 머리에는 한글로 '독립문'이라고 쓰고, 반대편에는 한자로 '獨立門(독립문)'이라고 새겨 넣었다. 글씨는 이완용이 썼다고 전한다. 1979년 성산대로를 개설하면서 원래 독립문이 있던 자리에서 북서쪽으로 70m 떨어진 곳으로 이전, 복원하고, 이전 자리에는 '독립문 지'라는 표지판을 묻었다.

독립문과 영은문 2개의 주초

토론회 개최와 반러 운동

독립관 현판식을 계기로 정부 고위 관료 대부분이 독립 협회 회원으로 가입하고, 이곳에서 매주 일요일 오후 3시에 정기적인 모임을 가졌다. 하지만 그들이 모여서 하는 일이라고는 한담을 나누는 일이 고작이었다. 독립 협회가 관료들의 사교 모임으로 변질될 우려가 있었다. 이에 1897년 8월 초 윤치호와 서재필은 독립 협회를 강당, 도서관, 박물관 등을 갖춘 계몽 단체로 탈바꿈시키고, 매주 일요일마다 토론회를 개최했다. 토론회에는 이전과 달리 학생과 일반 시민도 참여하게 했다. 배재 학당 학생들이 주도한 협성회 토론회가 활성화된 것에 영향을 받은 것이다.

첫 번째 토론회는 70여 명의 회원이 참석한 가운데 열렸다. 주제는 '조선에 급선무는 인민의 교육'이었다. 토론회는 주제에 찬성, 반대하는 사람을 각각 2명씩을 선정하여 토론을 벌이도록 하고, 승부는 참석한 방청인에게 결정하게 했다. 분위기는 매우 진지하게 진행되었다. 토론회는 독립 협회가 해산된 1898년 12월까지 총 34회가 열렸다. 참가자는 날로 증가하여 1897년 11월 이후에는 500명이 넘었다. 처음에는 신교육 진흥, 산업 개발, 위생 및 치안, 민족 문화, 미신 타파, 신문 보급 등 계몽적 성격을 띤 주제들이었다. 하지만 1898년 2월 이후 토론회에서는 열강의 이권 획득 반대, 의회 설립, 민권 신장, 개혁 내각 수립 등 당면 정치 및 사회 현안들이 부각되었다. 독립 협회는 정부의 실책을 규탄하고, 시정을 촉구하는 활동을 전개했다.

한편 독립 협회는 1897년 2월 고종의 환궁 이후 러시아가 점차 조선 내정에 간섭하는 정책으로 전환하자 반러 운동을 전개하기 시작했다. 러시아는 본국 군사 교관의 지휘 아래 경운궁을 호위하고, 김홍륙, 조병식 등 친러 인사들을 요직에 앉혔다. 그 뒤 군사 교관을 늘리고 재정 고문을 파견하여 조선의 군사, 재정권을 장악했다. 이에 외부대신 이완용과 탁지부대신 박정양 등이 나서서 러시아에 강력하게 항의했지만, 오히려 해임당하고 말았다. 결국 러시아 공사와 고문, 친러파 관료들이 정국 운영권을 장악했다.

독립 협회는 1897년 10월 고종이 황제 즉위식을 거행하자 실질적인 국권 회복을 강조하고 나섰다. 특히 1898년 1월 러시아가 목포, 진남포의 토지 매입, 부산 절영도 석탄고 기지의 조차, 한러은행 설립 등을 강력히 요구하자, 독립 협회는 반러 운동 및 사회, 정치 운동을 벌여 나갔다. 1898년 2월 토론회에서는 러시아의 국권 침탈을 비판하는 한편, 고종 황제에게 '타국에 의뢰하지 말고 국권을 지킬 것'을 요구하기로 했다.

이에 이상재 등이 작성한 〈구국 운동상소문〉이 독립 협회 회원 135명의 이름으로 고종 황제에게 전달되었다. 이를 통해 독립 협회는 대외적으로 자주 국권을 지키고 대내적으로는 자유 민권의 보장을 얻어 내고자 했다. 그 일환으로 독립 협회는 한국 정치에 깊숙이 간섭했던 러시아 반대 운동을 실천에 옮기기 시작했다.

만민 공동회 개최

독립 협회는 131명의 이름으로 〈구국 운동 상소문〉을 올린 뒤, 1898년 2월 회칙을 개정하고 임원을 교체했다. 회장 이완용, 부회장 윤치호, 서기 남궁억, 회계 이상재, 윤효정을 비롯하여 정교, 양홍묵, 이건호 등을 임원으로 선출했다. 이상재를 제외한 부회장 이하의 임원 대부분이 현직 관료가 아니었기 때문에 독립 협회를 보다 활성화시켜 나갈 수 있게 되었다.

독립 협회는 조직을 개편하자마자 러시아의 이권 침탈에 맞서기 시작했다. 의정부를 거치지 않은 채 결정된 러시아의 절영도 석탄고 기지의 철폐, 한러은행 폐쇄를 요구했으며, 이러한 이권들을 러시아에 넘겨준 대신들을 규탄했다. 서재필은 회원들에게 구속될 각오로 임하고 자신 없으면 탈퇴할 것을 요구하였으며, 일반 회원들도 고종 황제의 경복궁 환궁 요구 시위를 벌이자고 제안하는 등 과격한 조짐을 보이기도 했다.

독립 협회를 중심으로 반러 감정이 심상찮게 돌아가자, 1898년 3월 초 러시아 공사관 측은 한국 황제와 정부에 되레 군사 교관과 재정 고문의 철수 여부를 결정해 줄 것을 요구했다. 독립 협회는 이를 관철시키고자 정부를 위협하지 않는 선에서 민중 집회를 개최하기로 결정했다. 이에 종로 네거리에서 우리나라 최초의 근대적 민중 대회인 제1차 만민 공동회가 열렸다. 8천여 명의 시민들이 운집한 가운데, 시전상인 현덕호가 만민 공동회 회장으로 선출되었고, 이승만 등 배재 학당 및 경성 학당 학생들이 러시아의 내정 간섭을 규탄하고 군사 교관과 재정 고문의 철수를 요구했다. 마침내 고종 황제는 만민 공동회에서 드러난 성난 민심을 쫓아 러시아 군사 교관 및 재정 고문의 철수, 절영도 조차 요구 철회, 한러은행 철폐 등을 실행했다.

독립 협회의 토론회가 거듭될수록 정부를 비난하고, 열강의 세력 침투를 성토하는 목소리가 커지자 정부는 독립 협회를 마땅치 않게 여기게 되었다. 러시아 또한 불만이 적지 않았다. 이러한 가운데 정부는 1898년 3월 황제의 특명으로 독립 협회 회원 이원긍, 여규형, 지석영, 안기중 등 4명을 갑자기 구속했다. 독립 협회는 정부에 강력히 항의했지만, 정부는 이를 묵살하고 죄명을 밝히지도 않고 재판도 열지 않은 채 황제의 칙명으로 10년 유배형을 내렸다.

독립 협회가 회원 구속으로 정부와 마찰을 빚고 회장 이완용이 전북 관찰사로 부임하면서 자연스럽게 사퇴하자, 부회장 윤치호가 회장대리를 맡게 되었다. 그 후 윤치호 등 소장급들이 독립 협회를 운영하면서, 정부의 하급 실무 관료와 언론인 및 교사들이 회원으로 속속 가입했다. 이후 독립 협회는 민중의 입장을 대변하는 정치 운동 단체로 변모하기 시작했다. 독립 협회는 특별회를 개최하여 불법 체포 행위를 규탄하고 항의 서한을 발송하는가 하면, 토론회를 열어 인권 옹호를 강력히 주장했다. 이에 정부는 할 수 없이 4명의 회원들을 석방할 수밖에 없었다.

그 후 독립 협회는 민권 보장 및 참정권 획득 운동에 적극 나섰다. 법률과 재판에 의한 신체의 자유권과 재산권 보호 등 5개조의 생명 및 재산권 보장책을 제시하고 이를 요구하는 운동을 꾸준히 펼쳐 나갔다. 고종 황제는 황제권 축소를 염려하지 않을 수 없었다. 정부는 독립 협회의 모든 요구 사항이 서재필에 의해 비롯된 것으로 이해하고, 그를 중추원 고문직에서 해임, 추방시키고자 했다. 미국 공사 또한 서재필에게 신변에 위해가 가해지기 전에 출국할 것을 종용했다. 독립 협회는 만민 공동회까지 열어 서재필의 추방을 막아 보고자 했지만, 결국 서재필은 미국 공사 앨런의 주선으로 남은 계약 기간의 봉급과 여비를 받고 미국으로 떠났다. 그가 다시 한국에 돌아온 것은 그로부터 48년이 지난 뒤였다.

고종 황제와 수구파로부터 탄압을 받게 된 독립 협회는 서로 의견을 달리하는 두 세력으로 갈라졌다. 하나는 황제권을 인정하되 교육과 계몽을 통해 점진적으로 제도 개혁을 펼쳐 나가야 한다는 윤치호, 이상재, 남궁억 등 정동파 인사들이었다. 다른 하나는 정부의 대폭적인 인사 개편을 통해 권력을 장악하여 급진적인 체제 변혁을 도모하려는 안경수, 정교 등의 세력이었다. 정교 등은 1898년 7월 초 고종 황제에게 인재의 공평한 등용과 민의의 수렴 등을 요구하는 동시에 의정부 대신들의 교체를 주장했다. 이때 박영효의 사주를 받은 안경수 등이 고종 황제를 내쫓으려는 음모를 추진하려다 사전에 발각되는 사건이 일어났다. 그 뒤 독립 협회는 수구파들로부터 탄압을 받으며 해산 압박을 받아야만 했다.

구석으로 내몰린 독립 협회는 종로에서 황국협회, 만민 공동회와 더불어 집회를 열고 조병식, 이용익 등 수구파의 탐학을 비판하며 사직을 요구했다. 이처럼 서로 간의 갈등이 고조되자, 고종 황제는 윤치호와 면담을 가졌다. 윤치호는 현직 관료들을 독립 협회에 참가시켜 '관민 협동'할 것을 제의하면서 어렵게 타협점을 찾았다. 이를 기회로 독립 협회는 새롭게 조직을 개편했다. 회장 윤치호, 부회장 이상재를 비롯해 이채연, 남궁억, 정교 등 평의원 20명을 선출했다. 특히 평의원으로 하여금 회원들이 서면으로 제출한 현안 가운데 주요 안건을 선정, 정리하여 독립 협회에 보고하고, 이를 황제와 정부대신에게 건의하게 했다.

이때 궁궐에서 매우 충격적인 사건이 일어났다. 1898년 9월 러시아 통역관이었던 김홍륙이 고종 황제의 커피에 아편을 넣어 독살하려던 사건이 일어났다. 그는 아관파천 당시 고종 황제의 측근에서 러시아 세력을 믿고 전횡을 저질렀던 인물이다. 결국 그는 고종이 경운궁으로 환궁한 뒤에 해임되었으며 흑산도로 유배되었다. 이에 앙심을 품은 그는 궁중 요리사에게 다량의 아편을 넣은 커피를 고종 황제에게 바치도록 했다. 고종 황제는 커피 맛이 예전과 다르다는 것을 알고 내뱉었지만, 이를 느끼지 못하고 커피를 마신 황태자는 그 자리에서 쓰러져 인사불성이 되었다. 다행히 고종 황제와 황태자는 목숨을 건졌지만 사건 파장은 컸다.

이를 계기로 수구파들은 갑오개혁 당시 폐지되었던 **나륙법**과 연좌법을 부활시키려 했다. 당시 참형은 폐지되고 교수형만 적용되고 있었다.

독립 협회는 이를 부활시키는 것은 인권과 재산권을 침해하는 것이라며 반대하고 나섰다. 그럼에도 법부대신 겸 중추원 의장 신기선이 거부 입장을 분명히 하자, 독립 협회는 그를 고등재판소에 고발하고, 고종 황제에게 상소까지 올렸다. 고종 황제는 신기선에게 감봉 처분을 내리면서도 독립 협회에 정부의 일에 함부로 나서는 것은 부적절하다고 지적했다. 독립 협회는 자신들의 주장이 받아들여지지 않았다고 판단하고, 경운궁 남문인 인화문 앞에 모여 7대신의 불법을 지적하고 파면을 요구했다. 이에 관심을 보인 법어, 일어, 아어 학교와 배재 학당 학생들이 참여하면서 이 운동은 고조되었다. 결국 나흘 만에 고종 황제가 이를 받아들여 7대신을 모두 물러나게 한 뒤, 1898년 10월 개혁 지향적 인물을 중심으로 한 박정양 내각이 출범했다.

독립 협회 지회 설립

독립 협회의 활약상이 알려지면서 전국 곳곳에서 자발적으로 독립 협회 지회를 설립하려는 운동이 일었다. 독립 협회는 창립 당시에는 독립공원과 독립문을 세우는 데 역점을 두었기 때문에 지회 설립에 열의를 보이지 않았다. 그러나 지방민들이 거듭 지회 설립을 요청했고, 또한

나륙법 역모 등 대역죄를 지으면 가족까지 연좌하여 함께 사형시키는 형벌이다. 《경국대전》에는 이러한 규정을 따로 두지 않았으나 이런 일은 흔했다. 조선 후기에는 범인 가족을 연좌하되 죽이는 대신에 노비로 삼았다.

커피 마니아 고종

언제 우리나라에 처음으로 커피가 들어왔는지 정확히 알려진 바는 없다. 1830년 무렵 선교 활동으로 들어왔던 프랑스 신부들이 마시면서 알려졌을 것이라는 추측이 있지만 기록은 없다. 1890년을 전후로 우리나라에 커피가 들어왔을 것이라 추측하는 정도이다. 당시 커피는 가배차, 가비차 혹은 양탕국 등으로 불렸다. 양탕국은 색이 검고 쓴맛이 나는 것이 마치 한약과 같다고 해서 붙여진 것이라 한다.

우리나라에서 가장 처음으로 커피를 마신 사람은 고종이었다. 고종은 1896년 2월 아관파천 당시 러시아 공사 베베르가 권한 커피를 처음 접했다. 이때 세자이던 순종도 커피 맛을 알게 되었다. 그 뒤로 수라상에 커피를 올리도록 했을 정도로 커피 마니아가 되었다. 당시 고종이 즐겨 마신 커피는 헤이즐넛이었다고 한다. 일설에 의하면 사발에 커피를 부어 마시기도 했다고 한다.

고종의 커피 사랑은 경운궁으로 환궁한 뒤에도 계속되었다. 고종은 1900년 정관헌이라는 서양식 집을 짓고 그곳에서 커피를 마시곤 했다. 그뿐만 아니라 그곳에서는 외교 사절들과 커피, 연회를 즐기기도 했다. 베베르의 소개로 고종의 커피 시중을 들던 독일 여인 손탁은 서울 중구 정동에 있던 왕실 소유 땅 184평을 하사받아 1902년 2층 양옥의 손탁 호텔을 지었다. 손탁은 이곳에 정동구락부라는 다방을 꾸려 커피를 팔았는데, 이것이 우리나라 최초의 다방이라 전해진다.

독립 협회 내부에서도 정부와의 대결에서 세력을 강화시켜야 한다는 주장이 제기되면서 이에 관심을 가지기 시작했다.

1898년 봄, 공주 지회가 가장 먼저 설립되었고, 평양 지회가 그 뒤를 이었다. 계속해서 대구, 선천, 의주, 강계, 북청, 목포, 인천 등지에도 지회가 조직되었다. 당시 독립 협회는 지회 설립에 매우 신중했다. 하지만 1898년 12월경, 정부와의 대립이 갈수록 격렬해지자, 독립 협회는 그동안의 태도를 바꿔 지회 설립에 적극 나섰다. 독립 협회는 지회 설립을 요청한 관계자들에게 〈지회 인가 조례〉와 〈지회 세칙〉을 내려 보냈다.

〈지회 인가 조례〉는 모두 7개조로 되어 있다. 인구 3천 명 이상인 중소 도시 규모에 학식과 재산이 있는 3명이 충군애국 회원 50인을 모은 뒤 중앙 회원 중 신임 있는 1명의 보증을 받은 뒤에야 지회 설립이 가능했다. 만약 지회가 불법 행위를 하면 이를 징계하는 정도에 그치지만, 중죄일 경우에는 인가장을 회수할 수 있다고 명시했다.

독립 협회 지회는 협회 목적과 운동에 부응하는 사업을 적극 펼쳐 나갔다. 전국 지회는 지방 탐관오리의 부정부패를 규탄하고 지방민의 민권 신장을 위해 노력했다. 독립 협회 지회가 설치된 후부터 지방관이 탐학을 자행할 수 없게 되었다는 말이 나돌 정도였다.

대표적인 지회로 평양 지회와 대구 지회를 꼽을 수 있다. 평양 지회는 일찍부터 전파된 기독교의 영향을 받아서인지 기독교 신자인 한석진, 안창호 등이 교회를 중심으로 활동을 벌였고, 회원 수도 매우 많았다. 평양 지회는 평안남도 관찰사 조민희와 평양 군수 이계필의 부정부패를 성토하여 그들로 하여금 스스로 사직하게끔 만들었다. 또한 독립 협회가 재정 문제로 어려움을 겪자 의연금 모금 운동을 활발하게 전개해 이를 지원하기도 했다. 특히 대구 지회는 농민을 괴롭히는 각 군의 서원 (書員)과 면주인(面主人)을 규탄하고 관찰사에게 이들의 처벌을 요구했다. 이에 불만을 품은 이서배들은 전원 퇴직하겠다며 압력을 가하는 한편, 대구 지회로 몰려와 회원들과 싸움을 벌이기도 했다.

의회 설립 운동과 해체

박정양 내각이 출범하자 독립 협회는 내정 개혁과 더불어 의회 설립을 본격 추진했다. 정부대신과 남궁억 등 5명의 독립 협회 총대위원들은 잡세의 일체 혁파와 중추원 개편안에 대해 협상을 벌였다. 하지만 중추원 개편안은 의관(議官) 반수를 독립 협회에서 선발한다는 것이었기 때문에 고종 황제와 수구파의 저항에 부딪혔다. 수구파는 황국협회 회원으로 하여금 박정양의 사직을 촉구하는 한편, 조병식 등 수구파를 재기용하는 동시에 조칙을 내려 독립 협회의 토론과 집회를 제한했다. 황국협회는 고종 황제가 날로 세력이 커 가는 독립 협회를 거세할 목적에서 보부상들을 불러모아 만든 조직이었다.

이에 독립 협회 회원 20여 명은 경무청 앞에서 철야 농성을 하며 고종 황제의 조칙 철회와 수구파 대신의 해임을 강력히 주장하며 맞섰다. 고종 황제는 사태 수습을 위해 박정양을 참정으로 승진시키는 한편, 한규설, 윤치호를 각각 중추원 의장과 부의장으로 임명한 뒤에 중추원 관제 개정안을 제시하며 주도권을 쥐고자 했다. 독립 협회는 즉각 반발하고 중추원 의관 50명 중 관선과 민선을 각각 반절씩 하자는 안을 거듭 제의했다. 물론 민선 25명은 독립 협회 회원들로 채우고자 한 것이다. 이에 고종 황제는 민선 의관 25명 가운데 17명만을 독립 협회 회원으로 허락한다는 수정안을 제시했지만, 독립 협회는 이를 거절했다.

독립 협회는 정부와 타협점을 찾기 위해 관리들도 참석하는 관민 공동회의 개최를 요구했다. 개최 장소를 두고 정부와 마찰을 일으키기도 했지만, 1898년 1월 독립 협회의 주장대로 종로에서 관민 공동회가 개최되었다. 이 자리에 각계각층의 시민들이 참가했다. 신사, **순성회(順成會)** 부인, 학생, 시전 상인, 맹인, 승려, 백정 등도 청첩장을 받고 참가했다. 그 수는 만여 명을 헤아렸다. 대회장에는 천막이 쳐졌고 태극기가 게양되었다.

의정부 참정 박정양 등 관료들이 도착한 뒤에 대회가 시작되었다. 먼저 대회장 윤치호가 등단해 황제와 황실에 대한 불경한 언행, 외국에 대한 모독, 회원 및 전, 현임 관료에 대한 비방, 사회 관습에 대한 개혁론 등을 엄금한다는 4개조의 대회 진행 규칙을 제시했다. 이어 박정양이 "황제께서 우리에게 참석하여 나라를 이롭게 하고 백성을 편안케 하는 [利國便民] 방책을 들으라 함에 왔다." 하고, "이 자리에서 협의한 내용을

순성회 1898년 9월 북촌에 사는 양반 부인 400여 명이 중심이 되어 조직된 우리나라 최초의 여성 운동 단체. 순성회는 신체상 남녀 간에 다름이 없는데도 여자는 병신 모양으로 평생을 규중에서만 거처하면서 남자의 절제를 받는 것에 항의하는 한편, 여학교를 세워 남녀평등을 이룩하고자 했다. 순성회는 1903년 우리나라 최초의 순수 사립 여학교인 순성 여학교를 설립, 후원했고, 여성 계발 등 사업을 추진했다. 하지만 공립 여학교 설립 사업은 고종이 약속했음에도 재정 부족으로 이루어지지 못했다.

아뢰겠다."라고 하여, 참석자들로부터 만세 소리가 터져 나왔다.

그 뒤 관민에게 의견을 개진할 것을 청하자, 먼저 백정 출신 박성춘이 단으로 올라와 다음과 같은 연설을 했다.

"이놈은 바로 대한에서 가장 천하고 무지몰각한 사람입니다. 그러나 임금께 충성하고 나라를 사랑하는 뜻은 대강 알고 있습니다. 오늘날 나라를 이롭게 하고 백성을 편안케 하는 방도는 관리와 백성이 마음을 합한 뒤에야 가능하다고 봅니다. 저 천막에 비유하건대, 한 개의 장대로 받치면 역부족이지만 만일 많은 장대로 힘을 합친다면 그 힘이 매우 공고해집니다. 삼가 원하건대, 관민이 합심하여 우리 대황제의 훌륭한 덕에 보답하고 국운이 영원토록 무궁하게 이어지도록 합시다."

_ 정교,《대한계년사》상권

박성춘의 연설은 군중으로부터 환호성을 받았다. 당시 사회에서 가장 천대받던 인물이 당당히 자기 의견을 개진했다는 것 자체가 매우 놀라운 일이었다. 그만큼 개화사상이 사회 밑바닥까지 영향을 미치고 있었음을 가늠해 볼 수 있다. 그 뒤 여러 사람이 등단하여 연설했다. 관민 공동회를 폐회할 즈음에 고종 황제에게 올릴 〈헌의 6조〉를 채택하고, 정부 대신들이 찬성 표시를 했다.

〈헌의 6조〉

1. 외국인에게 의존하지 말고 관민이 합심하여 황실의 번영과 황제권을

튼튼히 할 것

2. 대한 제국의 각종 이권과 외국과의 조약은 각부 대신과 중추원 의장이 합동으로 서명하고 시행할 것

3. 국가의 모든 재정은 탁지부에서 관할하고 예산, 결산을 인민에게 공포할 것

4. 중죄범을 모두 피고가 충분히 설명하고 자복한 후에 재판할 것

5. 칙임관은 황제가 의정부에 물은 뒤 과반수를 얻은 다음 임명할 것

6. 장정(章程)을 실천할 것

〈헌의 6조〉는 자주 국권의 상징으로서 '전제 황권을 튼튼히' 하고, 각종 이권을 비롯한 외국과의 조약 및 인사권은 정부와 중추원의 협의로 결정하며, 재정을 일원화하고 공정한 재판을 실시하는 한편, 갑오개혁 당시 및 그 이후에 제정된 〈홍범 14조〉를 비롯한 각종 법률의 실행을 명시, 요구한 것이다.

고종 황제는 〈헌의 6조〉의 실행을 재가함과 동시에 "6조는 마땅히 실시할 것이며, 이 밖에도 또 몇 조항을 첨가하여 장차 조칙으로 반포할 것이니 해산하여 기다리라."라는 명을 내렸다. 이윽고 고종 황제로부터 중추원 장정 개정, 협회와 신문 규칙 제정, 상공학교 설립 등을 포함한 〈조칙 5조〉가 하달되었다. 독립 협회는 〈헌의 6조〉와 〈조칙 5조〉를 국문, 한문으로 10만 매를 인쇄해 서울과 각 지방에 배부하고, 각 학교에서 교재로 사용하게 했다.

후속 작업으로 박정양 내각은 〈중추원 관제〉를 공포하는 동시에 독

립 협회에 중추원 의관의 반수인 25명을 선거하여 명단을 통보해 줄 것을 요청했다. 그러나 독립 협회의 정치적 영향력 확대를 우려한 조병식 등 수구파는 적극적인 방어에 나섰다. 한밤중에 익명서를 시내 곳곳에 붙이는가 하면, 박정양을 대통령, 윤치호를 부통령, 이상재를 내부대신으로 선거하고 국체를 공화정으로 바꾸려 한다며 고종 황제에게 무고했다. 아무런 의심 없이 이를 믿어버린 고종 황제는 즉각 만민 공동회를 불법 집회로 간주하고 독립 협회를 혁파하라는 조칙을 내렸으며, 간부 이상재, 정교 등 17명을 체포, 구금했다. 아울러 고종 황제는 〈헌의 6조〉에 서명한 참정대신 박정양 등을 파면시키는 동시에 수구파 조병식 내각을 수립했다.

독립 협회 회원들뿐만 아니라 시민 또한 술렁였다. 이때 체포를 면한 윤치호, 양홍묵, 이승만 등의 주도로 대규모 시위가 벌어졌다. 1898년 11월 서울 시내 학생들과 남녀 시민 수천 명이 경무청 앞으로 몰려가 만민 공동회를 개최하고 철야 농성을 하며 17명의 구속 인사 석방을 강력히 요구했다. 조병식 내각은 경찰과 군대를 동원해 이들을 강제 해산시키려 했지만, 군중의 강력한 저항에 부딪혀 뜻을 이루지 못했다. 그러는 사이에 구속된 17명의 독립 협회 간부들은 고등재판소로 옮겨졌다. 군중들은 고등 재판소로 가서 공개 재판을 요구했지만 정부는 거절했고, 고종 황제는 해산 조칙을 내렸다. 하지만 군중들은 그들과 생사를 같이 하겠다며 계속 버텼고, 종로 상인들은 철시하며 이에 호응했다. 결국 정부는 더 이상 군중들의 요구를 외면할 수 없어, 17명 전원에게 '태 40'을 선고하고 석방했다.

사기가 충천해진 군중들은 종로 네거리에서 만민 공동회를 개최하고, 조병식 등 5흉(兇)의 처벌, 〈헌의 6조〉 실시, 독립 협회 복설 등을 요구했다. 며칠 뒤에는 대회 장소를 고종 황제가 있는 경운궁 인화문 앞으로 옮겨 시위를 계속했는데, 평양 지회를 비롯한 각 지회의 지지와 성원이 잇달았다. 만민 공동회의 기세가 날로 높아지자, 고종 황제는 당근과 채찍을 사용하고자 했다. 고종 황제는 일단 중추원 관제의 개정 등 〈헌의 6조〉 중 일부 조항을 이행하겠다는 유화책을 제시하는 한편, 전국 각지의 보부상 천여 명을 서울로 불러들여 황국협회를 복설하고, 홍종우 등의 지휘 아래 만민 공동회를 습격하도록 했다. 그러나 이는 오히려 더욱 많은 시민들을 만민 공동회에 모여들게 했고, 이후 이들은 과격한 반정부 투쟁을 벌였다.

만민 공동회와 황국협회의 충돌은 20여 일 동안 계속되었고, 정부의 대책도 일관성 없이 상황에 따라 바뀌었다. 이에 고종 황제가 직접 회유에 나서 먼저 만민 공동회 대표들을 만났다. 고종 황제는 만민 공동회가 요구한 5가지 사항을 모두 받아들인다는 칙유를 내렸다. 만민 공동회 측이 제시한 5가지는 ① 독립 협회 복설, ② 대신의 택임, ③ 보부상의 해산, ④ 법령의 규정과 〈헌의 6조〉, 〈조칙 5조〉의 실시, ⑤ 조병식 등 수구파 8흉의 처벌 등이었다. 이어 고종 황제는 보부상 대표들을 만나 만민 공동회와 화해하고 해산하여 본업에 충실할 것을 설득했다. 보부상 측은 고종 황제에게 ① 상무소의 복설, ② 만민 공동회와 독립 협회의 해산, ③ 조병식 등 8명에 대한 사면 등을 요구했다. 그 뒤 양측은 물러났으며 독립 협회와 황국협회가 복설되고 양자 간의 충돌도 얼마 동안 잠잠했다.

그런데 중추원 관제가 개정되어 의관 50명이 새로 임명되었는데, 황국협회 회원 29명을 비롯해 수구파 인사가 33명이었지만, 독립 협회 회원은 17명에 불과했다. 중추원이 의회가 아닌 정부 자문 기관으로 전락하고 만 것이다. 이에 1898년 12월 초 독립 협회는 만민 공동회를 다시 개최하고 대정부 공세를 강화하며 불만을 토로했다. 특히 1898년 12월 16일에 중추원 개원 첫날, 독립 협회는 〈헌의 6조〉와 〈조칙 5조〉 실시를 요구하는 한편, 유능한 인재를 뽑아 정부대신에 앉힐 것을 제의했다. 무기명 투표로 11명의 대신 후보자를 선출하여 고종 황제의 재가를 얻어 국책을 맡기자고 한 것이다.

이에 박정양, 윤치호, 서재필, 박영효 등 11명이 선출, 천거되었다. 그중 서재필과 박영효는 논란을 야기했다. 서재필은 외국인이었고, 박영효는 대역 죄명을 쓰고 일본에 망명 중이었기 때문이다. 이런 가운데 만민 공동회는 박영효의 소환 운동과 더불어 수구파 대신들의 퇴진 운동을 벌여 나갔다. 고종 황제는 더 이상 만민 공동회를 방치할 수 없다는 결론을 내리고 군대를 동원해 이들을 해산시키고자 했다. 주한 미국, 영국 공사들은 겉으로는 만민 공동회를 무력으로 진압하는 데 찬성하지 않았지만, 자국민의 이권 보호를 위해 이를 묵인했다. 특히 러시아와 프랑스 양국 공사는 그동안 반러 운동을 전개해 왔던 독립 협회와 만민 공동회의 해산에 적극 찬성했고, 일본 공사 역시 만민 공동회에 대한 탄압을 지지한다는 입장을 고종 황제에게 전달했다.

마침내 고종 황제는 11가지 죄목을 들어 군대와 보부상을 동원해 만민 공동회를 탄압하도록 했다. 이어 고종 황제는 조칙을 통해 "처음에는 충군한다 애국한다 함에 좋았으나, 끝에 다서는 패륜(悖倫)하고 난국(亂國)함에 의구하는 마음이 생겼다."라고 발표하여 만민 공동회 탄압을 정당화했다. 그 결과 고종 황제와 수구파 대신들의 탄압을 받아 박정양, 민영환 등은 정부대신직에서 쫓겨났고, 윤치호, 이상재 등이 주도했던 독립 협회도 해산되었다. 이와 동시에 정부는 독립 협회 지회 역시 가혹하게 탄압, 해산시켰다.

이로써 독립 협회를 중심으로 전국으로 확산되었던 근대적 개혁 운동은 정부의 탄압과 강제 해산으로 종말을 고했다. 그렇다고 개화사상까지 완전히 사라진 것은 아니었다. 오히려 독립 협회 활동을 통해 개화사상은 국민 사이에 확산되고 뿌리내려졌다. 국민의 생명권 및 재산권보호, 언론과 집회의 자유 획득, 국민 평등의 실현, 자유 민권 신장 등에 기여했다. 그 결과 1900년대 계몽 운동과 자강 운동을 활발하게 펼쳐나갈 수 있었던 단단한 토대가 되었다.

6.
대한 제국 성립

대한 제국 선포

| **고종의 환궁** |　　　아관파천 이후 정치가 비정상적으로 행해졌다.
고종의 부름이 없으면 중신들도 그를 만나지 못했고, 주로 친러파 대신
몇 사람이 정치를 좌지우지했다. 고종이 개혁을 계속해 나가겠다고 했
지만, 상황은 그리 여의치 않았다. 지방 곳곳에서 일어난 을미 의병을
잠재워야 했고, 을미사변을 제대로 처리하지 못한 가운데 김홍집 내각
관계자의 색출에만 골몰해 있었다. 더 큰 문제는 고종의 정치 개혁이 복
고적으로 흐르는 데 있었다. 당시 추진되었던 여러 개혁들이 왕권 강화
를 목적으로 해 이전 상태로 되돌려졌다. 우선 가장 큰 반발을 일으켰던
단발령을 철폐해 자유의사에 맡겼고, 각종 향사와 음력 사용을 부분적

고종 황제와 운명을 같이한 경운궁

으로 허용했으며, 내각제 대신 의정부를 부활시켰다. 또한 지방 관제를 8도 23부에서 13도, 7부, 1목, 231군으로 개편했고, 〈호구 조사 규칙〉을 통해 그중 1인이 죄를 지으면 다른 집도 처벌하는 '10호 작통법'을 만든 것 등이 대표적이다. 그뿐만 아니라 외세의 정치 간섭에 농락당하여 많은 이권을 빼앗겼다.

그렇다고 고종이 러시아 공사관에만 틀어박혀 있었던 것은 아니었다. 고종은 아관파천을 한 지 6개월이 지난 1896년 8월경 러시아 공사관 근처에 자신이 돌아갈 궁궐을 짓게 하고는 일본 공사를 접견하거나 일본 국서를 받기도 했다. 고종은 경운궁이 완공되자 민비의 빈전을 그곳으로 옮기는가 하면, 대신들을 불러 만나기도 했다. 얼마 뒤 신하들을 비롯하여 독립 협회와 일반 백성까지 고종의 환궁을 요청했다. 환궁의 명분을 쌓기 위한 것이었다. 1897년 1월, 고종은 경운궁에 각국 공사와 영사를 불러들이고 자신의 환궁 사실을 대내외에 알렸다.

1897년 2월, 고종은 친위대 병사와 순검들의 호위를 받으며 경운궁으로 환궁했다. 배재 학당 학생들이 독립신문사 건너편에 늘어서서 갓을 벗고 만세를 불렀고, 3명의 학생은 어가가 지나는 길에 꽃을 뿌렸다. 환궁한 뒤에 고종은 다음과 같은 〈경운궁환어조칙(慶運宮還御詔勅)〉을 내렸다.

지난 번 거처를 옮긴 뒤로 시간이 흘러 해를 넘기게 되었을 때 온갖 법이 무너져 많은 백성들이 우려하는 바를 짐이 어찌 생각하지 않았겠느냐. 사세가 부득이했던 것은 신민이 다 아는 바다. 이제 정부의 간청에 경운궁으로 환어하였으니 서울과 지방의 모든 백성이 기대하는 마음을 위로하여 근심을 없애 주었을 것이다.

오호! 오직 짐이 정치를 잘하지 못하여 대소 신하들이 맡은 직무를 게을리하여 오늘에 이르렀다. 지금부터 모든 관리들은 마음과 몸을 한결같이 하라. 행정 관리들은 그 직을 힘써 행하고 장졸들은 시위에 충성을 다 바쳐라. 함께 배를 타고 건너면서 키질, 노질하는 데 각자 그 힘을 써야 쉽게 건널 수 있는 것이니, 하나라도 혹여 해이하여 빠지게 되면 존망의 기운이 순식간에 일어나는 것과 같이, 나쁜 상황을 돌이키고 위기를 전환시켜 편안하게 되는 것이 오직 지금에 달렸다. 어찌 짐만 밤낮으로 근심 걱정에 쉴 겨를도 없으면 되겠는가. 무릇 신하들 또한 마땅히 힘을 합쳐 서로 돕고 뜻을 같이하여 조금이라도 해이해지지 말라.

_《고종실록》1898년(고종 35) 2월 20일조

경운궁의 역사

임진왜란 때 의주로 피난 갔던 선조가 1년 반 만에 한양으로 돌아왔다. 하지만 경복궁과 창덕궁이 전란 중에 이미 불타버렸기 때문에 머물 곳이 없었다. 이에 임시방편으로 황화방의 옛 월산대군의 집과 인근 민가 여러 채를 사들여 임시 행궁으로 삼아 머물렀다. 선조의 뒤를 이은 광해군이 새로 지은 창덕궁으로 옮겨 가면서 이곳은 경운궁(慶運宮)이란 이름을 갖게 되었다. 영창대군의 어머니인 인목대비가 이곳에 유폐되면서는 서궁이라 불렸다. 인조반정 이후, 인조가 인목대비를 창덕궁으로 모시면서 경운궁의 가옥과 대지는 원래 주인에게 돌아갔다. 이후 경운궁 즉조당에서 영조와 고종 때 선조 승하 일을 기념하여 사배례(四拜禮, 네 번 절하는 것)가 치러졌다.

경운궁이 다시 역사에 등장한 것은 270여 년이 지난 뒤 고종이 경복궁과 창덕궁을 놔두고 이곳으로 환궁하면서다. 경운궁 주변의 정동 일대는 러시아, 미국, 영국, 프랑스 등의 공사관이 자리했기 때문에 일본을 견제하기에도 그만이었다. 연호를 '광무'로, 국호를 '대한'으로 바꾸고 대한 제국이 탄생하면서 경운궁은 새로운 역사의 장이 되었다. 1904년 4월 함녕전에서 시작된 화재로 중화전을 비롯하여 석어당, 즉조당, 함녕전, 궐내각사 등 주요 건물들이 모두 잿더미로 변했다. 그 이후 건물들이 재건되었지만 규모는 크게 축소되어 이전 경운궁의 모습을 잃고 말았다.

1905년 11월에는 더 큰 시련이 닥쳤다. 고종 황제는 화재가 일어난 뒤로는 줄곧 중명전에서 거처했는데, 이곳에서 을사늑약이 체결된 것이다. 고종 황제는 이곳에 머물면서 일제의 감시를 피해 을사늑약의 부당함을 세계에 알리고자 애썼다. 특히 1907년 4월에는 네덜란드 헤이그에서 열리는 만국 평화 회의에 이상설, 이준, 이위종 등을 비밀리에 특사로 파견했다. 그런데 이것이 빌미가 되어 고종은 1907년 8월 황제 자리에서 강제로 퇴위당해야만 했고, 그의 아들 순종이 경운궁 돈덕전에서 황제에 올랐다. 순종 황제가 그해 11월 창덕궁으로 옮겨 가면서 경운궁은 궁궐로써의 기능과 생명을 다했다. 다만 태황제 고종이 계속 거처하면서 '덕수'라는 궁궐 이름을 갖게 되어 오늘날 '덕수궁'이라 불린다.

1919년 1월, 고종 황제가 함녕전에서 승하한 뒤에 덕수궁은 주인이 없는 궁궐이 되어 일제에 의해 함부로 훼손되었다. 3년 뒤에 일제는 덕수궁을 가로질러 도로를 만들었고, 궐 안에 경기 여자 고등학교, 덕수 초등학교, 경성 방송국 등이 설립되면서 덕수궁은 더욱 축소되어 예전 모습을 잃었다. 그뿐만 아니라 일제는 덕수궁 대부분의 건물을 철거 또는 팔아버리고는 1933년 10월 공원으로 만들어 일반에 공개했다. 결국 덕수궁은 일제 강점기를 거치면서 대한 제국기 당시의 원형을 거의 찾아볼 수 없게 되었다.

고종은 백성의 기대를 한 몸에 받고 환궁했지만, 정치적으로 보수화되어 민권을 신장하기보다는 왕권 강화에 골몰했다. 고종은 수구파 원로대신들을 정계에 복귀시키는 한편, 정무의 실효를 거두지 못한 것은 관제를 변경하고 잘못된 규칙 때문이라며 신구(新舊)를 절충한 법규를 정리하라는 조서를 내렸다. 이로써 옛 것을 근본으로 삼고 새로운 것을 참고한다는 구본신참(舊本新參)의 국정 기준이 마련되었고, 이는 광무개혁의 기본 방침으로 작용했다.

| 대한 제국 성립 |　　　고종이 경운궁으로 환궁한 지 3개월여가 지났을 무렵, 1897년 5월부터 칭제(稱帝)를 청하는 상소가 이어졌다. 서구에서는 황제와 군주가 별 차이가 없지만, 동양에서는 '황제가 없으면 독립도 없다'라며 칭제의 필요성을 제기한 것이다. 당시 많은 사람들은 여전히 중국 중심 화이관에서 벗어나지 못했다. 황제의 나라는 자주독립한 나라이고, 왕의 나라는 그렇지 못한 것이라 생각했다. 이는 고종이 주도한 면도 없지는 않았지만, 쉽게 결정할 수도 없는 노릇이었다. 을미사변 직후에 칭제 문제를 제기한 바 있었는데, 러시아를 비롯한 각국 공사의 반대로 무산된 경험이 있었기 때문이다.*

고종은 자신의 황제 즉위에 러시아가 여전히 강력하게 반대하자 방법을 달리했다. 칭제보다는 덜 부담스러운 건원, 즉 연호부터 바꾸려 했

---

* 서양에서 황제는 로마 제국의 정통을 이어야만 인정받기 때문에 신성한 것이었다. 러시아는 1472년 비잔틴의 마지막 황제 콘스탄티누스 11세의 조카딸 조에(소피아)와 결혼한 모스크바 공국의 이반 3세가 비잔틴 제국의 계승자로서 차르(황제)라 칭하면서 황제국이 되었다.

1898년 9월 초에 완공된 황궁우(좌)와 원구단(우)

다. 이에 1896년 1월부터 사용한 건원을 대신해 1897년 8월 광무(光武)로 연호를 고치고 원년으로 삼았다. 광무는 후한을 건국한 광무제를 염두에 둔 것으로, 외세의 간섭에서 벗어나 강력한 힘을 기르려는 의지가 내포된 것이었다. 광무제는 한무제 때의 전성기를 꿈꾸며 후한을 건국했고 한나라의 위대한 제왕으로 역사에 기록된 인물이다. 고종이 실제 그랬는가는 차치하고 광무제와 같이 쇠퇴해 가는 국운을 다시금 바로 세우겠다는 의지만큼은 분명해 보인다.

건원 이후에도 관료와 유생들은 칭제를 도외시한 채 건원만 바꾸는 것은 의미가 없다며 거듭 칭제할 것을 상소했다. 심순택을 포함한 조병세, 박정양, 남정철 등의 전직 관료들도 이를 적극 진언했고, 성균관 유생들 또한 계속해서 상소를 올렸다. 그들에게는 왕의 존호를 높여 문약(文弱)함과 다른 나라에 의지하려는 관습에서 벗어나야 한다는 공감대

1913년 일제에 의해 원구단이 철거되었고, 다음 해에 조선 호텔이 들어섰다.

가 있었던 것이다. 그렇다고 모든 이들이 칭제를 찬성한 것은 아니었다.
최익현과 유인석 등 위정척사 계열 유생들은 서구 의례에 따라 존호를
바꾸는 것은 금수의 제도를 받아들이는 것이며 소중화인 조선이 칭제
건원하는 것은 망령된 것이라 비판했다. 독립 협회 회장 윤치호는 형식
적인 칭제 건원보다는 교육 개혁 등 실질적인 방법으로 자주독립의 기
반을 확립해야 한다고 주장하기도 했다.

　여러 논란이 일었으나 고종은 칭제 논의에 종지부를 찍고 황제 즉위
식을 거행할 원구단 부지 물색을 지시했다. 이에 1897년 10월 회현방
소공동에 원구단을 마련하기로 했는데, 불과 12일 만에 고종은 의정대
신 심순택 이하 백관들을 거느리고 원구단에서 황제 즉위식을 거행했
다. 동시에 국호를 대한 제국으로 고치고, 자주독립국임을 대내외에 천
명했다. 이후 각국이 대한 제국의 성립과 칭제를 직간접적으로 승인했

대한 제국의 국호는
어떻게 만들어졌을까?

조선은 근대 이전에는 중국의 천자와 대등한 위치에 있지 못했다. 이를 개선하려고 1884년 갑신정변, 갑오개혁 당시에 조선은 국왕의 지위를 황제로 높이고자 했다. 국호를 '대조선왕국'에서 '대조선제국'으로 바꾸려 한 것이다. 이러한 운동은 실패했지만, 1895년 1월 〈홍범 14조〉 공포 이후 수백 년 동안 이어져온 중국에 대한 사대 관계가 끊겨 양국이 대등한 지위가 되었다. 이를 계기로 1896년 1월 조선은 독자적으로 건양 연호를 사용하고 국왕을 황제로 격상시키려 했으나 아관파천으로 중단되었다.

1897년 2월, 고종이 러시아 공사관에서 경운궁으로 환궁한 뒤부터 개화파, 수구파 할 것 없이 칭제 건원을 상소했다. 이에 힘입어 1897년 8월 광무로 연호를 고치고 칭제 작업을 본격화했다. 이에 맞춰 국호 문제가 논의되기 시작했다. 고종이 중신들을 모아놓고 "단군과 기자 이래로 강토가 나뉘어 서로 자웅을 다투다가 고려에 이르러 마한, 진한, 변한 등이 삼한으로 통합"한 것이라면서, "국호를 조선이라 부르기보다는 '한(韓)'으로 부르고 있으니 대한(大韓)으로 정하는 것이 옳다." 하고 언급하고, 대신들이 이를 동의하면서 '대한'으로 국호가 결정되었다. 그 뒤 1897년 10월 12일, 고종은 원구단에서 황제 즉위식을 거행한 뒤에 바로 그다음 날 국호를 대한 제국(大韓帝國)으로 한다는 조칙을 발표했다.

1919년, 고종 황제가 승하했다. 이를 기회로 3.1운동이 전개되었으며, 그 정신을 이어 '제(帝)' 대신 '민(民)'으로 바꾼 대한민국 임시 정부가 탄생했다. 그 뒤 해방 후 1948년 지금의 국호인 '대한민국'으로 결정됐다.

민비? 명성황후?

1895년 10월, 고종의 왕후가 일본 낭인들에게 시해되었지만 곧바로 국장이 거행되지 않았다. 김홍집 내각은 '대군주 폐하'의 이름으로 내린 가짜 조서를 통해, "예전 임오 당시와 마찬가지로 짐을 떠나 피난했다."라는 이유로 왕후를 서인으로 폐위시켰다. 이에 태자가 강력히 반발하자 김홍집 내각은 '폐서인'에서 '빈'으로 높였다. 얼마 뒤 춘생문 사건이 발생하자 김홍집 내각은 서둘러 왕후 사망을 공식 발표하고 국상을 치르려 했다. 그러나 1896년 2월 고종의 아관파천 이후 왕후의 국상은 새로운 국면을 맞았다. 고종은 조칙을 내려 김홍집 일파를 역적으로 규정하고 국상 절차를 중단시켰다. 그렇다고 곧장 국상이 치러지지는 않았다.

1897년 1월, 의정부가 왕후의 시호를 '문성(文成)'으로, 능호를 '홍릉(洪陵)'으로 정했고, 2개월 뒤에 시호가 '명성(明成)'으로 고쳐졌다. 하지만 국상이 치러지지 않아 이를 공식화하지는 못했다. 1897년 10월 황제에 즉위한 고종 황제는 왕후를 황후로 책봉하고, 시해된 지 2년 만에 명성황후(明成皇后)라는 시호를 내린 뒤에야 비로소 국장이 치러졌고 청량리 홍릉에 안장되었다.

민비 혹은 명성황후로 불리는 이유는 무엇일까? 민비란 '민씨 성을 가진 왕비'라는 의미인데, 혹자들은 일제가 비하하고자 그렇게 부르는 것이라 주장한다. 하지만 명성황후라 부르지 않는 것은 나중에 추존된 이유도 있지만, 더 큰 것은 왕후의 실정 때문이다. 당시 문호 개방을 한 조선의 당면 과제는 자주적인 근대화였다. 서양의 선진 문물을 받아들여 부국강병과 산업 진흥을 꾀하는 동시에 낡은 봉건 제도를 허물고 새로운 질서를 세워야 했다. 하지만 왕후는 그렇게 하지 않았다. 갑신정변 이후 왕후와 그의 척족들은 막강한 정치권력을 가졌음에도 이를 등한시했고, 온갖 부정부패를 자행했다. 왕후가 집착한 것은 오직 왕권 강화와 왕실의 보존이었다. 이들은 자신의 명예, 부, 권력 등의 세속적인 욕망에 사로잡혔던 것이다. 그 결과 이들은 어느 세력의 지지도 받지 못했다. 그래서 임오군란 당시 군중은 왕후를 공격 대상으로 삼았고, 개화파와 동학 농민군 모두 왕후와 그 일족의 타도를 외쳤다. 이를 모면하고자 왕후는 외세에 의지하곤 했다. 그 결과 외세로부터 내정 간섭을 받아 국가의 자주권은 더욱 크게 훼손되었다.

1994년 동학 농민 운동과 갑오개혁 100주년, 1995년 을미사변 100주년을 맞아 오페라 〈명성황후〉가 만들어지고, KBS에서 대하사극 〈명성황후〉가 방영되면서 왕후는 '민족의 영웅'으로 미화되었으며 일반인에게 '명성황후'로 각인되었다. 왕후가 일제에 처참하게 시해된 것은 안타까운 일이지만, 국가를 돌보지 않고 위험에 빠뜨린 역사의 과오에 비춰 명성황후 칭호는 과분하다.

고, 각종 의례도 천자의 나라에 맞게 바꾸었다. 물론 청과의 마찰이 없지는 않았지만, 1899년 9월 청도 이를 인정하고 양국 황제의 이름으로 한청 통상 조약이 체결되었다.

한청 통상 조약은 양국이 서로 균등한 자격으로 체결했다는 데 의의가 있다. 이는 청 거류민의 신분과 재산을 보호하며 이를 위해 전권대사를 교환하고 총영사관을 설치하도록 하고, 개항한 지역에서만 무역하도록 하되 범법이 발생할 때에는 양국 영사관을 통해 조회하여 그 국법에 따라 처벌하자는 내용으로 되어 있었다.

황제권 강화와 광무개혁

| 〈대한국 국제〉 제정과 황제권 강화 |　　　고종의 황제 즉위는 대외적으로 자주독립을 선언하고 대내적으로는 왕권 강화에 있었다. 그런데 대한 제국이 성립되었지만, 여전히 러시아의 내정 간섭에서 벗어나지 못했다. 독립 협회는 만민 공동회를 통해 반러 운동을 전개해 부산의 절영도 조차와 한러은행의 설립 등을 저지시켰다. 또한 독립 협회는 지방 지회를 설립해 세력을 키우는 한편, 민권 신장을 요구하고 의회 설립 운동을 전개하며 반정부 활동을 펼쳐 나갔다. 이런 움직임은 독립 협회가 고종 황제의 눈 밖에 나는 결과를 가져왔고, 결국 친러 수구파들에게 강제 해산되고 말았다.

이후 고종 황제는 황제권을 더욱 강화시켜 나갔다. 군부와 별도로 설

치된 원수부는 군대를 지휘 감독하게 되었고, 탁지부나 농상공부가 담당하던 홍삼 제조, 광산, 둔토, 철도, 관개 사업 등은 궁내부 내장원에서 관리하게 되었다. 이와 더불어 〈대한국 국제(大韓國 國制)〉를 제정하려는 움직임이 나타났다. 절대 왕정 체제를 도입해 고종 황제 자신이 모든 권력을 갖고자 했다. 이를 위해 고종 황제는 법률에 밝고 사리에 해박한 사람을 뽑아 입법 기관 성격의 법규 교정소를 설치하도록 했다. 《고종실록》에 법규 교정소의 설치 이유가 다음과 같이 기록되어 있다.

나라를 세운 초기에는 반드시 정치와 군권(君權)이 어떠한지를 일정한 제도를 만들어 천하에 소상히 밝혀 신하와 백성이 그대로 따르고 어김이 없도록 해야 합니다. 옛날 태조 대왕이 천명을 받들어 왕업을 창시하여 왕통을 전했으나 아직도 이러한 법을 정하여 반포하지 못한 것은 거기까지 손쓸 겨를이 없었기 때문입니다. 우리 폐하(고종 황제)는 뛰어난 성인의 자질을 갖춰 중흥의 업적을 이룩하여 이미 보위에 올랐고 이어 국호를 개정하였으니, '주나라는 비록 오래된 나라이지만 그 명이 새롭다'라는 것입니다. 억만 년 끝없는 행복이 실로 여기에 기초하였으니 앞선 왕조에서 미처 하지 못한 일이 오늘을 기다린 듯합니다. 이것이 법규 교정소를 설치한 까닭입니다.

_《고종실록》 1899년(고종 36) 8월 17일조

〈대한국 국제〉 '국제'란 국가 통치의 조직과 통치권의 행사를 규정한 국가의 근본법, 즉 헌법을 뜻한다. 그럼에도 굳이 국제라고 정한 것은 국민 대표로 구성된 의회의 승인을 얻어 제정된 것이 아니라 고종 황제가 친히 제정했기 때문이다.

법규 교정소 총재에 의정부 의정 윤용선(尹容善)이 내정되었지만, 의정관 대부분은 박정양 등 개혁 관료와 윤치호 등 독립 협회 계열을 배제한 채 고종 황제의 측근들로 채워졌다. 법규 교정소는 황제권의 비호 아래 담당 부서인 학부를 배제하고 〈성균관 관제〉를 개정했으며, 〈주임관 시험 겸 임명 규칙〉을 개정했다. 법규 교정소는 초정부적인 기구였던 것이다.

법규 교정소는 1899년 8월 〈대한국 국제〉를 마련해 고종 황제에게 바쳤다. 〈대한국 국제〉의 골자는 대한은 자주독립한 제국이며, 황제는 무한 불가침의 군권, 즉 입법, 사법, 행정, 선전과 강화 등에 관한 전권을 갖는다고 규정했다. 이러한 움직임은 갑오개혁 당시 위축된 군권을 복구하고 황제에게 모든 권력을 집중시키고자 한 것이다.

〈대한국 국제〉

제1조 대한국은 세계 만국에 공인된 자주독립한 제국이다.

제2조 대한 제국의 정치는 과거 500년간 전래되었고 앞으로 만세토록 불변할 전제 정치이다.

제3조 대한국 대황제는 무한한 군권을 지닌다. 공법에 이른바 정체를 스스로 세우는 것이다.

제4조 대한국 신민이 대황제의 군권을 침해하여 훼손하는 행위에 대해서는 그 여부를 떠나 무조건 신민의 도리를 잃은 자로 인정한다.

제5조 대한국 대황제는 국내의 육해군을 통솔하고 편제를 정하며 계엄과 해엄(解嚴)을 명한다.

제6조 대한국 대황제는 법률을 제정하여 그 반포와 집행을 명하고 만국의 공통적인 법률을 본받아 국내 법률도 개정하고 대사, 특사, 감형, 복권을 행한다. 공법에 이른바 율례를 자체로 정하는 것이다.

제7조 대한국 대황제는 행정 각부와 각부 관제와 문무관의 봉급을 제정 혹은 개정하며 행정상 필요한 각 항목의 칙령을 발한다. 공법에 이른바 치리(治理)를 자체로 행하는 것이다.

제8조 대한국 대황제는 문무관의 출척과 임면을 행하고 작위, 훈장 및 기타 영전을 수여 혹은 박탈한다. 공법에 이른바 관리를 자체로 선발하는 것이다.

제9조 대한국 대황제는 각 조약국에 사신을 파송 주재하게 하고 선전, 강화 및 제반 약조를 체결한다. 공법에 이른바 사신을 자체로 파견하는 것이다.

〈대한국 국제〉를 우리나라 최초의 근대 헌법적 개념의 법전이라고 하지만, 황제의 대권만 규정되어 있을 뿐, 의회 및 국민의 권리 의무, 의정부와 국무대신, 사법 등에 대해서는 전혀 언급이 없기 때문에 그와는 거리가 있다. 다만 전근대 조선 왕조에서 군주권을 규정하지 않았음에도 제왕의 법을 행사한 것에 비한다면, 군주의 권한을 명문화했다는 점에서는 의미가 있다.

대한 제국은 완전한 자주독립을 바라는 국민적 여론과 고종의 의지, 열강 간의 세력 균형 등에서 탄생했다. 그렇다면 대한 제국을 책임진 고종 황제는 자주적인 내정 개혁을 추진해야 했음에도, 소수의 친위 관료들과 더불어 황제권 강화에 골몰한 나머지 자주독립에는 소홀한 감이 없지 않았다. 이때 펼쳐 나간 일련의 개혁을 일반적으로 '광무개혁'이라 일컫는다. 광무 연호는 1897년부터 1907년까지 사용됐지만, 광무개혁은 대개 1904년 러일 전쟁 이전까지이다. 이후 대한 제국은 일제의 내정 간섭에 점차 국권이 침탈당했기 때문이다.

| 원수부 창설과 군사력 강화 |　　　고종 황제는 부국강병을 이룬 근대 국가 건설을 꿈꾸었는데, 이를 위해서는 군사력의 강화가 시급한 과제였다. 이는 황제의 신변 안전과 더불어 국가의 완전한 자주독립과 밀접한 관련이 있었기 때문이다.

먼저 1899년 6월 원수부를 설치하고 중앙군으로 친위대, 시위대를 증강시키고 호위대(扈衛隊)를 신설하여 중앙군을 1만 명으로 육성했다. 황제가 대원수, 황태자가 부원수를 맡으면서 황제가 국방에 관련된 모든 명령권과 전 부대에 대한 지휘 감독권을 갖게 되었다. 이와 같이 기존 군부의 권한이 원수부에 집중되면서 군부는 군비와 요새 관리 등의 일반 행정을 담당하는 부서로 전락했다.

원수부의 하나였던 친위대는 1895년 10월 민비 시해 이후 훈련대를 폐지하고 지방군인 진위대와 함께 창설되었다. 친위대는 수도 방위를 책임지는 중앙군으로 현재의 수방사와 같은 역할을 담당했다. 원수부 설치와 더불어 증강되어 2개 연대, 2개 특수 중대, 1개 공호대로 편제되었고 전체 병력은 4,400여 명에 달했다. 시위대는 고종 호위 부대로 친위대보다 빠른 1895년 7월에 2개 대대 규모로 편제되었지만, 을미사변 당시 훈련대에 편입되었다. 그 뒤 아관파천 이후 재조직되었고, 고종이 경운궁으로 환궁할 당시 호위했다. 시위대 역시 원수부에 소속되어 황실 보위를 주요 임무로 하는 대한 제국 정예군으로 2개 연대, 기병 대대, 군악대로 편제되었고, 5천여 명의 병력이 배치되었다. 호위대는 이때 신설된 부대로 황제의 시종을 담당하던 시종원 소속이다. 황제의 근접 경호를 책임졌으며, 대대급으로 편제되어 700여 명의 군사가 이를 담당했다.

원수부 편제는 러시아군을 중심으로 이뤄졌고, 훈련은 자체 또는 미국, 러시아, 프랑스 등의 군 장교를 중심으로 이뤄졌다. 더불어 중대 단위의 전술도 많이 갖추게 되었다. 기본 무장은 후장식 단발 소총이었는데 기병 대대 전원과 장교 이상은 기병도를 착용했다. 중화기로는 개틀링 등 기관총과 수십 문에 달하는 야포(산포)를 보유하고 있었다.

지방군도 증강되었다. 지방군인 진위대는 을미개혁 당시까지만 해도 평양과 전주 단 2곳뿐이었다. 그런데 1900년 7월 원수부의 명으로 진위대와 지방대를 합쳐 전국의 진위대는 6개 연대로 재편되었다. 경기와 한중 국경 지대에 각 2개 연대, 경북과 평양에 각 1개 연대가 배치되었다. 이로써 지방군은 1만 8천 명의 군사를 확보했는데, 이후 더욱 증강되어 1904년 러일 전쟁이 일어나기 전까지 2만 8천여 명으로 늘어났다.

이와 더불어 무기를 비롯한 근대적인 군사 장비가 도입, 제조되었다. 무관 학교를 확대해 초급 장교를 양성하여 군사력 향상도 도모했다. 또한 육군 헌병대, 포병, 공병, 치중병(군대 화물을 담당하는 병사), 군악대 등 새로운 편제가 마련되었으며, 육군 법률, 육군 법원, 육군 감옥 등이 창설되었다.

원수부가 설치되면서 의정부 중심의 권력 구조도 변화했다. 황제 아래 의정부, 궁내부, 원수부 등 3부가 같은 위치에서 각각 행정, 재정, 군사 부분의 사무를 총괄했다. 이들 3부의 핵심 인물은 대개 민씨 척족, 종친 그리고 갑오 이전부터 왕실에 충성을 다하던 무장들이었다.

하지만 중앙군이든

원수부 회계총국장과 헌병대 사령관을 겸한 민영환

지방군이든 재정이 부족해 조직적이고 효율적인 군사를 길러내지 못했고, 국방력 증강보다는 황실의 호위 병력 증가에 치중하는 정도에 머물고 말았다. 더욱이 1903년 3월 〈징병 조례〉를 제정하여 17세 이상 40세 이하 장정을 대상으로 징병을 실시하여 상비군을 육성하고자 했지만 실행에 옮기지 못했다. 해군 창설 또한 양성할 병사가 없고 경비 조달이 어려워 백지화되었다. 더욱이 러일 전쟁에서 승리한 일제에 의해 원수부는 1904년 9월 명목상의 관제가 되었다가, 그해 말에는 폐지되면서 모든 권한이 군부로 넘어갔다. 이로써 황제권은 약화되고 말았다.

| 열강의 **철도 부설권 쟁탈** |　　철도 부설권은 1896년 3월 미국인 모스(Morse)가 고종이 러시아 공사관에 머물고 있던 당시 경인선 부설 허가를 받으면서 비롯되었다. 기차는 사람과 물자를 대량 운송하는 근대

적 교통수단이었다. 그러나 우리 정부가 직접 철도 부설을 할 정도로 재정이 여의치 못해 다른 나라에 부설권을 넘겨주었다. 건설하는 나라가 자본을 투자하고 그 대신 몇 년 동안의 사용권을 가지는 방식이었다. 그해 7월에 프랑스 피브릴르(Fives Lile) 사가 경의선 부설권을 따냈다. 프랑스가 러시아의 시베리아 횡단 철도에 차관을 제공했을 뿐만 아니라 독일과 함께 일본의 랴오둥반도 할양을 저지해 준 대가인 셈이었다.

이외에도 프랑스는 러시아의 힘을 빌려 서울 – 공주, 경목선(서울 – 목포) 등지의 철도 부설권도 욕심을 냈다. 이를 기회로 러시아는 시베리아 횡단 철도의 종착지인 블라디보스토크에서 서울까지 잇고자 경원선(서울 – 원산) 부설권을 요구했다. 이렇듯 각국이 한국의 철도 부설권 확보에 혈안이 되자 고종은 1896년 11월 칙령을 통해 앞으로 1년 동안 어떤 나라에도 철도 부설권을 허가하지 않을 것이라 선언했다. 이후 열강의 철도 부설권 쟁탈전은 겉으로는 잠잠해졌지만, 물밑 경쟁은 더욱 치열해졌다. 일본은 모스가 경인선 부설에 자금난을 겪자 이를 인수하여 1897년 9월 착공했다.

대한 제국 정부는 열강들을 뿌리치고 1898년 8월 호남선 부설에 직접 뛰어들었다. 경인선이나 경부선 등은 포기하더라도 호남선만은 뺏기지 않으려는 의지였다. 하지만 거대 자본을 필요로 하는 공사인 만큼 안정적인 재정 지원 없이는 불가능했다. 결국 정부는 1904년 서오순 등 조선인 자본가에게 호남선 부설권을 특허했는데, 훗날 통감부가 군사상 중요한 특허권을 개인에게 주는 것은 부당하다며 대한 제국 정부를 압박했다. 유길준 등의 호남철도주식회사가 1908년 3월 하순 주식을 모집, 기공에 들어갔다. 호남선을 둘러싼 대한 제국, 조선 자본 대 일제, 일본자본의 새로운 대립 구도가 만들어졌다.

그러던 중 1907년 5월 통감부 철도 국장 등이 경제적인 이유를 들어 경목선이 시급하다며 철도 예정선인 이리, 장성, 나주, 목포 등을 시찰하면서 분위기가 급변했다. 결국 1909년 대한 제국은 당시 20만 9,435원에 호남철도주식회사의 특허권을 매입해 통감부에 사업을 넘겼다. 그해 하반기에 통감부는 3년간 3,682만 원의 예산으로 호남선과 경원선(경성-원산) 등을 설치하겠다는 안을 일본 의회에 제출했다. 호남선만은 지켜내겠다는 대한 제국의 노력은 물거품으로 끝났다.

황실은 민영 철도 부설 회사인 **부산 부하철도회사**, 대한철도회사 등의 설립에 관심을 보였고, 철도 부설을 모색했다. 하지만 이러한 사업들을 계획대로 추진하지 못했다.

고종이 러시아 공사관에 머물고 있던 1896년 7월 프랑스 피브릴르 사에 넘긴 경의선 철도 부설권에는 조선 정부가 소유권을 갖되 철도 부설 용지를 제공하며 특허일로부터 3년 안에 착공하고 착공 9년 안에 개통한다는 조건이 있었다. 그런데 피브릴르는 자금 부족으로 공사가 불가능해지자 일본에 이를 팔고자 했다. 일본은 피브릴르가 제안한 조건에 불만을 표하며 이를 거부했다. 경부선 건설에 전념하고 있던 일본에게 역부족이었던 것이다. 결국 부설권은 조선 정부에 회수되었다. 이때 철

부산 부하철도회사 1898년 5월 박기종이 설립한 한국 최초의 철도 회사. 물산 집결지인 낙동강 하단포에서 부산항까지 철도를 부설하고 이를 이용해 물산 수송뿐만 아니라 일본 등지로의 수출까지 모색했으나 자금 부족으로 중도 포기했다.

도 부설 운동이 일어났고, 박기종이 대한철도회사를 설립하고, 1899년 7월 경의선 사업권을 따냈다. 5년 안에 착공, 그 뒤 15년 안에 개통하고 이를 외국인에게 전매하면 안 된다는 조건이었다.

경의선 부설권이 조선인에게 넘어왔으나 상황은 그리 녹록치 않았다. 박기종은 부산 – 하단포 철도 건설 실패로 3만 5천 원의 부채를 지고 있었기 때문에 공사를 시작해야 했지만 돈을 마련할 길이 없었다. 이때 독립 협회를 중심으로 철도, 전신, 광산, 삼림 등에 대한 이권 수호 운동이 일자, 고종은 1900년 9월 궁내부 내에 서북철도국을 설치하고 사업권을 회수하여 직접 관리에 나섰다. 서북철도국은 정부 예산 300만 원으로 1902년 서울과 개성 구간의 기공식을 가졌다.

그런데 일본은 경부선과 경의선을 잇는다며 대한철도회사에 차관 제공을 미끼로 접근해 다시금 경의선 부설권을 따내고자 했다. 당시 러시아도 대한철도회사에 눈독을 들였으나 1904년 2월 러일 전쟁이 일어나면서 무위로 끝났다. 일본은 군용 철도 부설을 위한 임시 군용철도감부를 설치하고, 이를 한국 주재 일본군 사령관 예하에 전속시켰다. 이로써 서북철도국은 폐지되었고, 일제에 의해 1906년 4월 용산 – 신의주 간 철도가 완전 개통됐다. 1908년 4월부터 부산 – 신의주 간 직통 급행 열차인 융희호(隆熙號)가 운행되기 시작했으며, 1937년 7월 중일 전쟁을 계기로 복선화가 진행되었다.

| 식산흥업 정책과 황실 재정 확충 | 대한 제국은 상공업을 진흥, 육성시키고자 했다. 이를 통해 생활필수품을 자급자족하면 국내 재화의

해외 유출을 막을 뿐만 아니라 수출까지 가능할 것이라 기대했다. 정부는 직접 제조 공장을 설립하거나 민간 제조 회사를 적극 지원했다. 기술자를 양성할 목적에서 해외에 유학생을 파견하거나 기술 교육 기관을 설립했다. 그 결과 농업, 운수, 광업, 상사 등 많은 근대적 민간 회사들이 설립되었다.

국내 민간 회사들을 보호하려면 가장 먼저 강화도 조약 이후 조선에 진출한 일본의 제일은행, 제십팔은행, 십오팔은행 등의 금융 자본 독점을 막아야 했다. 당시 일본 은행들은 한국 화폐가 유통되지 못하도록 하여 한국의 금융권을 장악하고, 일본인의 정치적, 경제적 진출을 적극 지원하고자 했다. 그러자 일본 금융 자금의 침투에 위기를 느낀 사람들이 은행 경영의 필요성을 절감하고 은행 설립에 적극적으로 나섰다. 1897년 2월 김종한 등 대관귀족들이 중부 광교에 한성은행을 설립했고, 1899년에는 고종 황제를 비롯해 황실의 주도하에 내탕금 3만 원을 자본금으로 하는 대한천일은행이 설립됐다. 이 은행들은 일본의 금융 자본을 차단하면서 한국 금융의 중추적 역할을 담당했다. 하지만 1910년 경술국치 이후 한국인 은행들의 경영권이 일본인 수중으로 넘어갔다.

과학 기술을 응용한 각종 기계나 윤선 등도 제작되었다. 민간에서도 근대적 생산 공장이 설립되면서 생활용품을 공급했다. 특히 개항 이후 수입 면직물 제품이 국내 시장을 장악했지만 이를 자체 생산하면서 자립 기반을 마련하기도 했다.

상공업을 진흥시키려는 정책의 일환으로 근대적 상인, 기술자의 양성에도 힘을 기울였다. 그 결과 외국에 유학생을 파견했고, 상업 학교(1899)

1898년 인천 전환국에서 주조한 2전 5푼 백동화. 전면에 오얏꽃 문양에 한자로 2전 5푼(二錢五分), 후면에 쌍용 문양에 한자로 '대한(大韓) 광무(光武) 2년(二年)', '두돈오푼', '¼ YANG'이라 적혀 있다.

나 광무 학교(1901) 등의 공립 실업 학교를 설립했으며, 중학교에서도 실업 교육을 강조했다. 이는 사립 학교에도 영향을 미쳤다.

고종 황제는 부국강병을 실현할 개혁 방안을 마련하고 자금 확보에 나섰다. 하지만 강화도 조약 체결 이후 20여 년간 계속된 외세의 침략과 불평등한 무역 구조로 이윤을 얻기가 쉽지 않았다. 더욱이 국가 재정은 이미 만성적인 적자 속에서 허덕이고 있었다. 이에 고종 황제는 국가 재정의 건전성을 확보하고자 탁지부와 별개로 궁내부 소속 내장원을 설립했다. 책임자인 내장원경에는 고종 황제의 측근 이용익이 임명되었다. 이어 탁지부 또는 농상공부에서 관할하던 광산, 철도, 홍삼 제조, 수리 관개 사업 등을 내장원으로 이관하고자 했다. 황실에서 독자적으로 관장하던 전매 사업을 확대한 것이다. 그 결과 내장원은 전국의 역둔토를 차지했고, 탁지부 관할의 인삼 전매권을 넘겨받았다. 그 결과 1901년 이후 4년간 인삼 전매 등을 통해 벌어들인 수익은 약 948만 4천 냥으로, 같은 기간 내장원 전체 수입의 약 74%, 탁지부에 들어온 정부 실제 세입의 25.71%에 달했다. 특히 이용익은 마지막 보고인 광산 경영의 이권을 열강에 뺏기지 않으려 중요한 광산 대부분을 내장원에 이속시켰다. 그뿐만 아니라 화폐를 주조하는 탁지부 관할의 전환국을 인천에서 서울로 이전하고 이를 내장원에 이속시켰다. 그 뒤 화폐 가치를 무시한 채 백동화를 발행해 거기서 얻은 시세 차익으로 내장원의 금고를 채웠다. 또한 어기세(고기 잡는 그물), 해세(고기잡이배), 곽세(미역 따기), 염분세(소금 생산), 선세, 포사세(고기 파는 가게), 포세(포구 이용) 등 각종 세금을 신설하거나 정부로부터 넘겨받아 세금을 황실 재원으로 삼았다.

고종 황제는 내장원의 막대한 자금을 다음 4가지 목적으로 사용했다. 첫째, 고종 황제 자신의 권위를 세우고 국정을 장악하는 데 자금을 사용했다. 내장원을 통한 황실 재정이 늘어난 만큼 탁지부의 재정은 악화되었는데, 고종 황제는 이를 기회로 마음에 드는 정책에만 예산을 지원하며 국정을 주도해 나갔다. 둘째, 일제로부터 국내 산업을 보호, 발전시키는 데 자금을 지출하거나 광산 학교를 설립했다. 셋째, 황제 개인적인 용도로 사용했다. 넷째, 고종 황제 자신의 정적을 제거하기 위한 용도 및 친위군 육성에도 재정을 지원했다.

하지만 1904년 러일 전쟁 이후 국정이 일제에 의해 좌지우지되면서 고종 황제의 권력은 약화되어 갔다. 일제는 군사비를 삭감해 국방력을 무력화시켰다. 더구나 1905년 11월 체결된 을사늑약으로 통감부를 설치하면서 대한 제국의 국권이 유린되기 시작했다. 이를 회복하고자 고종 황제는 항일에 황실 재정의 중점을 두었지만, 때는 이미 늦어 그다지 성과를 거두지 못했다. 더욱이 일제가 황실 재정마저 해체하기 시작했다. 황실의 주요한 재원은 일제가 장악한 정부로 넘겨졌고, 황실 재산도 차례로 국유화되었다.

근대 우편 제도는 미국과 일본을 시찰한 홍영식이 주도했다. 1884년 홍영식은 서울에 우정총국을 창설하고 인천에 분국을 개설했다. 그러나 1884년 12월 홍영식이 가담했던 갑신정변이 3일 만에 진압된 이후 우정총국은 폐지되었고, 우편 제도도 중단되었다. 하지만 우편 제도의 필요성이 제기되면서 10년 뒤인 1895년 우정총국을 다시 설치했고, 우편 제도도 부활했다. 이후 서울과 각 지방에 우체사를 설치하고 중앙에는 통신원을 설립했다. 1900년에는 우체사 38개소, 임시 우체소 340개소로 늘어났으며, 이해에 만국우편연합(UPU)에 정식 가입하고 국제 우편 업무도 시작했다.

그러나 1905년 4월 〈한일 통신 협정〉을 체결하면서 420여 개 우편 기관이 일제의 손에 넘어갔다. 나아가 일제는 통신원을 폐지하고, 통감부에 통신 관리국을 두어 우리나라의 통신권을 빼앗았다.

전보 제도는 1885년 9월, 서울과 인천 간에 전신이 개통되면서 비롯되었다. 이후 서울에 한성총국, 인천에 분국을 설치했으며, 이어서 평양, 의주에도 분국이 만들어졌다. 당시 전신 시설은 청의 기기와 장비, 기술로 가설했기 때문에 전보국의 기술 요원 대부분이 중국인이었다. 전신 업무는 한자, 영어, 불어 전보만을 취급했고, 한글 전보는 없었다. 요금은 거리에 따라 산정하는 차등 요금제로 운영되었다.

1895년, 우정총국이 다시 생기면서 보통 서신 우편까지도 전보국에서 취급하게 했다. 전보국은 1897년에 전보사로 개칭되었는데, 서울에 총사를 두었고, 지방에는 크기에 따라 1등, 2등 전보사를 두었다. 하지만 1905년 전보사를 통신원에 이관했다. 이러한 체신 사무 요원의 양성을 위해 우편 학당, 전무 학당 등이 설립되었다.

우편 전보망이 전국으로 확대되자 1894년 한성 전보총국은 처음으로 전화를 가설했다. 우리나라 최초의 전화 통화는 1896년 10월 궁내부에 자석식 교환기를 설치하면서 비롯되었다. 1898년에는 궁내부 주관으로 경운궁에 전화를 설치했고, 그 이후 각 아문뿐만 아니라 인천에 있는 감리소까지 전화를 개통했다. 경복궁의 전화번호는 01 - 18960 - 0900으로 11자리였다. 당시 전화는 주로 고종과 신하들이 사용했다. 신하들은 고종에게 전화가 오면 절을 세 번 한 다음 무릎을 꿇고 전화를 받았다고 한다.

궁중 전용 전화기는 9대가 도입되었다. 전화기는 덕률풍(德律風), 득률풍(得律風), 전어기(傳語機) 등으로 불렸다. 일반 공중전화는 1902년 서울 - 인천 간 시외 전화가 개통되면서 가능해졌고, 같은 해 여름에는 서울에서 시내 전화 교환 업무가 개시되었다. 하지만 〈한일 통신 협정〉이 체결되면서 우편 기관과 마찬가지로 통신 주권도 일제에 빼앗겼다.

| 서울의 명물, 전차 |　　　1898년 10월, 콜브란(Corlbran)은 서울에 전차를 부설하고자 일본인 기술자들을 초빙했다. 서대문, 홍릉(청량리) 간 단선 궤도의 부설과 전기선 설치 공사에 착수해, 2개월여 만인 동년 12월 25일에 준공했다. 이에 필요한 발전소는 동대문 내에 부지를 마련하고 1899년 2월 공사를 마쳐 75kg 직류, 600볼트, 100마력의 기기를 설치했다. 전차는 모두 9대(개방식 8대, 황실용 1대)였는데, 몸체 따로 하체 따로 분해된 채 미국에서 인천항으로 들어와 다시 범선에 실려 한강을 거슬러

보신각 앞에 선 전차

올라왔다. 1899년 5월, 초파일(음 4월 8일)에 맞춰 동대문 앞에서 개통식을 화려하게 진행했다. 여기에 고종 황제가 친히 참석하여 시승한다는 소문에 종로는 인산인해를 이뤘다. 당시 사람들은 전차를 '서양 쇠 당나귀'라 불렀다.

전차는 돈의문(새문)에서 종로를 거쳐 동대문 밖 청량리까지 이어졌다. 당시 전차는 '전기 철도', '전기거', '전거' 등으로 불렸으며, 놀라운 근대 문물의 상징이었다. 1881년 독일 베를린에서 전차가 세상에 선을 보인 이후 1894년 동양 최초로 일본 교토에 등장했고, 그로부터 5년 뒤에 서울에도 전차가 모습을 드러낸 것이다. 요금은 서대문 – 종로, 종로 – 동대문, 동대문 - 청량리 등 3구간으로 노선을 나누고 구간별로 책정되었다. 1902년까지 창문이 있는 중간 상등실은 한 구간에 3전 5푼, 창문이 없는 하등칸은 1전 5푼이었다. 진귀한 전차를 타 보려고 전국에서 몰려든 인파로 서울 종로는 연일 진풍경을 자아냈다.

하지만 전차 개통식 직후에 어린아이가 전차에 치여 죽는 사건이 발생했다. 사고를 낸 운전수가 달아나자 격분한 군중들이 전차를 불태우기도 했다. 이에 신변의 위험을 느낀 일본 교토전기철도 소속 운전수와 기술자들이 사직하는 바람에 전차는 개통하자마자 여러 달 동안 운행이 중단되었다.

그럼에도 전차 '효도 전차계'가 등장할 정도로 인기를 끌었다. 광화문통, 남대문통, 황금정통, 용산, 마포 등의 노선이 추가, 연장되었으며, 부산과 평양에도 전차가 등장했다.

이처럼 한때 근대 문명의 상징이었던 전차는 1968년에 이르러 낙후된 교통수단으로 치부되어 이 땅에서 완전히 사라졌다.

| **양전 사업 실시** | 광무개혁에서 가장 역점을 둔 것은 양전 사업이었다. 농지를 조사, 측량하여 실제 작황을 파악하는 양전 사업은 정부의 세금 확보 차원에서 전통 시대에도 중시한 사업이었다. 양전 사업은 갑오개혁 당시부터 정부의 재정 확충과 동학 농민 운동 당시 제기된 전정(田政)의 수습책으로 추진하고자 했다. 하지만 국내외의 불안정한 정치 상황으로 여의치 않자 실시되지 못했다.

그러나 양전 사업은 언제까지 미뤄 둘 수 없는 중요한 과제였다. 고종

황제는 양전 사업에 가장 많은 자금과 인력을 투자했다. 전국 토지의 정확한 규모와 소재를 파악하고 합리적인 세금을 부과해 정부 제도의 개편 및 증설에 따른 재정 수요를 충당해야만 했던 것이다.

정부는 1898년 양지아문을 설치하고 외국인 측량 기사를 초빙하여 1899년부터 양전 사업을 본격적으로 실시했다. 그 결과 1901년 11월까지 전국 331개 군 중 124개 군에서만 양전 사업을 실시했다. 당시 양전 사업은 예전과 완전히 다른 방식이었다. 우선 새롭게 토지를 측량해서 지번(地番)을 매겼고, 지형을 도시(圖示)했으며, 면적을 척수(尺數)로 표시했고, 등급에 따라 결부수(結負數)를 산출해 기록했다. 또한 토지에 지주와 소작인의 이름도 기록했다. 이남 지역에서는 강원도를 제외한 전 지역에서 실시했고, 이북에서는 황해도를 제외한 대부분 지역에서 시행하지 못했다. 양전 사업이 왕실과 관련된 궁방전이나 역둔토에 집중되었기 때문이다. 하지만 이마저도 1901년 12월 흉년에 중단되고 말았다. 이때 작성된 양안(量案)은 사업이 채 마무리되지 못했기 때문에 현실적으로 사용되지 못한 채 사장되었다.

이어 땅문서인 지권을 발급하기 위해 지계아문을 설치했다. 지계 발행은 성격상 양전 사업과 별개의 사업이 아니었기 때문에 1902년 3월 양지아문은 지계아문에 통합되어 토지 측량과 함께 토지 소유 증명서를 발급했다. 그 결과 제1차 양전 사업, 제2차의 양전 지계 사업은 전국 군, 현의 약 3분의 2에 달하는 218개 군에서 시행되었다.

하지만 지계아문은 1904년 탁지부 산하 양지국으로 축소 개편되었고, 러일 전쟁 이후 양전, 지계 사업은 중단되었다. 더욱이 일본인 재정 고문 메가다[目賀田種太郎]가 고용되면서 양전 사업은 영원히 중단되었다. 그 뒤 1912년 조선 총독부가 '조선 토지 조사 사업'이란 이름으로 강제적으로 시행했다.

| **서울의 도시 정비 사업** | 조선 건국 초기 종로와 숭례문을 연결하는 간선 도로는 폭이 50~80척 정도였다. 하지만 18세기 이후 상업 발달과 인구 증가로 도로는 점점 좁아졌다. 이를 확장해야 한다는 주장이 제기되었지만, 특별한 대안이 없어 흐지부지 되었다. 그 뒤 고종이 러시아 공사관으로 파천해 있던 1896년 9월경부터 도로 정비 사업을 추진해 그해 11월경 가가(假家) 철거 작업을 마무리했다. 이에 대해 독립 협회는 문명 진보의 길로 들어섰다며 높이 평가했다.

또한 경운궁 앞에 방사선 도로를 건설하면서 도시 구조가 크게 바뀌었다. 이는 19세기 중엽 이후 구미 각국의 대도시에서 유행한 것도 있지만, 경운궁의 정문인 인화문이 제구실을 못했기 때문이다. 인화문은 지금은 사라지고 없지만 경운궁 정남쪽인 지금의 서울시청사 별관 근처에 위치해 있었다. 인화문은 지형상 앞이 가로막혀 답답하고 정면으로 도로가 뻗어 갈 수 없었다.

1899년 숭례문 – 용산, 새문 – 삼개, 염창교 – 삼개 등의 새로운 도로를 만들어 성 밖의 상공업 지대와 연결시켰다. 또한 이들 도로와 성 밖

가가 옮기기 쉽게 임시로 짓던 집. 보통 단칸에 문짝이나 들창이 따로 없고 맨바닥이 일반적이며, 지붕은 이엉이나 띠로 덮었다. 난전을 열 때 많이 사용했고, 군인들이 수직처에서 떨어진 곳에서 번을 설 때, 공사장에서 햇볕이나 비를 가려야 할 때, 성을 쌓거나 도로를 만들 때에도 이를 지어 사용했다.

의 의주로(숭례문 – 독립문)를 이어지도록 해 도로 간 연결성을 높였다. 이후 경운궁 앞이 서울의 중심지로 변모하기 시작했고, 대안문을 주 출입문으로 사용했다. '군왕남면설(郡王南面說)', 즉 군왕은 남쪽을 정면으로 바라보아야 한다는 원칙을 깬 획기적인 변화였다. 더욱이 대안문 앞의 광장은 군대 사열, 복합 상소, 군중집회 등의 장소로 변모했다.

| 애국가 제정 | 고종 황제는 백성의 애국심을 고취하고자 국가(國歌)를 제정했다. 1902년 8월 프란츠 에케르트가 작곡한 곡이었다.

〈대한 제국 국가〉
상뎨(上帝)는 우리 황뎨를 도으소셔
셩슈무강(聖壽無疆)하사
해옥듀(海屋籌)를 산(山)갓치 쌓으시고
위권(威權)이 환영(環瀛)에 떨치사
오천만세(於千萬歲)에 복록(福祿)이
일신(日新)케 하소셔
상뎨(上帝)는 우리 황뎨(皇帝)를 도우소셔

민영환은 '군악은 인간의 마음을 감동시키는 큰 위력 (중략) 이 애국가를 부름으로써 우리 군인들은 (중략) 나라에 충성심을 불러일으키리라'라는 취지문과 함께 작곡한 국가를 우방 50여 개국에 배포했다. 에케르트는 대한 제국 국가의 작곡과 음악 교육을 위한 공로를 인정받아 1903년 대한 제국 정부로부터 태극훈장을 받았다. 하지만 국가는 1910년 일제에 의해 금지곡으로 지정되었다.

| 그 외 개혁들 | 연해주와 만주 등지로 이주한 교민을 보호하고자 해삼위 통삼사무관, 북간도 관리서를 설치했으며, 특히 만주를 영토로 편입하고자 했다.

이 외에도 전국 호수와 인구를 자세히 기록하기 위한 호적 제도 신설, 순회 재판소 설치, 종합 병원인 광혜원과 구휼 기관 등을 설립했다. 의사 양성을 위한 경성 의학교도 설립했다. 을미 의병 당시 폐지되었던 단발령을 다시 실시했으며, 관원들은 관복 대신 양복을 입게 되었다.

광무개혁의 역사적 의미와 한계

고종 황제는 광무개혁을 통해 단기간에 정치, 경제, 군사 면에서 근대화의 기틀을 마련하고자 했다. 그는 부국을 꿈꾸며 궁내부와 내장원의 기능을 강화하고 원수부를 통해 강병을 추구해 대한 제국을 근대 국가로 발돋움시키고자 했다. 그러나 이는 전제 군주제와 만국공법 질서를 바탕에 두고 황제권 중심의 내적 통합과 한국을 둘러싼 러시아와 일본 간에 세력 균형이 이뤄져야 가능했다. 먼저 대내적으로 정치적 반대파를 이용해 기득권 세력을 적절히 통제하여 황제의 의지를 관철하는 고도의 정치력이 필요했다. 대외적으로는 러시아와 일본 어느 한 나라에 치우치지 않고 국익과 자주성을 지켜야 했다. 이를 위해 고종 황제는 전제권을 강화하고, 각 정치 세력을 서로 견제시켰으며, 대외적으로 중립화를 시도했다. 이러한 점에서 광무개혁은 근대 국가로 이행하기 위한 우리 나름의 근대화 시도였던 셈이다.

그런데 광무개혁은 황제권을 약화시키려 했던 입헌 군주제 지향의 독립 협회 등 민권 운동을 탄압하고, 오로지 황실의 존립과 국가 독립만을 위한 보수 반동적인 경향이 강했다.

1904년 2월 러일 전쟁 이후 1910년 8월 일제 강점에 이르기까지 통감부가 주도한 시정 개선 사업 등은 1907년 7월 고종이 강제 폐위되기 전까지 많은 개혁 지향 지식인들에게 일제에 대한 경계심보다는 상당한 기대감을 갖게 만들었다. 이들은 고종 황제의 광무개혁과 대한 제국에 대해 비판적이었기 때문이다.

광무개혁의 가장 큰 문제점은 개혁에 소요되는 재정적 뒷받침이 없었다는 점이다. 제도의 개편과 증설로 재정 수요가 늘어났지만 세원(稅源)은 늘어나지 않았고, 그마저도 황실에 잠식당했다. 정부는 재정을 마련하고자 러시아, 영국, 미국 등에 차관을 교섭했으나 여의치 않았다. 양전 사업 또한 재정 수입을 늘릴 목적으로 시행되었지만, 일제에 의해 중단되고 말았다. 정부는 궁여지책으로 실질 가치보다 명목 가치가 높은 백동화를 주조해 급증하는 재정 수요에 충당했다. 한때 〈화폐 조례〉를 제정하여 금 본위제를 채택했으나 본위화인 금화를 발행하지 않고 백동화만 계속 남발했다. 1904년 당시 그 액수는 전환국 화폐 주조 총액의 88%를 차지할 정도였다. 이렇듯 백동화의 남발은 정부의 재정 상황을 더욱 어렵게 만들었고 백성의 경제생활을 위협했다.

정부 재정 악화는 관리의 봉급마저 제대로 지급하지 못하는 사태로 이어졌다. 국방력 강화를 위해 중앙군과 지방군을 증강했지만, 재정 부족으로 제대로 운용되지 못하였으며, 학교 또한 축소가 불가피했다. 다른 개혁들도 성과를 거두지 못하는 지경에 이르렀다. 이를 개선하려는 노력은 정당성이 결여되어 백성의 마음을 움직이지 못했다. 황실 재정을 마련하고자 갖은 명목의 잡세를 부활시켰고, 탁지부나 농상공부가 관할해야 하는 홍삼, 광산, 둔토, 철도, 어세, 염세, 선세 등을 궁내부가 담당하게 했으며, 외국인에게 백동화 주조권을 특허하는 바람에 백성의 생활은 더욱 어려워졌고, 국가 재정은 파탄 지경이 되었다.

제4장

통감부의
국권 유린과
구국 운동

러일 전쟁 발발과 〈한일 의정서〉 체결

청일 전쟁에서 승리하며 자신감을 얻은 일본은 러시아와의 결전을 준비했다. 그전에 일본은 1902년 1월, 러시아의 동쪽 진출을 막고 동아시아의 이권을 함께 나눠 가진다는 영일 동맹을 체결했다. 식민지 쟁탈전에 러시아가 끼어드는 것을 용납할 수 없었던 영국으로서도 필요한 조처였다. 이어 1903년 8월 일본은 한국과 만주를 둘러싼 러시아와의 협상이 결렬되자 곧장 전쟁 준비에 돌입했다. 이를 위해 일본 각의는 1903년 12월 말 영국, 미국의 지지 속에 한국을 자신들 식민지로 만든다는 〈대한 방침〉을 결의했다.

일본은 러일 전쟁을 위한 막대한 군비를 쏟아붓고 있었다. 청일 전쟁 당시 일본은 육군이 7개 사단에 불과했는데, 이를 13개 사단으로 늘렸다. 1905년에는 4척의 전함, 11척의 순양함을 새롭게 구축해 해군력을 1만 1천여 톤에서 15만 3천여 톤으로 증강했다. 이렇듯 전쟁 준비를 마친 일본은 1904년 2월 러시아 해군이 주둔하고 있던 중국 뤼순항을 기습 공격했고, 이어 인천항에 정박 중이던 러시아 군함을 격침했다. 러일 전쟁이 발발한 것이다.

한편 러일 전쟁의 기운이 감돌자 고종 황제는 서둘러 1904년 1월 중립을 선언했다. 하지만 국력이 약한 대한 제국의 중립 선언을 인정할 나라는 없었다. 더욱이 한국의 도움 없이는 러일 전쟁을 치를 수 없었던 일본은 이를 무시하고 일본군을 서울에 진주시켰다. 그 뒤 군사적 공포 분위기 속에서 일본 공사 하야시 곤스케[林權助]는 고종 황제의 최측근이었던 이용익 등의 거센 반대 속에 외무대신 서리 이지용을 앞세워 1904년 2월 〈한일 의정서〉를 체결했다. 이는 '일본은 대한 제국에서 정치적 변란이 있을 경우 군사를 출동시킬 수 있고, 이에 대한 제국 정부는 협조해야 한다'라는 조항이 포함된 공수 동맹의 성격이 강했다. 청일 전쟁 당시 〈조일 공수 동맹〉과 같은 기조였다. 이로써 일본은 러일 전쟁의 군사 기지를 마련했을 뿐 아니라 한국 침략의 교두보도 확보할 수 있게 되었다. 한국은 청일 전쟁 당시와 마찬가지로 또다시 전쟁터가 되었다.

일본은 교묘하게 한국 침략의 속셈을 감추고자 러일 전쟁을 동양과 서양 간의 전쟁으로 몰아갔다. 1907년 4월 고종 황제의 특사로 파견되었던 이준도 일본이 '같은 황인종으로서 한국의 독립을 러시아로부터 지켜 준다'라고 믿어 부상당한 일본군을 치료해 주고 일본 적십자사에

휼병비를 보내자는 모금 운동을 전개하기도 했다. 일본에 망명해 있던 손병희는 일본 육군성에 군자금 1만 원을 기부했다. 그런데 이들이 러일 전쟁을 일본의 한국 침략 전쟁이라고 제대로 인식한 것은 1904년 6월 일본이 황무지 개척권을 요구하면서다. 이때 당시 지식인들은 러일 전 쟁을 두고 '근대 이후 서양과 동양이 맞붙은 최초의 큰 전쟁'이라며 의 미를 부여했는데, 이를 경계해야 할 것이라 주장한 것이다.

한편 한국과 공수 동맹을 체결한 일본은 병력과 군수품의 원활한 수 송을 위해 경부선, 경의선 부설을 서둘렀고, 한국의 통신 사업을 강제로 빼앗았다. 이때 수많은 한국 농민들이 철도 부설 공사에 강제 동원되어 하루 12시간의 중노동에 시달렸다. 철도 부설 토지의 보상금은 시세의 10%에도 못 미칠 정도로 형편없었다. 한국인은 거의 땅을 빼앗기고 쫓 겨나는 신세가 되었다. 또한 선로와 전신선을 끊으려던 많은 의병이 일 본군에 희생되었다.

이런 가운데 1904년 3월 용산에 한국 주차군 사령부를 설치하고 1개 연대 4,300여 명의 일본군을 서울, 부산, 원산 등 주요 거점에 집중 배치 했다. 그 뒤 일본군은 점차 늘어나 한반도에 2개 사단(약 1만 6천 명) 병력 이 주둔했다. 이 과정에서 많은 한국인이 땅을 빼앗기고 거리로 내몰렸 다. 특히 용산에 사령부가 설치된 뒤 1945년 8월 해방 후에는 주한 미군 이 그곳에 자리 잡아 지금에 이르고 있다.

러일 전쟁에서 주도권을 잡은 일본은 1904년 5월 말 〈대한 방침〉 및 〈대한 시설 강령〉 등을 잇달아 결의하고, 적당한 시기에 한국을 '보호국 화' 또는 '병합'한다는 원칙을 세웠다. 한국 내 일본군의 영향력을 확대해 한국군을 해산시키고, 재정권을 비롯해 교통, 통신 시설, 농업, 임업, 광업, 어업 등 경제 분야 등을 완전히 장악한다는 것이다.

일제는 이를 구체화시킬 요량으로 1904년 8월 〈한일 외국인 고문 빙용에 관한 협정서〉를 강제 체결했다. 이를 '제1차 한일 협약'이라고 하는데, 이는 잘못이다. 일본이 자신들의 침략 과정을 정리하면서 붙인 용어인 것이다. 을사늑약을 '제2차 한일 협약', 정미7조약을 '제3차 한일 협약'이라 하지만, 정식으로 '한일 협약'이라 불리는 조약은 〈정미7조약〉뿐이다.

일제는 〈한일 협정서〉를 체결하고 자신들이 추천한 인물들로 재정 고문과 외교 고문을 임명했다. 1904년 10월 일본 내각의 주세국장 메가다가 재정 고문으로, 같은 해 12월에는 20여 년간 일본의 외교 고문을 지낸 미국인 스티븐스(D. Stevens)가 한국으로 건너왔다. 이로써 한국은 재정, 외교에 관해서는 이들의 자문을 받아야 했다. 특히 외국과의 조약 체결이나 중요한 외교 안건은 일본 정부와 상의한 뒤 시행해야만 했다. 그런데 일제는 〈한일 협정서〉에 명시되지 않은 궁내부, 학부, 군부에도 일본인 고문 혹은 참여관을 두었다. 이러한 일본인 고문 밑에 다시 수십 명의 일본인 보좌관이 임명되어 한국 내정에 간섭했다. 때문에 이를 '고문 정치'라 한다.

1904년 12월, 〈외교관 및 영사관 관제 폐지에 관한 건〉이 공포된 이후 미국, 청, 독일, 일본, 프랑스 등 각국 주재 한국 공사관들이 철수했고, 공사관 기록 및 영사관 재산은 해당국의 일본 공사가 관리하게 되었다. 한국인의 여권 발급도 일본 영사관으로 넘겨졌다. 한국인은 일본의 허락 없이는 어느 누구도 외국으로 자유롭게 나갈 수 없게 되었다.

한편 일본은 1905년 1월 〈화폐 조례〉를 공포해 한국 화폐인 백동화와 엽전을 강제로 일본 화폐인 원(圓)으로 교환하도록 했다. 이는 기존은 본위제를 일본과 같은 금 본위제로 전환하고 화폐 발행을 일본제일은행으로 일원화시키고자 한 것이다. 이로써 화폐 남발에 의한 인플레이션은 진정되었으나, 화폐 발행권이 일제에 넘어가면서 한국인은 막대한 손실을 입어야만 했다. 더욱이 일본 화폐로 교환하는 과정에서 일본인 소유의 백동화는 대부분 '갑' 등급을 받았지만 한국인은 '을'로 판정받았다. 그 결과 일본인은 폭리를 취했지만, 교환을 거부한 수많은 한인 상인과 일반인은 파산했다.

그 뒤 1905년 중순경에 불어닥친 금융 공황으로 민족 자본은 맥없이 무너졌고 일본 자본에 잠식당했다. 민족 은행이었던 대한천일은행, 한성은행 등이 중앙은행 격인 일본 제일은행의 지배하에 들어갔다.

일제의 한국 '보호국화' 추진

1905년 5월, 일제는 러시아의 막강한 발트 함대를 대한 해협에서 침몰시키면서 러일 전쟁에서의 승리를 완전히 굳혔다. 이후 미국 루스벨트 대통령이 러시아, 일본 양국의 중재에 나서면서 강화 회담의 물꼬가 트였다. 일제는 이를 기회로 한국의 외교권을 장악하는 동시에 서울에 주차관을 파견해 내정을 간섭하여 '보호국화'를 추진하려는 흑심을 드러냈다. 강화 회담이 열리기 직전에 일제는 미국과 영국 두 나라로부터 한국의 '보호국화'에 대해 묵인 혹은 내락을 받고자 했다. 청일 전쟁에서 승리하고도 삼국 간섭에 랴오둥반도를 도로 내놓아야 했던 값비싼 경험에 의한 것이었다.

일제는 1905년 7월 미국과 가쓰라 밀약을 체결해 미국이 필리핀을 통치하고 일본은 한국을 '보호국'으로 만드는 데 합의했다. 당시 미국의 한국에 대한 입장은 루스벨트의 발언에서 확인된다. 루스벨트는 러일 전쟁 당시에 "1900년 이래 한국은 자치할 능력이 없기 때문에 미국은 한국에 대해 책임을 져서는 안 되며, 일본이 한국을 지배해 한국인에게 불가능했던 법과 질서를 유지시키고 능률 있게 통치한다면 만인을 위해 보다 좋을 것이라 확신한다."라며 일본의 한국 지배를 용인한 바 있었다.

이어 일제는 1905년 8월 제2차 영일 동맹을 체결했다. 영국은 일본이 한국에서 갖는 정치적, 경제적, 군사적 이익을 보장하며, 일본은 영국의 인도 지배 및 국경 지역에서의 이익을 옹호한다는 것이었다. 당시 주영 일본 공사 하야시는 "동양 평화를 이룰 수 있는 길은 영국과의 동맹뿐"이며, "조선의 사활적(死活的) 이해(식민지)가 동맹의 조건"이라 주장하기도 했다.

이러한 국제적인 분위기 속에서 1905년 9월 포츠머스 강화 조약이 체결되었지만, 그 과정은 순탄치 않았다. 한국의 주권 문제를 둘러싼 일본과 러시아 양측의 입장이 팽팽하여 쉽게 결론을 내지 못했다. 결국 조약 본문에는 한국의 주권과 관련한 내용이 기재되지 않았지만, 일본의 결의안은 회의록에 삽입되었다. 전문 조약에 '러시아는 일본의 한국에 대한 정치, 군사, 경제적인 우월권과 지도, 감독권을 승인한다'라고 되어 있지만, 결의안에는 '일본국 전권 위원은 (……) 한국의 주권을 침해할 경우에는 한국 정부와 협의한 후에 이를 집행할 것'이란 내용이 포함되었다. 한국 정부의 동의만 얻으면 일제의 주권 침해도 가능하게 되었고, 실제로 2개월 후에 을사늑약이 체결됐다.

　당시 국제 관계에 어두웠던 고종 황제는 외교전을 펼쳐 주권을 지킬 수 있을 것이라 믿었다. 고종 황제는 1882년 미국과 체결한 조약 가운데 '제3국이 만약에 어떠한 불공평한 일이나 경멸하는 일이 있을 때 일단 확인하고 서로 도와주며 중간에서 잘 조처하여 두터운 우의를 보여준다'라는 내용을 그대로 믿은 것이다. 러일 전쟁 중 1904년 12월 고종 황제는 주일 공사 조민희를 통해 한국의 독립 유지에 미국이 전력해 주길 바란다는 밀서를 미국 국무장관에게 보냈다. 1905년 8월에 이승만과 하와이의 윤병구는 교민 8천여 명을 대표해 루스벨트를 만나 일본의 한국 침략을 폭로하고 미국 지원을 요청했다. 또한 고종 황제는 을사늑약 체결 1개월 전인 1905년 10월 헐버트를 통해 친서를 루스벨트에게 보내기도 했다. 하지만 어느 것 하나 받아들여지지 않았다. 미국은 이미 일본의 한국 '보호국화'를 승인한 뒤였기 때문이었다.

　한편 고종 황제는 1905년 3월 러시아 차르에게도 밀서를 보냈다. 내용은 '러일 전쟁이 1년을 넘기며 러시아군이 점차 한국을 떠나가면서 일본의 한국에 대한 압제가 날로 심해지니 (……) 러시아의 은혜로 일본군을 내쫓거나 혹은 정책으로 일본의 폭압을 물리칠 수단을 여쭈고자 (……)'한다고 했지만, 러일 전쟁에서 밀리고 있던 러시아로서는 한국을 지원할 입장이 아니었다. 오히려 일본은 미국, 영국, 러시아로부터 한국에 대한 우위를 점하게 되자, 즉시 한국의 '보호국화'를 추진해 나갔다. 1905년 10월 일본 각의는 '한국에 대한 보호 조약' 원안을 작성하고 이토 히로부미[伊藤博文]를 파견하여 11월 초순에 이를 마무리한다는 계획을 세웠다. 이에 앞서 일시 귀국했던 주한 공사 하야시[林勸助]는 다시 한국으로 되돌아가서는 조선 주둔군 사령관 하세가와[長谷川好道]와 함께 사전 준비 작업에 들어갔다. 이때 친일 단체인 일진회는 한국 보호 조약 필요성을 떠들고 다녔다. 하야시는 한국의 원로대신들을 교묘히 조정해 고종 황제의 의사를 떠보기도 하고, 학부대신 이완용을 매수해 보호 조약에 적극 나서도록 했다. 또한 하야시는 증파된 일본군을 한국의 주요 도시에 배치해 위압적인 분위기를 조성했다.

을사늑약 체결

1905년 11월, 한국에 들어온 이토는 고종 황제를 알현하고 일본 왕의 친서를 전달하는 것으로 한국의 '보호국화'를 시작했다. 1주일 뒤 다시 고종 황제를 찾은 이토는 조약문을 제시하면서 "체결을 거부하면 더 심각한 곤란에 처할 것"이라며 위협했다. 고종 황제는 매우 중대한 문제이기 때문에 정부 대신들과 논의해야 하고 백성의 의향도 살펴야 한다며 즉답을 피했다. 이때 하야시 공사는 외무대신 박제순을 만났고, 각 대신을 일본 공사관으로 불러들여 조약 체결에 협조를 요구했으나 대

을사오적, 박제순, 이완용, 이근택, 이지용, 권중현

신 대부분은 손사래를 쳤다. 다만 대신들은 고종 황제에게 이를 아뢴 뒤
에 확답하겠다며 자신들의 입장을 유보했다.

　이토는 서울에 머문 지 열흘이 다 되어도 조약 체결에 별다른 진척
이 없자, 대신들의 요구에 따라 어전 회의를 열도록 했다. 남산에 대포
가 설치되었으며 무장한 일본군이 시내를 시위 행진하였고, 어전 회의
가 열리는 중명전을 에워쌌다. 공포 분위기 속에서 고종 황제가 주재한
가운데 대신 회의가 열렸고 조약 체결은 거부되었다. 이후 하야시 공사
가 참석한 가운데 대신들끼리 회의를 계속했지만 의견 일치를 보지 못
하자, 손탁 호텔에 머물고 있던 이토가 직접 나섰다. 이토는 다시금 회
의를 열도록 했으나 한규설은 불가하다며 옥신각신했고 끝내 그 말을
듣지 않았다. 이에 이토는 고종 황제를 알현하고자 했지만, 고종 황제는
목에 질환이 있다며 사양하고 그를 물리쳤다. 이토의 거듭된 알현 요청
에 고종 황제는 "만나 볼 필요가 없다. 물러나 정부의 여러 대신과 협의
하라."라고 했다. 결국 자리에 돌아온 이토는 대신 회의 개최를 거듭 반

을사늑약이 체결된 경운궁 내 중명전

대하는 한규설을 옆방에 감금하고 여러 대신들에게 조약 협의를 윽박
질렀다. 밤 12시가 넘어가자 초초해진 이토는 다수결로 조약 체결 가부
를 결정한다고 해놓고서는 대신들에게 각자 의견을 물었다. 이하영과
민영기는 반대 입장을 분명히 했지만, 이완용, 박제순, 이지용, 이근택,
권중현 등은 조건부 찬성을 했다. 이토는 '가'가 많고 '부'가 적다며 조약
성립을 일방적으로 결정했다. 이토는 참정대신이 도장을 찍지 않아도
상관없다며 박제순에게 외부 도장을 가져오도록 하여 조약문에 도장을
찍었다. 이때가 11월 18일 오전 1시쯤이었다.

을사늑약은 대한 제국의 합법적 동의를 얻어 내지 못했기 때문에 성
립할 수 없다. 한일 간의 조약 체결이라고 하지만 애초부터 조약 명칭이
부여되지 않았고, 일본군을 앞세운 강압적인 분위기 속에서 이뤄졌으

며, 고종 황제의 인준도 받지 못하고 절차를 무시한 불법적인 조약이기 때문이다. 그럼에도 일제는 이를 '제2차 한일 협약', '한일 신협약' 혹은 '을사 보호 조약'이라는 이름으로 부르며 합법적인 조약인 양 떠벌렸다.

그럼에도 일본 정부는 '한국의 외국에 대한 관계 및 사무를 감리, 지휘하고, 한국 정부는 일본 정부의 중개 없이 국제적 성질을 갖는 조약을 체결하거나 약속할 수 없으며, 이를 위해 한국에 통감 1인을 두고, 일본 정부는 한국의 각 개항장 및 그들이 요구하는 지역에 이사관을 설치할 수 있는 권리를 갖는다'라는 규정을 이유로 대한 제국의 외교권을 빼앗아 자주적인 외교 활동을 원천 차단했다.

외교적 저항

1905년 11월 18일 아침, 을사늑약이 체결되었다는 소식에 학생들은 등교를 포기한 채 귀가했고, 관료들 또한 업무를 전폐했으며, 상인들은 가게 문을 닫고 울분을 달랬다. 지방 유생들은 서울로 몰려와 조약 폐기를 외치고 조약에 찬성한 5대신을 '매국 오적'이라 매도하면서 처벌을 요구했다. 〈황성신문〉은 일제의 엄격한 검열에도 이를 세상에 알려 여론을 환기시키는 데 가장 앞장섰다. 황성신문사 사장 장지연은 〈황성신문〉 1905년 11월 20일자에 '이날에 목 놓아 통곡하노라'라는 뜻의 〈시일야방성대곡(是日也放聲大哭)〉이란 제목으로 사설을 게재했다.

고종 황제는 을사늑약 체결 직후 독일에 있던 민철훈에게 긴급 전보를 타전했다. 민철훈은 1900년 11월 이후부터 1904년 2월까지 독일 특명 전권 공사를 지냈고 그 후에는 미국 주재 특명 전권 공사가 되었으나 1905년 6월 열리는 빌헬름 황태자의 결혼식 참석차 독일에 머물고 있었다. 고종 황제는 전보에서 '일본 정부는 이토 후작을 한국 통감으로 임명하도록 짐을 압박하고 있고 대한 제국의 외교권을 넘겨받으려고 한다. 이것은 국제법적 관점에서 용납이 안 된다'라며 황실과 대한 제국이 시급히 위기에서 벗어나 독립을 보장받을 수 있도록 독일 정부에 도움을 요청할 것을 명령했다. 이러한 고종 황제의 판단은 러시아와 가까운 독일이 실질적인 도움을 줄 것이라 믿었기 때문이다.

이어 고종 황제는 미국 워싱턴에 있는 헐버트에게 한 통의 전문을 보냈다. 이에 따르면, '짐은 최근에 한국과 일본 사이에 체결된 보호 조약이 일본의 위협과 협박을 받아 강압적으로 맺어진 것이므로 무효임을 선언한다. 짐은 거기에 동의한 일도 없으며, 또 앞으로 결코 그럴 리가 없을 것이다. 미국 정부에 이 사실을 전하라'라고 했지만, 이미 미국은 을사늑약을 인정하고 있었기 때문에 아무런 소용이 없었다.

고종 황제는 이에 그치지 않고 1906년 1월 그의 측근이었던 프랑스인 광산 검찰관 **트레뮬레**에게 프랑스 대통령과 독일 황제에게 보내는 밀서를 전달했다. 고종 황제는 일본의 침략과 핍박이 날로 심해지더니

트레뮬레 프랑스인 트레뮬레(Trémoulet, 攄來物理)는 1895년 광학국 고빙원으로 조선에 건너왔다. 1899년 6월에는 그다음 해에 개최되는 프랑스 만국 박람회 한국 박물국 사무위원으로 추천받기도 했지만 성사되지는 않았다. 그 뒤 그는 1900년 12월 광무 학교를 설립하는 데 애를 썼으며, 궁내부 광산 검찰관으로 근무하면서 경시예식 사무위원, 인천 감리서 주사, 박문원 찬의 등을 역임했다. 1905년 7월 광산 검찰관직에서 해고되었다.

결국 대한 제국의 외교권을 박탈해 자주권을 크게 훼손시켰다며 한국이 독립국으로 유지될 수 있도록 적극적인 도움을 요청했다.

그뿐만 아니라 고종 황제는 을사늑약에 따라 통감부 설치가 임박하자, 1906년 1월 을사늑약 무효와 통감의 파견을 반대하는 국서를 작성해 영국 〈트리뷴(Tribune)〉지 한국 특파원 더글러스 스토리(Douglas Story) 기자에게 전달했다. 국서에는 별도의 제목 없는 6개 조항과 대한 제국의 공식 외교 문서를 확인시켜 주는 '대한국새'가 찍혔다. 스토리 기자는 귀국하여 〈트리뷴〉 1906년 12월 1일자에 이를 보도했다.

영국인 베델(Bethel)이 경영하던 〈대한매일신보〉는 1907년 1월 16일자 신문에 〈트리뷴〉에 실린 〈조약 무효 선언 국서〉를 다시금 게재했다.

1. 1905년 11월 17일 일본 공사와 박제순이 체결한 5조약은 황제께서 처음부터 인허하지도 친압[서명]하지도 않았다.

2. 황제께서는 이 조약을 일본이 멋대로 반포하는 것을 반대했다.

3. 황제께서는 독립된 황제권을 다른 나라에 양여한 적이 없다.

4. 일본이 외교권을 늑약한 것도 근거가 없는데 하물며 내치상에 한 가지 문제라도 어찌 인준을 하겠는가.

5. 황제께서는 통감이 한국에 머무르는 것을 허락한 바 없고 황제권을 털끝만큼도 외국인이 마음대로 하도록 허락한 적이 없다.

6. 황제께서는 세계 각 대국이 한국 외교를 다함께 보호해 주기를 바라옵고 기한은 5년 이내로 확정했다.

시일야방성대곡

지난 번 이등(伊藤) 후작이 내한했을 때* 어리석은 우리 인민들은 서로 말하기를, "후작은 평소 동양 삼국의 정족(鼎足) 안녕을 주선하겠노라 자처하던 사람인지라 오늘 내한함이 필경은 우리나라의 독립을 공고히 부식케 할 방책을 권고키 위한 것이리라." 하여 인천항에서 서울에 이르기까지 관민 상하가 환영하여 마지않았다. 그러나 천하 일 가운데 예측하기 어려운 일도 많도다. 천만 꿈밖에 5조약이 어찌하여 제출되었는가. 이 조약은 비단 우리 한국뿐만 아니라 동양 삼국이 분열을 빚어낼 조짐인즉, 그렇다면 이등 후작의 본뜻이 어디에 있었던가?

그것은 그렇다 하더라도 우리 대황제 폐하의 성의(聖意)가 강경하여 거절하기를 마다하지 않았으니 조약이 성립되지 않은 것인 줄 이등 후작 스스로도 잘 알았을 것이다. 그러나 슬프도다. 저 개돼지만도 못한 소위 우리 정부의 대신이란 자들은 자기 일신의 영달과 이익이나 바라면서 위협에 겁먹어 머뭇대거나 벌벌 떨며 나라를 팔아먹는 도적이 되기를 감수했던 것이다.

아, 4천 년의 강토와 5백 년의 사직을 남에게 들어 바치고 2천만 생령들로 하여금 남의 노예 되게 하였으니, 저 개돼지보다 못한 외무대신 박제순과 각 대신들이야 깊이 꾸짖을 것도 없다 하지만 명색이 참정대신이란 자**는 정부의 수석임에도 단지 부(否)자로써 책임을 면하여 이름거리나 장만하려 했더란 말이냐.

김청음(金淸陰)***처럼 통곡하며 문서를 찢지도 못했고, 정동계(鄭桐溪)****처럼 배를 가르지도 못해 그저 살아남고자 했으니 그 무슨 면목으로 강경하신 황제 폐하를 뵈올 것이며 그 무슨 면목으로 2천만 동포와 얼굴을 맞댈 것인가. 아! 원통한지고, 아! 분한지고. 우리 2천만 동포여, 노예 된 동포여! 살았는가, 죽었는가? 단군, 기자 이래 4천 년 국민정신이 하룻밤 사이에 홀연 망하고 말 것인가. 원통하고 원통하다. 동포여! 동포여!

더 알아보기

잇따른 자결 순국

을사늑약이 체결되자 이를 반대하는 상소와 순국이 이어졌다. 시종
무관장 민영환은 을사오적 처단과 조약 폐기를 주장했지만, 받아들여
지지 않자 1905년 11월 말 고종과 2천만 동포에게 보내는 유서를 남기
고 자결했다.

오호라,
나라의 수치와 백성의 욕됨이 바로 여기에 이르렀으니,
우리 인민은 장차 생존 경쟁하는 가운데 모두 진멸하겠구나.
무릇 살기를 바라는 자는 반드시 죽고, 죽기를 바라는 자는 살 것이니,
여러분이 어찌 헤아리지 않겠는가.
영환은 다만 한 번 죽음으로써 우러러 임금님의 은혜에 보답하고,
그럼으로써 우리 이천만 동포 형제에게 사죄하노라.

영환은 죽되 죽지 아니하고,
구천에서도 여러분을 기필코 도울 것이니,
바라건대 우리 동포 형제들은 더욱 더 분발하고,
뜻과 기개를 굳건히 하여 그 학문에 힘쓰며,
마음을 굳게 하고 힘을 합쳐서 우리의 자주독립을 회복한다면,
죽은 자는 마땅히 어스름한 먼 하늘에서나마 기뻐 웃으리라.

궁내부 특진관 조병세는 78세의 노구에도 경기도 가평에서 서울로 올라와 국권 회복과 을사오적의 처형을 주청하고자 했다. 이에 민영환 등과 함께 여러 관리를 이끌고 입궐해 늑약의 무효와 을사오적의 처형 등을 상소하려 했으나 이마저도 일본군에게 저지당했으며, 표훈원에 연금되기까지 했다. 곧 풀려났지만 대한문 앞으로 달려가 석고대죄하며 늑약 파기를 주장하다가 또다시 일본 헌병에 강제 연행되었다. 그 후 고향인 가평으로 추방되었으나 다시 상경해 표훈원에서 고종 황제에게 올릴 상소와 각국 공사 및 동포에게 보내는 유서를 남기고 음독 자결했다.

민영환과 조병세의 자결은 온 국민의 항일 의식을 고취시키는 계기가 되었다. 특히 전직 고관 홍만식, 송병선, 이명재, 이설, 하급 관료 이상철, 이건석, 군인 출신 김봉학을 비롯해 인력거꾼, 여종 등의 평민과 외국인 반종례(중국인), 니시자카 유타카(일본인) 등이 순국했다.

홍만식은 갑신정변의 주역 홍영식의 친형으로 이조 참판을 지냈고, 갑신정변 이후 부친인 홍순목을 따라 자살을 기도했지만 실패했다. 10여 년이 지난 뒤 관직을 제수받았지만 미사신(未死臣)이라며 한사코 사양했다. 경기도 여주 시골집에서 세상을 등지고 살았지만, 을사늑약 체결 소식에 음독 자결로 애통함을 표했다. 그의 순국은 민영환보다 빨랐다. 고종 황제는 '시국이 위태로워지자 근심하고 통분한 마음으로 강개하여 마침내 자살하였으니 매우 애통하다' 하는 조서를 내리고 그를 참정 대신에 추증했다.

송병선은 송시열의 9대손으로 위정척사론자였다. 을사늑약의 파기와 오적의 단죄를 주장하는 상소를 올렸으나, 자신의 주장이 수용되지 않자 상경해 고종 황제와 독대까지 했다. 그 뒤 고종으로부터 하명만을 기다리고 있던 중 경무사 윤철규에게 속아 일본 헌병대에 의해 고향으로 압송되었다. 며칠 뒤 그는 "대도(大道)의 수호를 위해 죽음을 선택한다."라는 유언을 남기고 음독 자결했다.

이명재는 대사헌을 지낸 인물로 낙향하여 낙동강 지류인 금호강 근처에 살고 있었는데, 을사늑약 소식을 접하고는 울분에 자결 순국했다. 김봉학은 황해도 황주 출신이지만 경기도에서 을미 의병을 일으켰으며 그 뒤 군에 입대했다. 민영환 등의 자결 순국에 영향을 받아 "원수인 왜놈을 죽이고 나도 죽겠다."라며 이토 히로부미 처단 계획을 세웠다. 하지만 일이 누설되자 독약을 마시고 순국했다. 이상철은 당시 학부주사로서 을사늑약 반대 운동을 전개했지만 실효를 거두지 못했고, 자결 순국이 이어지자 원통함을 이기지 못하고 음독 자결했다.

민영환의 행랑에 살았던 인력거꾼은 경우궁 뒷산 기슭에서 소나무에 목을 매어 순국했고, 송병선의 시종 또한 자결 순국했다. 그 가운데 중국인 반종례와 일본인 니시자카 유타카의 자결이 주목된다. 반종례는 중국 톈진 출신으로 일본 유학을 마치고 한국을 거쳐 귀국하던 길에 인천에 들렀다. 이때 그는 강제로 을사늑약이 체결되었다는 소식과 함께 민영환이 자결 순국했다는 신문 보도를 접했다. 그는 한국이 이미 망했으니 중국도 역시 위태롭게 되었다며, 중국인에게 경각심을 불러일으키고자 바다로 뛰어들어 목숨을 끊었다. 그의 장례식은 제대로 치러지지 못했지만, 청 직예 총독 위안스카이는 '그대의 목숨이 이미 다하였네. 동포들을 어찌하리. 여러분들은 힘쓸지어다. 평범한 백성이 질책할 것이니라'라는 조문을 작성해 그의 의로운 죽음을 위로했다.

니시자카 유타카는 평화주의자로 동양 여러 나라를 돌며 평화를 권고했는데, 특히 한, 청, 일의 평화를 중시했다. 그는 서울에 머무는 동안 이토와 하세가와 군사령관의 강압적 침략 정책을 보고 여러 번 경고했다. 하지만 자신의 뜻이 무시되자 자결로 항거하려고 높은 누각에서 떨어졌으나 미수에 그쳤다. 그 자리에서 그는 민중에게 연설한 다음에 스스로 찔러 죽었다.

의열 투쟁

을사늑약 후 대한문 앞과 종로에서 관리, 유림, 민중들이 반대하는 격문을 쓰고, 상소를 올리고 연설하는 것만으로는 이를 무력화하기에 한계가 있었다. 그 대안으로 을사늑약에 직접 관여한 이토 히로부미, 하야시 일본 공사 등과 을사오적을 처단하려는 의열 투쟁이 전개되었다. 이는 여러 곳에서 동시다발적으로 전개되었다.

경기도 안양 출신 농민 원태우는 수원 관광을 마치고 서울로 돌아가는 이토가 탄 열차에 돌을 던졌다. 돌멩이는 이토가 앉은 창문을 깨뜨렸고 파편이 그의 얼굴에 박혀 전치 1주의 상해를 입혔다. 을사오적의 한 사람인 외무대신 박제순을 처단하려는 움직임도 여러 번 있었지만, 일본군의 삼엄한 경계와 빈틈없는 보호에 번번이 실패했다.

본격적인 의열 투쟁은 전남 장성 출신의 기산도가 선도적인 역할을 했다. 그는 의병장 기삼연의 종손이자 의병장 고광순의 사위이다. 한때 상동 교회의 전덕기, 정순만 등과 함께 상소 투쟁에 동참했지만, 이내 그 성과가 미미하다고 판단한 것이다. 그는 1905년 11월 박종섭 등과 함께 결사대를 조직하고 권총과 단도를 마련해 거사를 준비하던 중 발각돼 피체되어 옥고를 치렀다.

몇 개월 후 출옥한 기산도는 전 주사 김석항 등과 더불어 '오적 암살단'을 조직하고 1906년 2월 군부대신 이근택을 처단해 중상을 입혔다. 이때 이근택의 동생인 이근상의 집에 기왓장이 투석되었으며, 형인 이근호는 입궐하라는 전갈을 받았지만, 이를 의심해 입궐하지 않아 화를 면했다고 한다. 이후 이완용 등 을사오적은 밤에도 낮처럼 불을 켜 놓고 잠을 이루지 못하고 불안에 떨었으며, 어떤 자는 일본군을 대접하면서 경호를 청하기도 했다 한다.

하지만 기산도 등 관련자들은 결국 피체되었고 2~3년 동안 옥살이를 해야만 했다. 김석황은 가혹한 고문을 받고 고통을 이겨 내지 못해 옥사하고 말았다. 기산도는 1920년에 상하이 임시 정부의 군자금 모금 운동을 주도하다가 체포되어 징역 3년형을 언도받고 옥고를 치렀으나, 혹독한 고문 끝에 불구의 몸이 되었다.

기산도의 의열 투쟁은 나인영, 이기, 오기호 등에게 영향을 미쳤다. 이들은 러일 전쟁에서 일본의 승리를 기원할 정도로 동양 평화론에 동조하는 입장이었고, 이를 계기로 대한 제국이 완전한 독립국이 될 것이라 믿었다. 러일 전쟁이 일본의 승리로 굳어 가고 미 대통령 루스벨트의 중재로 강화 회담이 개최될 무렵에는 미국으로 건너가 한국의 독립을 보장받고자 했다. 하지만 일제의 방해로 뜻을 이루지 못하자, 이번에는 일본으로 밀항해 일본 정부와 정계 요인들을 상대로 한국의 독립을 요구했다. 하지만 되돌아온 것은 일제가 한국을 병합하려 한다는 소문뿐이었다.

이들은 을사늑약이 체결된 지 2개월이 지난 1906년 1월 귀국했다. 그 뒤에도 동양 평화론에 미련을 버리지 못하고 나인영과 오기호는 두 번이나 일본으로 건너갔다. 하지만 그것은 일제가 한국을 침략하기 위한 기만이었음을 깨닫고야 기대를 버렸다. 그리고 내부의 적인 매국노를 먼저 처단하기로 결심하고 비밀 결사 자신회를 조직했다. 그들은 1907년 2월 말 박제순, 이지용 등을 처단하고자 선물로 위장한 폭발물을 배달했으나 터지지 않아 실패했다. 이어 같은 해 3월 25일 6개조의 결사대를 조직해 을사오적을 처단하고자 했으나 역시 성공하지 못했다. 다만 군부대신 권중현에게 부상을 입혔을 뿐이었다. 이 사건으로 나인영과 오기호 등은 체포되어 유배되었다. 유배에서 풀려난 뒤 나인영, 오기호 등은 1909년 민족의식을 고양하고자 대종교를 창시함으로써 독립운동의 정신적 원천을 제공했다.

을사 의병 봉기

을사늑약에 반대한 한국인들은 항의의 표시로 자결하는가 하면, 을사오적을 비롯한 친일파를 처단하기 위해 오적 암살단이나 결사대를 조직했다. 또한 이 시기를 전후로 고종 황제의 밀지를 받고 의병이 일어나기도 했다. 을사 의병은 을사늑약이 체결되기 전후에 일어난 의병으로 '중기 의병'이라 일컫기도 한다.

을사 의병이 가장 먼저 봉기한 지역은 을미 의병이 가장 활발히 전개되었던 원주, 제천, 단양 등 중부 일대였다. 을미 의병 때 유인석 의병진에서 활약한 원용석, 박정수 등이 1905년 9월에 원주 동쪽 주천에서 각지에 격문을 보내 사람을 모아 의병대를 조직했다. 그러나 활동도 개시하기 전에 원주 진위대와 일진회의 급습을 받아 해체되고 말았다. 이와 때를 같이하여 정운경이 단양, 제천, 영춘 등지의 의병 300~400명을 규합했으나, 역시 원주 진위대의 습격으로 뜻을 이루지 못했다.

을사 의병 중 규모가 제일 크고 가장 치열한 항전을 벌인 의병진은 민종식, 안병찬 등이 주축이 된 충청도 홍주 의병이었다. 민종식은 이조참판을 역임한 명문 여흥 민씨 가문이었다. 충남 정산에 낙향해 있던 그는 을사늑약이 체결되었다는 소식을 듣고서 곧바로 상경했다. 그리고 을사늑약의 부당함을 호소하는 상소 운동을 전개하려 했으나 뜻을 이루지 못하자 정산으로 내려와 의병을 일으킬 계획을 세웠다.

1906년 3월 홍주 의병은 민종식의 주도하에 충남 예산 광시 장터에 의병 수천이 모여들면서 비롯되었다. 의병들은 민종식을 대장으로 의진을 편성해 홍주성을 공격했다. 이튿날 새벽, 홍주 의병은 공주 진위대와 서울 시위대 병력 200여 명과 더불어 화승총과 칼을 들고 싸웠지만 패배했다. 안병찬 등 수십 명의 주도자들은 체포되어 공주 관찰부로 압송됐다.

1906년 5월, 흩어졌던 의병들을 불러모아 충남 홍산에서 다시 국권 회복의 기치를 내걸고 봉기했다. 어느덧 의병은 1천여 명으로 늘어났다. 홍주 의병은 이전과 달리 대포 75문을 보유할 정도로 이전보다 강력해졌다. 이런 기세를 몰아서 비인을 점령했으며, 보령 남포성에서 5일 동안 치열한 싸움을 벌인 끝에 관군과 일본군을 물리치고 5월 19일 홍주성을 점령했다.

10여 일이 지난 뒤에 일본군은 포병, 기마병, 헌병 및 보병 2개 중대로 편성된 혼성 부대를 파견하고, 아울러 충남, 전북 일대의 진위대 병력을 출동시켜 홍주성을 맹공격했다. 새벽녘에 홍주성의 동문인 조양문을 폭파하고 들이닥친 일본군은 닥치는 대로 사람들을 죽여 삽시간에 홍주성은 아비규환으로 변했다. 민응식 등 대부분의 의병들은 성 밖으로 몸을 피했으나 채광묵 부자를 비롯한 80여 명의 의병들은 장렬한 최후를 맞았다. 홍주성을 점령한 지 13일째인 5월 31일이었다. 황현이 지은《매천야록》에는 '홍주 10리 안에는 밀과 보리가 모두 없어졌으니, 병마에 짓밟힌 바가 되었기 때문이다'라고 할 정도로 처참한 전투가 벌어졌다. 홍주성을 탈출한 민종식이 재기를 준비하던 중 11월 17일 공주 탑산리에서 붙잡히면서 홍주 의병은 막을 내렸다.

전북 태인에서는 전 참찬 최익현이 의병을 일으켰다. 유림 대표인 그는 흥선대원군 시대부터 배일 사상이 강한 강직한 관리로 널리 알려졌고, 위정척사 사상에 따라 국가적 위기가 있을 때마다 직언 상소를 올렸던 인물이었다.

그는 을사늑약 체결 직후에 고종 황제로부터 밀지를 받고 거사를 계

최익현

획했다. 당시 그의 나이는 74세였다. 처음에는 충청도를 중심으로 의병을 일으키고자 했으나, 민종식이 의병을 일으키자 전북 태인으로 내려가 임병찬과 더불어 거사를 추진했다.

1906년 6월, 최익현은 전라북도 태인 무성 서원에 100여 명에 달하는 지역 유림들을 모아 놓고 강회를 개최한 뒤 의병을 일으켰다. 최익현은 태인, 정읍, 순창 등지를 돌며 의병을 모으고 이에 필요한 자금을 마련했다. 순창읍에 주둔하던 중 전주, 남원 진위대와 대치했는데, 최익현은 동족끼리 죽이는 일은 못하겠다며 싸움을 중단시킨 뒤 의병을 해산시켰다. 그 뒤 최익현이하 임병찬, 고석진 등 13명이 진위대에 붙잡히면서 최익현 의병은 끝을 맺었다. 최익현은 일본 쓰시마로 유배되었고, 그곳에서 "일본인이 주는 밥을 먹을 수 없다."라며 단식 항거하다 아사 순국했다. 최익현의 순국은 이후 의병 봉기에 커다란 영향을 미쳤다.

영남 지역 의병진으로는 경북 평해, 영해 일대의 신돌석 의병진과 영천의 정환식, 정용기 부자가 이끈 산남 의진이 대표적이다. 을사 의병은 보통 유학자나 관료 출신이 주도했는데, 신돌석은 평민 신분으로 의병을 모아 1906년 4월 거의한 뒤 산남 의진과 힘을 합쳐 동해안 여러 곳에서 의병 운동을 펼쳤다. 한때 그 수가 3천여 명에 달했고, 특히 사람들이 그를 '태백산 호랑이'라고 부를 정도로 규율이 엄했을 뿐만 아니라 유격 전술에 뛰어나 많은 전과를 올렸다.

1907년 12월, 신돌석은 서울을 공격하고자 이인영을 중심으로 하는 13도 연합 의진에 참여하려고 경상도 의병을 대표해 의병 1천여 명을 이끌고 양주까지 올라갔는데, 평민 출신이라는 이유로 연합 의진에서 제외되었다. 당시 양반이나 유림 의병장들이 평민 의병장을 인정하려 들지 않았던 것으로, 이는 연합 의진의 신분적 한계를 드러낸다. 전국 연합 의진은 계획과 지도력의 미흡으로 서울 진공 작전을 성사시키지 못하고 해산되었다.

그 뒤 신돌석은 경상도 영해로 돌아와 1908년 1월 평해 독곡에서 일본군을 격파했고, 같은 해 3월에는 수비로 돌아와 안동, 울진, 삼척, 강릉 등지의 의병과 연합해 춘양, 황지, 소봉동 등지에서 일본군을 무찔렀다. 그 후에도 계속해서 일본군과 크고 작은 전투를 치렀지만, 겨울이 되자 활동하는 데 어려움을 절감해 다음 해에 다시 활동할 것을 약속하고 의병을 해산시켰다. 그러나 1908년 11월 중순경, 영덕 눌곡에 있는 부하 의병 김상열의 집에 칩거하던 중 현상금에 눈이 먼 이들 형제에게 무참히 살해되었다.

산남 의진은 고종 황제의 밀지를 받은 정환직이 서울에 머무르며 의병을 후원하고, 아들 정용기가 향리인 영천으로 내려가 의병을 일으키

기로 하면서 비롯되었다. 그
들은 지방에서 군세를 크게
진작한 뒤 서울로 진공하기
로 했다. 이에 1906년 3월
정용기는 이한구, 정순기,
손영각 등과 뜻을 같이하여
영남 일대에서 가장 큰 규모
의 의병진을 구성했다. 산남
의병진은 한때 의병장 정용
기가 붙잡히는 큰 고난도 겪
었지만, 청하, 진보, 청송 등
지에서 활약하면서 의성, 경
주, 신령 등지의 여러 의병
진을 아우르며 지속적인 항
쟁을 전개해 나갔다. 하지만

산남 의진을 일으켰던 정환직, 정용기 의병장의 공훈을 추모
하고 구국 충정을 후세에 기리고자 세운 산남 의진비. 경북
영천시 창구동에 있다.

산남 의진은 누적된 피로와 더불어 무기와 탄약이 점차 소모되어 전력
이 급격히 떨어졌다. 이에 정환직은 부득이 일단 의병을 해산시킨 뒤에
북상해 관동에 집결하게 했다. 그런데 정환직은 관동 쪽으로 북상하던
중 포항 죽장면의 어느 민가에 병 치료차 머물다가, 일본군 수비대의 급
습을 받아 12월 11일 피체되었다. 그 뒤 대구를 거쳐 영천으로 압송 중
에 64세를 일기로 순국했다.

그 밖에 경기도에서는 죽산, 안성의 박석여, 양평, 여주의 이범주가

의병을 일으켰으며, 강원도에서 양구의 최도환, 홍천의 박장호가 일어났고, 공주의 이세영, 김덕진, 임실의 강재천, 장성의 기우만, 광양의 백락구, 남원의 양한규, 예안의 김도현, 경주의 유시연, 영양의 김순현, 울진의 김현규 의병진 등이 큰 활약을 펼쳤다.

을사 의병장은 민종식, 최익현, 고광순 등 명문가 양반이나 이름난 유림, 전직 관료 등이 대부분이었지만, 동학 농민 운동 당시 농민군을 진압한 공로로 관직에 오른 이족 출신의 의병장도 있었다. 특히 신돌석과 같은 평민 의병장의 출현은 그 뒤 의병 운동에 커다란 의미를 던지기도 했다. 이렇게 다양한 계층에서 의병장이 나타난 것은 을미 의병 당시처럼 위정척사적 명분론보다는 을사늑약 체결 이후 국가와 민족을 구하려는 의지가 강했기 때문이다. 화적이나 활빈당으로 내몰린 농민이나 포군이나 포수들도 의병에 적극 참여했고, 이들에 의해 전투력이 다소 향상되었다. 전국적인 규모로 확산된 을사 의병은 1907년 군대 해산 이후 해산된 군인까지 합세해 보다 확대, 발전된 후기 의병으로 이어졌다.

2.

통감부 설치와 반식민 통치

통감부 설치

을사늑약 체결로 한국의 외교권이 박탈된 지 1개월여가 지난 1905년 12월 20일 〈통감부 및 이사청 관제〉가 공포되었다. 이는 을사늑약 제3조에 근거한 것이었다. 이에 따르면, '일본국 정부는 그 대표자에게 한국 황제 폐하 궐하에 1명의 통감을 두되 통감은 전적으로 외교에 관한 사항을 관리하고자 경성에 주재하고, 친히 한국 황제 폐하에 내알(內謁)하는 권리를 갖는다. 또 일본 정부는 한국의 각 개항장 및 기타 일본국 정부가 필요로 하는 지역에 이사관을 배치하는 권리를 가지며, 이사관은 통감의 지휘하에서 종래 재한국 일본 영사에게 속했던 일체의 직권을 집행하고, 아울러 본 협약의 조관(條款)을 완전히 실행하는 데 필요하다고 할 만한 일체의 사무를 처리할 것'을 명시하고 있다.

이에 1906년 1월 일제의 공사관이 폐쇄되는 대신 통감부가 설치되고, 조선 주차군 사령관 하세가와 요시미치가 임시 통감에 취임했다. 이와 함께 전국 주요 도시 13곳에 지방 관청을 감독하는 이사청이, 11개 지방 도시에는 지청이 설치되었다. 또한 일제 경찰이 전국적으로 배치되면서 한국 외교에 대한 감독 업무를 수행하기 위한 조직이 갖춰졌다. 광화문통의 대한 제국 외부 청사는 통감부 청사로 변했고, 외부는 외사국(外事局)으로 격하되어 각종 외교 문서, 조약 원본, 공문서 등을 보관하는 단순 사무만 담당하게 되었다. 한국에 상주하던 외교관들도 하나둘 떠나기 시작했다. 영국 공사를 시작으로 청, 미국, 독일, 프랑스 등 각국 공사들이 한국을 떠났다. 더불어 일제는 한국 정부로 하여금 각국에 설치된 공관을 폐지하도록 하고 공관원의 철수를 종용했다.

통감부의 반식민 통치

1906년 3월 2일, 초대 통감 이토 히로부미가 들어온 이후 한국에서 반식민 통치를 위한 통감 정치가 본격적으로 시작되었다. 통감은 '오로지 외교에 관한 사항'만을 관리한다는 명분으로 서울에 주재하면서 일본 영사가 관장하던 직권 및 협약 등 사무를 관리하도록 되어 있었다. 하지만 이토는 한국의 국정 전반에 간섭하고자 했다. 일제는 을사늑약 이전 한일 양국 간에 체결된 기존 조약이 을사늑약에 저촉되지 않는 한

을사늑약 전후
대한 제국 해외 공사관들은 어떻게 되었는가?

을사늑약 체결 이후 일제의 강요에 의해 러시아, 미국, 일본, 영국, 청, 독일, 프랑스 등지의 한국 공사관은 철수해야만 했다. 그 가운데 러일 전쟁 중인 1904년 5월 주러 한국 공사관이 가장 먼저 철폐되었다. 당시 이범진 공사는 소환 명령을 거부하다 면직되었다. 이어 1905년 4월 주청 한국 공사관의 박태영이 병환으로 귀국한 뒤 참사관과 서기관 각 1명만 남고 모든 공사관원들이 철수했고, 공사관 건물이나 집기는 그해 12월 29일에 매각되었다. 1905년 5월 러일 전쟁 이후 외국인의 멸시에 주영 서리 공사 이한응이 음독 자결했다. 그의 유품인 금시계와 금화 11파운드 28센트는 부인에게 전달되었다. 이후 후임자가 정해지지 않아 12월 2일 주영 한국 공사관은 폐쇄되었고, 1907년 2월 매각되었다.

1905년 12월 15일, 을사늑약 체결 이후 외부대신 이완용은 독일, 프랑스, 미국, 청, 일본 등지의 공사들에게 공관의 철수를 명령하고, 기록 및 재산을 일본 공사에게 이관하고 봉급 및 여비는 일본 공사에게 신청할 것을 지시했다. 이후 주한 외교 공사관의 철수는 공식화되었다. 12월 21일 주일 한국 공사 조민희가 도쿄를 출발, 귀국길에 올랐으며, 12월 30일에는 주미 한국 공사 김윤정이 워싱턴에서 출발해 귀국했다. 주미 한국 공사관 건물은 1907년 10월 처분되었다. 이어 1906년 2월 28일 주독 한국 공사가 베를린을 출발, 귀국길에 올랐다.

한편 당시 주불 한국 공사였던 민영찬은 11월 29일 프랑스, 러시아 양국 정부에 일본의 강제로 한국 황제가 을사늑약을 조인하게 되었다는 항의서를 제출했으며, 그 뒤 미국으로 건너가 국무장관을 만나 고종 황제의 훈시를 전했다.

주미 일본 임시 대리 공사는 을사늑약의 결과로 미국에 있는 한국 공사관과 영사관은 철수하고 한국에 관계되는 제반 사항은 이후 일본 공사와 영사가 담당하게 되었다고 변명했다. 12월 15일 미 국무장관은 그러한 상황을 충분히 인지하고 있다고 통고했다. 결국 민영찬은 아무런 소득을 얻지 못하고 프랑스로 돌아왔고, 1906년 2월 10일 공사관의 모든 서류, 인장, 전신 암호 등을 일본 공사에게 인계한 뒤 귀국길에 올랐다. 프랑스 공사관은 1907년 2월 매각되었다.

하지만 주러 한국 공사 이범진은 일제의 귀환 명령에 따르지 않고 러일 전쟁 당시 러시아에 각종 정보를 제공하는 등 러시아의 승리를 위해 노력했다. 그 결과 러시아 정부로부터 '성 스타니슬라브 1급 훈장'을 받기도 했다. 그 후에도 고종 황제를 도와 헤이그 특사를 후원하는 등 러시아를 통해 한국 국권을 유지하고자 했다. 또한 극동 연해주 지역의 민족 운동가와 연락을 주고받으며 계몽 운동과 의병 활동에 크게 기여했다. 그러한 노력에도 나라가 망하자 1911년 1월 노령에서 자결했다. 당시 그는 7만 루블가량의 거액을 갖고 있었다고 하는데, 미주 국민회에 5천 루블, 미주 무관 학교에 3천 루블, 미주 신문사에 1,500루블, 하와이에 1천 루블, 블라디보스토크 청년회에 2천 루블, 블라디보스토크 신문사에 1천 루블을 기증했다고 한다. 아울러 자신의 장례비로 5천 루블, 아들 이위종 부부에게 약간의 금액을 유언으로 남겼다고 전해진다.

한편 1910년 경술국치 이후 일제에 의해 단돈 5달러에 매각된 대한 제국 주미 공사관은 정부와 민간의 노력으로 2012년 350만 달러(약 40억 원)를 들여되찾았다.

1907년 2월 남산에 들어선 통감부 신청사. 경술국치 이후 1926년까지 조선 총독부 건물로 사용되었다. 그 후 은사기념과학관으로 바뀌었고, 해방 후에는 국립과학박물관(국립과학관)이 들어섰으나 6.25 전쟁 당시 파괴되었다.

유효하다며 통감의 직권 확장을 도모했다. 이에 이토 통감은 고문 통치를 통해 한국 내정에 관여할 수 있게 되었다.

통감부는 일본 외무성에서 독립한 천황 직속 기관으로, 통감 유고 시에는 한국 주차 사령관 하세가와 요시미치로 하여금 직무를 대행하도록 했다. 한국 주차 사령관은 통감의 명령을 받지만, 긴급한 경우에는 재량으로 병력을 동원하고 사후에 통감에게 보고하도록 했다.

한국 내 권력을 장악한 이토 통감은 시정 개선이라는 명목으로 한국 정부로 하여금 일본으로부터 1천만 엔의 차관을 도입할 것을 강요했다. 이렇게 해서 들여온 차관은 교육, 금융, 도로 및 수도 정비 등 대부분 일제의 침략을 위한 기본 시설에 투자되었다. 또한 이토는 한국인의 저항

통감부로 향하는 이토 히로부미와 하세가와 요시미치

에 대비해 경찰 기구를 강화했다. 이미 시행되고 있던 고문 경찰 제도를 대폭 확장해 1906년 6월부터 서울 시내 각 경찰서와 13도 관찰부 소재지, 그 외 전국 각지에 경무 분서, 분견소, 분파소 등에 일본인 경시 21명, 경부 52명, 순사 683명, 통역관보 39명을 배치했다. 당시 한국인 경찰은 2,700여 명이었는데, 일본 경찰은 고문 경찰 800여 명과 이사청 경찰 550여 명을 포함해 1,350여 명에 달했다.

한국에 대한 지배력을 한층 강화하고자 통감부는 지방 행정 제도를 개편했다. 아관파천 당시 13도 7부 1목 331군 행정 체제였는데, 1906년 10월 1일을 기해 지방 군, 면의 통합과 분할, 이속을 광범위하게 단행해 13도 11부(평양, 부산, 인천, 마산, 원산, 목포, 군산, 대구, 신의주, 진남포, 청진) 333군으로 개편했다. 그리고 이들 행정 기관을 감독하고자 일본인 참여관을 지방에 배치했다.

통감부는 국내 기간산업도 장악해 갔다. 1905년 12월에는 한국에서의 우편 사무를 통신 관리국, 우편국, 우편소가 관장하도록 규정해 통신권을, 1906년 7월에는 통신원 관제를 폐지해 우체사 기능을 앗아 갔다. 1906년 6월에는 경부선, 경인선을 매수하고 경의선, 마산선의 군용 철도를 통감부 철도 관리국에 강제 이관시켰으며, 1909년 6월에는 철도 관리국을 철도청으로 고쳤다가 12월에 이를 폐지, 일본의 철도원에 소속시켜 버렸다. 이처럼 일제는 철도 이권을 모조리 빼앗아 군사적 혹은 경제적 수탈에 이용했다. 통감부가 치도국(治道局)을 신설해 도로 확장 사업을 펼쳤던 것도 같은 목적에서 추진되었다.

그뿐만 아니라 한국 경제도 침탈했다. 먼저 1906년 3월 〈농공 은행 조례〉를 제정한 뒤 서울, 평양, 대구, 전주, 진주, 광주 등지에 농공 은행을 설립했다. 비록 농공 은행의 이사진은 한국인으로 구성되었으나 실무 책임자인 지배인은 일본인이었다. 이들은 주로 한국에 이주한 일본인에게 사업 자금을 지원하는 데 주력해 경제적 침투를 뒷받침해 주었다.

1909년 4월에는 〈지방비법〉이 공표되었다. 이에 따라 연초세, 도장세, 시장세 등 새로운 세금 항목이 추가되어 지방민의 심한 반발을 불러일으켰다. 특히 시장세는 한국의 전통적인 상업 체계를 뒤엎고 상권을 장악하려는 속셈에서 비롯했다. 한국에 정착한 일본 상인들이 1909년 당시 1,700여 호에 달했는데, 이들에 의해 상권이 장악된 상황에서 각종 세금은 한국 상인을 고사시키는 결과를 낳았다.

1918년 기존 농공 은행을 흡수해 조선 식산 은행이 설립되었다. 현재 롯데 백화점 자리인 조선 식산 은행 본점 앞 풍경.

한국 광산은 통감부가 들어선 이후 일본인과 외국인의 손에 넘어갔다. 1906년 6월 말에 광업법이 공포되고, 그해 9월에 〈제실 광산 규정〉이 폐지되면서 궁내부 광산도 외국인의 이권 획득 대상이 되었고, 그 수 또한 감소해 반 이상이 이미 외국인에게 넘어갔다. 더구나 남은 광산마저 모든 광업 기득권이 백지화되고 신규 허가를 얻어야 하게 되면서 빼앗기고 말았다. 1909년 말 광산 허가 건수를 보면 한국인 48명, 일본인 246명, 미국인 7명, 기타 37명이었다. 통감부의 법령에 의한 수탈과 그에 따른 한국인의 희생을 단적으로 보여 주는 대표적인 사례이다.

1906년 10월에는 두만강, 압록강 유역의 울창한 산림 자원이 일제에 넘어갔다. 이를 관리하는 영림창이 신설되었고, 일본 산림업자들은 막

을지로 2가에 있었던 일제의 경제 수탈 본거지 동양 척식 주식회사

대한 이윤을 남겼다. 더욱이 1908년 1월 삼림법을 공포하여 마을 공동 소유의 삼림까지 약탈했다. 조선 산야를 방대한 국유림으로 만들어 일본인에게 불하하려는 의도가 숨어 있었다. 개인 임야의 경우에는 면적과 지적도를 첨부해 3년 이내에 신고하도록 했지만, 비싼 측량 비용에 서류를 미처 준비하지 못해 삼림을 빼앗기는 경우도 허다했다. 결국 전국 삼림과 임야는 대부분 일제 수중으로 넘어갔다.

통감부는 토지도 약탈했다. 한국에서는 외국인의 토지 소유를 인정하지 않았을 뿐만 아니라 이를 매매한 한국인을 극형에 처했다. 이에 통감부는 한국 토지를 일본인이 마음대로 매수할 수 있도록 법령을 고쳤다. 그 결과 1907년 통계 자료에 따르면 토지를 소유한 일본인은 7,745명에 달했고, 총 면적도 2억 3천만 평에 달했다. 일제는 좀 더 효율적으로 토지를 약탈하고 관리하고자 1908년 12월에 1천만 원 자본금으로 동양 척식 주식회사를 설립했다.

일제의 식민지 교육도 이 시기에 시작되었다. 통감부는 기존 소학교, 중학교 학제 대신 보통학교, 고등학교로 바꿨으며, 학교 수를 제한하고 수업 연한을 단축했으며, 일본인 교사를 배치하는 등 한국인의 교육 규제를 강화했다. 이에 맞서 전국적으로 사립 학교 건립 운동이 전개되자 일제는 1908년 9월 사립 학교령을 반포해 이를 탄압했다.

이토 히로부미는 누구인가?

　　본명은 하야시 도시스케[林利助]로 1841년 야마구치현 가난한 농민 집안에서 태어났다. 이후 그의 아버지가 어느 무사 집안에 양자로 들어간 뒤 하급 무사 신분을 얻게 되었다. 그는 일본 근대화의 주역인 요시다 쇼인[吉田松陰] 밑에서 공부했는데, 요시다는 왕실을 높이고 오랑캐를 물리쳐야 한다는 존왕양이론자로 훗날 메이지 유신의 주역인 이토를 비롯한 여러 지도자를 길러냈다.

　　이토는 1863년 서양의 해군학을 배우려고 영국으로 건너갔다가 이듬해 귀국해 영국, 프랑스, 미국 등의 열강과 조슈번 사이에 일어난 시모노세키 전쟁이 끝나고 평화 교섭이 이뤄질 때 통역관으로 활약했다. 그 뒤 조슈번과 막부 사이에 '막장 전쟁'이 일어나자 군사를 일으켜 조슈번의 실권을 장악했다.

　　메이지 유신 이후 하야시 도시스케라는 이름을 이토 히로부미[伊藤博文]로 바꾸었다. 영어에 능통했던 그는 메이지 정부의 외국 사무국 판사, 효고현 지사 등 요직을 지냈다. 1870년에는 화폐와 은행 제도 조사를 위해 미국에 파견되었으며, 1871년부터 1873년까지 이와쿠라 사절단의 일원으로 해외를 시찰하고 돌아왔다.

　　1878년, 메이지 유신 정권을 수립하고 부국강병의 기틀을 마련한 오쿠보 도시미치[大久保利通]가 암살되자, 이토는 그를 계승해 내무성의 내무경이 되었다. 1881년에는 국가 구상을 둘러싸고 대립하던 오쿠마 시게노부[大隈重信]를 추방하고 메이지 정권 최고 실력자로 떠올랐다. 1885년 처음으로 출범한 내각 제도의 초대 내각총리대신이 되었고, 1888년에는 추밀원 의장으로서 메이지 유신 헌법의 초안을 마련했다. 1890년에는 양원제 의회를 수립하는 데 크게 기여했다. 의회가 수립되자 귀족원 의장에 올랐고, 1892~1901년 사이에 5대, 7대,

10대 내각총리대신으로 활동했다.

1905년 11월 을사늑약을 체결하는가 하면 초대 통감으로 부임해 조선 병탄의 기초 공작을 수행했다. 이때 이토는 1884년 후작 지위를 받은 데 이어 1907년에 공작이 되었다. 그는 1909년 통감을 사임한 뒤 일본으로 돌아가 추밀원 의장이 되어 러시아 재무상 코코프체프와 회담하기 위해 만주 하얼빈을 방문했다가, 같은 해 10월 26일 안중근에게 저격당해 사망했다. 그의 장례는 11월 4일, 히비야 공원에서 국장으로 치러졌다. 이토는 현대 일본 정치의 기초를 형성하는 데 중요한 역할을 한 인물로 평가되지만, 한국에서는 침략 원흉으로 비판을 받고 있다.

대한 제국 멸망

헤이그 특사 파견

1906년 2월에 들어서면서 그해 8월에 제2차 만국 평화 회의가 개최될 것이라는 얘기가 심심찮게 흘러나왔다. 러시아는 러일 전쟁이 일단락되자, 제2차 만국 평화 회의를 통해 제1차 때 성사시키지 못했던 군비 확장 문제를 매듭짓고자 했다. 제1차 만국 평화 회의는 러시아 차르 니콜라이 2세가 "세계 만국이 전쟁으로 인한 재앙에서 보호되려면 군비 확장을 제한해야 한다."라며 회의를 제안한 데서 비롯됐다. 이에 26개국이 참가한 가운데 네덜란드 헤이그에서 1899년 5월 만국 평화 회의가 열렸다. 그 결과 '국제 분쟁의 평화적 해결에 관한 조약'이 채택되었고, 상설 중재 재판소가 설치되었다. 하지만 러일 전쟁으로 말미암아 흐지

부지되었다.

1906년 4월, 니콜라이 2세는 극비리에 고종 황제 앞으로 8월에 개최 예정인 제2차 만국 평화 회의 초청장을 보내왔다. 러시아는 포츠머스 조약에서 일제에 대한 제국의 우월권을 승인했지만, 일제가 강요한 을사늑약이나 보호권은 인정하지 않고 있었다. 이러한 러시아의 입장을 잘 알고 있던 고종 황제는 을사늑약의 부당성을 국제 여론에 호소하고 중재 재판소에 제소하면 탈취당한 주권을 회복할 수 있을 것이라 기대 하게 되었다.

고종 황제는 중국 상하이에 망명해 있던 이용익에게 급히 연락해 제 2차 만국 평화 회의에 특사 자격으로 참석할 것을 지시했다. 이용익은 1904년 2월 러일 전쟁이 발발하자 한국을 떠나 상하이에 머물고 있던 전 러시아 공사 파블로프를 찾아갔다. 이용익은 그와 제2차 만국 평화 회의에 관한 의견을 나눈 뒤 블라디보스토크로 건너가 그곳에서 고종 황제가 보낸 이상설을 기다렸다.

때맞춰 고종 황제는 의정부 참찬을 지낸 이상설에게 비밀리에 특사 자금을 건네며 블라디보스토크로 건너가 이용익을 만나 만국 평화 회 의에 참석하게 했다. 이에 이상설은 1906년 5월경 이동녕, 정순만 등과 함께 인천에서 중국 상선을 이용해 상하이로 건너갔고, 그곳에서 파블 로프를 만난 뒤에 육로를 이용해 블라디보스토크로 향했다. 며칠을 걸 려 블라디보스토크에 도착한 이상설은 이용익을 만났지만, 제2차 만국 평화 회의가 독일, 오스트리아의 참가 거부로 취소되는 바람에 특사 파 견은 무산되었다.

이용익은 블라디보스토크에 머물기로 하고, 이상설은 한인들이 많이 이주한 연길현 용정촌으로 들어갔다. 이때 이상설은 천주교 회장 최병익의 집을 사들여 학교 건물로 개수하고 서전서숙을 설립했다. 이상설이 숙장을 맡고 이동녕과 정순만이 실질적으로 운영했다. 이상설은 교원 봉급, 교재, 지필묵 등의 경비를 전부 부담했을 뿐만 아니라 이동녕 등과 함께 역사, 지리, 국제법, 정치학 등을 가르쳤다. 이는 고종 황제로부터 받은 특사 자금이 있었기에 가능했다.

한편 고종 황제는 제2차 만국 평화 회의 개최 즈음해 1906년 6월 헐버트에게 위임장을 건네며 9개국 원수들에게 친서를 전달하게 했고, 네덜란드 헤이그 중재 재판소에 공정한 재판을 요청하도록 했다. 고종 황제는 을사늑약이 강제로 이뤄졌다는 점을 세계열강에 알려 도움을 청하는 한편, 강제로 체결된 조약은 만국공법을 위배한 것으로 당연히 무효이기 때문에 이를 제소하면 국권을 되찾을 수 있을 것이라 판단했다.

1907년 1월경, 전 러시아 공사 이범진이 제2차 만국 평화 회의가 개최될 것이라는 소식을 전했다. 러시아 황제가 재외 러시아 외교관들에게 만국 평화 회의 개최가 가능한 날짜를 파악하라는 지시를 내린 것이다. 이에 고종 황제는 블라디보스토크에 머물고 있던 이용익에게 밀명을 내려 유럽으로 떠날 것을 지시했다. 그런데 이용익이 이상설, 파블로프와 만나 특사 파견 문제를 논의하던 중 1907년 2월 돌연사하는 바람에 계획은 차질을 빚게 되었다.

1907년 3월경, 제2차 만국 평화 회의 개최 소식이 대한매일신보사 총무 양기탁에 의해 국내에 전해졌다. 그는 한때 활동했던 상동 청년회 회원들에게 이 사실을 알렸다. 상동 청년회는 을사늑약 반대 상소를 올리고 수천 명이 참석하는 기도회를 개최했을 정도로 대표적인 구국 운동 단체였다. 그런 만큼 일제의 눈 밖에 나면서 통감부 설치 전후로 해산되고 말았다. 하지만 회원들은 여전히 상동 교회 담임 목사 전덕기를 중심으로 비밀리에 접촉을 계속하고 있었다. 더욱이 1907년 2월 안창호가 미국에서 귀국한 이후부터는 비밀 조직을 만들고자 활발히 움직이고 있었다.

만국 평화 회의 개최 소식을 접한 여러 인사들은 대책 마련에 부심했다. 이때 참석한 인물은 전덕기 목사를 비롯해 이회영, 이동휘, 이갑, 안창호, 이승훈, 이준, 김구 등이었다. 이들은 만국 평화 회의에 고종 황제의 특사를 파견해 을사늑약의 부당성을 알리고 이를 무효화시키기로 뜻을 모았다. 특사로는 용정의 이상설과 통역관으로 전 러시아 공사관 참서관 이위종을 꼽았으며, 국내 인사로는 이준을 보내기로 합의했다.

제2차 만국 평화 회의가 6월 15일에 개최될 예정이었기 때문에 여유를 부릴 틈이 없었다. 그런데 이를 고종 황제에게 알리는 게 문제였다. 당시 통감부는 고종 황제가 밀지를 통해 전국적으로 의병 봉기를 주동하고 있다는 첩보를 입수하고 1906년 7월 궁금령을 내려 고종 황제를 알현하는 자체를 차단하고 있었다. 시종무관이나 궁중 안에서 직무를 맡은 자들은 어느 정도 자유롭게 궁궐에 드나들 수 있었지만, 그 외 사람들은 반드시 각 관아 장관이 발급한 문표를 제시해야만 했다. 그런데 문표 발급은 극히 제한적으로 이뤄졌다.

이때 이준은 시종원경 이도재, 중추원 의장 서정순 등을 찾아가 고종

고종이 파견한 헤이그 특사 이준, 이상설, 이위종

황제 알현을 도와줄 것을 청원했다. 이들의 도움을 받아 이준은 고종 황제의 침전 나인 김 상궁의 안내를 받아 어렵게 고종 황제를 중명전에서 알현했다. 중명전은 1900년 1월 경운궁 별채로 건립된 서양식 건물로, 외교 사절단 접견장 겸 연회장으로 사용되던 곳이었다. 고종 황제는 1904년 경운궁에 화재가 발생한 이후 거처를 아예 중명전으로 옮겼고, 1919년 승하할 때까지 그곳에서 머물렀다.

이준은 고종 황제에게 제2차 만국 평화 회의에 특사를 파견해 을사늑약의 부당성을 폭로할 것을 아뢴 뒤에 이상설과 이위종을 비롯해 자신을 특사로 파견해 줄 것을 주청했다. 아울러 이준은 미국 대통령, 러시아, 독일, 오스트리아 황제 등에게 보낼 친서와 평화 회의에 가지고 갈 친서를 요구했다. 고종 황제는 이용익의 갑작스런 죽음으로 수포로 돌아간 줄 알았던 특사 파견 문제가 해결될 기미가 보이자, 이준의 요청을 쾌히 수락하여 이들을 특사로 임명했다.

고종 황제로부터 특사로 임명된 이준은 모든 준비를 서둘렀다. 출발 일자를 4월 20일로 결정했기 때문에 한 달여 밖에 남지 않은 상황이었다. 고종 황제로부터 특사 파견에 따른 신임장과 다른 나라에 보낼 친서 등을 건네받는 것이 큰 문제였다. 이에 대해서는 자세히 알려진 바 없지만, 고종 황제의 측근이었던 헐버트가 가지고 나왔다는 설과 전덕기 목사의 친척인 김 상궁에 의해 전달되었다는 두 가지 얘기가 전한다. 어떠한 경로를 통해서였든지 간에 고종 황제가 작성한 것으로 보이는 돈유문, 신임장, 친서 등이 이준에게 전달되었다. 고종 황제의 수결과 황제 어새가 찍힌 위임장 내용을 살펴보면 다음과 같다.

대한 제국 특파위원 전 의정부 참찬 이상설, 전 평리원 검사 이준, 전 주러 공사관 참서관 이위종 위임장

대황제는 칙하여 가로되 우리나라의 자주독립은 천하 열방에 공인하는 바라. 짐이 지난번에 여러 나라와 더불어 조약을 체결하고 서로 수호하기로 하였으니 무릇 만국 회의가 열리는 곳에 사람을 보내 참석토록 하는 것이 응당한 도리이나, 1905년 11월 18일 일본이 우리나라에 대하여 공법을 위배하며 비리를 자행하고 협박하여 조약을 체결하고 우리의 외교 대권을 강탈하여 우리의 열방 우의를 단절케 했다. 일본의 사기와 능욕과 업신여김이 끝이 없을 뿐더러 공리에 어그러진 것이 되고 인도에 위배되는 것 또한 다 기록할

수없다. 짐의 생각이 이에 미쳐 참으로 통한을 느끼는 바이다. 이에 종2품 전
의정부 참찬 이상설, 전 평리원 검사 이준, 전 주러 공사관 참서관 이위종을
파견하여 네덜란드 헤이그 평화 회의에서 본국의 제반 힘든 사정을 알리기
위해 회의에 참석토록 하여 우리의 외교권을 다시 찾게 하며 우리의 열방과
의 우의를 다시 찾도록 하노라. 짐이 생각건대 신들이 본디 성품이 충실하여
이 임무에 가감하게 나서 마땅히 주어진 임무를 온당하게 이룰 줄로 안다.

　대한광무 11년 4월 20일 한양 경성 경운궁에서 친서압하고 보(寶)를 영
(鈴)하노라

　예정일보다 이틀 늦은 1907년 4월 22일, 이준은 의관 나유석과 함께
남대문역을 출발해 부산에 도착했다. 이곳에서 하룻밤을 지내고 다음
날 블라디보스토크로 떠나는 선박에 몸을 실어 18일 만인 5월 9일에 도
착했다. 이때 블라디보스토크에 있던 일본인 경무 고문이 이준 일행의
도항을 파악했지만, 구체적인 목적까지는 알 리 없었다. 이준은 도착 즉
시 용정의 이상설에게 급히 전보를 띄웠다. 연락을 받은 이상설은 5월
14일경 훈춘에 학교를 세우러 간다는 말을 남기고 이동명, 정순만 등과
함께 급히 블라디보스토크로 떠났다. 그 뒤 서전서숙은 재정난과 통감
부 파출소의 감시와 방해로 결국 문을 닫았다.

　블라디보스토크에서 만난 이상설과 이준은 특사 파견 문제를 논의하
고, 그곳에 이주해 있던 한인들로부터 의연금을 받기도 했다. 정순만은
미국에 있는 박용만과 이승만 등에게 특사들을 도울 영어에 능숙한 사
람을 파견해 줄 것을 요청했다. 이승만은 부탁을 거절했으나 박용만은

적극 돕겠다고 나섰다. 준비를 마친 이상설과 이준은 5월 21일 블라디보스토크에서 시베리아 횡단 열차에 올랐다.

6월 4일, 이상설과 이준은 9,300km가 넘는 거리를 보름 동안 달려 러시아 수도인 페테르부르크에 도착했다. 이들은 곧장 전 러시아 공사 이범진을 찾았고, 그의 아들 이위종을 만나 고종 황제의 친서와 신임장을 보이며 만국 평화 회의에 특사로 파견된 뜻을 전하고 대책을 논의했다.

이들 세 사람은 먼저 주한 러시아 공사를 지낸 베베르와 상하이에서 귀국한 파블로프 등의 주선으로 황제 니콜라이 2세와 러시아 외무대신을 만나 고종 황제의 친서를 전달했다. 러시아 황제는 특사들을 위로하며 힘껏 돕겠다고 언약했다. 특사들은 보름 동안 그곳에 머물면서 이위종의 도움으로 〈장서〉와 〈공고사〉를 프랑스어로 번역하는 등 만국 평화 회의에 참석하기 위한 준비를 차질 없이 진행했다. 하지만 러시아 외무부로부터 만국 평화 회의에 참석하기 어렵다는 연락을 받고는 망연자실했다. 그렇다고 마냥 포기할 수 없었던 특사들은 행장을 꾸려 네덜란드 헤이그를 향해 출발했다. 가는 길에 독일 베를린에 들러 〈장서〉를 인쇄하고 6월 25일에 헤이그에 도착했다. 그때는 이미 45개국 247명이 모인 가운데 만국 평화 회의가 개최된 지 10여 일이 지난 뒤였다.

특사들은 서둘러 헤이그 시내의 바겐 슈트라트 124번지에 있는 융 호텔에 숙소를 정한 뒤 호텔 옥상에 태극기를 내걸고 공개적으로 활동에 나섰다. 이들은 한국 대표로 만국 평화 회의에 참석하고자 갖은 애를 썼지만, 일본이 한국의 외교권을 가지고 있다며 번번이 방해해 강대국들로부터 거절당했다. 끝내 회의에 참석하지 못한 특사들은 국제 여론을 통해 일본의 침략 실상과 한국의 요구 사항을 각국 대표에게 알려 이를 국제 정치 문제로 부각시키고자 했다. 각국 기자들은 특사들의 안타까운 사정을 알고는 그들의 활동을 연일 보도하는 등 큰 관심을 보였다. 특히 영국 언론인으로 국제 협회 회장인 윌리암 스테드의 후원으로 1907년 6월 30일자 〈만국 평화 회의보〉에 〈무슨 이유로 한국을 제외하였는가〉라는 논설이 게재되었고, 7월 5일자에는 성명서 전문이 실리기도 했다. 이후 특사들의 활동은 각국 신문 기자단의 마음을 움직였고, 기자단의 국제 협회에 초청되었다. 이 자리에서 이위종은 유창한 프랑스어로 '한국의 호소(A Plea for Korea)'라는 주제로 열변을 토해 기자들을 감동시켰다. 여기에 참석한 기자들은 한국의 입장을 동정하는 결의안을 만장의 박수로 의결했다. 이위종의 연설문은 〈인디펜던트(The Independent)〉 8월 호에 영문 요약으로 게재되었다.

7월 14일, 이준은 일본의 방해와 각국의 입장 때문에 회의장에도 들어가지 못하게 되자, 나라를 구할 수 없게 되었다는 자책감에 울분을 참지 못하여 분사하고 말았다. 이는 즉각 국내에 알려졌고, 각 신문들은 만국 평화 회의 소식과 함께 이준의 순국 소식을 전했다. 당시 국내에는 이준이 할복자살했다고 보도되었고, 이는 민족 운동계에 큰 반향을 불러일으켰다. 이상설과 이위종은 이준의 장례를 치른 뒤 미국으로 떠났다.

고종 황제의 퇴위와 시민들의 저항

뒤늦게 특사들의 정보를 접한 이토 통감은 즉시 입궐해 고종 황제에게 책임을 추궁하면서, "그와 같은 음험한 수단으로 일본의 보호권을 거부하기보다는 차라리 일본에 선전 포고하라." 하고 협박했다. 이완용은 어전 회의를 열고 대책을 협의했다. 이 자리에서 농상공부대신 송병준은 "이번 일은 폐하에게 책임이 있으니 도쿄에 가서 사죄를 하든지, 대한문 앞에 나아가 일본군 사령관에게 면박의 예를 갖추시오. 그렇지 않으면 일본에 대해 선전 포고하시오."라며 폭언을 서슴지 않았다.

한편 일본 정부는 이토 통감의 제안을 받아들여 이를 기회로 고종 황제를 퇴위시키고 일본 외무대신을 파견하기로 결정했다. 이러한 정보가 국내에 전해져 한국 정계는 술렁였다. 고종 황제는 일본에 망명했다가 귀국한 박영효를 궁내부 대신에 앉혀 사태를 수습해 보고자 했지만 여의치 않았다. 이토 통감의 계속되는 퇴위 종용, 이완용 내각의 강요, 일본군의 무력시위에 고종 황제는 끝내 무릎을 꿇고, '이후 군국의 대사를 황태자로 하여금 대리케 한다'라는 조칙을 내렸다.

이러한 양위 조칙에 분개한 서울 시민들은 일제의 불법적 처사를 규탄하는 운동을 전개했다. 일본군이 삼엄한 경계를 폈지만 아랑곳하지 않았다. 1907년 6월, 한일 양국의 친선을 도모하고자 조직된 동우회(同友會) 회원 1천여 명은 특별 회의를 열고 일본의 침략 기도를 저지하는 민중 운동을 계획하고 종로 일대로 몰려갔다. 종로 일대에 많은 서울 시민이 운집했고, 윤이병 회장은 구국 투쟁의 연설을 하고 군중과 함께 대한문 앞에 가서 양위 반대를 외쳤다.

궁궐을 지키는 수많은 일본인 순사와 군인들이 시위 군중을 포위하고 삼엄한 경비를 폈지만, 군중들은 더욱 몰려들어 밤 12시경에는 2만여 명에 달했다. 이들은 결사회(決死會)를 조직하고 고종 황제의 '도일사죄(渡日謝罪)'를 적극 저지하기로 결의했다. 또한 이들은 서울 시민 대표를 뽑아 7명의 대신들에게 보내 진상을 규명하고자 했으나 일본 경찰의 저지로 뜻을 이루지는 못했다. 고종 황제에게 〈만인소〉를 올려 일본의 어떠한 협박에도 굽히지 말 것을 간청하고자 했지만 이마저도 일본 경찰에 저지당했다.

다음 날인 1907년 7월 19일 이후 시민 항쟁은 더욱 치열해졌다. 성난 일부 시민들은 표훈원(表勳院)으로 달려가 돌을 던졌다. 동우회는 국권을 수호하기 위한 각종 결의를 다짐하고 국민 결사회를 조직해 일본 침략자들을 규탄하고 내각 대신의 매국 행위를 성토했다. 이에 격분한 시민들이 경찰과 충돌해 사상자가 발생했다. 특히 시위 보병 제1연대, 제3연대 군인들은 무기를 들고 병영을 탈출해 종로 순사 파출소를 파괴하는가 하면, 일본 경찰에 총격을 가하여 30여 명의 사상자를 냈다. 이어 제2대대의 한국군 수 명이 경무청에 발포하기도 했다. 이날 서울 시민들은 밤 11시경 일진회 기관지 국민신보사로 몰려가 사옥과 인쇄 시설 등을 파괴하거나 사원들을 응징했다. 다른 시민들은 대한문 앞으로 달려가 황제에게 양위를 거부할 것과 망국적 내각대신을 처형할 것을 외치기도 했다.

7월 20일, 대한 자강회, 동우회, 대한 구락부, 국민 교육회, 기독 청년회, 서북 학회 등 계몽 운동 단체 회원과 일반 시민 수만 명은 황궁우 옆에 세워진 석고단에 모여 결사회를 조직하고, 서소문 밖 약현으로 몰려가 이완용의 집에 불을 지르고, 돌아오는 길에 인근에 있던 순사 파출소도 파괴했다. 그뿐만 아니라 보병대 군인 30여 명은 종로 순사 파출소를 투석과 사격으로 파괴하고 일제 경찰을 공격했다. 상황이 시가전을 방불

고종 황제와 순종

케 되자 내각 대신들은 신변 안전을 위해 긴급히 일제 경찰에게 보호를 요청했다. 같은 날 평양 상인들은 철시했고, 많은 시민들은 성내에 모여 시국 연설을 하는가 하면, 이를 저지하는 일제 경찰과 투석전을 벌였다.

이러한 한국인의 저항에도 일제는 양위 조칙을 근거로 7월 20일 경운궁 중화전에서 황제 양위식을 거행했다. 이때 순종 황제가 불참하자 일제는 내시를 대리인으로 삼아 옥좌에 앉혀 놓고 양위식을 치렀다. 고종 황제가 황태자에게 '대리'하게 한다는 뜻에서 '섭정을 승인한다'라는 조칙을 공표했지만, 일제는 이를 '퇴위'라 우겨 양위를 몰아붙인 것이다.

7월 21일 양위식 이후, 일제 경찰과 헌병들은 서울 곳곳에 기관총을

설치하고 순찰과 경계를 강화하는 한편, 한국인끼리의 회합을 차단하는 데 부심했다. 이때 통감부는 양위에 협조하지 않은 궁내부 대신 박영효, 대종원경 이도재, 전 홍문관 학사 남정철 등을 포박했고 치안 책임을 물어 한성부윤, 경무사, 육군 참장, 육군 보병참령, 육군 보병정위 등을 면직시켰다.

이렇듯 통감부의 무력 탄압에도 서울 시민들의 투쟁 열기는 식지 않았다. 이날 밤 동소문 밖과 용산에 있던 이지용과 이근택의 별장 그리고 이근호의 산장이 불탔다. 이에 이토 통감은 일본 본국에 혼성 1개 여단의 파병을 요청했고, 시위에 동참하는 시민과 대신들을 체포하고 언론 항쟁 등을 막고자 〈보안법〉과 〈신문지법〉을 반포했다. 일제는 이를 근거로 동우회의 강태현, 송영근 등 30여 명을 체포했다. 이런 가운데 양위 반대 운동은 점차 힘을 잃어 갔다. 그해 8월 2일 '융희'로 연호가 바뀌었고, 8월 28일 경운궁에서 순종 황제 즉위식이 거행됐다.

정미 7조약

| 일방적인 조약 체결 |　　　이토 통감은 헤이그 특사 파견을 인지한 직후에 을사늑약을 개정해 한국을 보다 더 철저히 지배해야 한다는 의견을 일본 정부에 보냈다. 이에 일본 정부는 '제국 정부는 오늘의 이 기회를 놓치지 말고 한국 내정에 관한 전권을 장악할 것을 희망한다'라는 훈령을 이토에게 내려보냈다. 그 뒤 이토는 고종 황제의 양위에 참석하고

자 내한한 외무대신 하야시와 함께 한국 정부에 압력을 가했다. 그 결과 고종 황제가 양위한 지 5일이 지난 7월 24일에 한일 협약(일명 정미 조약)이 체결되었다.

〈한일 협약〉

일본국 정부 및 한국 정부는 속히 한국의 부강을 도모하고 한국민의 행복을 증진하고자 하는 목적으로 좌개 조관을 결정함.

제1조 한국 정부는 시정 개선에 관하여 통감의 지도를 받을 사

제2조 한국 정부의 법령의 제정 및 중요한 행정상의 처분은 미리 통감의 승인을 거칠 사

제3조 한국의 사법 사무는 보통 행정 사무와 이를 구별할 사

제4조 한국 고등 관리의 임면은 통감의 동의로써 이를 행할 사

제5조 한국 정부는 통감이 추천한 일본인을 한국 관리에 임명할 사

제6조 한국 정부는 통감의 동의 없이 외국인을 용빙하지 아니할 사

제7조 광무 8년 8월 22일 조인한 한일 협약 제1항을 폐지할 사

우를 증거하기 위하여 하명(下名)은 각각 본국 정부에서 상당한 위임을 받아 본 협약에 기명 조인함

광무 11년 7월 24일

내각총리대신 이완용

통감 이토 히로부미

정미 조약은 신, 구 황제의 권력 이양이 이루어지기도 전에 전격적으로 처리되었다. 때문에 조약 체결을 위한 전권 위원이나 황제의 위임과 비준 역시 이뤄지지 않았다. 더욱이 일제가 조약 체결을 반대하는 관료들을 구금하고 한국군 해산 및 일본군 증파를 결정한 가운데 일방적으로 조약이 체결되었다.

일제는 정미 조약을 통해 통감의 내정 간섭 권한을 대폭 강화시켰다. 이로써 통감은 시정 개선, 법령의 제정, 중요한 행정상의 처분, 고등 관리의 임면, 외국인의 고빙, 일본 관리의 임명 등 한국의 내정을 일일이 간섭할 수 있는 권한을 갖게 되었다. 막강한 권한을 갖게 된 이토 통감은 고문 제도를 없애고, 각부 차관과 이하 관직에 일본인을 임명하는 소위 '차관 정치'를 실시했다.

| 군대 해산 |　　　정미 조약에는 비밀 각서가 있었다. 여기에는 군대 해산, 통감부의 사법권 및 경찰권 장악 문제 등 매우 중요한 내용이 포함되어 있었다. 특히 군대 해산은 대한 제국의 자위력을 무력화시키는 중대 사안이었다. 고종 황제의 양위 소식에 일부 시위대 군인이 시민과 함께 반대 운동에 참가해 일본 경찰을 사상하는가 하면, 친일 대신들을 처단하려는 움직임까지 일자 일제는 한국군을 해산하기로 결정했다. 일제는 이를 전격적으로 치밀하게 추진했다.

당시 한국군은 서울에 시위 보병 2개 연대 약 3,600명, 시위 기병, 포병, 치중병(輜重兵) 등을 합하여 400명, 지방에 진위 보병 8개 대대(수원, 청주, 대구, 광주, 원주, 해주, 안주, 북청) 4,800명 등 모두 8,800명 정도였다. 비

록 수적으로 적었지만 일제가 한국을 통치하는 데 걸림돌이었던 것은 분명한 사실이었다.

이토 통감은 1907년 7월 24일 한국군에 금족령을 내려 부대 밖으로 나가지 못하도록 통제한 뒤 일본군으로 하여금 탄약고를 접수하게 하고 본국에 일본군 증파를 요청했다. 증파된 일본군 보병 12여단은 서울 이남의 수비를 맡게 되었다. 이에 따라 기존 일본군 제13사단은 서울 이북의 수비를 담당했다. 특별히 서울 지역의 저항 세력에 대처하고자 위수 사령부를 설치했으며, 인천에 구축함 4척을 주둔시켰다.

이렇듯 만일의 사태를 위한 조처를 단행한 뒤 한국 주차군 사령관 하세가와는 순종 황제에게 재정 곤란으로 후일 징병법을 실시할 때까지 잠정적으로 군대를 해산한다는 조서(군대 해산 조칙)를 내리도록 강요했다. 이때 이토 통감은 군대 해산에 따른 민심 동요와 폭동에 대비해 일본군을 서울 전역에 배치하고, 저항하는 자는 무력으로 진압하도록 했다.

다음 날인 8월 1일 오전 7시, 하세가와 사령관은 군부대신 이병무와 함께 대대장 이상의 장교들을 자기 사저로 불러 순종 황제의 〈군대해산 조칙〉을 전하며 협조할 것을 당부했다. 이와 함께 하세가와는 해산식을 위해 오전 10시까지 모든 병사들을 비무장으로 훈련원에 집합시키도록 했다. 이를 전달받은 대대장들은 자대로 돌아가 사병들에게 빈손으로 훈련원에 모이도록 명령했다.

한국 군인이 병영을 비운 틈에 일본군이 점령하고 무기를 회수했다. 그런데 오전 8시경, 서소문 안에 있던 시위 보병 제1연대 제1대대의 교관 일본인 대위가 병사들을 이끌고 훈련원으로 가려 할 때, 대대장 박승

군대 해산에 '군인으로서 나라를 지키지 못하였으니 만 번 죽어도 아깝지 않다'라는 유서를 남기고 자결한 박승환

환이 자살했다는 소식이 전해졌다. 이에 격분한 군인들이 무기를 꺼내 들고 부대 밖으로 뛰어나가 일본군에게 사격하기 시작했다. 그 이웃에 있던 시위 보병 제2연대 제1대대 병사들도 동참했다.

충분한 화력을 갖추지 못한 한국군 700여 명은 구식 총과 기관총으로 무장한 2개 대대 규모의 일본군에 맞서 서울 숭례문 등지에서 치열하게 전투를 벌였다. 하지만 곧 탄약이 떨어져 전투는 지속되지 못했다. 2시간 만에 남상덕 등 68명이 전사하고 100여 명이 부상을 당했으며 500여 명이 포로가 되었다. 이들 가운데 일부는 지방으로 내려가 각지에서 의병과 합류하기도 했다. 서울의 군대 해산과 항일 전투 소식을 접한 원주 진위대와 강화 분견대는 봉기해 일본군에 맞서 싸웠다. 그 뒤 이들 대부분은 의병 부대에 합류해 항전을 계속했다. 이는 정미 의병의 계기가 되었다.

한편 2개 대대를 제외한 시위 보병 제1연대 제2, 3대대와 제2연대 제3대대, 기병, 공병, 포병 부대원들은 훈련원에 집합했다. 일제는 간단한 해산식을 치른 뒤 이들에게 약간의 급여를 지급하고, 군모와 견장 등을 반납하게 하고 강제 해산을 단행했다. 한국 군인들은 일본군이 총검을 겨누며 둘러쌌기 때문에 반항할 수도 없었다. 이어 지방 진위대도 속수무책으로 약 1개월 내에 해산당하고 말았다.

그뿐 아니라 1909년 7월 30일에는 군부와 무관 학교마저 폐지되었다. 무관 학교의 재학 생도들은 일본 사관학교로 보내져 위탁 교육을 받았다. 경술국치 이후 이들

프랑스 신문에 실린 대한 제국 군대와 일본군의 전투를 그린 그림

가운데 지청천, 조철호 등은 독립운동에 가담하기도 했지만, 대다수는 총독 정치 체제 속에서 안주하며 일제의 앞잡이 군인이 되었다.

경술국치, 대한 제국의 멸망

정미 조약을 체결한 일제는 한국 병합을 서둘렀다. 조약을 체결한 직후인 1907년 7월 일제는 언론을 탄압하기 위한 〈신문지법〉과 집회 결사를 금지하는 〈보안법〉을 제정했다. 〈신문지법〉은 정기 간행물을 발행

할 때 허가를 받고 보증금을 납부하게 해 발행 자체를 억제하는 악법이었다. 허가받은 정기 간행물일지라도 검열을 통해 발매, 반포 금지, 발행 정지(정간), 발행 금지(폐간) 등의 규제가 가능하게 했다. 이와 달리 한국에 거주하는 일본인의 발행 신문에 대해서는 1908년 4월 별도로 〈신문지규칙〉을 공포, 허가제가 아닌 신고제를 적용해 한국인과 차별했다.

〈보안법〉은 한국인에게만 적용되는 일제의 식민지 지배를 위한 일종의 치안법이었다. 주요 내용은 다음과 같다.

① 결사, 집회, 다수의 운동, 군집의 제한, 금지 및 해산

② 무기 및 폭발물 기타 위험한 물건 휴대 금지

③ 공개된 장소에서 안녕질서를 해칠 우려가 있는 언동의 금지

④ 불온한 동작을 행할 우려가 있는 자에 대한 거주 등의 제한 및 치안을 방해하는 자에 대한 처분

⑤ 정치에 관해 불온한 언론, 동작을 하거나 타인을 선동, 교사하거나 치안을 방해하는 자는 50대 이상의 태형, 10개월 이하의 금고 또는 2년 이하의 징역에 처한다.

통감부는 〈보안법〉을 내세워 의병 운동 및 계몽 운동 단체들의 항일 운동을 봉쇄, 탄압했다. 대표적으로는 대한 자강회와 동우회 등이 이 법에 의해 해산되었다. 보안법은 1910년 경술국치 후에도 계속 효력을 가져, 1919년 3.1운동 당시 수많은 만세 시위자들이 체포, 구금당했으며, 1945년 11월 〈미 군정 법령〉에 따라 미 군정기에도 효력을 미쳤다.

이어 1909년 7월 사법 및 경찰 사무를 개선한다는 명목 아래 기유각서를 공포하여 대한 제국의 사법권과 감옥 사무를 박탈했다. 당시 의병 활동이나 계몽 운동을 탄압하려는 조치이기도 했다. 그해 10월에 〈사법관제〉, 〈감옥관제〉를 공포하고 11월에는 법부마저 폐지시켰다. 이로써 사법 및 감옥 사무는 일제에 위임되었다. 또한 일제는 경술국치 직전인 1910년 6월 명목상으로만 남아 있던 한국 경찰권마저 폐지하고 헌병 경찰 제도를 확립했다. 이를 통해 일제는 합병에 반대하는 한국인들의 물리적 저항을 제거했다.

한편 1908년 7월, 가쓰라 내각이 출범하면서 일본 군부의 입김이 거세져 대한 정책 또한 강경 노선으로 선회했다. 일본 각의는 1909년 6월 이토 통감을 경질하고, 7월 초에는 '적당한 시기'에 한국 병합을 단행한다는 내용의 〈한국 병합에 관한 방침〉을 통과시켰다. 이때 마련된 〈대한 시설 대강〉은 가능한 한 다수의 헌병 및 경찰관 파견, 외교 사무를 완전히 장악, 가능한 한 많은 일본인의 이주 실현, 한국에 취임하는 일본인 관리의 권한 확대 등의 내용을 담고 있었다. 한국의 식민화가 일제의 각본대로 움직였던 것이다.

1910년 5월 말, 일제는 한국 병탄에 앞서 병약한 소네 아라스케[曾禰荒助] 통감을 경질하고 군부 내 강경론자인 현역 육군대장 데라우치[寺內正毅]를 통감으로 임명했다. 일제는 그를 한국 병탄의 적임자로 파악했던 것이다. 1910년 7월 하순 한국에 부임한 데라우치는 일본군 수비대에 경비 태세를 강화시키고, 각지 수비대 병력을 용산에 집결시켰다. 그러면서 총리대신 이완용을 만나 합병에 관한 협의를 진행시켜 나갔다. 이완용은 1909년 12월 이재명에게 저격당한 이후 지방에서 요양하다가 귀경한 지 얼마 되지 않은 때였다.

1910년 8월 12일, 한국 주차군 사령부는 병합 발표에 앞서 한국인의 항거에 대비해 회의를 열었다. 헌병대는 이미 1910년 7월부터 한국인의 옥내외 집회를 엄금했으며 신문, 잡지도 철저히 검열했다. 8월 16일, 데라우치는 이완용에게 〈합병 조약안〉을 제시하고 수락을 재촉했다. 이완용은 그 문제를 협의하고자 8월 18일 각의를 열었고, 8월 22일에 형식적으로 어전 회의를 개최해 데라우치 통감과 '합방 조약'에 조인했다. 다만 일제는 한국인의 저항을 두려워하여 조약 발표는 당분간 미뤘다.

일제는 조약 체결을 숨긴 채 정치 단체의 집회를 철저히 금지하고, 원로대신들을 연금한 뒤 8월 29일 순종 황제로 하여금 '통치권을 일본 천황에게 양여'한다는 조칙을 공포하게 했다. 이로써 1392년에 개국하여 1897년 대한 제국으로 개칭한 조선 왕조는 518년 만에 역사 속으로 사라졌다. 이후 한국인은 약 35년간이나 일제의 잔혹한 통치에 신음하는 식민지인으로 서러운 삶을 살아가야만 했다.

대한 제국은 을사 늑약, 정미 조약, 합방 조약 등을 통해 망했다. 국가 간 전쟁을 통해서 그런 것이 아니다. 하지만 여러 조약을 살펴보면 강요에 의해 일방적으로 체결된 만큼 불법, 부당해 무효라 할 수 있다. 합방 조약이라고는 하지만 한국 황제의 서명이 없었으며, 1926년 순종 황제는 운명하기 전 자신이 양국의 '합방'을 인준한 적이 없다고 밝혔다. 일제가 일방적으로 강요한 불법적인 조약을 체결했음을 의미한다. 이는 을사늑약도 마찬가지이다. 양국 간 합의라기보다는 엄연한 협박과 강

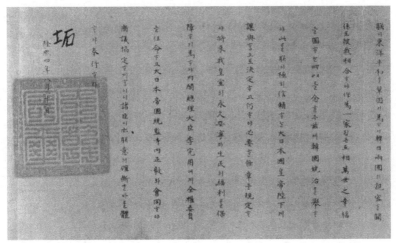
한일 합병 조약 시 전권 위임장

요에 의해 체결된 조약임은 말할 나위가 없다.

〈한일 합병 조약〉

한국 황제 폐하와 일본국 황제 폐하는 양국 간 특수하고 친밀한 관계를
살펴 상호 행복을 증진시키는 동시에 동양의 평화를 영구히 확보하고자 하
여, 그 목적을 달성하기 위해서는 한국을 일본 제국에 병합함이 가장 적절하
다는 것을 확신하고 이에 양국 간에 합병 조약을 체결하기로 결정하여 이를
위해 한국 황제 폐하는 내각 총리대신 이완용을, 일본 황제 폐하는 통감 자
작 데라우치를 각기 전권 위원으로 임명함. 이에 따라 이 전권 위원은 회동,
협의하여 다음의 제 조문을 협정함.

제1조 한국 황제 폐하는 한국 전부에 관한 일체 통치권을 완전 또는 영구
히 일본국 황제 폐하에게 양여함.

제2조 일본국 황제 폐하는 제1조에 게재한 양여를 수락하고 또 전연 한국을 일본 제국에 병합함을 승낙함.

제3조 일본국 황제 폐하는 한국 황제 폐하, 대황제 폐하, 황태자 폐하 및 그 후비 및 후예로 하여금 각기 지위에 따라 상당한 존칭, 위엄 및 명예를 향유케 하고 또 그것을 보지(保持)함에 충분한 세비를 공급함을 약속함.

제4조 일본국 황제 폐하는 제3조 이외의 한국 황족 및 그 후예에 대하여 각기 상당한 명예와 대우를 향유케 하고 또 이를 유지하기에 필요한 자금을 공여함을 약속함.

제5조 일본국 황제 폐하는 공훈 있는 한인으로 특히 표창 행함이 적당하다고 인정되는 자에 대하여 영작을 수여하고 또 은사금을 줌.

제6조 일본국 정부는 전기 병합의 결과로 전연 한국의 시정을 담임하여 그 땅에 시행할 법규를 준수하는 한인의 신체 및 재산에 대하여 충분히 보호하며 또 그 복리의 증진을 도모함.

제7조 일본국 정부는 성의, 충실히 신제도를 존중하는 한인으로서 상당한 자격이 있는 자를 사정이 허락하는 범위에서 한국에 있는 제국 관리로 등용함.

제8조 본 조약은 한국 황제 폐하 및 일본국 황제 폐하의 재가를 받은 것이므로 공포일로부터 이를 시행함.

융희 4년 8월 22일

내각 총리대신 이완용

통감 자작 데라우치 마사타케

합방 조약 서문에 따르면, 합병의 이유를 '양국의 상호 행복을 증진시키고 동양의 평화를 영구히 확보하기 위한 것'이라고 했지만, 이를 믿는 사람은 아무도 없었다. 일제가 자신의 침략 행위를 합리화하기 위한 허위로 가득 찬 수식어에 불과한 것이었다. 이에 대한 제국이 멸망하자 수많은 애국지사의 자결, 순국이 줄을 이었다. **황현**, 홍범식, 송병순, 이만도, 안숙, 이재윤, 김석진, 송주면, 김도현, 김지수, 송완명, 정동식, 조장하, 정재건, 류도발, 류신영 등 56명에 달했다.

황현 전남 광양 출신. 수구 정권의 부정부패를 겪고 관직에 환멸을 느낀 황현은 전남 구례에서 독서와 역사 연구, 경제학 공부 등에 열중했다. 1894년 동학 농민 운동, 갑오개혁, 청일 전쟁이 연이어 벌어지자 《매천야록》과 《오하기문》을 저술해 후손들에게 자신의 경험을 남겨 주고자 했다. 을사늑약 체결 후 국권 회복 운동을 하고자 망명을 시도하다 실패했다. 1910년 8월, 일제에게 강제로 나라를 빼앗기자 절명시 4수를 남기고 자결 순국했다.

4.
구국 운동 전개

의병 운동

|**중기 의병**|　　　을미사변과 단발령으로 일어난 전기 의병이 종식된
지 10여 년 만에 러일 전쟁과 을사늑약 체결 전후로 일제의 한국 침략이
본격화되자 전국 각지에서 의병이 다시 일어났다. 일제는 전쟁 중에 〈한
일 의정서〉(1904. 2)와 〈한일 외국인 고문 초빙에 관한 협정서〉(1904. 8) 등
을 잇달아 체결하여 일본군을 마음대로 주둔시키고, 일본인을 한국 관
리로 임명했다. 특히 전쟁에서 승리한 일제는 1905년 11월에 을사늑약
을 체결하고 대한 제국의 외교권을 빼앗고는 반식민지로 만들었다. 이
에 자결하는 인사들이 속출하였고, 을사오적을 처단하기 위한 오적 암
살단이나 결사대가 조직되기도 했다. 특히 고종 황제의 밀지를 받은 유

림들이, 혹은 전기 의병 당시의 의병장들이 다시 의병을 일으켰다. 이를 중기 의병이라 한다.

중기 의병은 대체로 양반 유생들이 주도했으며, 대부분 1894~1896년 사이에 의병에 참여했던 인물들이었다. 다만 전기 의병과 달리 전직 관료들이 적극 나섰다. 대표적인 의병장으로는 강원도의 원용팔, 황해도의 박기섭, 경북의 신돌석, 정용기, 이현규, 유시연, 충남의 민종식, 충북의 노응규, 전북의 최익현, 임병찬, 양한규, 전남의 백낙구, 고광순, 양회일 등이 꼽힌다. 활동 지역은 주로 강원, 경기, 충청, 경북, 전라도 등의 산간 지대였다.

이들은 유림이었으나 위정척사적 명분보다는 국가와 민족을 구하려는 의지가 강했다. 때문에 화적이나 활빈당으로 내몰린 농민층과도 쉽게 뜻을 같이할 수 있었고, 이에 전투적인 부대 편제가 가능해 상당한 전과를 거두기도 했다. 특히 포수와 포군을 주력으로 삼아 일본군 주둔지와 일본인 거류지, 통신 시설 등을 공격했다. 그 결과 일제의 전략적 목표를 무력화시키는 성과를 거두기도 했다. 이처럼 중기 의병은 반침략적, 구국 의병적 성격이 강했다.

｜후기 의병｜ 대한 제국은 1907년 7~8월에 커다란 위기를 맞았다. 일제는 헤이그 특사 파견을 구실 삼아 고종을 강제로 퇴위시키고, 이어서 정미 조약과 군대 해산을 단행했다. 그 뒤 일제의 내정 간섭은 더욱 확대, 강화됐으며, 경제적 침탈도 가중되었다. 특히 도시와 농어촌, 산간벽지 등을 불문하고 전국 각지에서 일본인의 토지 침탈이 심각

했다. 이처럼 국가 존립 자체가 흔들리고 생존권조차 위협받는 상황에 처하면서 한국인의 반일 감정은 극도로 악화됐다. 이런 가운데 군대 해산을 앞둔 상황에서 일어난 대대장 박승환의 자결은 한국군 1천여 명이 일제 봉기하는 계기가 되었고, 해산한 군인들이 지방으로 내려가 의병에 합류하면서 이를 전국으로 확산시키는 기폭제 역할을 했다.

지방 진위대의 해산 군인들도 의병으로 전환되었다. 1907년 8월 가장 먼저 원주 진위대는 특무정교 민긍호와 육군 참위 김덕제의 인솔 아래 봉기했다. 이들은 우편 취급소, 관아, 경찰 분서 등을 습격해 군자금을 확보하는가 하면 무기고를 점령하여 총기와 탄약을 확보했다. 또한 포수와 농민 1천여 명을 이끌고 경기도와 충북의 접경지대까지 활동 무대를 넓혔다. 특히 민긍호 의병 부대는 1908년 2월까지 강원도를 근거지로 삼아 가장 치열하게 반일 투쟁을 전개했다. 이들은 기동력과 유격전에 능숙하여 100여 차례의 전과를 올렸다. 이에 일본군조차 두려워할 정도였다. 하지만 민긍호는 치악산 강림촌에서 일본군의 기습을 받아 전사했다.

강화 분견대의 해산 군인들은 1907년 8월에 부교(副校) 연기우, 지홍윤, 유명규, 김동수 등의 지휘 아래 봉기했다. 이들은 무기를 탈취하여 무장하고 군수로서 일진회원인 정경수와 일본인 경관을 처단하고 강화읍을 장악했다. 이에 고무된 지방민들이 의병에 적극 가담하면서 인원은 600여 명에 달했다. 특히 다른 지역과 달리 계몽 운동 계열의 대한자강회와 감리교 계통 기독교 세력의 지원을 받았다. 이들은 갑곶진을 중심으로 일본군과 격렬한 전투를 벌여 10명의 전사자를 내는 전과를 거두기도 했다. 그 뒤 이들은 일본군을 피해 경기도, 황해도 지역으로 흩어져 그곳 의병과 합류해 항일 투쟁을 계속했다. 이외에도 중기 의병 당시 의병 탄압에 앞장섰던 홍주 분견대와 진주 진위대도 군대 해산에 저항하고 의병으로 전환했다.

서울과 지방의 해산 군인들이 의병에 가담함으로써 전열이 재정비되었고, 전국에서 다양한 계층이 의병에 투신하여 새로운 전선이 형성됐다. 우선 1907년 8월 충북에서는 경북 상주 출신의 노병대가 보은군 속리산에서 의병을 일으켰다. 처음에는 200여 명에 불과했으나 해산된 서울의 시위대 군인들이 가담하면서 1천여 명으로 늘어났다. 이들은 주로 보은, 상주, 청주, 성주, 거창, 무주 등지에서 활동하면서 일본군과 크고 작은 전투를 치렀다. 하지만 일본군이 기습해 의병장 노병대가 1908년 7월 보은에서 붙잡히고 말았다. 그는 1913년 4월 대구재판소에서 15년 형을 선고받았으나 단식 28일 만에 피를 토하며 순국했다.

강원도 원주에서는 이은찬, 이구재, 방관일 등이 해산 군인 80명을 포함한 500명의 의병을 모집하고 을미 의병을 일으켰던 이인영을 의병장으로 추대했다. 이인영은 관동 창의대장에 오른 후 사방에 격문을 보내 의병을 모집하여 규모가 수천 명에 달했다. 이들은 일본군과 전투를 치르면서 경기도 양주 방면으로 진격했다. 이는 훗날 13도 창의대진소를 조직하는 원동력이 되었다.

경북에서는 중기 의병 이후 활동했던 신돌석 의병 부대가 일원산을 중심으로 경상도를 넘나들며 유격 활동을 통해 이름을 떨쳤다. 또한 정환직이 산남 의진을 재편하고 영천, 경주, 청송 등지에서 활동했다. 군대 해산에 분격한 아들 정용기가 의병을 일으켜 싸우다 전사하자 아버지가 의병을 일으킨 것이다. 이외에 유인석 의진에서 활동했던 이강년이 문경을 중심으로 충북과 접경지대에서 활동했다.

경기도 지역에서는 포천의 허위가 강화 분견대 군인들을 끌어모아 임진강 유역에서 활동했고, 장단과 황해도 서흥 일대에서는 김수민이 농민을 비롯한 평민들을 주축으로 의병을 조직해 활동했다. 마전, 삭녕, 연천 등지에서는 강화도 분견대 해산 군인 연기우가 이끄는 의병 부대가 돋보였다. 그는 엄정한 군율을 지키며 활동함으로써 주민들의 호응을 얻었다.

호남 지역에서의 활동은 전기와 중기 의병 당시에는 그리 활발하지 않았지만, 1908~1909년 동안 후기 의병을 주도했다. 김동신, 고광순, 기삼연, 김준, 김율, 이석용, 문태서, 전해산, 심남일, 안규홍, 황준성 등의 의병장들이 주도했다. 김동신과 고광순 등은 전남북의 경계인 내장산, 지리산, 덕유산 등 험준한 산악 지대를 근거지로 삼아 유격전을 벌였다. 전기 의병에 가담했던 기삼연은 1907년 10월에 호남 창의회맹소를 결성하고 장성, 고창, 영광 등 전라도 서부 지역에서 활동하면서 후기 의병 활성화에 크게 기여했다. 전북에서는 이석용 의병 부대가 진안과 임실에서, 문태서 의병 부대는 무주, 진안, 장수 등 전북의 동북 산간지대에서 크게 활약했다. 호남 지역 의병은 일제의 이른바 '남한 폭도 대토벌 작전'이 실시될 때까지 끈질기게 저항했다.

함경도에서는 홍범도, 차도선, 태양욱, 송상봉 등이 포수와 해산 군인을 지휘해 삼수와 갑산 등지에서 항일 투쟁을 주도했다. 황해도에서는 박기섭, 이진룡 등이 평산 등지에서 활동했고, 평안도에서는 김관수 등이 유학자들과 힘을 합쳐 의병을 일으켰다. 함북 경성과 명천 등지의 의병들은 대한 협회 지회와 연계해 활동했다.

제주도에서도 1909년 봄 고승천의 주도로 의병이 일어났다. 간도와 연해주 등지에서는 이범윤, 유인석, 최재형 등이 의병을 조직하여 일제에 맞섰다.

후기 의병은 이전과 달리 농민도 의병장이 되었으며, 해산 군인, 상인, 공인, 노동자도 의병을 이끌었다. 특히 그들 가운데는 개화사상의 영향을 받은 인물들도 끼여 있었다. 의병 규모는 10~100여 명 정도였고 주로 산악지대를 이용한 게릴라 전투를 벌였다. 이는 해산 군인이 의병에 가담하면서 조직이나 전투 방법이 크게 향상되었기 때문이다.

군대 해산 이후 3개월 동안 의병과 일본군과의 전투 기록을 살펴보면, 일본군 사상자는 68명이었지만 의병 사상자는 1,850명에 달했다. 그동안 치열한 전투가 전개되었음을 보여 주기도 하지만, 가장 큰 요인은 무기가 열악했기 때문이다. 의병은 간혹 서양총으로 무장하기도 했지만, 대개는 재래의 화승총을 사용했다. 심지어는 활, 도창, 곤봉 등을 가지고 전투를 치르기도 했다. 화승총의 사거리는 20m 정도에 불과했으며 비가 오거나 습기가 많은 날에는 그마저도 사용할 수 없었다. 이와 달리 일본군은 러일 전쟁 당시 제작된 38식 소총을 사용했는데 사거리가 200m에 달했다. 때로는 기관총까지 동원했다.

| 연합 의병 부대 결성과 서울 진공 작전 |　　　의병이 전국적으로 확산되자 연합 의진 편성과 서울 진공 작전이 추진되었다. 이를 주도한 인물이 관동 의병장 이인영이었다. 그는 강원도 회성, 지평, 춘천 등지를 오가며 8도 의병을 규합하고, 경기도 양주에 진출한 뒤에 비밀리에 격문을 전국 의병장들에게 보내 양주에 집결토록 했다.

> 용병의 요결은 고독을 피하고 일치단결함에 있은즉 각 도의 의병을 통일하여 제방을 파괴하는 기세로 서울에 침공하면 전 국토가 우리의 소유 속에 들어가고 한국 문제 해결에 있어서도 유리하게 될 것이다.
>
> ＿〈대한매일신보〉 1907년 9월 29일자

또한 그는 1907년 10월 관동 창의대장의 이름으로 미국을 비롯한 각국 동포들에게 호소하는 격문을 발송했다. 격문 내용은 항일 의병 투쟁의 합법성을 국제적으로 호소하는 것이었다.

> 동포 여러분, 우리는 일치단결하여 조국에 몸을 바쳐 우리의 독립을 회복하여야 할 것입니다. 우리는 또 야만 일본인의 잔혹한 만행과 불법 행위를 전 세계에 호소하여야 할 것입니다. 그들은 교활하고 잔인하여 진보와 인간성의 적입니다. 우리는 최선을 다하여 모든 일본인과 그 주구들과 야만적인 군대를 격멸하는 데 힘을 모아야 할 것입니다
>
> ＿《일본 외교 문서》 제41권 1책, 819쪽

프레더릭 멕캔지가 촬영한 1907년 대한 제국 시기의 의병들

　이에 호응하여 1907년 12월 전국 각지에서 의병 1만여 명이 경기도
양주에 모여들었다. 강원도에서 민긍호, 이은찬 등이 이끄는 의병 6천여
명, 충청도에서 이강년 의진 500여 명, 전라도에서는 문태수 의진 100여
명, 경기도에서 허위 의진 2천여 명, 황해도에서 권중희 의진 500여 명,
평안도에서 방인관 의진 80여 명, 함경도에서 정본준 의진 80여 명 등이
참여했다. 평안도, 함경도 지역에는 격문이 발송되지 않았음에도 자발
적으로 참가했다. 그 가운데 해산 군인이 3천여 명 정도였는데, 모두 서
양총을 가지고 있었다. 다만 신돌석이 경상도 의병을 대표하여 천여 명
을 이끌고 양주까지 올라왔지만 평민 출신이라는 이유로 제외되었다.
평민 의병장 출신인 홍범도와 김수민도 창의군에서 빠졌다. 당시 의병
의 한계를 드러낸 것이다.
　이들은 '13도 창의대진소'라는 통합군 사령부를 설치하고 총대장 이

대한 제국 의병 이야기

런던 〈데일리 매일〉지 기자 멕캔지(Frederick Arthur McKenzie)는 1920년에 출판한 《Korea's Fight for Freedom》에서 경기도에서 활동했던 의병 이야기를 소개했다.

처음 보기에 경기도 양근은 사람이 살지 않는 듯이 보였다. 그러나 주민들은 문 뒤에 숨어서 나를 지켜보고 있었다. 얼마 후 어른이나 아이들이 슬그머니 기어 나와 서로 친해져 우리들은 곧 사이 좋은 친구가 되었다. 하지만 부녀자들은 도망쳐 버렸다. (중략) 다음 순간 5, 6명의 의병이 마당으로 들어와 내 앞에 정렬을 하더니 경례를 했다. 그들은 모두 18세에서 26세 정도의 청년들이었다. 그들 중 영리하게 생기고 용모가 단정한 젊은이 하나는 한국 정규군의 낡은 제복을 입고 있었다. 다른 한 명은 군복 바지를 입고 둘은 얇은 누더기 한복을 입고 있었다. 가죽 장화를 신은 사람은 없었다. 허리에는 집에서 만든 무명 탄대를 두르고 있었는데, 실탄이 반쯤 들어 있었다. 한 사람은 타부시(회교도들이 쓰는 모자)를 썼고, 다른 사람은 헝겊을 머리에 두르고 있었다.

그들이 가지고 있는 총을 보았다. 여섯 사람이 다섯 가지 총을 가지고 있었는데, 좋은 것은 하나도 없었다. 한 사람은 우리가 알기에 가장 구식 화승총인 낡은 한국 엽총을 자랑스럽게 지니고 있었다. 팔에는 도화선으로 쓰는 길고 가는 줄이 그슬린 채 감겨 있었고, 뿔로 만든 화약통과 장전할 실탄주머니를 앞에 차고 있었다. 나중에 알고 보니 이 엽총이 흔히 쓰는 무기였다. 실탄을 눌러 재는 데 쓰는 꽂질대는 나무를 잘라서 집에서 만든 것이었다. 총신은 녹이 슬었고 멜빵은 무명 한 조각뿐이었다. (중략) 정오 무렵에 도착한 곳은 전날 한국군이 패

주한 곳이었다. 의병들은 마을 주민들을 매우 불친절하게 여겼으며, 자기네를 일본군에 팔아먹었다고 생각했다. 내가 마을 주민들에게 전해 들은 얘기가 진짜 전투 상황일 것이라 믿는다. 그들 말에 의하면 전날 아침 일본군 20여 명이 급습하여 거기에 주둔하고 있던 의병 200명을 공격했다는 것이다. 일본군 한 명이 팔에 경상을 입었으나 의병은 5명이 부상당했고 그들 가운데 3명이 도망쳤는데, 이들이 바로 내가 아침 일찍 치료해 준 사람들이었다. 두 사람은 들판에 내버려졌는데, 한 명은 왼쪽 뺨에 다른 한 명은 오른쪽 어깨에 중상을 입었다. 주민들의 말을 빌리면 다음과 같다. 일본군들이 그 부상병에게 접근해 왔을 때 그들은 상처의 고통이 심해 말도 못하고 다만 짐승들처럼 "만세, 만세, 만세!" 하고 신음하듯 소리를 질렀을 뿐이었다. 그들은 무기도 없었으며 피는 땅 위에 낭자하게 흐르고 있었다. 일본군들은 그들의 신음소리를 듣고 달려와서는 총검으로 찌르고 또 찌르고 또 찔러 죽였던 것이다. 이 때문에 그 사람들은 칼에 갈기갈기 찢겨 있었고, 우리가 들어다가 묻어 주었다.

_멕캔지 지음, 이광린 역,《한국의 독립운동, Korea's Fight for Freedom》, 일조각, 1969, 110~121쪽, 발췌 수정 인용

인영, 군사장 허위, 관동 창의대장 민긍호, 호서 창의대장 이강년 등으로 의진을 구성했다. 전열을 정비한 13도 창의군은 서울 탈환 작전을 계획했다. 일제가 설치한 통감부를 격파하고 을사늑약을 무효화시켜 국권을 회복하는 데 목적을 두었다.

13도 창의군은 동대문 밖에서 전군이 집합한 가운데 대오를 정비한 후 음력 정월(양력 1908년 2월 1일)을 기하여 서울로 진격할 예정이었다. 작전에 따라 허위는 300여 명의 선발대를 거느리고 크고 작은 전투를 치르면서 북상해 1908년 1월 말 동대문 밖 30리 떨어진 지금의 청량리 근방까지 접근했다.

그런데 중대한 시기에 의병 총대장 이인영이 부친 사망 소식을 듣고서는 급히 귀향하고 말았다. 전통 유생으로서 부친의 상례를 소홀히 할 수가 없었던 것이다. 부득이 허위가 전권을 물려받았지만, 후발 본대가 도착하기도 전에 선발대는 일본군과의 전투에서 밀렸다. 후발대마저도 일본군에게 타격을 받아 제대로 허위의 선발대를 지원하지 못했다. 민긍호 부대는 원주 이북으로 북상하지 못했고, 이강년 부대는 강원도 화천에서 길이 막히고 말았다. 결국 허위는 더 이상 버티지 못하고 퇴각했고, 각 의병 부대 또한 각지로 흩어져 독자적인 항전을 벌였다.

허위 부대는 임진강 유역으로 본거지를 옮겼다. 이곳에서 조인환, 권준, 왕회종, 연기우, 김진묵 등의 의병 부대와 함께 경기, 강원, 황해도를 넘나들며 활약했다. 이강년 의병은 충북 제천 방면으로, 민긍호 의병은 강원도 남부의 영월, 홍천, 원주 방면으로 진출해 의병 활동을 전개했다. 그런 가운데 민긍호는 1908년 2월 원주 부근에서 일본군의 기습을 받아 전사했고, 이강년은 1908년 7월 청풍군 북면에서 피체되어 사형당했다.

그런데 13도 창의군의 서울 진공 작전은 시행되기 전부터 너무 잘 알려져 있었다. 〈대한매일신보〉는 서울 진공 작전이 전개되기 2개월 전부터 이를 크게 보도하고 있었다. 이에 일제는 서울 외곽 방비에 오래전부터 전력을 기울였을 뿐만 아니라 양주 의병의 진로를 차단하고 한강의 선박 운항을 일체 금지시켰으며, 동대문에 기관총을 설치하는 등 만반의 준비를 모두 마친 상황이었다. 이에 13도 창의군이 일본군의 방어망을 뚫기란 현실적으로 거의 불가능했다.

한편 부친 장례를 마친 이인영에게 많은 의병들이 찾아가 다시 거의를 권했다. 그러나 그는 나라에 "불충한 자는 어버이에게 불효요 어버이에게 불효한 자는 나라에 불충이니, 효는 충이니 하는 것은 그 도가 하나요, 둘이 아니다."라고 하면서, "국풍을 지켜 3년 종상의 효도를 다한 후 재기하여 13도 창의군을 일으켜 일본인을 소탕하겠노라."라며 그들의 권고를 받아들이지 않았다. 그 후 이인영은 노모와 슬하의 두 아들을 데리고 상주군에 잠시 머물다가 다시 충북 항간군 금계동에 옮겨 살던 중 1909년 6월 7일 일군 헌병에게 체포되어 같은 해 9월 20일 경성 감옥에서 형을 받아 순국했다.

| 일제의 남한 폭도 대토벌 작전 |　　　13도 창의군의 서울 진공 작전이 실패했지만 의병 운동은 사그라지지 않았다. 이에 참가하였던 허위, 이강년, 민긍호 등 의병장들이 각기 다른 지역에서 독자적인 활동을 펼쳤고, 불참했던 신돌석, 차도선, 홍범도, 양혁진 등 평민 의병장들도 크게

활약했다. 이전보다 의병 운동이 격화되었고 전국적으로 확산되었는데, 특히 호남 지역이 돋보였다. 이를 후기 의병이라 한다.

호남에서 일본군과의 교전 횟수와 의병 수가 1908년에는 각각 25%와 24.7%에 머물렀지만, 1909년에는 각각 47.3%와 60.1%로 2배 이상 증가했다. 호남 지역에서 의병 활동이 활발했던 이유는 동학 농민 운동이 활발했던 지역으로 전투 경험이 있었고, 일제 침탈의 피해가 커서 반일 의식이 강했으며, 전기, 중기 의병이 활발하지 않아 상대적으로 전투력을 상실하지 않았기 때문으로 보인다.

의병 운동이 1906년 이후 3~4년 동안 지속적, 전국적으로 일어나고 있는데다가 호남 의병의 저항이 거세지자 일제는 이를 근절시키기 위한 대책 마련에 부심했다. 먼저 일제는 기병 1개 연대, 보병 2개 연대를 증파했다. 이전에 일제는 1개 사단과 군대 해산 당시 보병 1개 여단을 보냈다. 병력은 조선 주차군 사령관 하세가와가 총지휘했다. 이를 북부 수비관구와 남부 수비관구로 나눴다. 북부에는 경성, 회령, 북청, 함흥, 원산, 강릉, 서울, 개성, 평양에 사단, 연대, 대대 본부를 두고 각지에 소대, 분대 단위로 병력을 배치했다. 남부는 대전, 조치원, 대구, 전주에 주력 부대를 주둔시키고, 각지에 병력을 분산 배치했다.

1908년 5월 말, 일제는 의병 전열에 따라 일본군의 배치를 바꿨다. 북부는 동부(함흥), 서부(평양), 김화(김화), 경성(서울), 충주(수원) 등으로 구획했고, 남부는 안동, 상주, 대전, 대구, 진주 등지에 수비구를 두었다. 전주에는 임시 파견 기병대가 배치되었다. 특히 진주 수비 대대는 구례, 남원, 함양에 각 중대를 배치했고, 순천, 광천점, 옥과, 곡성, 탑촌, 하동,

지역	교전 횟수		의병 수	
	1908	1909	1908	1909
경기	78(4.0)	165(9.5)	1,453(1.8)	3,453(9.0)
충북	113(5.7)	66(3.8)	6,815(8.0)	832(2.2)
충남	217(11.0)	138(7.9)	7,666(9.2)	1,003(2.5)
전북	219(11.1)	273(15.8)	9,960(12.0)	5,576(14.5)
전남	274(13.9)	547(31.5)	10,544(12.7)	17,579(45.6)
경남	153(7.7)	61(3.6)	3,328(4.0)	934(2.4)
경북	158(7.9)	161(9.3)	5,702(6.9)	3,667(9.5)
강원	273(13.8)	124(7.2)	18,599(22.5)	2,468(6.4)
황해	232(11.7)	111(6.4)	7,998(9.7)	2,148(5.5)
평남	108(5.5)	61(3.6)	1,391(1.7)	540(1.4)
평북	41(2.1)	17(0.5)	2,590(3.1)	123(0.3)
함남	99(5.0)	14(0.9)	6,438(7.8)	270(0.7)
함북	11(0.6)	–	283(0.3)	–
합계	1,976(100)	1,738(100)	82,767(100)	38,593(100)

(출처: 국사편찬위원회, 《한국독립운동사》 1, 1965, 295~296쪽. ( )은 %)

도별 교전 횟수와 의병 수

원전, 덕산, 단성, 안의, 도천장, 장수, 임실, 오수역에 소대, 분대 병력을 주둔시켰다.

일제는 일본군의 증파와 더불어 1908년 6월에 '헌병 보조원 모집에 관한 건'을 공포했다. 1907년 10월에 이미 고문 경찰제와 통감부 경찰관을 폐지하는 대신 한일 경찰을 일원화하고, 통감에 예속된 주차 헌병으로 하여금 전국의 경찰 직무를 장악하도록 했다. 주차 헌병대장에 아카시[明石元二郎] 육군 소장이 임명되었다. 그 뒤 일제는 1907년 말 헌병을 2,369명으로 늘리는 한편, 1908년 6월 법령에 따라 모집한 조선인 헌병 보조원이 4,065명에 달했다. 이들은 의병 토벌과 정보 탐색에 이용되었다. 일제는 이를 기회로 전국에 493개소에 분견소를 두고 한국의 군사 경찰, 행정 경찰, 사법 경찰까지 장악했다. 여기에 10만 명의 친일파 일진회원들이 가세했다. 그들은 의병 활동에 큰 지장을 초래했으며, 일제도 그들의 탐정 활동에 크게 의지할 정도였다. 일제의 의병 탄압 방략은 대략 다음과 같았다.

1. 경비 전화를 증설하여 통보 연락을 긴밀히 할 것.
2. 밀고자의 장려 및 폭도 토벌 경찰에 대하여 공로가 있는 자에게 큰 상을 준다.
3. 매년 1, 2회 각 기관의 연합 대수색, 대토벌을 실행한다.
4. 수령주(首領株, 의병장)의 체포에 관하여 큰 상을 걸고 각 촌리에 광고한다.
5. 폭도에 동정을 한 마을에 신통(辛痛, 매서운 고통)을 느낄 수 있는 공동 책임을 질 수 있도록 한다.
6. 수령주를 설복하여 사면을 조건으로 자수시켜 부하와 같이 철도 공사 등에 사역도록 한다.

_내부 경무국,《한국경찰일반》, 1910, 157쪽

그 뒤 일제는 1909년 9월부터 1개월 동안 이른바 '남한 폭도 대토벌 작전'을 전개했다. 당시 전남 지역에서는 전해산(500명), 심남일(500명), 임창모(300명), 강무경(300명), 안주홍(450명), 김경문(100명), 강사문(100명) 등의 의병진이 있었고, 그 밖에 50~60명 규모의 의병진이 산재해 있었다. 전북에서는 박도경, 김영백, 신보현, 양윤숙 등이 100여 명 규모의 의진을 이끌었다. 그들은 이전보다 무기를 향상시켜 대부분 화승총을 뇌관식으로 개량하고 실제 전투에 사용했다.

일제는 남한 폭도 대토벌 작전에 일본군 2,260명을 투입했다. 제1연대는 순창, 광주, 목포로 연결된 서북부를, 제2연대는 동남부를 맡았다. 그리고 3단계 작전으로 의병을 반격했다. 제1단계 작전은 남원을 기점으로 고흥, 광주, 영광으로 이어지는 지대를, 제2단계는 고흥, 광주, 영광 근방을 기점으로 서남해안까지를 초토화하는 작전이었다. 제3단계는 도서 지방으로 탈출한 의병을 섬멸하고자 무인도까지 샅샅이 뒤지는 것이었다.

일본군의 남한 폭도 대토벌은 이른바 교반 작전(攪拌作戰)으로 진행되었다. 지역을 세분화하고 분담 지역 내 의병을 전후좌우로 반복 공격하고, 군대를 동원할 때에는 신속히 출동해 전혀 눈치채지 못하게 의병 근거지를 철저히 소탕하는 방식이었다. 일제의 야만적인 초토화 작전은 전북 부안-임실-남원-구례-하동을 잇는 섬진강 이서 지역과 남해안의 도서 지역에 집중되었다. 호남 의병은 끝까지 저항했으나 일제의 막강한 군사력 앞에서 역부족이었다. 결국 많은 의병장을 비롯해 500여명이 전사했고, 2천여 명이 체포(자수 포함)되었다. 일제는 체포된 의병을 해남-하동 간 도로 공사에 강제로 투입했다. 일제는 이를 '폭도 도로'라고 했다. 의병장은 103명이 희생했는데, 그중 23명은 피체되어 형장에서 순국했다.

1907년 7월부터 1908년 말까지 일본군이 불태운 집은 6,681호에 달

남한 폭도 대토벌 작전 당시 피체된 호남 의병장들이 대구 감옥에 갇혀 있던 모습(앞줄 왼쪽부터 송병운, 오성술, 이강산, 모천년, 강우경, 이영준, 뒷줄 왼쪽부터 황장일, 김원국, 양진여, 심남일, 조규문, 안규홍, 김병철, 강사문, 박사화, 나성화)

했다. 그뿐만 아니라 도망하는 자는 모두 죽이라는 지침에 따라 피난하던 양민도 모두 학살당했다. 더욱이 한복을 입은 경찰과 헌병이 밀정으로 잠입해 정보를 수집한 후, 병력을 투입하여 밭고랑과 바위 밑까지 뒤집으며 만행을 서슴지 않았다. 이에 1907년 8월에서 1909년 말까지 일본군에 살육된 의병은 1만 6,700여 명, 부상자는 3만 6,770여 명에 달했다. 결국 후기 의병은 호남 의병이 초토화되면서 일단락되었다.

후기 의병의 특징은 다음과 같다. 의병진은 해산 군인을 비롯한 평민 출신 의병장이 주축이었다. 홍범도, 안규홍, 차도선, 김수민, 연기우 등이 대표적인 의병장들이다. 그들의 신분, 직업은 유생, 양반이 64명(25%), 농민 49명(19%), 군인 35명(14%), 무직 및 화적 30명(12%), 기타 순이었다. 일제의 정치적, 경제적 침탈에 따른 현실적인 위기의식을 느끼고 민중이 의병에 투신해 이를 주도했기 때문이다.

후기 의병의 투쟁 역량이 남달랐다. 해산 군인들이 의병에 합류한 것도 있었지만, 의병 스스로 무장을 강화했기 때문이다. 즉 무기를 개조하거나 신무기를 확보했으며, 전술과 전략을 모색하는 한편, 연합 전선을 형성했다. 나아가 군기를 엄정히 하고 군사 훈련을 실시하는가 하면, '분산과 집중' 혹은 '교란과 습격'이라는 유격 전술을 통한 효율적인 투쟁을 전개했다.

한편 지역 주민들도 후기 의병을 도왔다. "의병과 주민은 머리와 꼬리처럼 서로 이어져 있으므로 어려울 때는 서로 돕고 서로 의지하는 바가 마치 부자 형제의 허물없음과 같다."라고 표방할 정도였다. 의병들은 지역민을 괴롭히는 부호나 관리를 처단해 주었고, 주민들은 의병에게 숙식과 정보를 제공해 주었다.

후기 의병은 1908년 전후로 의병 기지를 건설하고자 했다. 중부 이북 의병들은 유인석이 제기한 이른바 북계책(北計策)를 내세워 근거지를 간도나 연해주로 이동하고자 했다. 유인석과 홍범도 계열의 의병 부대는 이를 실천에 옮겨 훗날 독립군 기지로 전환되었다. 남부 지역에서 활동하던 의병장 고광순과 김동신 등은 1907년 후반을 전후로 '불원복(不遠復)'을 표방하며 지리산을 근거지 삼아 의병을 정예 군대로 훈련시켜 장기 항전을 도모하고자 했다. 또한 이들은 도서 지역을 일시적 피난처나 근거지로 활용했다. 후기 의병은 일본군과 화력 면에서 비교가 안 될 정도로 너무 열악했지만, 일제의 식민화 정책을 다소나마 지연시키는 데 기여했다.

| 전환기 의병 활동 |　　1910년 경술국치 이후 일제의 식민지 지배하에 놓이면서 의병 운동은 지속되지 못했다. 대부분의 의병 부대는 국외로 이동하여 독립군으로 전환했다. 일제의 대토벌 작전에도 살아남은 국내 의병 부대는 1915년경까지 황해, 경기, 강원, 함경도의 산악 지대를 중심으로 명맥을 이어 갔다. 이름을 떨친 의병장으로는 채응언, 강기동, 한정만, 유인석, 임병찬, 홍범도, 이진룡 등이었다. 이들을 전환기 의병이라 한다. 의병 가운데는 국내에서 술장수, 엿장수, 글방 훈도 등으로 변장하여 잠적하는 경우도 많았다.

일제는 의병 부대를 완전히 소탕하고자 1910년 11월부터 12월까지 수비대, 헌병, 경찰 등을 동원해 경상북도 소백산 부근, 혹은 황해도 평산, 해주 등지에서 대살육전을 전개했다. 이러한 일제의 탄압 속에서도 임병찬은 고종 황제의 밀서를 받고 1912년 9월 이인순, 김재순, 곽한일, 전용규 등과 더불어 독립의군부를 조직했다. 독립의군부는 격문을 발송하고 동지를 모아 조직을 확대했다. 1914년 2월 서울로 올라온 임병찬은 이명상, 이인순 등과 상의하여 독립의군부를 전국적 조직으로 확대해 대한독립의군부로 재편했다. 총사령 임병찬은 1914년 5월 일제의 내각 총리대신, 총독 이하 모든 관헌에게 〈국권 반환 요구서〉를 발송해 한일 병탄의 부당성을 천명하는가 하면, 외국에 한국인들이 일제에 불복하고 있음을 알렸다. 또한 백성에게 국권 회복의 의기를 일으켜 일제를 내쫓으려는 운동을 계획했다. 하지만 그해 5월 일본 경찰에게 계획이 사전에 탄로나 임병찬 등이 체포되면서 대한독립의군부는 막을 내렸다.

전라도와 충남 등 서남부 지방을 중심으로 **복벽주의**(復辟主義) 유림 단체인 대한독립의군부가 있었다고 한다면, 충북과 경북 등 동남부 지방에서는 민단조합이 있었다. 민단조합은 대한독립의군부가 해체된 후에 결성된 탓인지 규모가 작았다. 1915년 문경새재 주변에 거주하던 이동하, 이은영 등이 조직했으나 군자금 모집 과정에서 발각되었다.

일본군에 피체된 채응언

1915년, 평북 성천에서 의병장 채응언이 일본군에 붙잡히면서, 국내의 의병 운동은 종지부를 찍었다. 채응언은 1910년 경술국치 이후에도 해산을 거부하고 300~400명의 의병을 이끌고 경기, 강원, 황해, 평안, 함경 일대의 산악 지대를 넘나들며 일본군 수비대와 헌병을 공격했다. 1913년에는 황해도 대동리 헌병 분견소, 선암 헌병 분견소를 기습해 일본군을 처단하는 전과를 올리기도

복벽주의 나라를 되찾아 임금을 세우겠다는 독립운동 이념으로 일제를 물리치고 대한 제국을 복구하려는 주의를 일컫는다. '벽(辟)'자는 임금을 뜻한다. 복벽주의는 1919년 3.1운동을 전후해 세력을 완전히 상실하고 역사의 뒤안길로 사라졌다.

했다. 1915년에는 고향인 평남 선천군 산악 지대를 근거지로 유격전을 펼치며 일본 군경은 물론, 친일 밀정 등을 처단하고 군자금을 모집했다. 이에 일제는 '적괴 채응언 수색대'라는 특설대를 조직하는 한편, 280원의 현상금을 내걸고 그를 체포하고자 혈안이 되었다. 1915년 7월, 채응언은 평남 선천에서 군자금을 모집하여 마을로 내려오던 중에 일본군과 치열한 전투를 벌이다가 체포되었다.

| **의병의 독립군 전환** |　　　1910년 전후 의병진은 두만강, 압록강을 건너 만주의 북간도와 서간도, 러시아 연해주 등지로 이동했다. 대표적으로 이진룡과 홍범도 등의 의병장이 그곳에서 활동 중인 이범윤, 안중근 등과 연합했다. 이범윤은 간도 관리사로 있었는데, 러일 전쟁 때 500명 규모의 사포대(私砲隊)를 조직해 러시아군을 지원했다. 그 후 을사늑약에 따라 관리사에서 쫓겨난 이범윤은 연해주로 옮겨 갔다. 안중근은 1904년 평양에서 석탄상을 경영하고 이듬해 을사늑약이 체결되자 상점을 팔아 1906년 삼흥 학교를 세우고, 이어 남포의 돈의 학교를 인수, 인재 양성에 힘쓰다가 1907년 연해주로 망명해 의병 운동에 참가했다.

　　1910년 6월, 유인석과 이범윤을 중심으로 의병 연합체인 13도 의군이 조직되었다. 13도 의군은 연해주와 간도를 비롯한 전국 13도 의병을 아우르는 통합 단체를 표방했다. 도총재에 유인석, 창의총재에 이범윤, 장의총재에 이남기, 도총소참모에 우병렬, 도총소의원에 홍범도, 이진룡, 국내에서 신민회 등 계몽 운동을 벌인 안창호, 이갑 등이 선임

되었다. 13도 의군은 장차
국내로 조직을 확대할 목적
에서 각 도에 총재, 총령, 참
모, 총무, 소모, 규찰, 통신
등의 임원을 두었다. 그러나
본격적인 활동을 하기도 전
에 경술국치를 당하고, 일
제가 러시아에 한인의 항일
운동 제지를 강력히 요구하
면서 별다른 성과를 거두지
못한 채 해체하고 말았다.

홍범도

　유인석 의병은 압록강을 건너 중국 통화현과 지안현으로, 이진룡은
여러 의병진과 더불어 창바이현, 푸쑹현, 지안현, 린장현 등으로, 조병
준, 전덕원 의병은 쿠안쉰현과 환런현 등지로 이동해 보약사 또는 농무
계, 향약계 등을 조직해 생활 터전을 마련함과 동시에 애국 청년을 규합
하여 군사 훈련에 힘쓰고, 땅을 개간해 독립군 기지를 건설했다. 이들은
1919년 3.1운동 이후 류허현 삼원보의 대한독립단으로 통합되었다.

　연해주와 간도에서 활동하던 의병들은 계몽 운동 세력과 힘을 합해 민
족 교육과 독립군 양성에 힘을 기울였다. 무장 투쟁과 실력 양성을 주장
하던 양대 세력이 국가와 민족의 독립을 위해 통합된 것이다. 그 결과 의
병 운동은 한층 성숙한 모습으로 독립운동의 형성과 발전에 기여했다.

계몽 운동

| **계몽 운동의 사상적 기반** |　　　1905년, 을사늑약 체결을 전후로 일제의 국권 침탈이 가속화되자, 국가의 독립과 국권 회복을 위해 서구 문물을 받아들여 국민의 실력을 양성해 '자강'을 일궈야 한다는 '국권 회복론'이 등장했다. 이를 계몽 운동이라 일컫는데, 경우에 따라서는 애국 계몽 운동, 구국 계몽 운동, 애국 문화 운동, 자강 운동, 실력 양성 운동 등이라 한다. 이를 주도한 세력은 전통 유학을 배웠지만, 서구 문물을 수용한 이른바 개신 유학자들과 신교육을 받은 지식층들이었다. 대개 중, 하급 관리, 재야 유생 출신, 중소 지주의 자산가들이었다.

계몽 운동의 사상은 개화사상, 문명개화론, 사회 진화론 등을 기반으로 한다. 사회 진화론은 생존 경쟁, 약육강식, 우승열패 등을 골자로 하는데, 19세기 후반 식민지를 쟁탈하려는 열강들이 자기 정당화 및 합리화를 위한 제국주의의 논리였다. 이는 청 말의 사상가였던 량치차오(梁啓超)의 《음빙실문집(飮氷室文集)》을 통해 한국에 전해졌다.

또한 계몽 운동가들은 국권 피탈의 원인을 실력 부족에서 찾고, 이를 양성하여 부국강병을 이뤄 제국주의로 발전해 나가야 한다고 믿었다. 즉 서구 문물을 적극 수용하는 문명개화론을 적극 강조했고, 이는 교육과 실업을 통해 달성될 수 있다며 실력 양성론으로 구체화시켰다. 이에

음빙실문집 음빙실은 량치차오의 서재 이름으로, 그의 저술집 《음빙실전집》은 한국에 소개되어 유림들이 개화를 새롭게 인식하는 데 큰 영향을 미쳤다. 또 다른 저작인 《월남망국사》, 《이태리건국삼걸전》 등은 박은식, 신채호, 장지연, 현채 등 1900년대의 한국 지식인에게 큰 반향을 일으켰다. 이들에 의해 책이 번역, 소개되어 한국인에게 국권과 민족의 소중함을 일깨워 민족 운동에 공헌한 바가 컸다.

계몽 운동가들은 전국 각지에 사립 학교를 설립해 민족 교육을 전개했고, 신문과 잡지 등을 출판하여 국민 계몽과 국권 수호에 진력했으며, 민족의식 고양을 위한 국어와 역사, 종교를 강조했다.

하지만 계몽 운동은 한계점도 있었다. 국가의 독립보다는 문명개화와 실력 양성을 우선시하는 데 우려가 적지 않았다. 즉 실력 양성을 통해 독립을 유지할 수 없다면 일제의 지배를 인정할 수도 있는 것이다. 실제 일제의 국권 침탈로 위협받는 상황에서 이러한 우려는 현실화되기도 했다. 하지만 신채호는 일제 침략에 의한 구질서의 파괴와 생존 경쟁을 도덕적으로 비난하면서, 민족주의의 수립과 실력 양성으로 이를 벗어날 수 있다는 점을 강조했다.

| 정치 단체, 학회의 결성과 활동 |　　　1898년 12월 독립 협회가 해산된 이후, 대중 기반의 민간단체는 조직되지 못했다. 1903년 10월 개신교 선교사들의 주도로 황성 기독교 청년회, 즉 YMCA가 창설되었을 뿐이다. 그런 가운데 러일 전쟁이 한창이던 1904년 6월에 일본인 나가모리[長森藤吉郎]가 황무지 개척권을 한국 정부에 요구하면서 정치 단체가 설립되기 시작했다. 황무지 개척권이란 일본이 한국의 삼림, 강과 못 등의 개척권을 50년 기한으로 장기 임대받아 개간하겠다는 것이다. 이런 사실이 알려지자 유생 및 관리들은 반대 상소를 올렸고, 각 언론 기관도 반대 논설을 실었다. 그럼에도 일본이 물러서지 않자 송수만, 심상진 등이 민중 회의를 열고 '보안회'를 창설했다. '보국안민'을 줄인 말이다. 보안회는 전국에 통문을 돌려 설립 취지 및 운영 요강과 함께, "국가의 존

망이 달린 것이므로 조그마한 땅도 양여할 수 없다. 이러한 우리의 뜻이 관철되면 그날로 해산할 터이나, 그렇지 않으면 목표가 관철될 때까지 성토를 하고 연설 운동을 전개하겠다."라는 투쟁 의지를 알렸다. 전국 각지에서 호응이 이어졌고, 서울에서는 종로 상가가 문을 닫는가 하면 전차 운행이 중단되기도 했다.

일제는 전쟁 중 치안을 문제 삼아 한국 정부에 보안회 해산을 강요했지만, 보안회는 이에 굴하지 않고 집회를 계속했다. 이에 일제는 헌병을 동원해 강제로 집회를 해산시키고 주동자 송수만, 송인섭, 원세성 등을 체포했다. 그럼에도 보안회의 반대 운동은 더욱 거세졌고, 마침내 일본은 황무지 개간권 요구를 철회했다. 하지만 보안회도 일제의 강요로 해산되고 말았다. 그 뒤 명칭이 '협동회'로 바뀌었으나 별다른 활동을 펼치지 못했다.

보안회 이후 민간단체의 설립이 촉진되자, 일제는 친일 단체 육성의 필요성을 절감하고 친일 세력과 독립 협회 출신자를 매수해 1904년 8월 일진회를 조직했다. 비슷한 시기에 정부의 탄압을 받던 동학 세력이 진보회를 설립했는데, 그해 12월에 일진회와 통합했다. 이에 맞서 보부상과 독립 협회 출신들이 공진회를 결성했다. 공진회는 일진회의 해산을 도모하다가 일본군의 개입으로 1905년 1월에 해산되었다.

이런 가운데 1905년 5월 윤효정, 이준 등 공진회 회원들이 주도해 개신 유학자들과 함께 헌정 연구회를 만들어 정치 운동을 활발히 전개했다. 헌정 연구회는 입헌 정치 체제 수립을 위한 민족의 정치의식과 독립 정신을 일깨우는 데 목적을 두었지만, 궁극적으로는 일진회에 맞서 활동했다. 그러나 1906년 2월 통감부 설치 이후 한국인의 정치 집회가 금지되면서 헌정 연구회는 합법적인 정치 활동을 이어 갈 수 없게 되었다. 이에 윤효정, 장지연 등은 같은 해 4월 윤치호를 회장으로 추대해 대한 자강회를 발족하고, 국민 교육 강화와 국력 배양 운동을 목적에 두었다. 대한 자강회는 전국 25개 도시에 지회를 설치하고 연설회를 개최하는가 하면 잡지 〈대한자강회월보〉를 발행하여 이를 실천해 나갔다.

대한 자강회의 활동과 영향력이 갈수록 커지자 통감부로서는 이를 가만히 놔둘 수 없었다. 마침 고종 황제의 퇴위와 정미 조약 체결을 반대하는 집회와 시위를 개최하는가 하면 이완용 집을 불태우고 일진회의 기관지를 발행하던 국민신문사를 파괴하자, 통감부는 보안법 제2조 '안녕질서를 유지하기 위하여 필요한 경우에 결사의 해산을 명할 수 있다'라는 조항을 들어 대한 자강회를 강제 해산시켰다.

장지연, 윤효정 등은 이에 물러서지 않고 1907년 11월에 김가진을 회장으로 대한협회를 발족시켰다. 대한협회는 월보를 발간하고 전국 각지에 지회를 설치하여 국민 계몽에 힘썼다. 1908년 당시 지회가 60여 개로 증가해 회원이 수만 명에 이르렀다. 그러나 1909년 대한협회 지도부가 일진회와의 연합을 획책하는 등 성격이 모호해지면서 변질되었다.

한편 서울에서 활동하던 지방 인사들이 주축이 되어 학회가 결성되었다. 1904년 9월 학교 설립과 서적 편찬 및 번역을 목적으로 이원긍, 이준, 전덕기 등이 처음으로 국민 교육회를 조직했다. 국민 교육회는 우리나라 역사책과 지리책을 간행해 역사 인물들의 행적을 널리 알려 애국심을 고취하고 사기를 앙양시키고자 했다. 또한 1905년 사범 학교 속

서북 학회 회관. 현 건국대학교 박물관이다.

성과를 개교하여 부족한 교사를 양성하는가 하면, 《신찬소물리학》, 《초
등소학》, 《초등지리교과서》, 《대동역사략》, 《신찬소박물학》 등 국한문
혼용 교과서를 발간했다.

이를 기회로 학회가 본격적으로 설치된 것은 통감부 이후이다. 1906년
10월 박은식 등 평안도, 황해도 출신 인사들이 서우학회를 설립했고, 그
해 11월에는 이동휘 등 함경도 출신들이 한북 흥학회를 결성했다. 두 학
회는 이동휘, 안창호, 박은식의 주도로 1908년 1월 서북 학회로 통합했
다. 서북 학회는 서울에 총사무소를 두고 31개 지역에 지회를 설치하는
한편, 69개 지역에 지교(支校)를 두었다. 1908년 2월부터 서북 학회는 〈서
북학회월보〉를 발행해 사회진화론과 민권론에 바탕을 둔 실력 양성론,
단체론, 애국론, 교육 구국론, 실업 진흥론, 사회 관습 개혁론 등을 펼쳐
나갔다.

1907년 7월에 설립된 호남 학회는 호남 지역 사립 학교의 진흥에 노력하는 한편, 서울에 유학 온 호남 출신 학생들을 후원했다. 또한 〈호남 학보〉를 발간하고 애국 강연회와 토론회 등을 열어 민중 계몽과 애국 사상을 고취시켰다. 이어서 조직된 호서 학회를 비롯하여 기호 흥학회, 관동 학회, 교남 학회 등도 군 단위로 지회를 두고 많은 사립 학교를 설립했다. 또한 일본 유학생들이 출신 지역별로 태극 학회, 낙동 친목회 등을 조직했는데, 이들은 대한 유학생회, 대한 학회, 대한 흥학회 등의 단체로 통합되었다.

이렇듯 정치, 사회단체나 유학생 단체들이 기관지를 발행하고 국민 계몽을 통한 국권 회복 활동을 활발히 펼치자 일제는 1908년 8월 학회 령을 공포하여 이들의 정치 관여를 금지시켰다.

| 신민회 결성 |　　　합법적인 테두리 속에서 조직된 계몽 운동 단체 나 학회들과는 달리, 1907년 4월경에는 비밀 결사 신민회가 조직되었다. 신민회의 중심인물은 안창호였다.

안창호는 1902년 미국으로 건너가 샌프란시스코에서 노동하면서 초등 과정부터 다시 공부를 시작, 이듬해에는 교포들의 권익 보호와 생활 향상을 위해 한인 공동 협회를 만들어 〈공립신보〉를 발행했다. 그 후 을사늑약이 체결되었다는 소식을 듣고 1907년 2월 귀국했다.

안창호는 귀국하자마자 양기탁, 이동녕, 전덕기 등과 함께 평양에서 신민회를 조직했다. 회원은 주로 관서 지방 기독교 신자 중 유력자와 교사, 학생 등으로 800여 명에 달했다. 회원들은 엄밀한 자격 심사를 거쳐

안창호

입회할 수 있었고, 종으로는 서로 연락할 수 있었으나 횡으로는 조직 계보를 알지 못했다. 때문에 회원이 발각되더라도 전체 신민회에는 영향을 미치지 못하여 비밀을 지킬 수 있었다.

신민회는 ① 국민에게 민족의식과 독립사상을 고취시키고, ② 동지를 발견하고 단합해 국민운동의 역량을 축적하고, ③ 교육 기관을 설치해 청소년 교육을 진흥시키며, ④ 상공업 기관을 만들어 단체 재정과 국민의 부력(富力)을 증진시킬 것 등을 목표로 삼았다고 한다.

신민회는 청소년 교육을 위해 수십 개에서 100여 개의 학교를 설립했을 것으로 추정된다. 대표적으로 정주의 오산 학교, 평양의 대성 학교를 꼽을 수 있다. 이동휘가 강화도에 설립한 보창 학교는 군에만 21개의 분교가 문을 열었으며, 북부와 중부 지역에도 학교가 설립되었다. 신민회의 학교 설립은 교육을 통한 구국 운동에 실질적으로 기여했다.

또한 신민회는 계몽 강연 운동을 활발히 전개해 국민들에게 애국주의, 국권 회복, 민권 사상, 구습 타파, 의무 교육, 민족의식 등을 고취했다. 그뿐만 아니라 출판물 보급과 사업 연락을 위해 평양, 서울, 대구 등지에 태극서관을 두는가 하면, 외곽 단체인 조선 광문회를 조직해 출판사업도 추진했다. 나아가 민족 자본 육성을 위한 실업 장려 운동을 전개하여 평양 마산동에 자기 회사를 비롯해 협성동사, 상무동사, 조선 실업회사 등의 회사도 설립했다.

하지만 시간이 지남에 따라 회원 사이에 의견이 대립했고, 급기야 국망 직전에 많은 간부들이 해외로 망명하면서 그 골은 더욱 깊어졌다. 이를 풀고자 중국 칭다오에서 긴급 회담을 가졌지만, 서로 간 입장 차이만 확인했을 뿐이었다. 안창호 중심의 온건파는 해외 동포를 중심으로 훗날을 기약하자는 입장인 반면, 이동휘, 유동열 등 급진파는 하루속히 만주에 광복군을 조직해 일본과 결전하자며 맞섰다. 이러한 독립운동 방법론을 두고 양측은 국망 이후에도 갈등을 빚었다.

결국 신민회는 두 파로 갈라졌다. 안창호는 미국으로 건너가 1913년 5월 흥사단을 조직했고, 이동휘 등은 만주에 무관 학교를 설립하고 독립군 기지를 마련해 독립 전쟁을 일으키고자 했다. 이를 위해 이회영, 이동녕 등은 1910년 가을에 후보지를 물색해 펑톈성 류허현을 적지로 삼았다. 1911년 봄부터 이회영, 이상룡, 이동녕 등 100여 명은 가족을 대동하고 이주하여 그곳에 독립운동 기지를 건설했다. 이들은 그해 4월 자치 기구인 경학사를 설립하고, 부설 기관으로 신흥 강습소를 두었다. '신흥'이라 이름을 붙인 것은 신민회의 정신을 잇고 흥왕한 독립 운동단체를 만들겠다는 의미에서다. 경학사는 병농 일치의 원칙에 따라 농업 개발과 군사 교육, 민족의식 고취와 구국 인재 양성을 통한 무장 투쟁을

105인 사건으로 끌려가는 신민회 회원들

활동 목표로 삼았다. 하지만 경학사는 연이은 흉작으로 운영난에 빠진데다가 중국인의 배척을 받으며 해산하고 말았다.

1912년 이상룡 등이 통화로 옮겨가 다시 부민단을 조직했고, 신흥 강습소를 이전해 새롭게 본관과 사옥을 준공했다. 신흥 강습소는 신흥 중학교로 개칭하고, 중학반과 군사반을 두었으나 군사반만 전력했다. 이후 신흥 중학교는 각지에서 몰려드는 애국 청년들을 전부 수용할 수 없어 1919년 5월 류허현으로 이전한 뒤에 신흥 무관 학교로 이름을 바꿨다. 신흥 무관 학교는 4년제 본과 외에 3개월, 6개월의 속성 과정을 두어 애국 청년과 의병들에게 현대적 군사 교육을 실시했다. 신흥 무관 학교는 1920년 7월 폐교될 때까지 2,100여 명의 독립군을 배출했다. 이들은 청산리 전투를 비롯한 여러 독립 전선에서 주역으로 활동했다.

한편 국내에 남아 있던 신민회 간부들은 경술국치 직후인 1912년 12월 일제가 조작한 '105인 사건'으로 검거되었다. 이로써 신민회의 활동은 막을 내렸다.

| **사립 학교 설립 운동** |　　　근대 교육은 1880년 설립된 원산 학사를 시발점으로 1880년대 중반 이후 개신교 계통의 사립 학교가 설립되면서 뿌리를 내리기 시작했고, 갑오개혁 이후 학제가 만들어지면서 본격적으로 보급되기 시작했다. 소학교, 중학교, 사범 학교, 외국어 학교 등 각급 관공립 학교가 서울과 각 지방에 설립되었다. 하지만 국가 재정이 열악하여 지속적인 지원을 받지 못해 소기의 성과를 거두기 힘들었다.

관공립 학교뿐만 아니라 1890년대 후반부터는 한국인이 설립한 사립 학교도 나타나기 시작했다. 1896년에 민영기가 중교의숙을 세웠으며, 1898년에는 러시아 차르 니콜라이 2세 대관식에 참석했다가 귀국한 민영환이 흥화 학교를 설립했다. 1899년에는 안창호가 강서에 점진 학교를 건립했다. 그러나 초기 사립 학교는 재정적인 뒷받침이 약하여 오래 유지되지 못했으며, 그 활동 내용도 개화사상을 전파하고 신학문을 보급하는 정도에 그쳤다. 그다음으로 1904년 10월 상동 교회 목사 전덕기에 의해 청년 학원이 설립되었다. 또한 각 지방에도 수많은 사립 학교가 설립되었다. 하지만 사립 학교는 대개 본격적인 학문을 위한 것이라기보다는 일시적인 필요에 의해 세워진 경우가 많아, 그 필요성이 약해지거나 없어지면 폐교되었다. 특히 재정적인 문제로 폐교와 개교가 되풀이되곤 했다.

105인 사건

'105인 사건'은 1912년 9월 신민회 사건에 연루된 윤치호, 양기탁, 이승훈 등 105명이 경성 지방 법원 제1심 재판에서 유죄 판결을 받은 데서 명칭이 비롯됐다. 하지만 이 사건은 사실 황해도와 평안도 지역 인사들의 민족 운동을 탄압하기 위해 일제가 조작한 것이다.

1910년 12월, 일제는 안중근의 사촌 동생 안명근이 무관 학교 설립을 위한 자금을 마련하던 중 체포되자 김구, 김홍량, 한순직 등 황해도 안악 출신 160여 명의 민족 운동가들을 연루시켜 검거(안악 사건)했다. 1911년 1월에는 독립운동 기지를 추진했다는 이유로 양기탁, 임치정, 주진수 등 신민회 간부들도 체포했다. 그런데 일제는 이들에게 1910년 12월 압록강 철교 개통식에 참석한 데라우치 총독을 암살하려다 실패한 사건까지 연결시켰다. 일제는 이를 빌미로 1911년 9월 관서 지방 민족 운동가들을 탄압하고자 유동열, 윤치호, 이승훈, 이동휘 등 600여 명을 마구 체포했다. 그 뒤 일제는 신민회 중앙 본부가 주도해 서북 지방의 기독교인을 중심으로 데라우치 총독의 암살 계획이 진행됐고, 이들이 평양, 선천, 정주 등지에서 자금을 모으고 무기를 구입해 데라우치 총독이 서북 지방을 시찰할 때 암살하려 했다고 사건을 조작했다.

체포된 600여 명 중 대부분이 증거 불충분으로 풀려났지만, 123명이 기소되었다. 1912년 6월부터 재판이 진행됐고, 그해 9월 이창식 등 18명이 무죄로 석방되었고, 나머지 105명은 징역 5~10년의 유죄 판결을 받았다. 2심 재판에서는 99명이 무죄 선고를 받았지만, 윤치호, 양기탁, 안태국, 이승훈, 임치정, 옥관빈 등 6명은 징역 5~6년형을 받았다. 이들은 1915년 2월 일본 왕 다이쇼[大正] 즉위식 때 특별 사면되었다.

105인 사건으로 신민회는 사실상 해체됐고, 국내 독립운동 세력은 크게 위축되었다. 그 결과 회장이었던 윤치호와 같이 친일의 길을 걷는 인사들도 있었다. 하지만 이 사건에 연루된 민족 운동가 대부분은 해외로 망명해 항일 운동을 계속했다.

을사늑약 체결 이후 교육을 통한 국권 회복을 목적으로 교육 구국 운동이 전개되었으며, 이는 민족 운동의 일환으로 확대, 발전했다. 교육 구국 운동은 단순한 신문화의 수용, 보급이라는 차원을 넘어서 일제의 침략에 맞서 국민의 자주 의식과 애국심을 계몽, 고취시키는 역할을 떠맡았다. 이러한 시대적 요청에 따라 계몽 운동가들에 의한 사립 학교의 건립도 매우 활발해졌다. 1905년에 세워진 보성 학교, 양정의숙, 휘문의숙과 1906년 진명, 숙명 여학교, 중동 학교, 1907년에 세워진 평양 대성 학교, 정주 오산 학교 등은 당시 대표적인 사립 학교였다. 이렇듯 사립 학교 설립 운동이 보다 대중적이고 전국적인 범위로 확대, 발전한 데에는 각 지역 학회와 계몽 운동가들의 역할이 컸다.

특히 당시 이동휘는 사립 학교 설립 운동에 가장 열성적이었던 인물 중 한 사람이었다. 그는 1906년 강화도에 보창 학교를 세운 다음 그 산하에 21개의 분교를 세웠다. 그리고 1908년 2월에는 여러 애국 인사들을 망라하여 '학무회'를 만들고, 섬 안의 16개 면, 114개 동을 56개 구역으로 나누어 56개의 사립 학교를 세웠다.

이 밖에도 이 시기에 계몽 운동가나 단체에 의하여 세워진 학교는 많았다. 이와 같은 사립 학교 설립 운동에는 일반 대중도 참가했다. 노동자, 농민, 어민들도 학교를 세우는 것이 나라를 사랑하는 길이라는 자각에 푼돈을 모아 자금을 보탰다. 함경남도 갑산군 고진동 광산 노동자들이 피땀을 흘려 모은 돈으로 보명 학교를 세운 것이라든지, 북청군 농민들이 북청 제1 사립 학교를 세운 것 등이 대표적 실례였다.

또한 학교를 유지하기 위한 재정적 후원에도 많은 사람들이 헌신적

	서울	경기	충남	충북	전남	전북	경남	경북	강원	황해	평남	평북	함남	함북	총 계
고등학교	1	-	-	-	-	-	-	-	-	-	-	-	1	-	2
보통학교	1	-	2	-	1	4	3	3	-	-	-	-	2	-	16
실업 학교	2	-	-	-	-	-	1	-	-	-	-	1	-	3	7
각종 학교	66	136	73	41	31	42	82	72	37	104	189	279	194	56	1,402
종교 학교	24	64	16	7	4	31	18	75	6	182	254	121	21	-	823
총 계	94	200	91	48	36	77	104	150	43	286	443	401	218	59	2,250

1910년 7월경 사립 학교 설립 상황   (출처: 국사편찬위원회, 《한국독립운동사》 1(자료편), 1965, 902~903쪽)

으로 참여했다. 개성의 서호 학교가 재정난으로 유지하기 어려워지자 후서강 포구에서 일하던 노동자들은 하루 품삯 가운데 매일 10분의 1씩 을 모아 학교에 보냄으로써 학교를 유지할 수 있게 했다. 또한 강화도, 서울 계동 등지에서는 주민들이 학교 유지비를 내는 것을 의무로 여겼 다. 〈황성신문〉은 이 같은 헌신적 지원을 '그 역부들은 서울과 지방의 유 산자나 양반 등 소위 상등 인물보다 정의심과 기개가 백 배 이상'이라고 찬양할 정도였다.

학회들의 적극적인 활동, 계몽 운동가들과 각계 각층 인물들의 노력 으로 사립 학교 설립 운동은 불과 2~3년 사이에 전국 곳곳으로 확산되 었다. 그 결과 1910년 7월경에는 정부가 인가한 각급 사립 학교는 무려 2,250개 교나 되었다. 그러나 사립 학교 중 인가되지 않은 것까지 포함 하면, 경술국치 직전 실제 사립 학교 수는 3천 개를 훨씬 웃돌았다고 보 아야 할 것이다. 이들 사립 학교 중 상당한 부분이 평안남북도와 황해도 지역에 편중되어 있는데, 이는 이 지역에서 계몽 운동이 활발히 전개되 었음을 보여 준다. 반면 삼남 지방의 경우 사립 학교 설립 상황이 상대 적으로 부진했던 것은 그만큼 유교 교육의 뿌리가 깊었기 때문이다.

한편 당시 사립 학교 운동의 또 하나의 특징은 여성 교육에 대한 관심이 크게 늘어났다는 점이다. 당시 사립 학교 가운데 여학교 수가 84교에 이르렀던 사실이 그것을 입증한다. 이것은 당시 계몽 운동가들이 신학문과 신사상을 적극 수용하는 가운데 일어난 당연한 현상이지만, 이들의 역할이 당시 여성에 대한 봉건적 관념을 깨뜨리는 데 크게 기여했음을 말해 주는 것이기도 하다.

사립 학교의 교육은 강한 민족주의의 성격을 띠고 이루어졌다. 설립 이념으로 국권 회복, 개명, 부강, 삼육(지육, 덕육, 체육) 등이 제시되었던 점과 그 교과서로 사용된 서적들을 보아도 쉽게 짐작된다. 을사늑약 이후 사립 학교의 교육은 민족의식을 고취시켜 국권 회복의 의지를 강조하는 데 주안점을 두었다고 할 수 있다. 체육 시간에는 대부분 병식 체조와 같은 군사 훈련을 실시하기도 했다.

이와 같은 사립 학교의 증가로 말미암아 가장 큰 문제로 대두된 것은 교과서와 교사의 부족이었다. 따라서 민간에서 각종 교과서가 편찬되고 단기간에 교사를 양성하는 기관이 설립되었다. 국민 사범 학교나 서우 사범 학교, 한북의숙 등 계몽 단체나 학회 부설을 비롯해 여러 사립 학교에 사범과가 설치된 것이다. 또 중등 이상의 사립 학교 졸업생들이 사립 학교 교사로 활동했다.

나라가 망하게 된 것은 구학에만 고습하였기 때문이다. 국권을 되찾고 독립국이 되어 태극기를 세계에 게양하려면 모름지기 신학을 연구하여 그 정(精)을 취하고 그 화(華)를 걷는 것이 일대 급무가 아닐 수 없다. 이 같은 관넘은 한국민의 뇌리에 깊숙이 아로새겨져 바야흐로 각도 인심을 지배하는 느낌이 있다. 또 지방 장관도 이 취지를 고취하고 학교 설립을 촉구하기 때문에 이를 쫓아 한 기풍이 되어 산간벽지라 할지라도 한두 학교의 설립을 보지 않는 곳이 없으며 오히려 넘쳐 나는 경향이다. (중략) 특히 중류 이하의 자제들이 신학을 지원하는 경향이 있음은 국권 회복을 주안으로 하는 학교 설립의 동기와 아울러 주목할 만한 일대 중요 사건이 아닐 수 없다.

_국사편찬위원회, 《한국독립운동사》1, 1965, 360쪽

일제는 사립 학교의 설립을 통한 구국 교육 운동이 전국적으로 확산되자, 1907년 12월에 학부 관제를 개정, 공포하고 학무국에 사립 학교 담당 부서를 신설해 사립 학교 탄압을 위한 제도적 장치를 마련했다. 그 뒤에 1908년 8월 〈사립 학교령〉을 제정하여 사립 학교의 설립과 운영을 통제했다.

일제는 〈사립 학교령〉의 '사립 학교 설립 허가제'를 악용해 기본금 약 3천 원을 확보하지 못한 학교에 대해서는 설립을 불허했다. 그리고 불인가 사립 학교는 폐교시킨다는 강경책을 실시했다. 또한 일제는 사립 학교의 기부금 모집을 규제하는 법령을 만든다든가, 〈지방비법〉을 제정해 당시 많은 사립 학교가 재원으로 삼고 있던 지방 재산과 시장세 및 기타 잡세의 수세권을 박탈함으로써 사립 학교를 탄압했다. 많은 사립 학교들이 재정적으로 어려웠던 현실을 악용한 일제의 책략으로 탄압당한 결과 1910년 5월까지 약 400개의 사립 학교가 폐교되었다. 1910년 5월에 종교 학교를 제외한 사립 학교는 1,400개에 달했으나, 1911년 5월에

는 1,039개, 1912년 5월에는 817개로 조사되어 2년 동안 400개 이상이 폐교되었음을 알 수 있다. 일제의 탄압 책동이 계속되자 사립 학교들은 인가 없이도 존속할 수 있는 외국인 선교 학교와 서당 형식으로 학교를 운영했다.

그뿐만 아니라 일제는 〈사립 학교령〉에 규정된 인가 과정을 거쳐 정당하게 설립된 사립 학교에 대해서까지, 그 일부를 반식민지 교육 기관으로 삼고자 했다. 일제는 소위 '보조 지정 보통학교'(또는 준공립 학교) 제도라는 것을 실시해 지원한다는 명분하에 사립 학교를 감시하고 나아가서 그것을 관공립화하여 민족 교육의 실시를 차단하고자 했다.

또한 〈교과용 도서 검정 규정〉을 공포해 애국적인 내용이 있는 교과서를 허용하지 않는 등 여러 가지 탄압을 자행했다. 일제는 학부에서 편찬한 도서와 학부대신의 검정을 받은 도서만을 사립 학교 교과서로 사용하도록 했다. 이를 위해 그들은 소위 '교과서 편집 및 검정 위원회'라는 담당 부서를 설치했는데, 위원회의 검정 위원은 1명의 조선인과 12명의 일본인으로 구성되었다. 검정 위원회에서는 ① 현 시국에 대한 비판 ② 과격한 문자를 사용해 자유, 독립을 말하고 국권의 만회를 강조하는 것 ③ 일본과 외국에 대한 적개심을 도발하는 것 ④ 배외 사상을 고취하거나 애국심을 고취하는 내용 등에 대해 엄격한 심사를 실시했다. 그리하여 그들은 인가를 신청한 교과서 내에 독립, 자유, 애국 등의 용어만 포함되어 있어도 이를 용납하지 않고 불인가 조치했다.

그 결과 이화, 수학, 박물, 체조, 법경(法經), 부기 등 민족정신 교육과는 큰 관련이 없는 도서는 비교적 쉽게 인가를 받았지만, 역사, 국어, 지

책 이름	저자	책 이름	저자
유년필독	현채	이십세기조선론	이상익
유년필독석의		금수회의록	김대희
중등교과동국사		우순소리(소화(笑話))	윤치호
월남망국사		중등창가	이성식
월남망국사	이상익	악곡교가서	이기종

일제 강점 직전의 판금 도서   (출처: 高橋濱吉, 《조선교육사고》, 179쪽/ 《구한국관보》 1910년 4월 15일, 20일자)

리, 수신 분야 등 민족 교육과 밀접한 관련이 있는 과목에 대해서는 대부분 불인가 조치했다. 일제는 불인가 도서에 대해 일부는 교과서로 사용을 금지하는 데 그치지 않고, 1905년 5월 출판법을 적용해 판매까지 금지했다.

| 언론, 출판 운동 | 서재필이 〈독립신문〉을 발행한 지 2년이 지난 뒤인 1898년 〈매일신문〉, 〈제국신문〉, 〈황성신문〉 등이 발행됐다. 1880년 대 〈한성순보〉나 〈한성주보〉가 정부의 관보 성격으로 열흘이나 주마다 발행되던 것과는 달리 매일 순 한글이나 국한문으로 발행되어 대중과 부녀자까지 쉽게 읽을 수 있게 되었다.

배재 학당의 학생 단체인 협성회가 발간하던 〈협성회회보〉의 뒤를 이어 양홍묵, 이승만 등이 주도하여 1898년 1월 순 한글로 쓴 한국 최초의 일간지 〈매일신문〉이 창간되었다. 하지만 독립 협회 사건으로 경영 진이 구속됨으로써 1년 3개월 만에 폐간되었다.

그 뒤를 이어 1898년 8월 이종일이 〈제국신문〉을 창간했다. 〈제국신문〉은 창간호부터 1910년에 폐간될 때까지 한말의 대표적 민족지로서

〈황성신문〉과 함께 가장 오래 발행됐으며, 특히 한글 전용을 고수하여 일반 서민층과 부녀자 간에 독자가 많았다. 폐간될 때까지 경영의 어려움과 일제의 탄압으로 인한 필화 사건 때문에 여러 차례 정간당하기도 했으나, 국민의 문명개화와 자주독립을 위해 노력했고, 경영난으로 휴간하려고 할 때마다 국내외 유지들의 도움을 받았다.

〈제국신문〉이 발행된 지 얼마 안 돼서 남궁억, 유근 등에 의해 1898년 9월 〈황성신문〉이 창간되었다. 〈황성신문〉은 국한문 혼용 신문으로 국민을 계몽하고 일제의 침략을 규탄하며 항일 정신을 길러 주고자 간행되었는데, 한문에 조예가 깊은 중류 계층 이상의 사람들이 많이 찾았다. 을사늑약 체결 당시 〈시일야방성대곡〉이란 논설을 게재하여 정간당하기도 했지만, 1910년 9월 폐간당할 때까지 민족의식 고취와 대일 비판의 자세를 고수했다.

러일 전쟁이 일어나면서 국권이 날로 침해당하자 국민들은 위기의식을 체감했다. 현실의 절박함을 깨닫게 하여 위기에서 벗어나고자 여러 정치, 사회단체가 결성됐으며, 이와 함께 〈대한매일신보〉, 〈만세보〉, 〈대한민보〉 등이 창간되었다. 〈대한매일신보〉는 1904년 7월 영국인 베셀(Ernest Thomas Bethell, 裵說)과 양기탁이 1903년부터 격일로 발간되던 〈매일신보〉를 인수하여 창간했다. 베셀은 1904년 러일 전쟁이 일어나자 〈데일리 메일(Daily Mail)〉의 특파원으로 내한했다.

이 무렵 일제는 1904년 8월부터 한국인 발행의 신문에 대한 사전 검열을 실시했고, 1907년 7월에는 이른바 〈광무 신문지법〉을 제정하여 그 규제를 강화했다. 하지만 〈대한매일신보〉는 외국인이 경영했기 때문에

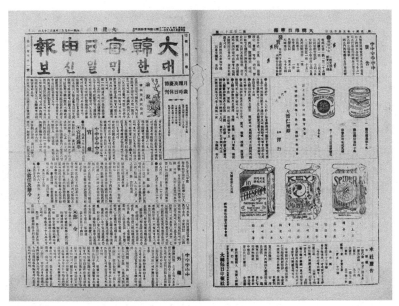

〈대한매일신보〉

통감부의 통제에서 어느 정도 벗어나 있었다. 신문사 정문에 '일인불가입(日人不可入)'이라고 붙이고 일본인의 출입을 엄격히 통제하며, 보다 자유롭게 일제의 침략 행위와 친일파 내각, 일진회의 매국 행위를 공격하고, 의병 활동을 상세히 보도했다. 특히 고종 황제는 자신이 을사늑약을 승인한 것이 아니라는 친서를 게재할 정도였다. 이에 따라 국민들로부

〈광무 신문지법〉 일명 신문지법. 이완용 내각이 1907년 7월 24일 제1호 법률로 공포한 것인데, 정기 간행물을 발행할 경우에는 사전에 내부대신의 허가를 받아야 하며, 허가받은 정기 간행물도 발매, 배포 금지, 정간, 폐간 등의 규제를 가할 수 있도록 되어 있다. 또한 신문을 발행하기에 앞서 관할 관청에 두 부를 내도록 하여 사전 검열을 제도화했다. 처음에는 국내 발행의 민간 신문만을 단속 대상으로 했으나, 1908년에 개정하여 미국과 러시아의 한국인 교포들이 발행하는 모든 신문과 〈대한매일신보〉도 포함시켰다. 일제 강점기에는 출판법과 함께 우리나라 언론을 탄압하는 주요 무기로 악용되어 수많은 신문들이 삭제, 압수, 발매 금지, 배포 금지, 정간, 폐간되었으며, 언론인이 구속되었다.

터 큰 호응을 얻어 발행 부수가 〈황성신문〉과 〈제국신문〉은 3천 부 정도였던 반면, 〈대한매일신보〉는 1만 부에 달할 정도였다. 또한 1905년 8월 이후 외국인을 위해 영문판 〈코리안 데일리 뉴스(The Korean Daily News)〉를 발행하기도 했다.

일제는 베셀을 처치하는 데 여러 수단을 강구했다. 일본 외무성은 주일 영국 공사에게 그의 추방에 협력을 요청하는 한편, 통감부는 반일적인 신문 기사를 구실로 1907년 10월 주한 영국 총영사에게 그의 처벌을 요구하는 소송장을 냈지만 추방에는 실패했다. 그 뒤 통감부는 1908년 3월 〈대한매일신보〉가 외교 고문 스티븐스의 암살 사건을 대대적으로 보도하자, '보호 정치'의 전복을 선동했다는 이유로 신문을 압수하는 한편, 영국 정부에 베셀의 추방을 요구했다. 그런데 영국 정부가 경고 처분하는 데 그치자 통감부는 이에 불만을 품고, 1908년 5월 27일자 〈대한매일신보〉 기사와 논설이 일본인 배척을 선동했다는 이유를 들어 영국 상하이 고등 법원에 제소했다. 그 결과 베셀은 그해 6월 주한 영국 총영사관에 마련된 법정에서 고등 법원 판사로부터 치안 방해죄로 3주간 금고형을 받고 상하이로 호송되었다.

이러한 와중에도 양기탁은 의지를 굽히지 않고 계속 신문을 발행했고, 베셀 또한 1908년 7월 서울로 돌아와 항일 언론 활동을 계속했다. 하지만 1909년 5월, 베셀은 지병인 심장병으로 37세에 세상을 떠나 양화진 외국인 묘지에 묻혔다. 〈대한매일신보〉는 경술국치 이후 〈매일신보〉로 바뀌어 총독부 기관지로 전락했다.

〈만세보〉는 천도교 교주 손병희의 발의에 따라 1906년 6월 창간되었

다. 〈만세보〉는 국한문으
로 발행되면서도 한자에
한글로 음을 다는 루비 활
자를 사용해 한글 독자층
을 확보했다. 일진회를 비
난하는 기사가 유독 많이
실렸으며, 이인직의 《혈
의누》를 연재하여 독자들
의 흥미를 끌었다. 하지만
재정 문제로 창간 1년 만
에 폐간되었다.

〈만세보〉 117호

　〈대한민보〉는 경술국
치 이전인 1909년 6월 오세창, 장효근 등의 주도하에 대한 협회에서 창
간했다. 〈대한민보〉는 창간사에서 이 시대는 민중의 소리를 요구한다
고 전제한 다음, 사상을 통일하여 민족의 단결을 꾀하는 동시에 동포를
계발하고 국권 만회를 위한 지식을 보급하고자 한다며 발행 목적을 밝
혔다. 〈대한민보〉는 창간호부터 삽화를 게재하여 독자의 관심을 끌었
으며, 시사를 풍자하는 내용은 때때로 통감부로부터 삭제 명령을 받기
도 했다. 경술국치 이후 폐간되었다.

　기독교 선교 단체가 간행하는 신문도 적지 않았다. 1897년 2월 감리
교 선교사 아펠젠러가 〈조선그리스도인회보〉를 창간했고, 같은 해 4월
에는 장로교 선교사 언더우드가 〈그리스도신문〉을 창간했다. 두 신문

은 1907년 12월 〈예수교회보〉로 통합되었지만, 경술국치 전후로 〈그리스도회보〉와 〈예수교회보〉를 각각 발행했다. 천주교에서는 프랑스 신부 드망주가 1906년 10월 〈경향신문〉을 창간했다.

국내뿐만 아니라 해외 한인들도 신문을 창간했다. 미국에서는 〈공립신보〉, 〈신한국보〉, 〈신한민보〉 등이, 연해주에서는 〈해조신문〉, 〈대동공보〉 등이 발행되었다. 이 신문들은 교포의 계몽과 권익 신장을 목적으로 하면서도 고국의 국권 회복을 위해 진력했다. 교포들의 지원으로 모두 국문으로 발간되었고, 대개 한인 단체의 기관지이자 주간지였다.

〈공립신보〉는 1905년 11월 샌프란시스코 교포 단체인 공립 협회의 기관지로 창간됐다. 〈공립신보〉는 장인환, 전명운의 스티븐스 암살을 대대적으로 보도하여 한국의 독립운동에 대한 미국 여론을 환기시켰다. 1909년 2월, 미국 본토의 공립 협회와 하와이의 합성 협회가 통합하여 국민회로 거듭나면서 〈공립신보〉와 〈대동공보〉를 통합해 〈신한민보〉가 창간되었다. 이에 따라 하와이 합성 협회에서 발행하던 〈합성신보〉는 1909년 2월 〈신한국보〉로 제호가 바뀌었다가 1913년 8월 다시 〈국민보〉로 속간되었다. 〈신한민보〉는 국권 회복 운동과 관련된 기사와 논설, 한국 소식과 재외 동포들의 동정, 일본 제국주의 침략 정책을 비판하는 기사를 실었다. 특히 재미 동포의 지식 보급에 힘쓰고, 3.1운동 때는 격일간으로 발행해 국내 소식을 빠르게 전달하려 힘썼다. 〈신한민보〉는 8.15 광복 후 지금까지도 계속 발간되어 교민들의 동정과 미국 내 교민 권익을 위해 앞장서고 있다.

〈해조신문〉은 연해주에서 신민회 지부 활동을 하던 이강 등이 주도하여 1908년 2월 창간됐다. '해조신문'이라는 이름은 '해삼위(당시 블라디보스토크의 한자식 지명)에 살고 있는 조선인이 만든 신문'이라는 의미에서 지어졌다고 한다. 〈해조신문〉은 러시아 거주 한국인이 발행한 최초의 순 한글 신문으로, 국권 회복과 동포 구제를 창간 목적으로 내걸었다. 한 때 〈시일야방성대곡〉을 쓴 장지연이 초빙되어 주필을 맡기도 했다. 〈해조신문〉은 3개월 동안 발행되었지만, 러시아에 거주하고 있던 조선인의 민족 운동에 큰 영향을 끼쳤다. 일본의 한인 유학생들이 간행한 〈대한학회월보〉에 해조신문 창간을 축하하는 축사가 실렸으며, 미국의 〈공립신보〉도 축하 기사를 게재했을 만큼 많은 관심을 받았다. 그뿐만 아니라 〈해조신문〉은 국내로도 반입되어 경술국치를 앞두고 자유사상과 독립 정신을 환기시키기도 했다. 〈황성신문〉에서 발간 취지를 홍보하며 독자들에게 읽을 것을 권유하여 일제가 발매를 금지하기도 했다.

〈해조신문〉이 폐간된 이후에 연해주 한인들의 친목 단체인 국민회의 기관지로 〈대동공보〉가 창간되었다. 〈대동공보〉는 연해주 한인들의 독립심을 고취시키는 등 독립운동의 구심점 역할을 했다. 〈대동공보〉는 연해주뿐만 아니라 시베리아, 미주, 하와이, 상하이 등을 비롯해 국내에도 몰래 발송되었다. 일제의 감시가 삼엄하여 1909년 1년 동안 52건 2,200여 부가 압수되기도 했다. 그 뒤 운영난에 빠졌다가 1910년 독지가 최재형에 의해 〈대동신보〉로 새 출발했지만, 같은 해 9월 10일 러시아 총독의 명령에 의해 정간되었다.

출판은 1900년대 후반 전국 각지에 설립된 각급 사립 학교의 확대로 수요가 급증한 교과서의 공급이라는 차원에서 이해할 수 있다. 즉 계몽 운동의 전개로 신학문의 교육이 이루어지면서, 교사와 교과서가 절대적으로 부족했다. 이에 주로 일본이나 중국에서 발간된 서적을 번역 또는 중역(重譯)해 교과서로 사용하여 출판 활동이 활발하지 않을 수 없었다. 이렇게 출간된 서적들은 당연히 대부분이 교과서류였다. 산술, 한문, 외국어(일어, 영어), 농업, 역사(한국, 외국), 지리(한국, 외국), 위생, 박물, 상업, 법률 등의 과목이 많이 출판되었다.

출판물의 보급은 계몽 운동에 있어 중추적인 역할을 했으며, 근대 학문의 소개에 주된 목적을 두었다. 특히 자연 과학이나 사회 과학에 관한 서적들은 새로운 학문에 대한 소개와 계몽의 의미를 지녔다. 역사물의 경우에는 애국심의 고취를 통한 국민 계몽이 목적이었음은 잘 알려져 있다. 그런데 신학문 소개뿐만 아니라 고전의 간행에 대한 관심도 적지 않았다. 1900년대 초 광문사의 간행물이 그러했고, 최남선이 주재한 신문관에서는 1909년 조선 광문회를 조직해 고전을 간행했다. 그 대부분이 국민 계몽을 위한 것으로 신지식의 보급과 애국심 앙양이 목적이었다. 《월남망국사》나 《금수회의록》 등과 같은 서적이 널리 읽히며 국권회복 의식을 확대시켰으나, 1909년 출판법이 제정되어 국권 회복을 강조한 서적들은 압수되었고, 출판 원고에 대해 사전 검열이 이루어졌다. 교과서에 대한 검정도 실시되어 많은 교과서들이 검정을 통과할 수 없었다. 결국 일제의 출판물 탄압으로 민족적인 출판이 계속되기는 어려웠으나, 한말에 간행되었던 많은 서적들은 국내외 일반 대중과 학생에게 깊은 영향을 미쳤다.

| 국채 보상 운동 |　　　대구 광문사는 1907년 1월 29일 특별위원회를 개최하여 문회(文會)를 대동 광문회라 개칭했다. 회의를 마친 후 서상돈은 담배를 끊고 이 돈으로 국채를 보상할 것을 제의하면서 국채 보상 운동이 시작되었다. 서상돈의 제의에 그 자리에 참석한 회원들은 즉석에서 의연금을 갹출하고 이 운동을 전국적으로 전개하기로 한 후, 1907년 2월 21일자 〈대한매일신보〉에 취지서를 발표했다.

> 국채 1,300만 원 보상 취지
> 대구 광문사장 김광제 서상돈 씨 등 공함
>
> 무릇 신민이 충(忠)으로 행하고 의(義)를 숭상하면 나라는 흥하고 백성은 평안을 누리며, 불충하고 불의하면 나라는 망하고 백성의 멸함은 고금의 역사에 근거함이라. 지난날 일본이 청일, 러일 전쟁을 치를 때 소국이 대국을 이긴 것은 죽음을 두려워하지 않는 병사와 결사대가 있어 피바람의 전쟁터를 흡사 낙지(樂地)에 나아가듯 하였기 때문이다. 후방의 국민들은 짚신을 삼아 팔고 죽을 먹으면서, 여자들은 반지를 팔아 병비(兵費)를 마련하였음이라.
>
> 아, 우리 이천만 동포는 국가가 이처럼 위난인데도 결심하는 이 없고 방도를 기획하는 일 한 가지 없으니, 나라가 망해도 괜찮단 말씀인지. 우리의 국채 1,300만 원은 대한의 존망(存亡)이 달린 일이라 할지니. 우리가 어찌 월남

대구 광문사 김광제가 대구, 경북 지역 인사들과 더불어 설립한 출판사. 김광제는 을사늑약 체결 직후 동래 경무관 관직을 사임한 뒤 배일 및 내정 부패 탄핵 상소를 올렸다가 전라도 고군산도로 유배되었다. 특별 사면된 뒤에 1906년 1월 대구로 가서 교과서는 물론, 계몽 잡지나 교양서적, 신문 등의 발간을 목적으로 한 광문사를 설립했다.

등 멸망한 민족의 꼴을 면할 수 있으리오. 이천만 동포가 석 달만 담배를 끊어 한 사람이 한 달에 20전씩만 대금을 모은다면, 거의 1,300만 원이 될 것이니 국민의 당연한 의무로 여겨서 잠시만 결심하면 갚을 수 있는 일이라.

아, 우리 이천만 가운데 애국 사상이 조금만이라도 있는 이가 있다면 반대하지 않을 것이라. 우리가 감히 이를 발기하고 취지문을 부치면서 피눈물로 복원하노니, 대한의 신민 첨군자는 말로 혹은 글로 서로 전하고 알려 모르는 이가 한 사람도 없게 하여 기필코 실시함으로써 위로는 성명(聖明)에 보답하고 아래로 우리 강토를 보존하기를 천만행심이로다.

취지서는 우리나라가 일본으로부터 1,300만 원의 빚을 지고 있다는 것을 지적하고, 국가 재정으로는 도저히 이것을 갚을 수가 없어 강토가 마침내는 일제의 소유가 될 위험에 처하였으므로, 국채 보상이야말로 초미의 급선무임을 강조했다. 취지서는 또 2천만 동포가 이제부터 담배를 끊고 그 돈을 석 달만 모으면 1,300만 원의 빚을 능히 갚을 수 있다고 호소했다.

1904년 제1차 한일 협약 이후 한국에 재정 고문으로 부임한 메가타〔目賀田種太郎〕는 1906년까지 네 차례에 걸쳐 1,150만 원의 차관을 도입했다. 일본이 차관 공세를 한 목적은 첫째 한국의 재정을 일본 재정에 완전히 예속시키고, 둘째 그 차관으로 식민지 건설을 위한 정지 작업을 하자는 것으로 정부와 민간의 경제적 독립을 위협하는 것이었다. 1907년 초 한국 정부의 대일 차관은 1,300만 원에 이르렀는데, 그 액수는 정부의 1년 예산과 맞먹는 정도였다. 따라서 정부에 의한 국채 보상은 사실상 불가능한 상태였다.

대동 광문회는 1907년 2월 21일 창립총회를 가진 뒤에 대구 민의소를 설립하고 500원을 각출했다. 같은 날 대구 민의소 북후정에서 국채 보상 모금을 위한 국민 대회가 열렸다. 대구에서 시작된 국채 보상 운동은 점차 전국적 규모로 확대되었다. 2월 22일, 김성희, 유문상 등은 서울에서 국채 보상 기성회를 조직했다.

국채 보상 기성회가 조직된 후 국채 보상 운동은 본격적으로 이뤄지기 시작했다. 뒤이어 국채 보상 단연 의무회, 국채 보상 일심회, 국채 보상 동정회, 국채 보상 의무소, 국채 보상 부인회 등 전국에 걸쳐 20여 개 이상의 단체들이 조직되어 의연금을 모집했다. 이렇듯 국채 보상 운동이 전국 범위로 급속히 확대되자 이종일 등의 발의로 3월 말에 국채 보상 지원금 총합소가 설립되었다. 총합소는 전국적인 규모의 운동 구심체가 되어 분산적이던 지역 간의 운동을 연계하고 민중을 조직적으로 동원할 수 있는 토대를 제공해 주었다. 4월 초에는 이준을 의장으로 한 국채 보상 연합회의소가 대한 자강회 회관을 임시 사무소로 하여 설립되었다. 이들 두 단체는 5월 중순에 이르러 조직적 통합을 이루어 연합회의소는 '일반 동포의 지도 방침을 장부(帳簿)'하고, 총합소는 '각처 수금액을 총괄'하는 곳으로 각각 역할을 분담하기로 합의했다. 또 두 단체는 합동으로 13도에 2명씩 임원을 파견해 '애국 사상을 연설'하고 문서를 조사하여 모집된 금액을 수취하기로 결정했다.

국채 보상 운동의 전국적 확산에는 언론이 큰 역할을 했다. 〈대한매일신보〉를 비롯하여 〈황성신문〉, 〈제국신문〉, 〈만세보〉 등이 이에 적극 호응했다. 특히 연합회의소는 매일 〈대한매일신보〉에 의연금을 낸 사람의 이름과 그 액수를 발표하고 한 달에 한 번씩 집계된 의연금의 총액을 보도했다. 〈대한매일신보〉는 독자적으로 의연금을 모집하기도 했다.

국채 보상 운동에는 각 계층 사람들이 참가했다. 노동자들은 어렵게 번 돈을 모아 의연금으로 내놓았고, 농민들은 곡식을 판 돈을 국채 보상금으로 냈다. 남자들은 단연회에 가입하고 담뱃값을 국채 보상금으로 냈으며, 여자들은 감찬회(減餐會)를 만들어 찬값을 절약한 돈으로 의연금을 내거나, 탈환회(脫環會) 같은 단체를 조직해 가락지와 비녀, 옷가지와 노리개 등의 귀중품을 의연품으로 내놓기도 했다. 국채 보상 운동에는 어린아이도 참가했으며, 민족 자본가와 상인들도 적극 참여했다. 특히 국채 보상 운동 초기부터 제기된 '담배 끊기 운동'은 실제로 큰 반향을 불러일으켰다. 1907년 4월 초 평안남도 23개 군의 각 학교 춘계 대운동회에 참석한 학생과 일반인 관람자가 무려 2만 명이었는데, 그중 담배를 피우는 사람은 단 한 명도 없었다고 할 정도였다.

이 밖에 국채 보상 운동은 국내뿐만 아니라 해외에까지도 파급되어 일본 유학생 및 미주와 노령의 교포들도 의연금을 보내왔고, 일부 외국인도 참여했다. 황제와 정부 대신들도 금연을 하고 운동에 참여했다. 그 결과 운동이 시작된 후 4월 말까지 보상금을 낸 사람은 4만여 명에 이르렀으며, 5월까지 모아진 보상 금액은 230여만 원에 달했다.

그러나 1907년 말부터 모금은 일제의 방해로 크게 진척되지 않았다. 일제는 국채 보상 운동이 발기 직후부터 성공적으로 이루어지자, 이를 방해하고자 여러 가지 공작을 전개했다. 국채 보상 관련 기구의 지도부

국채 보상 영수증

에 압력을 가했으며, 이 운동을 주도하고 있던 대한매일신보사를 탄압했다. 발행인인 영국인 베셀의 추방 공작을 꾸미는 한편, 1908년에는 양기탁에게 국채 보상금을 횡령했다는 혐의를 씌워 구속했다. 양기탁은 재판에 회부되었으나 증거 불충분으로 무죄를 선고받았다. 그러나 이를 계기로 국채 보상 운동은 크게 위축되었다.

이후 국채 보상 운동 지도부는 모금보다도 모금액의 보관과 조사, 감독에 관심을 쏟게 되었다. 모금된 의연금을 처리하는 데 1909년 13도 대표로 구성된 국채 보상금 처리회(회장 유길준)가 조직되었다. 1910년 8월 국채 보상금 처리회는 회의를 개최하여 대한매일신보사에 취합한 의연금을 내놓을 것을 촉구하는 한편, 보상금 처리 방안을 논했다. 그 결과 의연금으로 토지를 매수하기로 결의했다. 또한 윤치호, 남궁억, 박은식, 양기탁 등은 〈황성신문〉과 국채 보상 기성회가 모은 의연금을 민립 대학기성회의 기금으로 쓰고자 600만 원의 토지 재단을 세웠으나 통감부가 이를 인정하지 않아 물거품이 되고 말았다.

| 국학 운동 |　　　을사늑약이 체결되기 전후로 신학과 구학 논쟁이 뜨거웠다. 신학이란 개항 뒤에 새롭게 수용된 서양의 근대 학문과 사상을 가리킨다. 구학이란 오랫동안 한국 사회를 지배해 온 유학 학문과 사상을 일컫는다. 신학이 처음 수용될 때 구학은 신학이 기독교를 퍼뜨려 조선을 금수의 나라로 떨어뜨리려고 한다고 규탄했다. 그러나 얼마 뒤 신학을 주장하는 사람들은 구학이 시대착오적인 것이라 맹비난하면서, 국권을 회복하고 자주독립을 이룩하려면 구학을 버리고 신학에 힘써야 한다고 주장했다.

이에 구학에서는 1907년 3월 대동 학회를 설립하고 기관지 〈대동학회월보〉를 창간해 자신들의 주장을 적극 피력했다. 이에 따르면 인의도덕(仁義道德)을 중시하는 유교는 몸체이고 이용후생을 내세우는 신학은 용(用)이라면, 이 둘을 합쳐야만 완전한 학문이 된다고 주장했다. 나아가 구학은 1909년 대동 학회를 공자교라는 종교 단체로 고쳐 조직을 강화했다. 하지만 구학 단체들에서 일진회원이나 이완용 등 친일파가 활동하면서 일반 국민의 지지를 얻지 못했다. 한편 신학에서는 근대 서양 문명뿐만 아니라 민족적인 자주성과 문화유산의 계승, 발전에도 관심을 기울였다. 나아가 유교를 개혁하고자 했으며, 국학, 즉 국어와 국사 연구에도 심혈을 기울였다.

| 국문학 연구 |　　　개항 이후 개화파는 언문일치를 실현하고자 계속 노력했다. 이제까지 입으로는 국어를 말하면서도 글로는 한문을 썼기 때문에 언문일치가 이뤄지지 못했다. 이러한 모순을 극복하고자 갑오

개혁 이후 공문서가 국한문으로 작성되고, 국한문체 교과서가 편찬되었으며, 신문이 발간되었다. 나아가 한글체로 된 〈독립신문〉과 〈제국신문〉 등이 창간되어 일반 대중과 부녀자들의 계몽뿐만 아니라 언문일치에도 커다란 영향을 미쳤다. 또한 언문일치가 이뤄지면서 국문 연구에 관심을 갖기 시작했다. 한글을 사용하게 되면서 당시 표기에 통일성이 없

1908년 발행된 《국어문전음학》

어 사람마다 다르게 썼기 때문이다. 물론 유길준에 의해 국어 문법이 처음 정리되어 1895년 《조선문전》이 출판되었고, 이는 여러 차례 고쳐져 1909년 《대한문전》으로 간행되었다. 본격적인 국문 연구는 주시경, 유길준, 지석영, 이봉운, 이능화 등에 의해 주도되었다.

국문 연구에서는 주시경의 활동이 주목된다. 주시경은 독립신문사에서 회계 사무 겸 교보원으로 일하면서, 사내에 '국문 동식회'를 조직해 표기법의 통일을 위한 연구를 시작했다. 음운 연구에도 관심을 기울여 《대한국어문법》(1906)을 비롯해 《국어문전음학》(1908), 《국문초학》(1909), 《국어문법》(1910) 등을 저술했다. 그는 민족의 흥망과 언어, 문자

의 성쇠는 직접적인 관련이 있다고 여겼고, 민족 독립의 유지와 발전을 위해서는 국어와 국문을 갈고 닦아야 한다고 믿었다. 이에 그는 1908년 국어 연구학회를 조직해 국문 연구와 보급에 매진했으며, 각급 학교에서 국어와 국문을 가르쳤고, 1907년부터는 하기 국어 강습소를 개설하여 많은 제자를 길러냈다.

의학교 교장 지석영 또한 국문에 큰 관심을 보여 《대한국문설》(1905)을 저술했다. 고종 황제의 재가를 얻어 6개 항목으로 된 맞춤법 통일안인 〈신정국문〉으로 공포했지만, 법어 학교 교관 이능화가 문제점을 지적해 결국 시행되지 못했다. 이에 국문에 관한 종합적인 연구 필요성이 제기되면서 1907년 7월 학부 안에 국문 연구소가 설치되었다.

국문 연구소 위원장에는 학부 학무국장 윤치오, 위원에는 학부 편집국장 장헌식, 한성 법어 학교 교장 이능화, 내부 서기관 권보상, 일본인 학부 사무관 우에무라[上村正리], 주시경 등이 임명되었다. 1907년 9월 제1차 회의가 열린 뒤, 1909년 12월까지 23차례 회의가 열렸고, 그 결과 1909년 12월 〈국문 연구 의정안〉이라는 연구 보고서가 제출되었다. 하지만 통감부에 의해 공포되지 못했으며, 연구소도 해체되었다.

| 역사학 연구 |　　역사학은 1894년 갑오개혁 이후 관립 학교에서 한국사와 외국 역사 교육을 시작하면서 성리학적인 전통 역사학에서 벗어나 점차 근대적인 학문으로 발전했다. 1890년대 후반 학부에서 발간한 국사 교과서는 부분적으로 전통 역사학의 수준에서 벗어났지만, 근대적인 역사 서술을 갖추지 못하고 있었다. 학부에서 편찬한 역사

교과서를 살펴보면, 1895년《조선역사》,《조선역대사략》,《조선약사》, 1899년 김택영의《동국역대사략》,《대한역대사략》,《보통교과동국역사》, 1905년 김택영의《역사집략》등이 대표적이다.

이와 더불어 1900년대 전반기에는 김택영, 정교, 현채 등이 저술한 역사서가 출판되었다. 현채의《동국역사》(1899), 김택영의《동사집략》(1902), 최경환, 정교의《대동역사》(1905), 국민 교육회의《대동역사략》(1906), 장지연, 원영의, 유근의《신정동국역사》(1906), 현채의《동국사략》(1906) 등이 간행되었다. 그런데 이들 역사서는 중국에 대한 자주독립에 깊은 관심을 보인 것에 비해 일본의 침략적인 역사 왜곡에 대해서는 별달리 주목하지 않았다. 그뿐만 아니라 일제의 한국 침략이 구체화되면서 일본인의 한국사 저술도 활발했다. 하야시[林泰輔]의《조선 근세사》(1901), 쓰네야[恒屋盛服]의《조선 개화사》(1901), 시노부[信夫淳平]의《한반도》(1901) 등이 대표적이다.

1900년대 후반에 사립 학교가 증가하면서 국사 교과서 편찬이 활기를 띠었으며, 국권이 침탈되면서 이를 극복하기 위한 일반 역사서 편찬도 활발해졌다. 대표적인 국사 교과서는 정인호의《초등대한역사》(1908), 조종만의《초등대한역사》(1908), 박정동의《초등대동역사》(1909), 안종화의《초등본국역사》(1909) 등을 꼽을 수 있다. 하지만 1909년 〈출판법〉 제정으로 말미암아 검열을 받아야 했으므로, 국사 교과서 내용은 크게 위축될 수밖에 없었다. 국권 회복과 애국심 고취 등은 검열 대상이 되기 때문이었다.

일반 역사서는 박은식, 신채호, 장지연, 현채 등 이른바 개신 유학자들의 주도하에 이뤄졌다. 박은식은 〈황성신문〉, 〈대한매일신보〉 등의 신문과 〈서북학회 월보〉, 〈서우〉 등의 잡지에 한국사와 관련한 글을 싣고 국민에게 역사 의식을 고취시켜 기울어져 가는 나라를 바로잡고자 심혈을 기울였다. 그는 국사와 국어 그리고 민족 종교 등과 같은 민족정신이 깃들어 있는 것을 보호하고 그대로 보존한다면 나라는 절대로 망하지 않는다며 민족정신을 강조했다. 또한 나라가 위태로울 때는 국권 회복과 자주독립운동이 절실한데, 이럴 경우 위대한 영웅의 출현이 반드시 필요하다고 주장하며 영웅 사관을 펼쳤다.

박은식은 경술국치 이후 1911년 가을, 만주 환런현으로 망명한 뒤 나라 잃은 슬픔을 국사 연구를 통하여 승화시키고자 했다. 그는《동명성왕실기》,《발해태조건국지》등을 저술했으며, 민족사는 곧 민족 독립 정신을 고취시키는 수단이라고 생각해《안중근전》,《한국통사(韓國痛史)》(한국사를 통한의 역사로 인식)를 펴냈으며, 이어서 1919년 3.1운동이 일어나자 이에 맞추어 민족의 항일 운동 역사를 모아서《한국독립운동지혈사》(독립운동의 역사를 피의 역사로 인식)를 저술했다.

신채호는 먼저 근대 민족주의를 우리 역사에 접목시키고자 했다. 그는 박은식과 마찬가지로 역사의 주체를 영웅으로 상정해 각종 영웅전을 집필하기도 했지만, 점차 민중을 역사의 주체로 바라보게 되었고, 이는 민족주의 역사 인식으로 발전했다.

신채호는 1908년 〈대한매일신보〉에 〈독사신론〉을 발표했는데, 이는 한국 민족주의 사학의 출발점이자 근대 사학으로의 효시를 이루었다고 평가받는다. 〈독사신론〉에서 신채호는 역사 서술상의 주체를 '민족'

으로 설정하고, 왕조 중심의 전통 사관을 극복해 민족 사관을 정립했다. 즉 그는 주자학적인 명분론과 정통론, 존화 사관을 비판했으며, 당시 일제가 제기하고 국내에서 일부 수용된 임나일본부설과 신공후침공설 등의 허구성을 반박했다. 아울러 신채호는 우리 역사를 부여 - 고구려 중심으로 이해했으며, 사회 진화론적인 발전적 역사관을 제시하기도 했다.

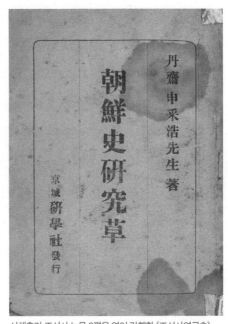

신채호가 조선사 논문 6편을 엮어 간행한 《조선사연구초》

이러한 그의 역사 인식은 1920~1930년대로 이어져 신문에 연재한 《조선사연구초》(동아일보, 1924~1925)와 《조선상고사》(조선일보, 1931), 《조선상고문화사》 등에도 그대로 드러난다. 신채호는 《조선상고사》 〈총론〉에서 '역사란 무엇이뇨? 인류 사회의 아(我)와 비아(非我)의 투쟁이 시간적으로 발전하여 공간적으로 확대되는 심적 활동의 상태의 기록이니'라고 정의했다. 여기서 말하는 아(我)란 우리 민족, 비아(非我)란 우리 민족을 제외한 모든 사람(타민족)을 의미한다.

외국사는 주로 일본이나 중국어를 중역한 망국사, 독립사, 개혁사 등이었다. 그 가운데 1905년 중국 상하이에서 량치차오가 베트남 근대사를 소설처럼 재구성해서 쓴 역사서 《월남망국사》가 가장 많이 번역되었다. 1906년 현채, 1907년 주시경과 이상익이 이를 번역했다. 《월남망국사》는 지식인뿐 아니라 일반 대중과 부녀자, 학생에게도 널리 읽혀, 1905년 일제의 침략을 비판하고 이를 통해 민족적 자각을 일깨워 주었다. 이 때문에 1909년 일제의 출판법에 의해 금서로 처분되었다.

이외에 외국의 침략에서 국가를 수호한 국난 극복의 영웅들에 관한 전기도 널리 보급되었다. 한국인으로는 을지문덕, 강감찬, 최영, 이순신 등이, 외국인으로는 잔 다르크, 빌헬름 텔, 비스마르크, 표트르 대제와 마치니, 가리발디, 카브르 등이 소개되어 오히려 한국인보다 그 숫자가 많았다.

| 민족 종교 운동 | 민족 종교의 출현은 1860년 발생한 동학이 그 출발점이었다. 19세기 후반으로 접어들면서 전통 이념이나 정치 체제로부터 멀어져 간 백성에 의해 민란이 발생하는가 하면, 관직에 오르지 못한 양반층이나, 경제적 수탈을 당한 하층민들은 절망 상태에 빠져들었다. 이런 가운데 천주교가 유입되었고 동학이 창시되어 민중의 호응을 얻고 급속도로 확산되었다. 하지만 성리학을 최고의 학문이자 정치 철학으로 인정하는 시기였기 때문에 이 종교들은 박해를 당해야만 했다. 그런데 동학은 천주교와 달리 단순한 신앙 운동에 그치지 않고 관료의 폭정에 항거하거나 외세 침략에 맞서는 민족 운동의 성격도 함께 지니고 있었다. 1894년 일어난 동학 농민 운동이 대표적이었다.

개항 이후 서구 열강과 국교를 수립하면서 박해를 당하던 천주교는 비로소 포교의 자유를 얻었고, 개신교가 새롭게 밀려 들어왔다. 1880년 대에 입국한 개신교 선교사들은 서울과 평양 등 전국 각지에 병원과 학교를 건립하며 신앙을 전파해 나갔다. 아울러 국문으로 성경을 번역하고 한국학에 관심을 가지며 신문과 잡지를 발간하는 등 선교와 국민 계몽 활동에 진력했다. 이에 따라 기독교인이 급증했다. 하지만 1900년 대 후반기에 접어들면서 기독교인들은 선교사로부터 경건주의 신학을 수용해 정교분리를 내걸고 종교 운동 자체에 머물고자 했다. 이에 따라 1907년 대부흥 운동과 1909년 백만구령 운동이 전개되기도 했다.

이와는 달리 1900년대 후반으로 접어들면서 일제의 침략이 노골화 되고 국권을 위협하는 상황에 이르자 동학은 변신을 추구했다. 개신교 의 교세가 날로 커 가는 것에 고무된 동학 제3대 교주 손병희는 교세를 확장시킬 목적에서 1905년 12월 천도교로 개편했다. 1902년 이후 일본 에 망명했던 손병희는 그곳에 머물면서 문명개화, 근대화, 동양 평화론 등을 수용하며 새로운 변화를 꾀했다. 동학의 일파인 이용구가 일진회 를 만들어 일제 앞잡이 노릇을 하는 것을 보고, 이들과 손을 끊고 동학 의 정통성을 내세우고자 천도교라 개칭한 것이다.

1906년 2월에 귀국한 손병희는 교회 제도 확립에 전념했다. 먼저 서 울 다동에 천도교 중앙총부를 설치하고, 9월에는 이용구를 포함한 교도 62명을 출교 처분하고, 친일 세력인 일진회와 결별했다. 이에 일제는 이 용구 등을 내세워 시천교를 설립하게 해 천도교와 대립시켰다. 천도교 는 근대 종교로 발전하면서 정교 분리를 앞세우며 국민 계몽을 통한 민 족 운동에 참여했다. 또한 보성 소학교, 중학교, 보성 법률 상업 학교를

천도교 중앙총부 수운 회관은 1918년 착공해 1921년에 완공되었다.

인수하고, 동덕 여학교를 설립하거나 각급 학교에 재정을 지원하는가 하면, 〈만세보〉를 간행하고, 보성사라는 출판사를 운영하는 등 사회, 정치 단체에도 적극 참여했다. 이러한 계몽 활동은 비록 적극적인 민족 운동으로 확대되지는 못했으나, 천도교를 민족 종교의 위치로 자리 잡게 할 수 있었다. 1919년 3.1운동에 천도교가 적극 나설 수 있었던 것도 그러한 조건에서 가능했던 것이다.

그러한 분위기 속에서 신흥 민족 종교들이 생겨났다. 나철은 1905년 이후 일제의 한국에 대한 간섭과 강박이 날로 심해지자, 외교론과 의열 투쟁, 계몽 운동 등 여러 형태의 자주독립을 위한 활동을 펼쳤으나 번번이 무위에 그쳤다. 1907년에는 매국 대신들의 암살을 기도했다가 거사 직전에 탄로나 신안군 지도에 유배되기도 했다. 그는 구국 운동이 몇 사람의 힘만으로 이뤄질 수 없다는 것을 절실히 깨달았다. 국가의 기틀을 튼튼히 하고 민족을 부흥시키는 원동력은 민족의식을 일깨우는 데 있다고 생각하고, 민족 종교 운동을 전개함으로써 국권을 수호할 수 있으리라고 믿었다. 이에 그는 1909년 2월에 오기호 등 10여 명과 함께 종로 재동에서 '단군대황조신위'를 모시고 〈단군교 포명서〉를 공포하여 단군을 숭앙하는 단군교를 창시했다. 그들은 '홍익인간 이화 세계'를 교의로 삼아 그 구현을 통하여 지상 낙원을 세우자고 주장했다.

단군교는 포교를 시작한 지 1년 만인 1910년에 교인이 2만여 명으로 늘었고, 교명을 '대종교'로 개칭하는 한편, 같은 해 만주 북간도에 지사를 설치했다. 경술국치를 당한 뒤 1914년에는 대종교 본사를 북간도로 옮겨 포교 영역을 국내와 만주 일대로 확대했다. 1916년 나철이 죽자 제2세 교주 김교헌이 취임했다. 김교헌은 1885년에 문과에 급제한 이후 성균관 대사성을 거쳐 규장각 부제학, 가선대부에 이른 인물이다. 그는 관료로서 1898년에는 독립 협회에 가입하여 활동했고, 만민 공동회 운동에도 참여했다. 1909년 대종교에 가입했고 경술국치 이후에는 만주로 망명해 제2세 교주에 올라 《신단실기》와 《신단민사》를 저술하며 교리를 정리하고 교세를 넓혀 나갔다. 그는 대종교 교주로서 1918년 12월에 북로 군정서를 조직하는 데 앞장섰으며, 1920년 청산리 전투에 기여한 바가 컸다. 그러나 1923년 병으로 죽고 말았다.

유교의 경우에는 유교 개혁론이 제기되었다. 유림 가운데 상당수는 전통 성리학을 고집했으며, 또 그중 일부는 일제의 침략에 적극적으로 반대하여 의병 운동에 참가하기도 했다. 그러나 서양 문물을 수용해야 한다는 보다 진보적인 인식을 가진 개신 유학자들이 나오기 시작했다. 그들은 일제의 국권 침탈에 대항하여 계몽 운동에 참여했다. 각지에 근대 학교를 설립하는 한편, 사회, 정치 단체에도 참여하며 신문과 잡지의 계몽 활동을 펼쳤다. 대표적인 인물로 박은식을 꼽을 수 있다. 그는 1909년 유교의 개혁을 주장하는 〈유교구신론〉을 발표해 민중과의 괴리, 구세주의의 결핍, 주자학에의 경도 등을 유교의 폐단으로 지적했다. 이어서 양명학의 지행합일과 사회 진화론의 진보 원리를 조화시켜 민족적 과제를 해결하고자 시도했다. 이는 대동사상으로 귀결되었고, 이를 기반으로 1909년 5월 대동교를 창설하여 국교로 보급하고자 노력했다. 하지만 일제가 1907년 3월 친일 유교 단체로 대동 학회를 조직했다가, 대동교 세력의 확대에 대응해 1909년 10월 대동 학회를 공자 교회로 바꾸는 등 방해하여 대동교는 별다른 성과를 거두지 못했다.

이러한 가운데 정교 분리를 내세웠던 개신교도 변한 모습을 보이기 시작했다. 전덕기 등이 주도한 상동 청년회는 민족 현실 문제에 눈을 돌리고 비밀 결사인 신민회에서 중심적인 역할을 담당했다. 또한 독립 협회 활동을 펼치다 투옥되었다가 옥중에서 기독교로 개종한 전직 고관 혹은 양반들은 출옥 후에 1904년 9월 국민 교육회를 설립해 본격적인 국민 계몽 활동을 펼쳤다. 그뿐만 아니라 외국인과 한국인이 공동으로 참여한 황성 기독교 청년회의 계몽 활동은 비록 기독교를 강조했지만, 역시 국민 계몽에 적극적이었다. 더욱이 안창호와 이승훈이 주도한 평양 대성 학교와 정주 오산 학교는 기독교적 배경에서 설립되었으나 민족 교육도 중시했다. 이러한 움직임이 1910년대에도 이어지자 일제는 기독교 지도자들의 활동에 쐐기를 박고자 '105인 사건'을 조작하기도 했다.

의열 투쟁

의열 투쟁은 민족의 독립을 쟁취하고자 개인이나 소수 인력이 일제를 상대로 벌인 무력 투쟁으로, 피압박 민족의 자결권과 인권을 쟁취하는 데 목숨을 내건 의로운 행동이었다. 주 대상은 불특정 다수가 아니라 침략의 선봉에 선 일제의 주요 기관과 인물이었다. 때문에 일반적인 테러와 구분되는, 한국 독립운동사에서 보이는 매우 독특한 투쟁 방략이었다. 우리는 의열 투쟁을 수행한 이들을 '의사'라 부른다. '승패나 유불리'를 떠나 침략자와 불의에 맞서 목숨을 걸고 저항한 사람이다. 구한말 망국의 위기에 처했을 때 의열 활동을 펼친 대표적인 인물로 장인환, 전명운, 안중근, 이재명 등을 꼽는다.

| 장인환과 전명운의 일제 고문관 스티븐스 처단 | 한국 정부의 외교 고문 스티븐스(Durham White Stevens)는 일제가 고용한 인물로 친일 활동을 일삼았다. 장인환(張仁煥, 1876~1930)과 전명운(田明雲, 1884~1947)은 1908년 3월 샌프란시스코에서 그를 처단했다.

전명운은 미국으로 유학을 떠나 하와이를 거쳐 1904년 9월 샌프란시스코로 이주했다. 그는 학비를 마련하고자 철도 공사장과 알래스카 어장 등에서 막노동을 하다가 1905년 4월 안창호 등이 샌프란시스코에서 조직한 공립 협회에 가입해 활동했다. 특히 그는 1907년부터 공립 협회가 추진한 독립 전쟁을 수행할 통일 연합 기관 설치에 적극 나섰다.

장인환은 하와이 사탕수수 농장에서 2년여간 일하다가 1906년 7월 샌프란시스코로 건너왔다. 그는 공장 노동자로 전전하면서 한인 연합 감리교회를 비롯해 실력 양성론, 의열 투쟁을 내세웠던 대동 보국회를 창립하는 등 국권 회복 운동에 힘썼다.

1908년 3월, 스티븐스가 일제의 밀령에 따라 배편으로 샌프란시스코에 도착했다. 그는 1873년부터 10년 동안 주일 미국 공사관 서기관으로 있으면서 친일파가 되었고, 그 덕에 1882년 주일 미국 공사관 서기관에 임명되어 일본의 국익에 앞장섰다. 특히 그는 러일 전쟁 중인 1904년 8월 대한 제국 외교 고문이 된 이후 을사늑약과 정미 조약을 체결하는 데 크게 공헌했고, 그 공로로 일제로부터 여러 차례 훈장과 표창을 받았다. 일본 정부는 1906년부터 일기 시작한 미국 내 반일 감정을 무마하고 통감부의 정치 선전을 목적으로, 또한 재미 한인 동포들의 항일 민족 운동을 저지, 방해하고자 스티븐스를 미국으로 파견한 것이다.

스티븐스는 신문 기자들과의 인터뷰에서 〈일본의 한국 지배는 한국에 유익하다〉라는 제목의 성명서를 발표했다. 그는 '항구적인 동양 평화를 위해 한국은 독립을 포기하고 일본의 보호 아래 그 일부로 편입되는 것이 가장 당연한 일이다'라며 일제의 한국 침략을 옹호하는 발언을 했다.

인터뷰 기사는 신문에 그대로 실렸고, 재미 한인들은 분노했다. 당시는 미주 한인들의 항일 의식이 최고조에 달하던 시기였다. 대동 보국회는 스티븐스의 성명서를 반박하는 글을 미국 신문에 기고해 그의 허구성을 비판하는가 하면, 공립 협회와 대책을 논의했다. 이에 대표들이 스티븐스를 찾아가 친일 반언 취소를 요구했지만 묵살당했을 뿐만 아니라 그에게 모욕까지 받았고 몸싸움도 일어났다.

대표들이 돌아와 대응 방안을 논의하는 와중에 전명운이 스티븐스를 처단하겠다며 자원했다. 이 자리에는 장인환도 참석했는데 묵묵히 듣고 있던 그도 동참하기로 결심을 굳혔다. 그 뒤 두 사람은 각자 권총을 마련하는 등 거사를 준비했다. 이때 장인환과 전명운은 스티븐스가 1909년 3월 23일 9시 30분에 여객선을 이용해 샌프란시스코를 떠난다는 정보를 입수하고는 각기 아침 일찍부터 페리 부두에 도착하여 그를 기다렸다.

마침 스티븐스가 자동차에서 내리는 순간, 전명운이 그에게 다가가 방아쇠를 당겼으나 불발하자 권총 자루로 그의 얼굴을 후려쳤다. 스티븐스는 차에 머리를 부딪치며 쓰러졌으나 곧바로 일어나 달아나던 전명운을 쫓았다. 이때 장인환이 스티븐스의 뒤쪽에서 총을 3발 쐈다. 한 발은 전명운의 어깨에 맞고, 두 발은 스티븐스의 오른쪽 어깨와 등 아래 복부를 관통했다. 스티븐스가 쓰러지자 둘은 "대한 제국 만세"를 외치고는 몰려든 사람들에게 '자주독립을 방위'하는 데 정당한 행동이었음을 알렸다. 장인환은 체포되었고, 전명운과 스티븐스는 응급 병원으로 옮겨졌다. 스티븐스는 피격 이틀 뒤인 3월 25일 병원에서 복부 탄환 제거 수술을 받다가 사망했다.

공립 협회와 대동 보국회는 후원회를 결성해 이들의 재판 지원 활동을 펼치는가 하면, 의거를 '독립 전쟁'으로 규정하고 일제 침략의 실상을 세계에 알리고자 했다. 또한 〈대한매일신보〉에 사건 전말과 두 명의 옥중 인터뷰도 게재되어 국내에 큰 반향을 불러일으켰다.

장인환은 계획에 의한 '일급 모살', 전명운은 '살인 미수' 혐의로 각기 샌프란시스코 경찰 법원에 기소됐다. 일제는 미주 독립운동의 싹을 잘라내고자 장인환과 전명운을 각각 사형 및 유죄 판결을 받게 하려고 노력을 기울였다. 하지만 전명운은 사건 발생 97일 만에 증거 불충분으로 무죄 석방됐다. 장인환은 노역 없는 25년 금고형을 선고받았으나 수감 중 복역 성적이 우수하고 우국충정을 인정받아 1919년 1월, 11년 만에 가출옥했다. 그가 법률적으로 완전 자유인이 된 것은 1924년 4월 10일이었다.

| 안중근의 이토 처단 |　　　안중근은 1909년 10월 26일 중국 하얼빈에서 한국 침략의 원흉이자 동양 평화의 파괴자인 이토를 처단함으로써 인류의 양심과 민족 정의를 실현했다.

안중근은 1879년 황해도 해주에서 태어났다. 가슴과 배에 7개의 점이 있어 북두칠성의 기운을 받고 태어났다는 뜻에서 아명(兒名)이 응칠(應七)이라 지어졌다. 부친은 진사 안태훈(安泰勳), 조부는 진해 현감을 지낸 안인수(安仁壽)로, 조부가 미곡상을 하여 집안이 넉넉했다. 안중근은 어려서부터 한학(漢學)을 배웠으나 자라면서 무술에 더 관심을 기울여 말 타기와 사냥에 능했고, 포수 사이에서 명사수로 통했다. 1894년, 해주에서 동학 농민 운동이 전개되자 부친의 뜻에 따라 이를 진압하는 데 나서기도 했다. 그 뒤 가톨릭 신자가 된 부친의 영향을 받아 1895년 입교해 신부에게 프랑스어를 배우며 신학문을 접했고, '도마(Thomas)'라는 세례명을 받았다.

1904년 2월 러일 전쟁이 발발하자 안중근은 신문과 잡지를 통해 역사, 국제 정세, 정치사상에 관심을 기울여 근대 지식 등을 넓혀 나갔다. 하지만 당시까지만 해도 그는 일제 침략의 실상과 본질을 명확히 인식하지 못했다. 오히려 그는 일본을 친우(親友)같이 좋아하기까지 했다. 일본이 동양 평화를 수호하고자 황인종을 대표해 러시아를 상대로 전쟁을 치르는 것이라 여긴 것이다. 이는 당대 지식인들의 인식과 별반 다르지 않았다. 그러나 러일 전쟁에서 승리한 일제가 한국의 독립과 자주를 보장하겠다는 약속을 저버리고 을사늑약을 체결하고 침략을 자행하자, 안중근은 부친과 상의한 뒤 중국 상하이로 건너갔다. 국외로 이주해 약탈된 국권을 회복하기 위한 구국 운동을 모색하고자 한 것이다. 하지만 부친이 급서하는 바람에 1906년 1월경 귀국해야만 했다.

1906년 봄, 장남이었던 안중근은 식구들을 이끌고 평남 진남포로 이주한 후에 삼흥 학교(三興學校)를 세우고 남포의 돈의 학교(敦義學校)를 인수해 인재 양성에 힘썼다. 하지만 1907년 7월, 고종이 일제의 위협으로 강제 퇴위하고, 군대가 해산되는 등 국망이 현실화되자, 그해 가을에 광산을 급히 처분해 마련한 자금으로 의병 활동을 펼치고자 러시아 연해주로 망명했다. 1908년 6월 말, 그는 대한 의군(大韓義軍) 참모중장으로 300여 명의 의병을 이끌고 국내 진공 작전을 전개해 두만강 너머에서 일본군 부대를 공격하기도 했다. 하지만 중과부적으로 패퇴했다.

연해주로 다시 돌아간 안중근은 1909년 2월에 동지 11명과 '단지 동맹'을 맺고, 스스로 손가락 한 마디를 끊어 독립 의지를 다졌다. 그러던 차에 그해 10월 만주 하얼빈에 이토가 온다는 사실을 알게 되었고, 동지들이 세운 암살 계획에 자원했다. 그는 의병 항쟁보다 세계열강의 이

안중근 의사 추모 기념 포스터. 안중근 의사가 수감된 모습, 이토 히로부미, 암살 전 1분간 광경, 이토 히로부미가 하얼빈에 도착한 광경, 안중근 의사가 쓴 '忍耐' 휘호 사진이 실려 있다.

목을 한번에 집중시킬 수 있는 이토 암살이 효과적인 투쟁 방식이라고 생각했다.

1909년 10월 26일 오전 9시 반, 안중근은 중국 하얼빈 역에서 이토 히로부미를 처단했다. 이토는 안중근이 쏜 세 발의 총탄을 맞고 쓰러졌다. 이토는 일본 메이지 유신의 헌법을 기초한 주역이자 일본을 근대화시킨 기획자이며, 일본 내각의 총리대신을 네 번이나 역임한 인물이다. 하지만 한국의 외교권을 앗아 간 을사늑약 체결을 주도했으며, 통감으로서 한국을 식민지로 만드는 데 앞장선 침략 원흉에 불과했다. 그런 만큼 한국이 망국에 직면한 상황에서 안중근이 이토를 처단한 것은 의미 있는 의거였다.

안중근은 거사 직후 하얼빈 역에서 체포되었고, 하얼빈 일본 영사관을 거쳐 뤼순 일본 관동 도독부 지방 법원에 송치됐다. 당시 하얼빈은 중국 영토였지만 러시아 관리가 행정권을 집행하고 있었다. 그런데 한국은 을사늑약으로 외교권을 빼앗긴 상태였기 때문에 중국 영토에서 한인은 일본인과 같이 치외 법권을 인정받고 있었다. 때문에 러시아가 안중근을 일본에 인도한 것이다.

안중근은 관동 도독부 지방 법원에서 1909년 11월 3일부터 11회의 신문을 받고 6회에 걸쳐 재판을 받은 뒤, 1910년 2월 14일 사형을 언도받았다. 공판 시작 후 사형 선고까지 7일밖에 걸리지 않았다. 그는 "사형이 되거든 당당하게 죽음을 택해서 속히 하느님 앞으로 가라."라는 모친의 말에 따라, 공소를 포기하고 감옥에서 《안응칠역사》와 《동양 평화론》 저술에 전념했다.

그는 《안응칠역사》에 탄생부터 가족 일화, 생장 과정, 동학당 퇴치, 천주교 입교, 지방관의 학정과 부패에 대한 저항, 교육 구국 운동, 의병 전쟁 참여, 이토 저격, 검찰과 재판관의 심문과 공판 과정, 1910년 3월 11일 마지막 천주교 성사에 이르기까지 자신의 일생을 담았다.

이를 마무리한 안중근은 자신의 거사 이유를 밝히고자 《동양 평화론》 집필에 들어갔다. 이토 자신이 주장했던 '동양 평화론'을 저버렸기 때문에 그를 처단했다며, 자신이 구상한 '동양 평화론'을 제시하고자 한 것이다. 이를 완성할 때까지 사형 집행을 미뤄 달라고 재판부에 요청했지만 받아들여지지 않았다. 결국 1910년 3월 26일, 뤼순 감옥에서 순국했으며, 이로써 《동양 평화론》은 끝내 미완성으로 남았다.

안중근의 동양 평화론을 대략 정리하면 다음과 같다. 한, 중, 일 3국 간 상설 기구인 동양 평화 회의를 뤼순에 조직해 다른 아시아 국가가 참여하는 회의로 발전시키고, 동북아 3국 공동 은행을 설립하며, 동북아 3국 공동 평화군을 창설한다는 등 구체적인 구상이 담겼다. 유럽 연합(EU) 형태의 동양 3국 평화 체제를 구상한 셈이다.

안중근이 순국한 후 두 동생은 일본에 유체를 넘겨 달라고 요구했으나, 일본 당국은 동생들을 강제로 국내로 압송하고, 안중근의 시신을 비밀리에 뤼순 감옥 공동묘지에 암매장했다. 근 수십 년간 한국과 중국, 북한이 유해 발굴을 위해 많은 노력을 기울이고 있으나 아직까지 찾지 못하고 있다.

> 내가 죽은 뒤 나의 뼈를 하얼빈 공원 옆에 묻었다가 우리 국권이 회복되면 고국으로 반장해다오. 대한 독립의 소식이 천국에 들려오면 나는 마땅히 춤추며 만세를 부를 것이다.

이런 안중근의 유언을 아직도 이행하지 못하고 있다.

| 이재명의 이완용 처단 시도 | 이재명은 미국의 한인 독립운동 단체인 공립 협회의 일원으로서, 1909년 12월 명동 성당에서 을사오적의 한 사람인 매국노 이완용을 처단하고자 했다.

이재명은 평북 선천 출신으로, 1903년 기독교인이 되었고, 1904년 미국 노동 이민사의 하와이 이민 모집에 응모해 미국에 건너가 수년간 노동에 종사했다. 하지만 국운이 갈수록 기울어 가자 1907년 10월 귀국해 항일 운동에 적극 나섰다.

그는 블라디보스토크로 갔다가 이토 통감이 순종 황제와 더불어 평양을 방문한다는 소식을 듣고 귀국했고, 1909년 1월 동지들과 이토를 처단하고자 평양역에 대기했으나 안창호의 만류로 단념했다. 신변의 위험을 느낀 이토가 순종 황제의 곁을 떠나지 않아 황제의 안전을 고려하지 않을 수 없었기 때문이다.

그 뒤 안중근이 이토를 처단했다는 소식을 듣고, 이재명은 친일 매국노의 암살을 계획했다. 당시 이완용은 총리대신으로, 친일 단체인 일진회와 '한일 합방'의 주도권 경쟁을 벌이고 있던 민족 반역자였다. 1909년 12월, 그는 이완용이 명동 성당에서 열리는 벨기에 황제 레오폴트 2세 추도식에 참석한다는 정보를 입수하고 성당 문밖에서 군밤 장수로 변장하고 기다렸다. 식을 마치고 나온 이완용이 인력거를 타고 그의 앞으로 지나갈 때 비수를 들고 달려들어 복부와 어깨에 중상을 입혔다. 그리고 현장에서 체포됐다.

이후 경성 지방 법원에서 사형 선고를 받고, 이듬해 1910년 9월에 24살의 젊은 나이로 순국했다. 이재명은 사형 선고를 받은 뒤 최후 진술에서 비장한 한마디를 남겼다.

공평치 못한 법률로 나의 생명을 빼앗지만은, 국가를 위한 나의 충성된 혼과 의로운 혼백은 가히 빼앗지 못할 것이니, 한 번 죽음은 아깝지 아니하거니와 생전에 이룩하지 못한 한(恨)을 기어이 설욕(雪辱) 신장(伸張)하리라.

그림 출처

27쪽 흥선대원군(국립중앙박물관)

33쪽 경복궁 전경(CC BY-SA 4.0 이상곤, 위키피디아)

34쪽 상평통보 당백전(국립중앙박물관)

36쪽 소수 서원(CC BY-SA 3.0 Jjw, 위키피디아)

95쪽 번사창(문화재청)

108쪽 원산 학사(국립민속박물관)

123쪽 한성순보, 한성주보(국립중앙박물관)

131쪽 〈조선변보격도폭발지도 판화〉(국립민속박물관)

143쪽 〈화방공사조선국응접도〉(국립민속박물관)

152쪽 차이나타운(인천관광공사)

153쪽 일제 강점기 당시 명동(국립민속박물관)

175쪽 우정총국(문화재청)

193쪽 사발통문(국립중앙박물관)

197쪽 풍남문(문화재청)

198쪽 김개남(한국학중앙연구원)

213쪽 대한 제국 시대 동전들(국립중앙박물관)

221쪽 〈친목회회보〉 표지(문화재청)

229쪽 건청궁 옥호루 흑백 엽서 엽서(국립중앙박물관)

257쪽 1899년 5월 16일자 〈독립신문〉(국립중앙박물관)

262쪽 〈협성회회보〉(문화재청)

264쪽 손탁 호텔(국립중앙박물관)

266쪽 〈대조선독립협회회보〉(문화재청)

267쪽 독립문과 영은문 2개의 주초(국립민속박물관)

284쪽 경운궁(국립고궁박물관)

290쪽 황궁우와 원구단(국립민속박물관)

291쪽 조선 호텔(국립민속박물관)

301쪽 민영환(국립중앙박물관)

306쪽 백동화(국립중앙박물관)

330쪽 경운궁 중명전(문화재청)

344쪽 최익현(국립중앙박물관)

346쪽 산남 의진비(한국학중앙연구원)

355쪽 조선 식산 은행 본점 앞 풍경(국립중앙박물관)

356쪽 동양 척식 주식회사(국립민속박물관)

371쪽 고종 황제와 순종(국립고궁박물관)

376쪽 박승환(독립기념관)

400쪽 남한 폭도 대토벌 작전 당시 피체된 호남 의병장들(독립기념관)

403쪽 채응언(독립기념관)

405쪽 홍범도(독립기념관)

410쪽 서북 학회 회관(문화재청)

425쪽 〈대한매일신보〉(국립중앙박물관)

427쪽 〈만세보〉 117호(국립중앙박물관)

435쪽 국채 보상 영수증(국립중앙박물관)

437쪽 《국어문전음학》(국립한글박물관)

441쪽 《조선사연구초》(국립한글박물관)

444쪽 수운 회관(CC BY-SA 4.0 Jjw, 위키피디아)

452쪽 안중근 의사 추모 기념 포스터(대한민국역사박물관)